ELOGIOS PARA
TUS HIJOS TE NECESITAN

«Una lectura obligada para todo aquel que tenga hijos».
Ottawa Citizen

«Una forma reflexiva, agradable y adaptativa de criar a los hijos».
Calgary Herald

«Gracias a sus treinta años de investigación y experiencia, Neufeld ha creado una teoría coherente y convincente del desarrollo infantil que conseguirá el reconocimiento y la aceptación inmediatos en sus lectores. Su enfoque tiene el poder de cambiar, e incluso salvar, la vida de nuestros hijos».
National Post

«La prosa precisa y contundente de Maté [...] consigue que las ideas complejas resulten accesibles sin simplificarlas. El resultado es un libro que engancha y que puede llegar a muchos progenitores de cualquier parte del mundo».
Edmonton Journal

«Un libro maravilloso y una poderosa llamada de atención a los padres. Los autores describen de un modo sorprendente y aleccionador cómo la orientación hacia los iguales entorpece la maduración emocional. Además, es un libro optimista que subraya la extrema importancia del apego en la crianza de los niños y nos enseña a ponerla en práctica en el día a día. Una obra muy meditada y que nos invita a reflexionar [...] Un libro importante y erudito».
ANTHONY WOLF, psicólogo clínico y escritor

«*Tus hijos te necesitan* es un libro visionario que no se limita a las explicaciones habituales y nos revela un conflicto de proporciones desconocidas. Los autores nos muestran que estamos perdiendo el contacto con nuestros hijos y que esta pérdida socava su desarrollo y amenaza el propio tejido social. Y lo que es más importante, ofrecen, mediante ejemplos concretos y sugerencias claras, ayuda práctica para que los padres cumplan su función siguiendo lo que marca su instinto. Libro brillante que debemos tomarnos muy en serio».

PETER A. LEVINE, profesor y autor de
En una voz no hablada y *Sanar el trauma*,
publicados por esta editorial

«Un libro importante que expone el problema de un modo audaz y propone soluciones. Tomémonos ahora en serio sus sugerencias para que juntos podamos mejorar el futuro de nuestros hijos y también el de nuestros nietos».

DANIEL J. SIEGEL, doctor en Medicina,
autor de *Ser padres conscientes;* miembro fundador
del Centro de Cultura, Cerebro y Desarrollo de la UCLA y
profesor clínico asociado de Psiquiatría de la UCLA

«Este libro nos permite dar un gran paso adelante en el conocimiento del dolor que experimentan nuestros hijos, que Gordon Neufeld explica como la pérdida del apego a los padres y la profundización del vínculo con los iguales. La poderosa mente de Neufeld es capaz de comprender hacia dónde se dirige nuestra sociedad. Es un libro brillante que todos los padres deberían leer».

ROBERT BLY, poeta y autor de *Iron John*,
publicado por esta editorial

«*Tus hijos te necesitan* nos ofrece unas ideas y perspectivas realmente novedosas sobre la crianza de los niños. Los autores combinan la psicología, la antropología, la neurología y sus propias experiencias personales y profesionales. [...] Un libro valioso y muy práctico».

MARY PIPHER, autora de *Reviviendo a Ofelia*

«La franca exposición de Maté y Neufeld nos muestra numerosas soluciones para, como adultos, restablecer una jerarquía afectiva. Un libro estupendo y conmovedor, magníficamente escrito».

Publishers Weekly

TUS HIJOS TE NECESITAN

TUS HIJOS TE NECESITAN

LA IMPORTANCIA DE LOS PADRES
EN LA CRIANZA Y EL DESARROLLO
DE LOS NIÑOS

Gordon Neufeld
y Gabor Maté

Título original: *Hold On to Your Kids*

Traducción: Blanca González Villegas

Diseño de cubierta: equipo Grupo Gaia

Foto de Gordon Neufeld: © Daryl Kahn

Foto de Gabor Maté: © Tony Hoare 2023

© 2004 Gordon Neufeld y Gabor Maté

© 2024 Gordon Neufeld y Gabor Maté por el Capítulo 21 «A raíz de la pandemia: La orientación hacia los iguales y la crisis de salud mental en los jóvenes».

Postscript copyright © 2013 Gordon Neufeld y Gabor Maté

Publicado por acuerdo con Alfred A. Knopf Canada, una división de Penguin Random House Canada Limited

© Distribuciones Alfaomega S.L., Gaia Ediciones, 2024
 Alquimia, 6 - 28933 Móstoles (Madrid) - España
 Tel.: 91 617 08 67
 www.grupogaia.es - E-mail: grupogaia@grupogaia.es

Primera edición: abril de 2024

Depósito legal: M-4905-2024
I.S.B.N.: 978-84-1108-114-6

Impreso en España por: Artes Gráficas COFÁS, S.A. - Móstoles (Madrid)

Cualquier forma de reproducción, distribución, comunicación pública o transformación de esta obra solo puede ser realizada con la autorización de sus titulares, salvo excepción prevista por la ley. Diríjase a CEDRO (Centro Español de Derechos Reprográficos, www.cedro.org) si necesita fotocopiar o escanear algún fragmento de esta obra.

ÍNDICE

Nota para el lector 17
Agradecimientos 21

PRIMERA PARTE
EL FENÓMENO DE LA ORIENTACIÓN HACIA LOS IGUALES

1. Por qué los padres son hoy
   más importantes que nunca 25
2. Apegos distorsionados, instintos socavados 41
3. Por qué hemos perdido la conexión 61

SEGUNDA PARTE
SABOTEADOS: POR QUÉ LA ORIENTACIÓN HACIA LOS IGUALES SOCAVA LA CRIANZA POR PARTE DE LOS PROGENITORES

4. El poder de criar se nos está yendo de las manos 83

5. De ayuda a impedimento: cuando el apego actúa contra nosotros 99

6. La contravoluntad: por qué los niños se vuelven desobedientes 119

7. La horizontalización de la cultura 135

TERCERA PARTE

ATASCADOS EN LA INMADUREZ:
POR QUÉ LA ORIENTACIÓN HACIA LOS IGUALES
IMPIDE UN DESARROLLO SANO

8. La peligrosa huida del sentimiento 147

9. Atascados en la inmadurez 165

10. Un legado de agresión 189

11. La formación de acosadores y víctimas 205

12. Un giro sexual 225

13. Alumnos a los que no se puede enseñar 241

CUARTA PARTE

CÓMO AFERRARNOS A NUESTROS HIJOS
(O CÓMO RECLAMARLOS)

14. Captar a nuestros hijos 257

15. Conservar los lazos que empoderan 279

16. Disciplina que no divide 303

QUINTA PARTE
PREVENIR LA ORIENTACIÓN HACIA LOS IGUALES

17. N<small>O CORTEJES A LA COMPETENCIA</small> 333

18. R<small>ECREAR LA ALDEA DE APEGO</small> 357

SEXTA PARTE
UN APÉNDICE PARA LA ERA DIGITAL (CÓMO AFERRARNOS A NUESTROS HIJOS EN LA ERA DE INTERNET, LOS MÓVILES Y LOS VIDEOJUEGOS)

19. L<small>A AGITACIÓN DE LA REVOLUCIÓN DIGITAL</small> 373

20. T<small>ODO ES CUESTIÓN DE ELEGIR EL MOMENTO JUSTO</small> 393

21. A <small>RAÍZ DE LA PANDEMIA: LA ORIENTACIÓN HACIA LOS IGUALES Y LA CRISIS DE SALUD MENTAL EN LOS JÓVENES</small> 413

Glosario 429
Notas bibliográficas 439
Índice temático 451

*Dedicamos este libro
a nuestros hijos,
así como a los hijos,
presentes y futuros, de nuestros hijos.*

*Ellos han inspirado estos conocimientos
y nos han dado buenas razones para exponerlos.*

*Tamara, Natasha, Bria, Shay y Braden
Daniel, Aaron y Hannah
Kiara, Julian y Sinead*

«La acción solo tiene sentido si se da en el contexto de una relación y, cuando no comprendemos lo que es una relación, cualquier tipo de acción no hará más que generar conflictos. El conocimiento de la relación es infinitamente más importante que la búsqueda de cualquier plan de acción».

J. Krishnamurti

NOTA PARA EL LECTOR

Gordon Neufeld y yo nos conocemos desde hace muchos años. Nos vimos por primera vez cuando mi mujer, Rae, y yo recurrimos a él para que nos aconsejara sobre un asunto relacionado con nuestro hijo mayor, que por entonces tenía ocho años. Creíamos que teníamos un niño difícil, pero Gordon nos demostró rápidamente que ni nuestro hijo ni nosotros teníamos ningún problema, sino que las dificultades estribaban en la forma en la que enfocábamos nuestra relación con él. Unos años más tarde tuvimos la sensación de que nuestro segundo hijo, en aquel momento un joven adolescente, ya no aceptaba nuestra autoridad e incluso rechazaba nuestra compañía. Una vez más consultamos a Gordon, cuya respuesta fue que teníamos que engancharlo para que restableciese la relación con nosotros alejándose de sus iguales. Fue entonces cuando conocí el concepto de orientación hacia los iguales que ha desarrollado el doctor Neufeld —basado en el hecho de que estos han sustituido a los padres como referente principal de los niños—, y las importantes consecuencias negativas de este cambio, endémico en la sociedad moderna. Desde entonces han sido muchos los motivos que me han llevado a sentirme agradecido por los conocimientos que Rae y yo adquirimos gracias a él.

Gordon y yo hemos escrito *Tus hijos te necesitan* con la intención expresa de volver a despertar los instintos naturales para la crianza de los hijos, inherentes a todas las personas. Si logramos este propósito, revolucionaremos en buena medida lo que actualmente se percibe como la forma correcta de criar y educar a los niños. No nos hemos centrado en lo que deberían hacer los padres, sino en lo que tienen que *ser* para sus hijos. Lo que ofrecemos es una forma de entender al niño, de comprender su desarrollo y también de conocer los impedimentos que en la actualidad se interponen en la evolución saludable de nuestros hijos. A partir de esa comprensión, y también del compromiso sincero con el que los padres asumen la crianza, surgirán espontáneamente los conocimientos y la implicación que son la fuente del éxito en esta empresa.

La creencia tan arraigada que se tiene hoy en día de que la crianza es un conjunto de habilidades que deben aplicarse siguiendo las recomendaciones de los expertos es en realidad el resultado de la pérdida de la intuición y de una relación con los niños que las generaciones anteriores sí tenían. Ser padres consiste en eso, en establecer una relación. La biología, el matrimonio o la adopción pueden animarnos a asumir esa relación, pero solo una conexión bidireccional con nuestro hijo puede asegurar su éxito. Cuando confiamos en nuestra forma de ejercer la paternidad, se activan unos instintos naturales que nos muestran, con mucha más sagacidad de la que puede ofrecernos cualquier experto, cómo cuidar y enseñar a los pequeños que tenemos a nuestro cargo. El secreto es respetar nuestra relación con nuestros hijos cada vez que interactuemos con ellos.

En el mundo actual, y por razones que aclararemos más adelante, la paternidad está siendo socavada. Afrontamos mucha competencia insidiosa que aleja a nuestros hijos de nosotros mientras, al mismo tiempo, nosotros nos vemos apartados de la paternidad. Hemos perdido el sustento económico y social de una cultura que apoye y considere la crianza una misión sagrada. Si, en una época anterior, la sociedad podía afirmar que el apego de los niños a sus progenitores era firme y duradero, nosotros no disfrutamos de ese lujo. Como padres modernos, tenemos que adquirir conciencia de lo que falta, de por qué las cosas no están funcionando correctamente en la crianza y la educación de nuestros niños y adolescentes. Eso nos preparará para el reto de establecer con nuestros hijos una relación en la cual nosotros, los adultos cuidadores, volvamos a llevar las riendas y no tengamos que depender de la coacción y de diversas estrategias rebuscadas para recuperar su cooperación, su docilidad y su respeto. Es en su relación con nosotros donde nuestros hijos alcanzarán su destino implícito de convertirse en seres independientes, automotivados y maduros que aprecian su propia valía y son conscientes de los sentimientos, los derechos y la dignidad de los demás.

Tus hijos te necesitan está dividido en cinco partes. La primera explica el concepto de orientación hacia los iguales y cómo se ha convertido en una dinámica dominante en nuestra cultura. La segunda y la tercera detallan los múltiples efectos negativos que esta orientación provoca tanto en nuestra capacidad de crianza como en el desarrollo de nuestros hijos. Además, en estas tres primeras partes se describe a grandes rasgos lo que supone el desarrollo saludable del niño, que contrasta con el crecimiento perverso fomentado por la cultura de los iguales. La cuarta ofrece un programa para establecer un vínculo duradero con nuestros hijos, una relación que servirá como refugio seguro para su maduración, mientras que la quinta y última explica cómo prevenir la atracción que el mundo de los iguales ejerce sobre ellos.

El historial y la experiencia como psicólogo del doctor Neufeld y su trabajo original y brillante son la base de la tesis que presentamos y de las pautas que ofrecemos. En ese sentido, él es el único autor. Muchos de los miles de progenitores y educadores que, a lo largo de varias décadas, han asistido a sus seminarios le han preguntado con cierta impaciencia cuándo va a salir su libro. Yo he contribuido a que la preparación y la publicación de esta obra no haya tenido que retrasarse. Su planificación, redacción y estructura han sido una labor conjunta.

Me siento orgulloso de haber podido ayudar a transmitir las ideas transformadoras de Gordon Neufeld a un público mucho más amplio. Esta labor se había retrasado ya demasiado tiempo y ambos nos sentimos agradecidos de haber entablado una amistad y una relación laboral que han hecho posible la creación de este libro. Esperamos (es más, confiamos y creemos) que el lector también considere que ha sido una colaboración afortunada.

Deseamos, además, reconocer la labor de nuestras dos editoras, Diane Martin en Toronto y Susanna Porter en Nueva York. Diane vio las posibilidades de esta obra desde el principio y nos ha apoyado de corazón durante todo este tiempo. Susanna se abrió camino con paciencia y experiencia a través de un manuscrito en cierto modo pomposo y pesado y, mediante sus hábiles sugerencias, nos ayudó a preparar una versión más ligera y mejor organizada que permite transmitir nuestro mensaje de una forma más clara. El resultado es un libro que los lectores encontrarán más agradable y con el que sin duda los autores se sienten más satisfechos.

Gabor Maté

AGRADECIMIENTOS

Las personas indispensables que han colaborado de un modo práctico en la elaboración y el desarrollo de este libro han sido siete: Gail Carney, Christine Dearing, Sheldon Klein, Joy Neufeld, Kate Taschereau, Suzanne Walker y Elaine Wynne. A estas personas les pusimos el nombre del «Grupo de las tardes de los martes», porque se reunieron con nosotros todas las semanas desde que empezamos a escribir el libro hasta la entrega final del manuscrito. Primero deliberaron, debatieron y criticaron los conceptos que debían presentarse y luego, capítulo por capítulo, hicieron lo mismo con el trabajo que derivó en *Tus hijos te necesitan*. Se comprometieron a trasladar el mensaje a la letra impresa de una forma que respetara la intención del libro y, al mismo tiempo, las necesidades y la sensibilidad del lector. Nosotros, los dos autores, esperábamos con ilusión estas reuniones tan animadas y experimentamos una sensación de pérdida y nostalgia cuando terminamos de redactar el manuscrito porque eso supuso también el final de nuestros encuentros regulares. Reconocemos muy agradecidos nuestra deuda con el Grupo. Sin su apoyo y dedicación, nuestra tarea habría sido más ardua, y el resultado, menos satisfactorio.

PRIMERA PARTE

EL FENÓMENO DE LA ORIENTACIÓN HACIA LOS IGUALES

1
POR QUÉ LOS PADRES SON HOY MÁS IMPORTANTES QUE NUNCA

JEREMY, DE DOCE AÑOS, está encorvado sobre el teclado con la vista fija en la pantalla del ordenador. Son las ocho de la tarde y los deberes que tiene que entregar mañana en la escuela no están ni mucho menos terminados, pero él hace oídos sordos a las repetidas advertencias de su padre para que se ponga a hacerlos. Está intercambiando mensajes con sus amigos a través de las redes sociales: cotilleos acerca de quién le gusta a quién, aclaraciones sobre quién es colega y quién enemigo, discusiones sobre quién dijo qué a quién ese día en el colegio, o sobre quién mola y quién no.

—Deja de molestarme —le ladra a su padre, que, una vez más, ha ido a recordarle que tiene que hacer sus tareas.

—Si hicieras lo que tienes que hacer —le replica su padre con la voz agitada por la frustración—, no te molestaría.

La batalla verbal va siendo cada vez más cruda, las voces suben de tono y, al cabo de unos minutos, Jeremy grita:

—¡No entiendes nada! —Y cierra la puerta de un portazo.

El padre está disgustado, enfadado con Jeremy pero, sobre todo, consigo mismo. «La he vuelto a fastidiar —piensa—. No sé comunicarme con mi hijo». Tanto su mujer como él están preocupados por el muchacho. Antes era un niño muy colaborador pero ahora resulta prácticamente imposible controlarlo y tampoco se deja aconsejar. Su atención parece centrarse exclusivamente en la relación con sus amigos.

Este mismo conflicto se repite varias veces a la semana y ni el niño ni sus padres son capaces de responder con ideas o acciones nuevas que les permitan salir de ese punto muerto. Los adultos se sienten indefensos e impotentes. Nunca han confiado demasiado en los castigos, pero cada vez están más decididos a aplicarlos. Sin embargo, cuando lo hacen, su hijo se muestra todavía más resentido y desafiante.

¿Es lógico que la crianza resulte tan difícil? ¿Ha sido así siempre? En el pasado, las generaciones mayores se quejaban a menudo de que los jóvenes eran menos respetuosos y disciplinados que ellos a su edad, pero hoy en día muchos padres intuyen que algo va mal. Los niños no son como recordamos que éramos nosotros. Es menos probable que sigan el ejemplo de los adultos, tienen menos miedo de meterse en líos. También parecen menos inocentes e ingenuos. Da la impresión de que les falta ese asombro que conduce a un niño a emocionarse con el mundo, a explorar las maravillas de la naturaleza o de la creatividad humana. Muchos parecen inapropiadamente sofisticados, hasta insensibles en ciertos aspectos, pseudomaduros antes de tiempo. Tenemos la sensación de que se aburren con facilidad cuando están lejos de sus amigos o cuando no están conectados a algún tipo de dispositivo tecnológico. El juego creativo y solitario parece haberse convertido en un vestigio del pasado.

—Cuando era niña, me pasaba horas fascinada con la arcilla que cogía de una zanja que había cerca de nuestra casa —recuerda una madre de cuarenta y cuatro años—. Me encantaba el tacto que tenía, moldearla para crear cosas o simplemente amasarla con las manos. Sin embargo, no consigo que mi hijo de seis años juegue solo a menos que sea con el ordenador, la Nintendo o los videojuegos.

También la crianza parece haber cambiado. Nuestros padres tenían más confianza en sí mismos, más seguridad, y ejercían sobre nosotros un efecto mayor, para bien o para mal. Hoy en día, muchas personas tienen la sensación de que criar a un hijo no es algo natural.

Los padres de hoy quieren a sus hijos tanto como los de cualquier otra época, pero no siempre consiguen transmitirles ese amor. Tenemos mucho que enseñar, pero, por una u otra razón, nuestra capacidad para hacerlo ha disminuido. No nos sentimos empoderados para guiar a nuestros hijos de un modo que les permita alcanzar todo su potencial.

En ocasiones, ellos parecen vivir y actuar como si algún canto de sirena imperceptible para nosotros los hubiera seducido y apartado de nuestro lado. Intuimos, aunque sea vagamente, que el mundo se ha convertido en un lugar menos seguro para ellos y nos sentimos incapaces de protegerlos. En algunas ocasiones, la brecha que se abre entre los niños y los adultos parece insalvable.

Nos esforzamos por estar a la altura de nuestras ideas sobre cómo debería ser la crianza. Al no alcanzar los resultados deseados, nos dedicamos a rogar a nuestros hijos, a engatusarlos, a sobornarlos, a recompensarlos o a castigarlos. Nos escuchamos dirigirnos a ellos en un tono que incluso a nosotros mismos nos parece duro y ajeno a nuestra verdadera naturaleza. Sentimos que nos quedamos fríos en momentos de crisis, justo cuando nos gustaría poder demostrar todo nuestro amor incondicional. Nos sentimos heridos como padres y rechazados. Nos culpamos a nosotros mismos por fracasar en esa tarea, o a nuestros niños por no mostrarse dispuestos, o a la televisión por distraerlos, o al sistema escolar por no ser suficientemente estricto. Cuando nuestra impotencia se vuelve insoportable, echamos mano de fórmulas simplistas y autoritarias coherentes con los valores del «hazlo tú mismo» o de las «soluciones rápidas» que imperan en nuestra época.

Incluso se ha puesto en cuestión la importancia de la crianza misma para el desarrollo y la formación de los niños. En 1998, el título de un artículo de portada de la revista *Newsweek* fue «¿Tienen importancia los padres?». «La crianza está sobrevalorada —argumentaba un libro que ese mismo año fue objeto de atención internacional—. Te han hecho creer que tu influencia sobre la personalidad de tu hijo es mayor de lo que realmente es»[1].

La cuestión de la influencia paterna y materna podría no ser tan crucial si las cosas con nuestros jóvenes fueran bien. Que nuestros hijos no parezcan escucharnos, ni hagan suyos nuestros valores, podría quizá ser aceptable si fueran realmente autosuficientes y autónomos y estuvieran bien asentados, si se valoraran a sí mismos y supieran adónde se dirigen y cuál es su objetivo en la vida. Sin embargo, vemos que muchos niños y jóvenes carecen de esas cualidades. En los hogares, en las escuelas, en muchas comunidades, los jóvenes en desarrollo han perdido el rumbo. Muchos carecen de autocontrol y son cada vez más propensos al aislamiento, al consumo de drogas, a la violencia o simplemente a una falta general de propósito. Son menos fáciles de enseñar y más difíciles de manejar que sus homólogos de hace solo unas décadas. Muchos han perdido su capacidad de adaptación, de aprender de las experiencias negativas y de madurar. A un número sin precedentes de niños y adolescentes se les recetan ahora medicamentos para la depresión, la ansiedad y diversos trastornos. La crisis de la juventud se manifiesta de una forma ominosa en el problema cada vez mayor del acoso en las escuelas y, en los casos extremos, del asesinato de niños por niños. Tales tragedias, aunque raras, son solo las señales más visibles de un malestar generalizado, de una vena agresiva que hace estragos en la cultura juvenil actual.

Los progenitores comprometidos y responsables se sienten frustrados. Aunque los cuidamos con todo nuestro amor, los niños parecen muy estresados. Da la impresión de que los padres y el resto de los adultos han dejado de ser los mentores naturales de los jóvenes, como solía ocurrir siempre con los seres humanos y sigue sucediendo con todas las demás especies que viven en sus hábitats naturales. Las generaciones mayores, progenitores y abuelos del grupo de los *baby boomers*, son incapaces de comprenderlo. «En nuestra época no necesitábamos manuales sobre cómo ser padres, sencillamente lo hacíamos», dicen, con una mezcla de verdad e incomprensión.

Esta situación resulta paradójica, puesto que disponemos de más conocimientos que nunca sobre el desarrollo infantil y tenemos más acceso a cursos y libros sobre crianza que cualquier generación anterior.

El contexto perdido de la crianza

Entonces, ¿qué ha cambiado? El problema, en una palabra, es el *contexto*. Por muy bienintencionados, hábiles o compasivos que seamos, criar es algo en lo que no nos podemos implicar con cualquier niño. Para ser eficaz, la crianza requiere un contexto. Un niño debe estar receptivo para que consigamos criarlo, consolarlo, guiarlo y dirigirlo. Los niños no nos conceden automáticamente la autoridad para ejercer este papel por el simple hecho de que seamos adultos, o solo porque los queramos, creamos saber lo que es bueno para ellos y tengamos en cuenta sus intereses. A esta falta de autoridad se enfrentan a menudo los padrastros, al igual que otras personas que tienen que cuidar de niños que no son suyos, ya sean progenitores adoptivos, canguros, niñeras, cuidadores de guardería o profesores. Incluso con nuestros propios hijos, la autoridad paterna y materna natural puede perderse si se erosiona el contexto en el que se ejerce.

Si las habilidades parentales e incluso el amor al niño no son suficientes, entonces ¿qué es lo que necesitamos? Existe un tipo especial de relación indispensable sin el cual la crianza carece de una base firme. Los especialistas en desarrollo (psicólogos y otros científicos que estudian el desarrollo humano) la llaman relación de *apego*. Para que un niño esté dispuesto a ser criado por un adulto debe apegarse activamente a él, desear su contacto y su cercanía. En los primeros meses de vida, este impulso es bastante físico: el bebé se aferra literalmente a su progenitor y necesita que lo coja en brazos. Si todo se desarrolla según lo previsto, el apego evolucionará hacia una cercanía emocional y, finalmente, hacia una sensación de intimidad psicológica. Los niños que carecen de este tipo de conexión con sus cuidadores son muy difíciles de criar o incluso de enseñar. Solo la relación de apego puede proporcionar el contexto adecuado para la crianza.

El secreto de la crianza no está en lo que *hace* un progenitor, sino en *quién* es para el niño. Nos empoderamos como criadores, refugio, guías, modelos, maestros o entrenadores cuando la criatura busca nuestro contacto y nuestra cercanía. Para un niño bien apegado a nosotros, somos la base desde la que puede aventurarse por el mundo, el refugio al que regresar, su fuente de inspiración. Todas las habilidades parentales del mundo son incapaces de compensar la falta de una relación de este tipo. Todo el amor del mundo es imposible de transmitir si no dispone del cordón umbilical psicológico creado por el apego del niño.

Esta relación de apego debe durar por lo menos hasta que el niño deje de necesitar los cuidados de sus padres, y eso es lo que resulta cada vez más difícil en el mundo actual. Los progenitores no han cambiado, no se han vuelto menos competentes ni menos entregados. Tampoco lo ha hecho la naturaleza fundamental de los niños: no se han vuelto menos dependientes ni más resistentes. Lo que se ha transformado es la cultura en la que criamos a nuestros hijos. El apego de los niños a sus progenitores ha dejado de recibir el apoyo necesario de la cultura y la sociedad. Incluso las relaciones padre/madre-hijo, que al principio son poderosas y plenamente enriquecedoras, pueden verse socavadas cuando nuestros hijos salen a un mundo que ya no aprecia ni refuerza el vínculo de apego. Los niños crean cada vez más lazos que compiten con el que han establecido con sus padres, con lo que tenemos cada vez menos acceso al contexto adecuado para la crianza. Lo que impide que nuestra crianza sea eficaz no es la falta de amor o de conocimientos, sino la erosión del contexto de apego.

Los efectos de la cultura de los iguales

De todos los apegos competidores que socavan la autoridad de los progenitores y el amor paterno y materno, el más importante y perjudicial es la creciente vinculación de nuestros hijos con sus iguales. La tesis de este libro es que el trastorno que afecta a las generaciones de niños pequeños y adolescentes que ahora se encaminan hacia la edad adulta tiene su origen en el hecho de que ya no se orientan hacia los adultos que los cuidan. Nuestra intención no es en absoluto formular un trastorno médico-psicológico más (sería lo último que necesitan los desconcertados padres de hoy). Utilizamos la palabra *trastorno* en su sentido más literal: una alteración del orden natural de las cosas. Por primera vez en la historia, los jóvenes no acuden a sus madres, padres, profesores y demás adultos responsables en busca de instrucción, modelo y orientación, sino a personas a las que la naturaleza nunca quiso colocar en el papel de progenitores: sus propios compañeros. Han dejado de ser manejables, resulta difícil enseñarles y no maduran porque ya no siguen el ejemplo de los adultos, sino que son educados por personas inmaduras que no pueden guiarlos hacia la madurez. Se educan unos a otros.

El término que mejor parece encajar con este fenómeno es *orientación hacia los iguales*. Este fenómeno ha silenciado nuestros instintos de crianza, ha erosionado nuestra autoridad natural y ha hecho que no criemos con el corazón, sino con la cabeza, es decir, con manuales, consejos de «expertos» y las confusas expectativas de la sociedad.

¿Qué es la orientación hacia los iguales?

La orientación, el impulso de ubicarse y familiarizarse con el entorno, es tanto un instinto como una necesidad humana fundamental. Sentirse desorientado es una de las experiencias psicológicas más difíciles de soportar. El apego y la orientación están unidos por un vínculo inextricable, porque los seres humanos y otras criaturas se orientan de manera automática buscando señales procedentes de aquellos a los que están apegados.

Los niños, como las crías de cualquier otra especie de sangre caliente, tienen un instinto innato de orientación: necesitan que alguien les indique hacia dónde deben dirigirse. Igual que un imán gira de forma automática hacia el polo norte, los niños tienen una necesidad innata de orientarse hacia una fuente de autoridad, contacto y calor. Si carecen de una figura así en sus vidas, se desorientan, y eso les resulta insoportable. Son incapaces de aguantar lo que yo llamo un *vacío de orientación**. La naturaleza ha previsto que el progenitor, o cualquier adulto que actúe como sustituto de este, sea su polo de orientación, del mismo modo que los adultos de cada especie son las influencias orientadoras en la vida de todos los animales que crían a sus hijos.

Este instinto de orientación de los humanos se parece mucho al instinto de impronta de un patito. Cuando sale del huevo, el animalito graba inmediatamente su impronta en la madre: la seguirá a todas partes haciendo caso de su ejemplo y de sus indicaciones hasta que crezca y adquiera una independencia madura. Eso es lo que la naturaleza ha diseñado, por supuesto, pero, en ausencia de la madre, el patito empezará a seguir al objeto móvil más cercano: un ser humano, un perro o incluso un juguete mecánico. Huelga decir que ni el ser humano, ni el perro,

---

* A menos que se indique lo contrario, la primera persona del singular en este libro hace referencia a Gordon Neufeld.

ni el juguete son tan adecuados como su madre para criarlo con éxito hasta que se haga adulto. Del mismo modo, si no hay ningún adulto que pueda atenderlo, el niño humano se orientará hacia quien esté cerca. Las tendencias sociales, económicas y culturales de las últimas cinco o seis décadas han desplazado al progenitor de su posición de influencia orientadora prevista por la naturaleza. El grupo de iguales ha pasado a ocupar este vacío de orientación, y los resultados han sido deplorables.

Como demostraremos más adelante, los niños no pueden orientarse simultáneamente hacia los adultos y hacia otros niños. No se pueden seguir dos conjuntos de directrices contradictorias al mismo tiempo. Siempre que ambas parezcan entrar en conflicto, su cerebro debe elegir automáticamente entre los valores paternos y los de los compañeros, la orientación paterna y la de los compañeros, la cultura paterna y la de los compañeros.

¿Estamos diciendo con esto que los niños no deben tener amigos de su edad ni establecer vínculos con otros niños? En absoluto, esos vínculos son naturales y pueden cumplir un propósito muy sano. En las culturas orientadas hacia los adultos, donde los principios y valores rectores son los de las generaciones más maduras, los niños se vinculan entre sí sin perder el norte ni rechazar la orientación de sus padres. En nuestra sociedad, sin embargo, ya no es así. Los vínculos entre iguales han llegado a sustituir las relaciones con los adultos como principales fuentes de orientación de los niños. Lo que no es natural no es el contacto entre iguales, sino que los niños se hayan convertido en la influencia dominante en su desarrollo mutuo.

Normal, pero ni natural ni sano

Hoy en día, la orientación entre iguales es tan omnipresente que se ha convertido en la norma. Muchos psicólogos y educadores, así como el público no especializado, han llegado a considerarla natural o, lo que es más común, ni siquiera la reconocen como un fenómeno específico o destacable. Sencillamente, se da por hecho que las cosas son así. Pero lo que es «normal», en el sentido de que se ajusta a una norma, no es necesariamente «natural» o «sano». No hay nada sano ni natural en la orientación hacia los iguales. Y, en los países industrialmente más avanzados, esta revolución contra el orden natural de las cosas ha triunfado recientemente por razones que analizaremos más adelante (véase el capítulo 3), aunque sigue siendo ajena a las sociedades indígenas e incluso a muchos lugares del mundo occidental que están apartados de los núcleos urbanos «globalizados». A lo largo de la evolución humana y hasta aproximadamente la Segunda Guerra Mundial, la norma en el desarrollo humano era la orientación hacia los adultos, pero, en los últimos tiempos, nosotros, las personas que deberíamos estar al mando (progenitores y profesores), hemos perdido nuestra influencia sin ni siquiera ser conscientes de ello.

La orientación hacia los iguales se disfraza como algo natural o pasa inadvertida porque nos hemos divorciado de nuestras intuiciones y porque nosotros mismos nos hemos orientado hacia nuestros iguales sin darnos cuenta. Para los miembros de las generaciones de la posguerra nacidos en Inglaterra, Norteamérica y muchas otras partes del mundo industrializado, nuestra propia preocupación por los iguales nos está impidiendo ver la gravedad del problema.

Hasta hace poco tiempo, la cultura siempre se transmitía verticalmente, de generación en generación. Durante milenios, escribió Joseph Campbell, «los jóvenes se han educado y los ancianos se han hecho sabios» a través del estudio, la experiencia y el conocimiento de las formas culturales tradicionales. Los adultos desempeñaban un papel fundamental en la transmisión de la cultura, tomando lo que recibían de sus propios padres para enseñárselo a sus hijos. Sin embargo, hoy hay muchas más probabilidades de que la cultura en la que se está introduciendo a *nuestros* hijos sea la de sus iguales y no la de sus progenitores. Los niños están generando su propia cultura, muy distinta de la de sus padres y, en cierto modo, también muy ajena a ella, y esta cultura, en lugar de transmitirse en vertical, se transmite en horizontal dentro de la generación más joven.

Para cualquier cultura, sus costumbres, su música, su modo de vestir, sus celebraciones y sus historias son algo esencial. La música que escuchan los niños se parece muy poco a la de sus abuelos. Su aspecto está dictado por el de otros niños y no por la herencia cultural de sus padres. Sus fiestas de cumpleaños y ritos de iniciación están influidos por las prácticas de otros niños de su entorno, no por las costumbres que tuvieron anteriormente sus progenitores. Si todo eso nos parece normal, solo se debe a nuestra propia orientación hacia nuestros iguales. La existencia de una cultura juvenil, independiente y distinta de la de los adultos, tiene apenas cincuenta años. Aunque medio siglo es un tiempo relativamente corto en la historia de la humanidad, en la vida de un individuo constituye toda una época. La mayoría de los lectores de este libro ya se habrán criado en una sociedad en la que la transmisión de la cultura es horizontal y no vertical. En cada nueva generación, este proceso, potencialmente corrosivo para la sociedad civilizada, adquiere nuevo poder y velocidad. Incluso en los veintidós años que transcurrieron entre el nacimiento de mi primer hijo y el del quinto, tengo la sensación de que los padres han ido perdiendo terreno.

Según un amplio estudio internacional dirigido por el psiquiatra infantil británico sir Michael Rutter y el criminólogo David Smith, la cultura de los niños surgió tras la Segunda Guerra Mundial y es uno de los fenómenos sociales más dramáticos y ominosos del siglo XX[2]. Este estudio, en el que participaron destacados eruditos de dieciséis países, vinculó la escalada del comportamiento antisocial con la ruptura de la transmisión vertical de la cultura dominante. Junto con el auge de una cultura infantil, independiente y distinta de la dominante, se produjo un aumento de la delincuencia juvenil, la violencia, el acoso y la criminalidad.

Estas amplias tendencias culturales se ven reflejadas en unas pautas similares en el desarrollo de nuestros hijos como individuos. Las personas a las que designamos como modelos, es decir, con las que nos identificamos, son las que definen lo que queremos ser y cómo debemos actuar. La literatura psicológica actual hace hincapié en el papel de los iguales en la creación del sentido de identidad de los niños[3]. Cuando se les pide que se definan a sí mismos, es muy habitual que ni siquiera hagan referencia a sus padres, sino a los valores y expectativas de otros niños y de los grupos de iguales a los que pertenecen. Algo significativamente sistémico ha cambiado. En demasiados casos, los compañeros han sustituido a los padres en la creación del núcleo de la personalidad del niño.

En las generaciones anteriores, todo indicaba que los padres eran lo más importante para los hijos. Carl Jung sugirió que lo que produce un mayor efecto en el niño, lo que deja la mayor cicatriz en su personalidad, no es tanto lo que ocurre en la relación padre-hijo como lo que falta, o, en palabras del gran psiquiatra infantil británico D. W. Winnicott, si «no ocurre nada cuando podría haber ocurrido algo de provecho». Un pensamiento aterrador. Otro más aterrador aún es que, si los iguales han sustituido a los adultos como las personas más importantes para el niño, lo que falta en esas relaciones será lo que produzca un efecto más profundo, y en ellas están completamente ausentes el amor y la aceptación incondicional, el deseo de cuidar, la capacidad de entregarse por el bien del otro, la voluntad de sacrificarse por el crecimiento y el desarrollo del otro. Cuando comparamos las relaciones entre iguales con las que se tienen con los padres para comprender sus carencias, estos últimos parecen unos santos. Y los resultados son desastrosos para muchos niños.

En paralelo al aumento de la orientación hacia los iguales en nuestra sociedad, se ha producido un incremento asombroso y espectacular de la tasa de suicidios infantiles, que en Norteamérica se ha cuadruplicado en los últimos cincuenta años en la franja de edad de diez a catorce años, el grupo donde ha crecido con más rapidez, con un aumento del 120 por ciento solo entre 1980 y 1992. Y en los barrios marginales, donde la probabilidad de que los iguales sustituyan a los padres es más elevada, estas tasas de suicidio se han disparado todavía más[4]. Lo que hay detrás de estos suicidios es muy revelador. Como muchos estudiosos del desarrollo humano, siempre pensé que el rechazo paterno era el factor más significativo a este respecto, pero ya no lo considero así. Durante un tiempo estuve trabajando con delincuentes juveniles y una parte de mi labor consistía en investigar la dinámica psicológica de los niños y adolescentes que intentaban suicidarse, con éxito o sin él. En la gran mayoría de los casos pude comprobar con enorme conmoción y sorpresa que el desencadenante clave era el trato que recibían de sus compañeros, no de sus padres. Mi experiencia no era única, como confirman los informes cada vez más numerosos de suicidios infantiles inducidos por el rechazo de los iguales y el acoso de los compañeros. Cuanta más importancia adquieren los iguales, más habitual es que haya niños destrozados por la relación insensible que mantienen con estos, porque no encajan, por el rechazo que reciben o por el ostracismo al que son sometidos.

Ninguna sociedad, ninguna cultura, es inmune a esto. En Japón, por ejemplo, los valores tradicionales transmitidos por los mayores han sucumbido a la occidentalización y el auge de la cultura juvenil. Hasta hace muy poco tiempo, ese país estaba casi libre de delincuencia y problemas escolares entre sus niños, pero ahora experimenta los productos más indeseables de la orientación hacia los iguales, incluida la anarquía, el suicidio infantil y una tasa creciente de abandono escolar. La revista *Harper's* publicó hace poco una selección de notas de suicidio dejadas por niños japoneses: la mayoría aducía que su decisión de quitarse la vida se debía al acoso intolerable de sus compañeros[5].

La adolescencia es la etapa en la que los efectos de la orientación hacia los iguales resultan más evidentes, pero sus primeras señales son ya visibles en segundo o tercer curso. Sus orígenes se remontan incluso a antes del jardín de infancia y deben ser comprendidos por todos los progenitores, en especial por los que tienen niños pequeños y quieran evitar el problema o revertirlo en cuanto aparezca.

Una voz de alarma

La primera advertencia llegó hace ya cuatro décadas. Los libros de texto que yo utilizaba para impartir mis cursos de psicología del desarrollo y relaciones entre padres e hijos contenían referencias a un investigador estadounidense de principios de los años sesenta que había dado la voz de alarma al señalar que los padres estaban siendo sustituidos por los iguales como principal fuente de valores y normas de conducta. En un estudio realizado con siete mil jóvenes, el doctor James Coleman descubrió que las relaciones con los amigos tenían prioridad sobre las que mantenían con los progenitores y mostró su preocupación porque se hubiera producido un cambio fundamental en la sociedad estadounidense[6]. Sin embargo, otros estudiosos se mostraron escépticos y señalaron que se trataba de un problema concreto Chicago y que esa tendencia no estaba extendida en todo el país. Eran optimistas y creían que probablemente se debía a la alteración que la Segunda Guerra Mundial había provocado en la sociedad y que desaparecería en cuanto las cosas volvieran a la normalidad. Sostenían que la idea de que los iguales se fueran a convertir en la influencia dominante sobre un niño procedía de casos atípicos al margen de la sociedad. Las preocupaciones de James Coleman fueron tachadas de alarmistas.

Yo también enterré la cabeza en la arena hasta que mis propios hijos pusieron bruscamente en jaque mi actitud negativista. Nunca había sospechado que fuera a perderlos en favor de sus iguales. Para mi consternación observé que, al llegar a la adolescencia, mis dos hijas mayores empezaron a orbitar alrededor de sus compañeras siguiendo su ejemplo, imitando su lenguaje, interiorizando sus valores. Cada vez me resultaba más difícil hacerme con ellas. Probé multitud de cosas en un intento de imponer mis deseos y expectativas, pero lo único que conseguí fue empeorar la situación. Era como si la influencia parental que mi mujer y yo ejercíamos se hubiera evaporado de repente. Compartir a nuestros hijos es una cosa, pero que estos nos sustituyan por otras personas es algo muy distinto. Pensaba que mis hijas eran inmunes a esa situación: no mostraban interés por las bandas ni por la delincuencia, se habían criado en un contexto de relativa estabilidad, con una familia extensa que las quería mucho, vivían en una comunidad sólida orientada hacia la familia y su infancia no se había visto perturbada por una gran guerra mundial. Las conclusiones de Coleman no parecían guardar ninguna relación con mi vida familiar. Sin embargo, cuando empecé a encajar las piezas, descubrí que lo que les ocurría a mis hijas era más típico que excepcional.

«Un momento, ¿no se supone que debemos dejarlos ir? —preguntan muchos padres—. ¿No se supone que nuestros hijos deben independizarse de nosotros?». Por supuesto, pero exclusivamente cuando nuestro trabajo haya terminado y solo para que puedan ser ellos mismos. Adaptarse a las expectativas inmaduras del grupo de iguales no permite que los jóvenes crezcan hasta convertirse en adultos independientes que se respetan a sí mismos. Al debilitar las líneas naturales de apego y responsabilidad, la orientación hacia los iguales socava el desarrollo sano.

Los niños pueden saber lo que quieren, pero es peligroso suponer que saben lo que necesitan. Al niño orientado hacia sus iguales le parece natural preferir el contacto con los amigos a la cercanía con su familia, estar con ellos todo el tiempo que puede, parecerse a ellos lo más posible. Un niño no sabe lo que es mejor para él. Una crianza basada en sus preferencias puede jubilarte mucho antes de que hayas terminado tu tarea. Para criar a nuestros hijos debemos recuperarlos y hacernos cargo de satisfacer sus necesidades de apego.

Las manifestaciones extremas de la orientación hacia los iguales captan la atención de los medios de comunicación: acoso violento, asesinatos entre iguales, suicidios infantiles. Aunque estos terribles sucesos nos conmocionan a todos, la mayoría de nosotros no tenemos la sensación de que nos conciernan de una forma directa. Tampoco son el tema central de este libro. Sin embargo, tales tragedias infantiles son solo las expresiones más dramáticas de la orientación hacia los iguales, un fenómeno que ya no se limita a las junglas de hormigón y al caos cultural de grandes ciudades como Chicago, Nueva York, Toronto o Los Ángeles. Ha golpeado a los barrios residenciales, comunidades caracterizadas por hogares de clase media y buenas escuelas. Este libro no se centra en lo que ocurre ahí fuera, a un paso de nosotros, sino en lo que está sucediendo en nuestra propia casa.

A nosotros, los autores de este libro, la voz de alarma nos llegó con la creciente orientación de nuestros propios hijos hacia sus iguales. Tenemos la esperanza de que *Tus hijos te necesitan* pueda servir de llamada de atención a los progenitores de todo el mundo y a la sociedad en general.

Las buenas noticias

Es muy posible que seamos incapaces de invertir las fuerzas sociales, culturales y económicas que impulsan la orientación hacia los iguales, pero sí podemos hacer mucho en nuestros hogares y en nuestras aulas para evitar que nuestros hijos nos sustituyan antes de tiempo. Dado que la cultura ya no guía a nuestros hijos en la dirección correcta (hacia una independencia y una madurez auténticas), los progenitores y el resto de los adultos que se ocupan de la crianza son ahora más importantes que nunca.

Lo único que podemos hacer es volver a colocar la relación progenitor-hijo (y adulto-niño) en sus cimientos naturales. Y así como las relaciones están en el centro de nuestras actuales dificultades en la crianza y en la enseñanza, también ocupan el centro de la solución. Los adultos que basan la crianza en una relación sólida con el niño siguen su intuición. No tienen que recurrir a técnicas ni manuales, sino que actúan desde la comprensión y la empatía. Si sabemos cómo estar con nuestros hijos y quiénes ser para ellos, necesitaremos muchos menos consejos sobre lo que debemos hacer. Los enfoques prácticos surgen espontáneamente de nuestra propia experiencia, una vez restablecida la relación.

Lo bueno es que la naturaleza está de nuestro lado. Nuestros hijos quieren pertenecernos, aunque no lo sientan así y aunque sus palabras o actos parezcan indicar lo contrario. Podemos reclamar el papel que nos corresponde como cuidadores y mentores. En la cuarta parte de este libro mostramos un programa detallado para mantener cerca a nuestros hijos hasta que alcancen la madurez y restablecer la relación si se ha debilitado o perdido. Siempre hay cosas que podemos hacer. Aunque es imposible garantizar que un enfoque concreto vaya a funcionar en todas las circunstancias, según mi experiencia, una vez que los padres comprenden en qué deben centrar sus esfuerzos, se producen muchísimos más éxitos que fracasos. Pero la cura, como siempre, depende del diagnóstico. Primero debemos examinar qué ha sucedido y por qué motivos hemos llegado a esta situación.

2
APEGOS DISTORSIONADOS, INSTINTOS SOCAVADOS

Los padres de Cynthia, una adolescente de catorce años, estaban confundidos y destrozados. En el último año, y por razones que no entendían, la conducta de su hija había cambiado. Se había vuelto maleducada, reservada y, en ocasiones, incluso hostil. Con ellos se mostraba muy huraña, aunque cuando estaba con sus amigos parecía feliz y encantadora. Su privacidad le obsesionaba y no dejaba de hacer hincapié en que sus padres no tenían por qué intervenir en su vida. A estos les costaba hablar con ella sin tener la sensación de estar inmiscuyéndose. Su hija, que había sido siempre una niña muy cariñosa, parecía sentirse cada vez menos feliz con ellos. Daba la sensación de que ya no disfrutaba con las comidas en familia y se levantaba de la mesa a la menor oportunidad. Era imposible mantener una conversación con ella. El único momento en que su madre conseguía que compartieran alguna actividad era cuando se ofrecía a acompañarla de compras. La niña que creían conocer se había convertido en un enigma.

En opinión de su padre, esa actitud nueva y preocupante de Cynthia no era más que un problema de conducta. Buscaba algún consejo que le permitiera devolverla al redil, puesto que los métodos de disciplina habituales (castigos, restricciones de las salidas, tiempos muertos) habían fracasado. No habían hecho más que aumentar las dificultades. La madre, por su parte, se sentía explotada por su hija, incluso maltratada. La conducta de Cynthia la tenía perpleja. ¿Representaba una rebelión normal de adolescente? ¿Era consecuencia de las hormonas de la pubertad? ¿Tenían que preocuparse por ello? ¿Cómo debían reaccionar?

La única forma de entender la desconcertante conducta de Cynthia es trasladar esa misma situación al plano adulto. Imagina que tu cónyuge o tu amante empieza de repente a actuar de forma extraña: no te mira a los ojos, rechaza el contacto físico, te habla con monosílabos y en tono irritado, rechaza tus intentos de acercamiento y evita tu compañía. Imagina que recurres a tus amigos en busca de consejo. ¿Crees que te van a preguntar si has probado a hacer un tiempo muerto? ¿Si has impuesto unos límites y has dejado claro cuáles son tus expectativas? En el contexto de la interacción adulta, todo el mundo vería claramente que no se trata de un problema de *conducta* sino de *relación*. Y probablemente lo primero que sospecharían es que tu pareja tiene una aventura.

Lo que parece tan obvio en el mundo de los adultos nos deja aturdidos cuando sucede entre un hijo y un progenitor. Cynthia solo se interesaba por sus iguales. Sus deseos de contacto, enfocados exclusivamente en ellos, competían con su apego a su familia. Era como si tuviera un lío amoroso.

Esta analogía encaja en muchos sentidos, y la sensación de frustración, dolor, rechazo y traición que sentían los padres de Cynthia es uno de los principales. Los seres humanos podemos tener muchos apegos (al trabajo, a la familia, a los amigos, a un equipo deportivo, a un icono cultural, a una religión), pero no podemos albergar apegos que compitan entre sí. En el caso del matrimonio, cuando un apego, sea el que sea, interfiere con la intimidad y la conexión con el cónyuge y supone una amenaza, la pareja lo percibirá como un lío en el sentido emocional de la palabra. Un hombre que evita a su mujer y se obsesiona con Internet evocará en ella emociones de abandono y celos. En nuestra cultura, las relaciones con los iguales han llegado a competir con el apego de los niños a los adultos. De una forma bastante inocente pero con unos efectos devastadores, los niños están involucrados en *líos amorosos de apego* entre ellos.

Por qué debemos hacernos conscientes del apego

¿Qué es el apego? Por decirlo de un modo muy sencillo, es una fuerza que atrae a dos cuerpos entre sí. Ya sea física, eléctrica o química, es la fuerza más poderosa del universo. Lo damos por sentado todos y cada uno de los días de nuestra vida. Nos mantiene pegados a la tierra y hace que nuestro cuerpo no se desarme. Mantiene unidas las partículas del átomo y sujeta a los planetas en su órbita alrededor del sol. Da forma al universo.

En el ámbito psicológico, es el núcleo de las relaciones y del funcionamiento social. En el plano humano, es la búsqueda y la conservación de la proximidad, la cercanía y la conexión en términos tanto físicos como conductuales, emocionales y psicológicos. Al igual que en el mundo material, es invisible pero fundamental para nuestra existencia. Cuando no existe, una familia no puede ser una familia. Si ignoramos sus leyes inexorables, favorecemos la aparición de conflictos.

Seamos conscientes de ello o no, el apego es consustancial a nuestra naturaleza. En condiciones ideales, no nos haría falta saberlo. Deberíamos poder presuponer su fuerza, como la de la gravedad, que impide que salgamos volando y mantiene en órbita a los planetas, como el magnetismo, que hace que las brújulas señalen el polo norte magnético. No es necesario comprender las leyes de la física ni saber siquiera que existen para beneficiarse de su acción y su poder, igual que no es necesario ser informático para usar un ordenador ni saber ingeniería para conducir un coche. Esos conocimientos solo se necesitan cuando las cosas se vienen abajo. El apego es el factor que organiza los instintos de un niño y también los de un progenitor. Mientras funcione, podemos limitarnos a seguir lo que estos nos marcan, de forma automática y sin pensar. Sin embargo, cuando no actúa de forma correcta, los instintos tampoco lo hacen. Por suerte, si tomamos conciencia de lo que está yendo mal, podemos compensar esa distorsión.

¿Por qué resulta hoy en día tan necesario ser conscientes del apego? La respuesta es que ya no vivimos en un mundo en el que podamos dar por sentada su acción. La economía y la cultura ya no proporcionan el contexto que permite que los niños se apeguen de forma natural a los adultos que los crían. Como sociedad, vivimos tiempos que no tienen parangón en la historia y en el próximo capítulo analizaremos cómo se han erosionado las bases sociales, económicas y culturales del apego saludable entre los niños y sus progenitores. Para recuperar una crianza natural, más eficaz para el desarrollo sano del niño, tenemos que ser plenamente conscientes de cómo actúa el apego. En un mundo de turbulencias culturales cada vez mayores, este conocimiento es probablemente el más importante que puede poseer un progenitor. Pero no basta con comprenderlo desde fuera. Debemos conocerlo desde dentro. Debemos unir las dos formas de conocer: *saber* y *experimentar íntimamente*. Debemos sentirlo en nuestros huesos.

El apego está grabado en lo más profundo de nuestro ser, pero por eso mismo también se encuentra muy alejado de la conciencia. En este sentido, es como el propio cerebro: cuanto más profundizamos en él, menos conciencia encontramos. Nos gusta vernos como criaturas con intelecto: a nuestra especie la denominamos *Homo sapiens*, «hombre que sabe», pero la zona pensante de nuestro cerebro es solo una capa muy fina, mientras que otra parte mucho mayor de nuestros circuitos cerebrales está dedicada a la dinámica psicológica que sirve al apego. En esta área, que se ha denominado con mucho acierto «cerebro de apego», residen nuestras emociones e instintos inconscientes. Los seres humanos compartimos la fuerza del apego con muchas otras criaturas, pero solo nosotros tenemos la capacidad de hacernos conscientes.

En la vida psicológica del humano joven (y en la de muchos adultos también, si hemos de ser sinceros), el apego es lo más importante. Para los niños es una necesidad absoluta. Al ser incapaces de valerse por sí mismos, necesitan contar con un adulto. El apego físico en el útero es necesario hasta que nuestra descendencia es lo bastante viable como para nacer. Del mismo modo, nuestros hijos deben estar emocionalmente unidos a nosotros hasta que tengan autonomía y sean capaces de pensar por sí mismos y de determinar su propio rumbo.

Apego y orientación

El apego está íntimamente relacionado con el instinto de orientación que vimos en el capítulo anterior y es crucial para la crianza, la educación y la transmisión de la cultura. Al igual que el apego, el instinto de orientación es inherente a nuestra naturaleza, aunque rara vez seamos conscientes de ello. En su forma más concreta y física, orientarse supone situarse en el espacio y en el tiempo. Cuando tenemos dificultades para hacerlo, nos entra la angustia. Si al despertarnos no estamos seguros de dónde estamos o de si seguimos soñando, sentimos la urgente necesidad de situarnos. Si nos perdemos durante una excursión, no nos detendremos a admirar la flora y la fauna, ni a evaluar nuestros objetivos vitales, ni siquiera a pensar en la cena. Orientarnos acaparará toda nuestra atención y consumirá la mayor parte de nuestra energía.

Nuestras necesidades de orientación no son solo físicas, sino que las psicológicas son igual de importantes para el desarrollo humano. A medida que van creciendo, los niños tienen una necesidad cada vez mayor de orientarse, es decir, de entender quiénes son, qué es real, por qué ocurren las cosas, qué es bueno, qué significa cada cosa. No hacerlo supone sufrir desorientación, perderse psicológicamente, y nuestro cerebro está programado para hacer casi cualquier cosa por evitarlo. Los niños son totalmente incapaces de orientarse por sí mismos. Necesitan ayuda.

Y esa ayuda se la proporciona el apego, cuya primera función es crear un *punto de referencia* a partir de la persona a la que se está apegado. Mientras el niño pueda encontrarse a sí mismo en relación con este punto de referencia, no se sentirá perdido. Los instintos que se activan en él le impulsan a mantenerse siempre cerca. El apego le permite seguir a unos adultos que, al menos en su mente, se supone que son más capaces de orientarse y encontrar su camino.

Lo que más temen los niños, por encima incluso del daño físico, es perderse, lo que para ellos significa perder el contacto con su punto de referencia. El cerebro humano es incapaz de tolerar los *vacíos de orientación*, esas situaciones en las que no encontramos una referencia que nos permita saber dónde estamos. Incluso los adultos que se orientan relativamente bien por sí mismos pueden sentirse un poco perdidos cuando no están en contacto con la persona que funciona como punto de referencia en su vida.

Si nosotros, como adultos, podemos sentirnos desorientados cuando nos separamos de las personas a las que estamos unidos, un niño experimentará esa sensación de una manera mucho más intensa. Todavía recuerdo la tristeza que me invadía cuando la señora Ackerberg, mi profesora de primero, a la que estaba muy unido, se ausentaba: me sentía como un alma perdida, a la deriva, sin rumbo.

Un progenitor es, con diferencia, el mejor punto de referencia de un niño, aunque también puede serlo otro adulto, como un profesor, que actúa como sustituto. Ahora bien, el apego determina quién es la persona que se convierte en ese punto de referencia. Y, como todos sabemos, puede ser voluble. La importantísima función de orientar puede otorgarse a alguien inapropiado: los iguales del niño, por ejemplo. Cuando un niño se siente tan unido a sus iguales que prefiere estar con ellos y ser como ellos, esos iguales, ya sea individualmente o en grupo, se convierten en su punto de referencia. Intentará estar cerca de ellos. Buscará en ellos indicaciones sobre cómo actuar, qué ponerse, qué aspecto tener, qué decir y qué hacer. Los convertirá en árbitros de lo que está bien, lo que ocurre, lo que es importante e incluso de cómo se define a sí mismo. Precisamente eso le había ocurrido a Cynthia: en su universo emocional, sus iguales habían sustituido a sus progenitores como centro de gravedad. Giraba en torno a ellos, en una auténtica subversión del orden natural de las cosas.

Hasta épocas muy recientes no se han trazado y comprendido bien las pautas psicológicas del apego en los niños. Resulta evidente que los progenitores y los demás adultos responsables de su cuidado deberían ser el centro de gravedad sobre el que giran los niños, igual que los planetas orbitan alrededor del sol. Sin embargo, cada vez más niños orbitan alrededor de otros niños.

Lejos de estar capacitados para orientar a otra persona, los niños ni siquiera son capaces de orientarse a sí mismos en ningún sentido realista de esa palabra. No queremos que nuestros hijos dependan de sus iguales, porque no son estos quienes deben darles un criterio, señalarles lo que está bien y lo que está mal, distinguir los hechos de la fantasía, identificar lo que funciona y lo que no, ni orientarles sobre dónde deben ir y cuál es la forma de llegar allí.

¿Qué consiguen los niños cuando se orientan entre ellos? Imaginémonos, una vez más, que nos encontramos en un sendero, oscuro y cubierto de maleza, que desconocemos por completo. Si estamos solos, podemos sentir un miedo intenso o incluso pánico. Si vamos acompañados de un guía que parece saber adónde va, o si nosotros creemos que lo sabe, avanzaremos con confianza. No habrá nada que dispare las alarmas, a menos, claro está, que nuestro guía delate su propia ansiedad.

Del mismo modo, al utilizarse mutuamente como puntos de referencia, los niños se defienden de la ansiedad de pesadilla que provoca un vacío de orientación. A nivel consciente, eso les impide sentirse perdidos, desconcertados o confusos. Es muy marcada la forma en la que los niños que se orientan hacia sus iguales carecen de estos sentimientos. Esa es la paradoja: parecen ciegos guiando a otros ciegos, como un banco de peces en el que unos individuos giran alrededor de otros sin avanzar, pero se *sienten* bien. No parece importarles que sus puntos de referencia a la hora de actuar sean inadecuados, incoherentes y poco fiables. Estos niños están perdidos y verdaderamente desorientados, pero no se sienten conscientemente desconcertados.

A los niños que han sustituido a los adultos por sus iguales les basta con estar con los demás, aunque no tengan ni idea de dónde están. No aceptan la dirección de los adultos ni les piden orientación. Nos frustran con su aparente certeza de que están bien, por muy claramente que veamos que van en la dirección equivocada o en ninguna dirección. Muchos progenitores han tenido la enojosa experiencia de intentar explicarle la realidad a un adolescente cuyo mundo puede ser un caos, pero que insiste alegre y categóricamente en que no pasa absolutamente nada.

Si no ahondáramos demasiado, podríamos argumentar que el apego del niño a sus iguales le sirve de algo, puesto que le impide estar perdido y desconcertado. En realidad, no le salva de perderse, sino solo de sentirse perdido.

Las seis formas de apego

Si queremos criar a nuestros hijos con éxito, o si queremos reorientarlos hacia nosotros después de que hayan sido seducidos por la cultura de los iguales, debemos llegar a un acuerdo sobre el apego. El siguiente debate pretende ayudar a los progenitores a adquirir un conocimiento práctico de esta dinámica crucial. «Si no entiendes a tu hijo —dijo una madre a la que entrevistamos para este libro—, eres incapaz de soportarlo». Comprender el apego es el factor más importante para entender a los niños desde dentro. También nos permite percibir las señales de advertencia que aparecen cuando un niño se está orientando hacia sus iguales.

Podemos identificar seis formas de apego, cada una de las cuales proporciona una pista sobre el comportamiento de nuestros hijos y, a menudo, también sobre el nuestro. Estas seis formas están ordenadas de la más simple a la más compleja. Observa que los niños que se orientan hacia sus iguales, cuando se apegan los unos a los otros, tienden a emplear solo los modos más básicos.

Sentidos

La proximidad física es el objetivo del primer modo de apego. El niño necesita sentir a la persona a la que está unido, ya sea a través del olfato, la vista, el oído o el tacto. Hará todo lo posible por mantener el contacto con ella. Cuando la proximidad se vea amenazada o interrumpida, expresará alarma y una amarga protesta.

Aunque empieza en la infancia, el hambre de proximidad física nunca desaparece. Cuanto menos madura sea una persona, más dependerá de este modo básico de apego. Los niños que se orientan hacia sus iguales, como Cynthia, se preocupan por estar juntos, ocupar el mismo espacio, pasar el rato con los demás y mantenerse en contacto. Cuando el apego es así de primitivo, hablar puede resultar un galimatías y un sinsentido.

—Mis amigos y yo hablamos durante horas sin decir nada —afirma Peter, un chico de quince años—. Todo es «qué hay», «qué pasa, tío», «tienes un cigarro», «adónde vamos» o «dónde está fulanito».

No hablan para comunicarse, sino que el único propósito de este ritual de apego es el de establecer un contacto auditivo. Los niños que se orientan hacia sus iguales no tienen ni idea de qué es lo que los impulsa con tanta intensidad; para ellos, querer estar siempre cerca de los demás es algo absolutamente natural e incluso urgente. Se limitan a seguir sus instintos distorsionados.

Semejanza

La segunda forma de apego suele ser evidente en la primera infancia. El niño trata de parecerse a aquellos a los que se siente más cercano. Intenta asumir la misma forma de existencia o de expresión mediante la imitación y la emulación. Este tipo de apego ocupa un lugar destacado en el aprendizaje del lenguaje y en la transmisión de la cultura. Se ha observado que, desde la Segunda Guerra Mundial, el vocabulario del niño medio ha disminuido considerablemente. ¿Por qué? La razón es que ahora los niños adquieren el lenguaje unos de otros. Los que se orientan hacia sus iguales imitan mutuamente su forma de andar y hablar, sus preferencias y gestos, su aspecto y su comportamiento.

Otro medio de vinculación a través de la semejanza es la *identificación*. Identificarse con alguien o algo es ser uno con esa persona o cosa. El sentido de uno mismo se funde con el objeto con el que se identifica. Esta entidad puede ser un progenitor, un héroe, un grupo, un papel, un país, un equipo deportivo, una estrella del rock, una idea o incluso el trabajo. El nacionalismo extremo y el racismo se basan en la identificación del sentido del yo de la persona con su país o su grupo étnico. Cuanto más dependiente sea un niño o una persona, más intensas serán estas identificaciones. En nuestra sociedad, los iguales (o los iconos pop del mundo de los iguales) se han convertido en el foco de la identificación en sustitución de los progenitores o las figuras destacadas de la historia y la cultura.

Pertenencia y lealtad

La tercera forma de apego también se inicia en la infancia, si todo se desarrolla como es debido. Estar cerca de alguien es considerarlo como propio. El niño reclamará a quien sea o a lo que sea que esté apegado, ya sea mamá, papá, el osito de peluche o la hermanita. Del mismo modo, los que se orientan hacia sus iguales buscan celosamente poseerse unos a otros y protegerse contra la pérdida. Los conflictos generados por la posesividad pueden llegar a ser despiadados e intensos. Para muchos adolescentes, quién es el mejor amigo de quién se presenta como una cuestión de vida o muerte. Este modo inmaduro de apego es el que predomina en gran parte de la interacción de los niños que se orientan hacia sus iguales, sobre todo entre las niñas.

Tras la pertenencia viene la lealtad: ser fiel y obediente a las figuras de apego elegidas. Los niños que se orientan a sus iguales siguen sus instintos naturales de apego cuando guardan los secretos del otro, se ponen de su parte y cumplen sus órdenes. La lealtad puede ser intensa, pero no hace más que ir detrás del apego. Si el apego de un niño cambia, también lo hará su sentimiento de pertenencia y lealtad.

Los niños muy orientados hacia sus iguales son notoriamente leales entre sí y a su grupo. Muchos adolescentes conocían la muerte de Reena Virk, una adolescente de Victoria, Columbia Británica, que fue asesinada por sus compañeros, pero durante varios días ningún adulto fue informado al respecto. El incidente adquirió resonancia internacional.

Ser significativo

La cuarta forma de buscar la cercanía y la conexión es intentar *ser significativo*, es decir, sentir que le importamos a alguien. Mantener cerca de nosotros aquello que valoramos es una característica propia de la naturaleza humana. Cuando alguien nos quiere, procuramos estar cerca y conectados con él. El preescolar apegado busca ardientemente agradar y ganarse la aprobación del objeto de su apego. Es extremadamente sensible a las miradas de desagrado y desaprobación. Vive para ver la cara de felicidad de la persona a la que está apegado. Los niños que se orientan hacia sus iguales hacen lo mismo, pero los rostros que desean iluminar son los de sus compañeros. El niño que consideran simpático suele ser aquel que les sonríe y les otorga aprobación, aunque esa misma persona «simpática» sea desagradable con los demás.

El problema de esta forma de apegarse es que hace al niño vulnerable a que le hagan daño. Querer ser significativo para alguien especial es sufrir cuando sentimos que no le importamos. Buscar el favor de alguien lleva a sentirse herido por las señales de desaprobación. Un niño sensible puede sentirse fácilmente destruido cuando la mirada que persigue en busca de señales de calidez y agrado, ya sea la de sus progenitores o la de sus compañeros, no se ilumina con su presencia. La mayoría de los progenitores, aunque imperfectos, son mucho menos propensos que los compañeros a herir a los hijos de este modo.

Sentimientos

Una quinta forma de encontrar la proximidad es a través del *sentimiento*: sentimientos cálidos, amorosos, afectuosos. La emoción está siempre implicada en el apego, pero, en un niño en edad preescolar capaz de sentir de forma profunda y vulnerable, la búsqueda de *intimidad emocional* se vuelve intensa. Los que persiguen la conexión de este modo suelen enamorarse de las personas a las que se apegan. Un niño que experimenta intimidad emocional con su progenitor puede tolerar la separación física sin dejar por ello de sentirlo cerca. Si el apego a través de los sentidos (la forma primera y más primitiva) es el brazo corto del apego, el amor sería el brazo largo. El niño lleva en su mente la imagen del progenitor amoroso y querido y encuentra en ella apoyo y consuelo.

Sin embargo, estamos entrando en terreno peligroso. Entregar el corazón supone arriesgarse a que nos lo rompan. Algunas personas no llegan a desarrollar nunca la capacidad de mostrarse emocionalmente abiertas y vulnerables, y por lo general se debe a que han sentido muy pronto el rechazo o el abandono. Es muy posible que los que han amado y han sido heridos se replieguen a modos menos vulnerables de apego. Como demostraremos más adelante, la vulnerabilidad es algo de lo que los niños orientados hacia sus iguales tratan de escapar. Cuando las formas más profundas de apego parecen demasiado arriesgadas, las que predominan son las menos vulnerables. La intimidad emocional es mucho menos frecuente entre los niños orientados hacia sus iguales que entre los orientados hacia sus progenitores.

Ser conocido

La sexta forma de apego es *ser conocido*. Sus primeras señales suelen observarse cuando el niño entra en la escuela. Sentirse cercano a alguien es que esa persona nos conozca. En cierto modo, se trata de una recapitulación del apego a través de los sentidos, salvo que el hecho de ser visto y oído se experimenta ahora en el aspecto psicológico y no de un modo estrictamente físico. En la búsqueda de la proximidad, el niño compartirá sus secretos. De hecho, la proximidad se definirá a menudo por los secretos compartidos. A los niños que están orientados hacia sus progenitores no les gusta tener secretos con ellos porque eso conlleva una pérdida de cercanía. Para un niño orientado hacia sus iguales, su mejor amigo es aquel para el que no tiene secretos. No se puede ser más vulnerable que exponiéndose psicológicamente. Contar a otro nuestras cosas y luego ser incomprendido o rechazado es, para muchos, un riesgo que no merece la pena correr. En consecuencia, esta es la más rara de las intimidades y la razón por la que tantos de nosotros somos reacios a compartir, incluso con nuestros seres queridos, nuestras preocupaciones e inseguridades más profundas. Sin embargo, no hay intimidad mayor que la sensación de sentirse conocido y a la vez querido, aceptado, acogido, invitado a existir.

Cuando observamos a nuestros hijos intercambiar afanosa y furtivamente sus secretos, es fácil suponer que se están contando sus cosas y adoptando una postura vulnerable. Sin embargo, los secretos que comparten suelen ser cotilleos sobre otras personas. La verdadera intimidad psicológica es muy excepcional entre los que se orientan hacia sus iguales, probablemente porque los riesgos son demasiado grandes. Los que comparten sus secretos con sus progenitores suelen ser vistos como un poco raros por sus amigos más orientados hacia sus iguales.

—Mis amigos no pueden creer que te cuente tantas cosas —le dijo una niña de catorce años a su padre mientras daban un paseo—. Dicen que es una locura.

Seis formas de apego, pero un solo impulso subyacente de conexión. Si el desarrollo es sano, estos seis hilos se entretejen y forman una intensa conexión capaz de preservar la cercanía incluso en las circunstancias más adversas. Un niño plenamente apegado tiene muchas formas de permanecer cerca y aferrado, incluso en la distancia física. Cuanto menos maduro sea, más primitivo (más parecido al de un bebé o al de un niño pequeño) será su estilo de apego. No todos los niños llegan a desarrollar su potencial de apego, y menos aún los que se orientan hacia sus iguales. Por razones que aclararemos más adelante, es probable que estos sigan siendo inmaduros y que su relación emocional esté diseñada para evitar cualquier sensación consciente de su vulnerabilidad (lo veremos en los capítulos 8 y 9). Viven en un universo de vínculos muy limitados y superficiales. Como la búsqueda de la semejanza es la forma menos vulnerable de apego, es la que suelen elegir aquellos que necesitan buscar el contacto con sus iguales. De ahí su afán por parecerse lo más posible entre ellos: en el aspecto, en la conducta, en la forma de pensar, en los gustos y en los valores.

En comparación con los niños que mantienen unos lazos saludables con sus progenitores, los que se orientan hacia sus iguales suelen estar limitados a solo dos o tres formas de establecer vínculos y mantenerse unidos. Los que tienen reducidas sus formas de apego dependen mucho de estos modos, igual que las personas que carecen de vista dependen de los otros sentidos para adaptarse al mundo. Si solo se dispone de una forma de aferrarse, es probable que ese aferramiento sea intenso y desesperado. Y esa es la manera en que se apegan los niños orientados hacia sus iguales, con intensidad y desesperación.

Cuando los apegos importantes compiten entre sí

Dada la importancia fundamental que tiene el apego en la psique del niño, la persona a la que esté más apegado será la que ejerza una mayor influencia en su vida.

¿No debería ser posible que los niños estuvieran vinculados con sus progenitores y profesores y, al mismo tiempo, con sus compañeros? Pues bien, no solo es posible, sino también deseable, siempre y cuando esos apegos no compitan entre sí. Lo que no funciona, y no puede funcionar, es la coexistencia de apegos *primarios* en competencia, relaciones orientadoras en competencia, es decir, relaciones orientadoras con valores en conflicto y mensajes contradictorios. Cuando los apegos primarios compiten entre sí, uno de ellos sale perdiendo. Y es fácil entender por qué. Un marinero que depende de una brújula no podría encontrar su camino si hubiera dos polos norte magnéticos. Un niño tampoco podría utilizar simultáneamente a sus compañeros y a los adultos como puntos de referencia. Se orientará por los valores del mundo de los iguales o por los de los progenitores, pero no por ambos. O bien domina la cultura de los iguales, o bien se impone la de los progenitores. El cerebro de apego de los seres inmaduros no puede tolerar dos influencias orientadoras de igual fuerza, dos conjuntos de mensajes discordantes entre sí. Debe seleccionar uno o el otro; de lo contrario, las emociones se confundirían, la motivación se paralizaría y la acción se vería perjudicada. El niño no sabría qué camino tomar. Del mismo modo, cuando los ojos de un bebé divergen y eso provoca visión doble, el cerebro suprime automáticamente la información visual de uno de ellos.

En comparación con los adultos (es decir, con los adultos maduros), la intensidad con que las necesidades de apego motivan a los niños es mucho mayor. Los adultos también pueden tener necesidades de apego poderosas, como muchos de nosotros hemos experimentado, pero la verdadera madurez conlleva una cierta capacidad para mantener esas necesidades en perspectiva, y eso es algo de lo que los niños carecen. Invertir sus energías en una relación que compite con su apego hacia sus padres provoca unos efectos dramáticos en su personalidad y su comportamiento. Lo que con gran disgusto estaban presenciando los padres de Cynthia en su hija era la poderosa atracción gravitatoria de las relaciones entre iguales.

Bajo el enfado y la frustración de muchos progenitores se esconde el sentimiento de dolor por sentirse traicionados. Sin embargo, solemos ignorar o descartar esta advertencia interna. Intentamos calmar nuestro malestar reduciendo el asunto a problemas de conducta, a las hormonas o a la «típica rebeldía adolescente». Tales explicaciones pseudobiológicas o suposiciones psicológicas nos distraen del verdadero problema de los apegos incompatibles y contrapuestos. Las hormonas siempre han formado parte de la composición fisiológica normal de los seres humanos, pero no siempre han provocado la enemistad masiva hacia los progenitores que vivimos hoy en día. Los comportamientos irritantes y groseros son, en todos los casos, manifestaciones superficiales de problemas más profundos. Intentar castigarlos o controlarlos sin abordar la dinámica subyacente es como si un médico recetara algo para los síntomas ignorando sus causas. Un conocimiento más íntimo de los hijos capacita a los progenitores a enfrentarse al «mal comportamiento» con unos métodos realmente eficaces, como mostraremos a lo largo de este libro. En cuanto a la rebeldía adolescente «típica», el deseo compulsivo de nuestros hijos de pertenecer a su grupo de iguales, encajar y adoptar las formas de estos a expensas de su propia y verdadera individualidad no tiene nada que ver con una maduración y un desarrollo sanos, como veremos en capítulos posteriores.

La cuestión fundamental a la que debemos enfrentarnos como progenitores es la de los apegos contrapuestos que han seducido a nuestros hijos alejándolos de nuestro cuidado amoroso.

Cuando el apego se vuelve en contra nuestra

Ahora que entendemos que los iguales de Cynthia habían sustituido a sus progenitores, nos queda una pregunta inquietante: ¿cómo explicamos su comportamiento hostil hacia su madre y su padre? Hoy en día, muchos progenitores de adolescentes e incluso de niños más pequeños se sorprenden también por el lenguaje grosero y agresivo con el que sus hijos se dirigen a ellos. ¿Cuál es el motivo de que la importancia de las relaciones entre iguales conduzca al distanciamiento del niño respecto a sus progenitores?

La respuesta está en la naturaleza bipolar del apego, que entre humanos se asemeja a sus homólogos físicos del mundo material, como el magnetismo, porque está polarizado: un polo atrae la aguja de una brújula y el otro la repele. Así pues, el término *bipolar* significa que existe en dos polaridades, que tiene dos polos al mismo tiempo. Esta bipolaridad no tiene nada de anormal; es la naturaleza intrínseca del apego.

Cuanto más te acercas al polo norte de la Tierra, más te alejas del polo sur, y lo mismo sucede en la personalidad humana, sobre todo en los niños y otras criaturas de apego inmaduras. Es muy probable que un niño que busca con afán la cercanía con una persona muestre resistencia a cualquiera que perciba como competencia, del mismo modo que un adulto que se enamora de alguien nuevo puede, de repente, encontrar insoportable a su antiguo amante. Sin embargo, esa persona no ha cambiado, solo se han transformado los vínculos de esa pareja. Una misma persona puede ser deseada o repudiada, dependiendo de hacia dónde apunte la brújula del apego. Cuando el apego primario se desplaza, las personas que hasta ese momento considerábamos cercanas pueden convertirse de repente en un objeto de desprecio que hay que repudiar. Estos cambios pueden producirse con una rapidez desconcertante, como muchos progenitores han presenciado cuando su hijo llega a casa llorando, amargado y destrozado por algún rechazo inesperado de su «mejor amigo».

La mayoría de nosotros percibimos por intuición la naturaleza bipolar del apego. Sabemos lo rápido que puede convertirse en distanciamiento, igual que la simpatía en repulsión, el afecto en desprecio, el amor en odio. Sin embargo, pocas personas se dan cuenta de que unas emociones e impulsos tan fuertes son en realidad las dos caras de la misma moneda.

Es fundamental que los progenitores actuales comprendan esta bipolaridad. Con el incremento de la orientación hacia los iguales, aumenta también el correspondiente distanciamiento hacia los padres y todos los problemas que eso conlleva. Los niños de hoy no solo se orientan hacia sus iguales, sino que, como Cynthia, se alejan activa y enérgicamente de sus progenitores. En el apego, nada es neutro. Dependiendo de en qué medida esté gobernando al niño, las relaciones serán más o menos intensas. El apego divide el mundo del niño entre los que le gustan y los que le son indiferentes, los que le atraen y los que le repelen, aquellos a los que hay que acercarse y aquellos a los que hay que evitar. En el mundo actual, los progenitores y los iguales se convierten con demasiada frecuencia en vínculos que compiten, como amantes que luchan por la misma persona amada. Como muchos padres han experimentado muy a su pesar, los niños no pueden estar orientados hacia sus iguales y hacia ellos al mismo tiempo.

La actitud de enemistad de un niño hacia sus progenitores no representa un defecto de carácter, una mala educación muy arraigada ni problemas de conducta. Es lo que vemos cuando los instintos de apego se han desviado.

En circunstancias normales, la naturaleza bipolar del apego tiene el propósito beneficioso de mantener al niño cerca de los adultos que lo cuidan. Su primera expresión se produce en la infancia y suele denominarse *protesta ante los extraños*. Cuanto más fuerte sea el vínculo del bebé con determinados adultos, más se resistirá al contacto con aquellos a los que no está apegado. Cuando quiere sentirse próximo a ti y se acerca alguien con quien no está vinculado, rehuirá al intruso y se inclinará hacia ti. Es puro instinto. No hay nada más natural que distanciarse de los extraños que se acercan tanto que nos impiden sentirnos cómodos. Sin embargo, todos hemos sido testigos de progenitores que reprenden a sus bebés por este gesto y se disculpan ante otros adultos por la «grosería» de su hijo.

Los adultos encuentran estas reacciones todavía menos aceptables en los niños pequeños y completamente intolerables en los mayores. La orientación hacia los iguales vuelve contra los propios progenitores las respuestas naturales e instintivas de protesta hacia los extraños. Es posible que la expresión de apego invertido del adolescente no sea tan gráfica como la de un niño pequeño sacando la lengua, pero hay otros gestos de separación que resultan igualmente eficaces: los ojos que te mantienen a distancia, la mirada pétrea, el gesto serio, la expresión de hartazgo, la negativa a mirarte, el rechazo al contacto físico, la resistencia a la conexión.

A veces podemos llegar a sentir con claridad ese cambio de polaridad. Imagina que eres la madre de Rachel, una niña de tercero de primaria. Desde que estaba en la guardería, has estado viviendo la maravillosa experiencia de llevarla de la mano al colegio. Antes de dejarla, siempre la abrazas, la besas y le susurras alguna que otra palabra cariñosa. Pero últimamente Rachel está centrada en sus compañeros, quiere estar en todo momento con ellos. Cuando vuelve a casa, muestra aspectos de estos, como sus gestos, su lenguaje, sus preferencias para la ropa, incluso sus risas. Un día, como de costumbre, salís de casa cogidos de la mano, con un deseo mutuo de cercanía y conexión. Por el camino, os cruzáis con algunos de sus compañeros de clase. Algo cambia. Sigues llevándola de la mano, pero ella ha dejado de agarrar la tuya. Da la impresión de que camina medio paso por delante o por detrás, no a tu altura. A medida que van apareciendo más niños, el abismo se ensancha. De repente, te suelta la mano y corre hacia delante. Cuando llegáis a vuestro destino, te inclinas hacia ella para darle el abrazo acostumbrado y ella se aparta, como avergonzada. En lugar de abrazarte cariñosamente, te mantiene a distancia y apenas te mira al despedirse. Es como si hubieras violado algunos instintos básicos. Lo que en realidad has experimentado es el reverso oscuro del apego: el rechazo de lo que antes quería tener cerca ante la aparición de una relación nueva que valora más. En lenguaje llano, nuestros hijos nos abandonan groseramente por sus iguales.

Este polo negativo del apego se manifiesta de varias maneras. Una de ellas es el rechazo de la semejanza. El intento de parecerse a alguien concreto desempeña un papel muy importante en la formación de la personalidad y el comportamiento del niño. Los que están bien apegados a sus progenitores se muestran ansiosos por ser como ellos. Hasta la adolescencia, al menos, sienten un gran placer cuando los demás perciben similitudes y semejanzas, ya sea el mismo sentido del humor, idénticas preferencias alimentarias, las mismas ideas sobre un tema, las mismas reacciones ante una película, el mismo gusto musical (es posible que algunos lectores reciban esta afirmación con incredulidad, como algo irremediablemente idealista y atrasado. Si es así, no es más que una señal de lo orientadas hacia los iguales que se han vuelto las generaciones adultas en las últimas décadas, puesto que la orientación hacia los iguales se ha aceptado como norma).

A los niños orientados hacia sus iguales les repugna parecerse a sus progenitores y quieren diferenciarse de ellos lo más posible. Puesto que la semejanza significa cercanía, buscar la diferencia es una forma de distanciarse. Estos niños suelen esforzarse por adoptar el punto de vista opuesto y preferir lo contrario que sus padres. Están llenos de opiniones y juicios contrarios.

Podemos confundir esta necesidad obsesiva de diferenciarse de los progenitores con la búsqueda de individualidad del niño. Sería una interpretación errónea de la situación. La auténtica individuación se manifestaría en todas las relaciones del niño, no solo con los adultos. Un niño que busca realmente ser él mismo afirma su individualidad frente a todas las presiones que le instan a adaptarse. Lo que en realidad está sucediendo es todo lo contrario, muchos de estos niños «fuertemente individualistas» están completamente obsesionados con fundirse con su grupo de iguales, horrorizados por cualquier cosa que pueda hacerles parecer diferentes. Lo que los adultos ven como el individualismo del niño enmascara un intenso deseo de amoldarse a sus compañeros.

Uno de los comportamientos que más distancian a otros consiste en burlarnos de aquellos de los que queremos apartarnos. Da la impresión de ser una conducta transcultural, lo que demuestra sus profundas raíces instintivas. El instinto de burla es el polo opuesto a nuestro intento de lograr la cercanía mediante la imitación y la emulación. Que nos imiten puede ser el mayor cumplido, pero que se burlen y se rían de nosotros es uno de los menosprecios más ofensivos.

Cuanto más busque un niño la cercanía con sus iguales a través de la semejanza, más probable será que sus burlas se dirijan a los adultos. Ser objeto de mofa por parte de tus alumnos o de tu propio hijo es algo que hiere en lo más profundo; te saca de tus casillas. Cuando ese comportamiento alienante va dirigido a los responsables del niño, estamos ante una poderosa señal de orientación hacia los iguales. Los polos opuestos de la simpatía y el favor son el desdén y el desprecio. Cuando los niños se orientan hacia sus iguales, los progenitores suelen convertirse en objeto de desprecio y ridículo, de insultos y menosprecios. Los niños empiezan a hablar mal de los padres a sus espaldas, a menudo como forma de ganar puntos con los iguales, pero, a medida que se intensifica la orientación hacia estos, también puede aumentar la franqueza del ataque. Una postura tan hostil debería reservarse a los enemigos o para esas situaciones en las que lo que se desea es quemar puentes. Que nuestros hijos nos traten como a enemigos no tiene ningún sentido, ni para nosotros, ni para ellos, ni para nuestra relación. A ellos no les hace ningún bien morder la mano que les da de comer. Sin embargo, el niño orientado hacia sus iguales solo está haciendo lo que le parece más natural y acorde con sus instintos. Una vez más, son los instintos los que están confundidos; el comportamiento no hace más que seguirlos. Eso es lo que ocurre cuando los apegos compiten y se polarizan.

A veces, el rechazo es pasivo. Los niños orientados hacia sus iguales suelen actuar, sobre todo entre ellos, como si no tuvieran progenitores. Ni los reconocen ni hablan de ellos. En los actos escolares, a menudo los ignoran.

Jesús captó la incompatibilidad de los apegos contrapuestos y también la naturaleza bipolar del apego cuando dijo: «Nadie puede estar al servicio de dos amos. Porque despreciará a uno y querrá al otro; o al contrario, se dedicará al primero y no hará caso del segundo» (Mateo 6:24). Cuando la lealtad se dedica a los iguales, el niño no se pondrá de nuestro lado ni cumplirá nuestras órdenes. Los niños no nos son desleales a propósito; se limitan a seguir sus instintos, unos instintos que se han subvertido por razones que escapan a su control.

3
POR QUÉ HEMOS PERDIDO LA CONEXIÓN

¿CÓMO ES POSIBLE que, en el mundo actual, los niños estén tan dispuestos a transferir sus apegos de los adultos que los cuidan a los otros niños? La causa no es el fracaso individual de los progenitores, sino un colapso cultural sin precedentes que nuestros instintos no son capaces de compensar de forma adecuada.

Nuestra sociedad no satisface las necesidades de desarrollo de nuestros hijos. Justo en el momento en que los investigadores del siglo XX estaban descubriendo el papel fundamental que desempeñan los apegos en el crecimiento psicológico sano, se estaban produciendo unos cambios sutiles en la sociedad que estaban dejando sin protección la orientación de los jóvenes hacia los adultos. Las fuerzas económicas y las tendencias culturales dominantes en las últimas décadas han desmantelado el contexto social necesario para el funcionamiento natural tanto de los instintos parentales de los adultos como de los impulsos de apego de los niños.

Aunque el ser humano joven está impulsado por una potente pulsión genética hacia el apego, en la mente del niño no está grabado ningún arquetipo del progenitor o del maestro. Su cerebro está programado solo para orientarse, para apegarse y, por último, para mantener el contacto con aquella persona que se convierte en su punto de referencia. Nada induce al niño a buscar solo a alguien que parezca ser mamá o papá o que considere cariñoso, capaz y maduro.

No existe ninguna preferencia inherente para elegir al adulto que debe hacerse cargo de él, ningún respeto en el cerebro primitivo del apego hacia una persona que tenga una certificación gubernamental o una formación específica en la crianza de los niños. No hay ningún circuito innato que reconozca los papeles designados socialmente ni que se preocupe de que «supuestamente» hay que atender, respetar y mantener cerca al maestro, al cuidador o, en última instancia, incluso al progenitor.

A lo largo de la historia, esa programación no ha sido necesaria. Como ocurre con todos los mamíferos y muchos otros animales, el hecho de que el propio impulso innato de apego vinculara a las crías con sus cuidadores (adultos de la misma especie) hasta la madurez era simplemente el orden natural de las cosas. Es la forma que tiene la naturaleza de garantizar la supervivencia de las crías hasta la edad adulta. Es el contexto en el que las crías quedan plenamente capacitadas para cumplir su potencial genético y en el que sus instintos pueden expresarse de una forma plena y vigorosa.

En nuestra sociedad, ese orden natural se ha subvertido. Desde muy pronto empujamos a nuestros hijos a muchas situaciones e interacciones que fomentan la orientación hacia los iguales. Sin darnos cuenta, fomentamos el mismo fenómeno que, a largo plazo, erosiona la única base sólida para un desarrollo sano: el apego de los niños a los adultos responsables de su crianza. Colocar a nuestros jóvenes en una situación en la que sus instintos de apego y orientación se dirijan hacia sus iguales es una aberración. No estamos preparados para ello; nuestros cerebros no están organizados para adaptarse con éxito a una distorsión semejante de la planificación natural.

John Bowlby, psiquiatra británico y gran pionero de la investigación sobre el apego, escribió que «el equipo conductual de una especie puede estar maravillosamente adaptado a la vida en un entorno y conducir únicamente a la esterilidad y la muerte en otro». Cada especie tiene lo que Bowlby denominó su «entorno de adaptación», las circunstancias en las que su anatomía, su fisiología y sus capacidades psicológicas encajan mejor. En cualquier otro contexto, ese organismo o esa especie no se desenvolverán igual de bien e incluso pueden mostrar un comportamiento «que, en el mejor de los casos, es inusual y, en el peor, claramente desfavorable para la supervivencia»[1]. En la sociedad postindustrial, el entorno ya no impulsa a nuestros hijos a desarrollarse siguiendo unas líneas naturales de apego.

UNA CULTURA DE APEGOS AUSENTES

Los contrastes entre las culturas multigeneracionales tradicionales y la sociedad occidental actual son muy llamativos. En el urbanizado Estados Unidos moderno (y en otros países industrializados en los que el modo de vida estadounidense se ha convertido en la norma), los niños encuentran vacíos de apego por todas partes, situaciones en las que carecen de una conexión estable y profunda con los adultos que los cuidan. Y los factores que fomentan esta tendencia son múltiples.

A consecuencia de los cambios económicos impulsados desde la Segunda Guerra Mundial, los niños son expuestos muy pronto, a veces poco después de nacer, a situaciones en las que pasan gran parte del día en compañía de otros niños. Están en contacto sobre todo con estos y no con los adultos importantes de sus vidas. El tiempo que pasan estableciendo vínculos con sus progenitores y con otros adultos es mucho menor. Y, a medida que van creciendo, el proceso se acelera.

La sociedad ha generado una presión económica que obliga a ambos progenitores a trabajar fuera de casa aunque sus hijos sean muy pequeños, pero no ha previsto la forma de satisfacer las necesidades de alimentación emocional de estos. Por sorprendente que pueda parecer, los educadores, profesores y psicólogos de la primera infancia (por no hablar de los médicos y psiquiatras) rara vez reciben formación sobre el apego. En nuestros centros de atención y educación infantil no existe una conciencia colectiva sobre la importancia fundamental de este tipo de relaciones. Aunque muchos cuidadores y profesores captan intuitivamente la necesidad de establecer una conexión con los niños, no es raro que tengan que enfrentarse con un sistema que no apoya su enfoque.

Como el cuidado de los más pequeños está infravalorado en nuestra sociedad, las guarderías no están bien financiadas. Es difícil que una persona ajena a la familia satisfaga plenamente las necesidades de apego y orientación de un niño, sobre todo si tiene que dividir su atención entre muchos bebés y niños pequeños. Aunque muchas guarderías están bien gestionadas y cuentan con personal entregado, aunque mal pagado, las normas distan mucho de ser satisfactorias en todas partes. Por ejemplo, el estado de Nueva York exige que un trabajador no tenga más de siete niños pequeños a su cargo, una proporción muy difícil de manejar. No se aprecia la importancia de la conexión adulta. En estas situaciones, a los niños no les queda más opción que establecer relaciones de apego entre ellos.

Lo perjudicial no es que ambos progenitores trabajen. El problema fundamental es que ni tan siquiera nos planteamos la cuestión del apego a la hora de organizar el cuidado de los niños. Nuestra sociedad no tiene la costumbre cultural de que los auxiliares y los educadores infantiles establezcan primero vínculos con los progenitores y luego, mediante presentaciones amistosas, cultiven un apego de trabajo con el niño. Tanto los progenitores como los profesionales quedan abandonados a su propia intuición, o más a menudo a la falta de ella. Debido a la falta de conciencia colectiva, la mayoría de los adultos se limitan a seguir unas prácticas que no se diseñaron teniendo en cuenta el apego. Una costumbre que solía seguirse en muchos lugares, la de que los maestros de preescolar y jardín de infancia visitaran las casas de los futuros alumnos, ha caído en desuso, a excepción quizá de las escuelas privadas bien financiadas. Frente a las tijeras fiscales, nadie era capaz de explicar de un modo adecuado la función vital que cumplía esta costumbre. La economía es mucho más fácil de entender que el apego.

El quid de la cuestión no es el cambio social en sí mismo, sino que ese cambio no se haya compensado. Si vamos a compartir con otras personas la tarea de criar a nuestros hijos, tenemos que construir el contexto apropiado para ello creando lo que yo denomino una aldea del apego: un conjunto de relaciones adultas enriquecedoras que sustituyan lo que hemos perdido. Hay muchas formas de hacerlo, como mostraré en el capítulo 18.

Después de pasar por la guardería y el parvulario, nuestros hijos entran en la escuela. A partir de este momento, van a pasar la mayor parte del día en compañía de sus iguales, en un entorno en el que los adultos tienen cada vez menos primacía. Si hubiera una intención deliberada de crear una orientación hacia los iguales, las escuelas, tal y como funcionan actualmente, serían sin duda nuestro mejor instrumento. Los niños son asignados a clases numerosas a cargo de profesores agotados, con lo que acaban conectando entre ellos. Las normas y reglamentos escolares tienden a mantener a los niños fuera del aula hasta que empiezan las clases, lo que significa que están mucho tiempo solos sin demasiado contacto con los adultos. En el recreo y en el comedor están en compañía de otros niños. La formación del profesorado ignora por completo el apego; por eso, los educadores aprenden a impartir *materias*, pero no la importancia esencial que tienen las *relaciones* de conexión en el proceso de aprendizaje de los jóvenes seres humanos. A diferencia de lo que sucedía hace unas décadas, los profesores de hoy no se mezclan con sus alumnos en los pasillos o en el patio y se les disuade de interactuar con ellos de forma más personal. Al contrario de lo que se observa en las sociedades más tradicionales, la inmensa mayoría de los alumnos occidentales no vuelve a casa para comer con sus padres.

—En el colegio de mis hijos hay quinientos alumnos —dice Christina, madre de dos niños de tercero de primaria y primero de secundaria, respectivamente—. Todos los días recojo a los niños para que coman en casa, pero entre esos quinientos alumnos solo diez comen en casa, ellos dos y ocho más. E incluso los profesores me presionan para que los deje quedarse. Parecen pensar que soy una madre rara, demasiado «clueca». Sin embargo, ese tiempo me parece esencial. Mis hijos tienen muchas cosas que contarme, mucho que debatir sobre lo que ha pasado en la escuela, lo que les ha resultado difícil, lo que les entusiasma.

—Mi hija entraba corriendo en el coche —dice otra madre que solía recoger a su hija para llevarla a comer a casa—. Reventaba de ganas de contarme cosas: algo que hubiera pasado, cómo se sentía al respecto, qué sentía cuando hacía algo «mal» o cuando hacía algo muy bien.

Uno se pregunta, oyendo a estas dos madres, cuantísimas experiencias y sentimientos quedan sin hablarse y sin procesar en muchos niños. Por regla general, nos centramos más en que nuestros hijos se alimenten que en los rituales alrededor de la comida destinados a mantenernos conectados. En su innovador libro *The Sibling Society*, el poeta estadounidense Robert Bly describe muchas manifestaciones de la orientación hacia los iguales y nos da pistas de sus causas. Aunque no analiza el fenómeno a fondo, sus ideas deberían haber recibido más atención. «Ya no se celebran comidas familiares ni charlas, ya no se lee en común —escribe Bly—. Lo que los jóvenes necesitan (estabilidad, presencia, atención, consejo, buen alimento mental, historias no contaminadas) es precisamente lo que la sociedad de hermanos no les da»[2].

En el mundo actual, los vacíos de apego abundan. Así, la pérdida de la familia extensa ha supuesto un enorme vacío. Los niños suelen carecer de relaciones estrechas con las generaciones mayores, con esas personas que, durante gran parte de la historia de la humanidad, fueron a menudo más capaces que los propios progenitores de ofrecer la acogida amorosa incondicional que constituye la base de la seguridad emocional. La presencia tranquilizadora y constante de abuelos y tíos, el abrazo protector de la familia multigeneracional, es algo de lo que pocos niños pueden disfrutar hoy en día.

Una de las influencias más poderosas en favor de la orientación hacia los iguales es la movilidad cada vez mayor que se vive en nuestra sociedad, porque interrumpe la continuidad cultural. La cultura se desarrolla a lo largo de generaciones que habitan en la misma comunidad. Ya no vivimos en pueblos y, por tanto, ya no estamos conectados con los vecinos de al lado. El trasplante incesante nos ha vuelto anónimos y ha creado la antítesis de la aldea de apego. No podemos criar a nuestros hijos de manera conjunta con personas cuyos nombres apenas conocemos.

Debido a los desplazamientos geográficos y las frecuentes mudanzas, así como a la creciente orientación hacia los iguales de los propios adultos, los niños de hoy tienen muchas menos probabilidades de disfrutar de la compañía de ancianos comprometidos con su bienestar y desarrollo. Esa carencia va más allá de la familia y caracteriza prácticamente todas las relaciones sociales. En general, faltan vínculos con adultos que asuman alguna responsabilidad hacia el niño. Un ejemplo de especie en peligro de extinción es el médico de familia, una persona que conocía a varias generaciones de una misma familia y que era una figura estable y emocionalmente presente en la vida de sus miembros, tanto en tiempos de crisis como en los momentos de celebración. El médico sin rostro y disponible de vez en cuando que vemos en el ambulatorio no parece capaz de ocupar su papel. Del mismo modo, el tendero, el comerciante y el artesano del barrio fueron sustituidos hace tiempo por empresas genéricas sin vínculos locales ni conexiones personales con las comunidades en las que funcionan. El querido Julián, el tendero de *Barrio Sésamo*, hoy en día, no es, más que una ficción bondadosa. El problema va más allá de las cuestiones económicas; llega al corazón mismo de lo que es una aldea de apego. ¿Dónde están los suplentes de los abuelos, tíos y tías que complementaron y sustituyeron a la familia nuclear y a la extensa en el pasado? ¿Dónde está la red de seguridad del apego adulto en caso de que los progenitores se vuelvan inaccesibles? ¿Dónde están los mentores adultos que ayuden a guiar a nuestros adolescentes? Nuestros hijos están creciendo en un contexto rico en iguales y pobre en adultos.

    La secularización de la sociedad ha supuesto otro vacío de apego. Dejando a un lado la religión, la comunidad de la iglesia, el templo, la mezquita o la sinagoga funcionaba como una importante red de apoyo para los progenitores y una aldea de apego para los niños. La secularización ha supuesto algo más que la pérdida de la fe o del arraigo espiritual: ha traído consigo la pérdida de esta comunidad de apego. Además, la interacción entre iguales se ha convertido en una prioridad para muchas iglesias. Por ejemplo, en muchos templos se separa a los distintos miembros de la familia cuando entran por la puerta y se los agrupa por edades en lugar de por familias. Hay guarderías y grupos de adolescentes, iglesias para jóvenes e incluso clases para mayores. A quienes desconocen la importancia del apego y los peligros que entraña la orientación hacia los iguales les parece natural que la gente deba estar con personas de su edad. Las grandes organizaciones religiosas han evolucionado para ocuparse solo de los jóvenes o de los jóvenes adultos, fomentando inadvertidamente la pérdida de conexiones multigeneracionales.

Lazos familiares desgarrados

Se dice que la familia nuclear es la unidad básica de la sociedad, pero ella misma está sometida a una presión extrema. Las tasas de divorcio se han disparado. La separación de los progenitores es un golpe doble para los niños, porque crea apegos que compiten entre sí y vacíos de apego. Por naturaleza, a los niños les gusta que todos sus apegos estén bajo el mismo techo. La unión de los progenitores les permite satisfacer su deseo de cercanía y contacto con ambos al mismo tiempo. Además, muchos niños están unidos a sus progenitores como *pareja*. Cuando estos se divorcian, resulta imposible estar cerca de ambos al mismo tiempo, al menos físicamente. Los niños más maduros y con apegos más desarrollados están mejor preparados para mantenerse cerca de ambos progenitores, aunque estén separados. Tienen más posibilidades de pertenecer a ambos, de amar a ambos y de ser conocidos por ambos simultáneamente. Pero muchos otros, incluso mayores, no lo consiguen. Los progenitores que compiten entre sí o tratan al otro como persona *non grata* colocan al niño (o, más exactamente, a su cerebro de apego) en una situación imposible: para estar cerca de uno, debe separarse del otro, tanto física como psicológicamente.

El problema de los apegos contrapuestos puede agravarse cuando los progenitores tienen nuevas parejas. Una vez más, los niños suelen evitar instintivamente el contacto con un padrastro o una madrastra para mantener la proximidad con el progenitor original. El reto, tanto para los progenitores biológicos como para los recién llegados, es facilitar un nuevo apego que no compita y, mejor aún, que apoye la relación existente. Solo cuando las relaciones son complementarias puede el cerebro de apego del niño bajar la guardia y mostrarse receptivo a las propuestas de conexión de ambas partes.

Debido al conflicto conyugal que precede al divorcio, los vacíos de apego pueden desarrollarse mucho antes de que se produzca la separación. Cuando los progenitores pierden el apoyo emocional mutuo o están preocupados por su relación con el otro, se vuelven menos accesibles para sus hijos. Privados de contacto emocional con los adultos, los niños recurren a sus iguales. Además, en circunstancias de estrés, los propios progenitores pueden sentir la tentación de buscar un descanso de su responsabilidad de cuidar, y una de las formas más fáciles de hacerlo es fomentar la interacción entre iguales. Cuando los niños están unos con otros, nos exigen menos.

Los estudios sobre hijos de divorciados revelan que estos, en conjunto, son más propensos a tener problemas escolares y a mostrarse agresivos y también que es más probable que presenten problemas de conducta[3]. Sin embargo, no han podido precisar por qué ocurre esto. Si comprendemos el apego, vemos que estos síntomas son el resultado directo de su pérdida de conexión emocional con sus progenitores y de su excesiva dependencia de las relaciones con sus iguales.

Con esto no queremos sugerir que para los niños sea mejor que sus padres permanezcan juntos aunque su relación sea conflictiva[4], pero, una vez más, tenemos que ser muy conscientes del efecto que nuestras discusiones producen en el apego de nuestros hijos. Tanto si es la tensión conyugal la que nos impide estar más accesibles como si es el divorcio, haríamos bien en implicar a otros adultos para que asuman el papel de cuidadores. En lugar de recurrir a los compañeros de nuestros hijos para aliviar nuestras obligaciones parentales, deberíamos solicitar la ayuda de parientes y amigos para, de este modo, crear una red de seguridad para el apego.

Incluso las familias nucleares que siguen intactas son vulnerables a los vacíos de apego. Hoy en día suelen hacer falta dos progenitores que trabajen a tiempo completo para garantizar el mismo nivel de vida que hace treinta o cuarenta años podía proporcionar un solo sueldo. El aumento de las tensiones sociales y la creciente sensación de inseguridad económica, incluso en medio de una relativa riqueza, se han combinado para crear un entorno en el que la crianza tranquila y conectada resulta cada vez más difícil. Precisamente ahora, cuando los progenitores y otros adultos necesitan establecer vínculos de apego más fuertes con sus hijos, resulta que tienen menos tiempo y energía para hacerlo.

Robert Bly señala que «en 1935, el trabajador medio disponía de cuarenta horas semanales libres, incluidos los sábados. En 1990, este tiempo se había reducido a diecisiete horas. Las veintitrés horas de tiempo libre a la semana que se han perdido desde 1935 son precisamente aquellas en las que el padre podía actuar como padre cariñoso y centrarse él mismo, y aquellas en las que la madre podía sentir que realmente tenía un marido»[5]. Estas pautas caracterizan no solo los primeros años de la crianza, sino toda la infancia. Aunque hoy en día muchos padres son más conscientes y asumen una parte de la responsabilidad parental, el estrés de la vida moderna y la falta crónica de tiempo dan al traste con sus mejores intenciones.

Nuestra sociedad concede más valor al consumismo que al desarrollo sano de los niños. Por razones económicas, se desalienta activamente el apego natural de los niños a sus progenitores. Como médico de familia, mi coautor se encontró a menudo en la ridícula situación de tener que escribir cartas a las empresas justificando por motivos de «salud» la decisión de una mujer de quedarse en casa unos meses más tras el nacimiento de su bebé para poder amamantarlo. La lactancia es una necesidad fisiológica esencial del bebé, pero también una potente función de apego natural en todas las especies de mamíferos, sobre todo en los seres humanos. Por motivos económicos, la crianza de los hijos no recibe el respeto que debería. Vivimos donde vivimos y no donde está nuestro apoyo natural (amigos, la familia extensa, nuestras comunidades de origen) por razones económicas que a menudo escapan al control de los progenitores, como, por ejemplo, cuando se cierran o se trasladan industrias enteras. Y también por razones económicas construimos escuelas demasiado grandes que impiden que se produzca una conexión y tenemos clases demasiado numerosas que impiden que los niños reciban una atención personal.

Como veremos en la tercera parte del libro, la orientación hacia los iguales supone un coste tremendo para la sociedad, ya que alimenta la agresividad y la delincuencia, hace que los alumnos resulten más difíciles de educar y fomenta estilos de vida poco saludables. Si evaluáramos la verdadera pérdida económica que supone para la sociedad en los ámbitos del sistema judicial, la educación y la salud, no dudaríamos ni un instante de la miopía que padecemos en la actualidad. Algunos países lo han reconocido. Ofrecen desgravaciones fiscales e incluso ayudas directas para que los progenitores puedan permanecer más tiempo en casa tras el nacimiento o la adopción de los hijos antes de volver a trabajar.

CAMBIOS RÁPIDOS, TECNOLOGÍA DESCONTROLADA

La sociedad actual ha perdido sobre todo las costumbres y tradiciones culturales que unen a las familias extensas, que vinculan a adultos y niños en relaciones de cariño, que conceden a los amigos adultos de los progenitores un lugar en la vida de sus hijos. El papel de la cultura es fomentar las conexiones entre las personas dependientes y aquellas de las que dependen y evitar que se produzcan vacíos de apego. Estas conexiones están fallando por múltiples razones, entre las que destacamos dos.

La primera es la sorprendente rapidez con la que están cambiando las sociedades industriales del siglo XX. Se necesita tiempo para desarrollar costumbres y tradiciones que cubran las necesidades de apego, cientos de años para crear una cultura de trabajo que sirva a un entorno social y geográfico concreto. El cambio que ha experimentado nuestra sociedad ha sido demasiado rápido, y la cultura no ha podido evolucionar en consecuencia. El psicoanalista Erik H. Erikson dedicó un capítulo de su libro *Infancia y sociedad*, con el que ganó el Premio Pulitzer, a sus reflexiones sobre la identidad estadounidense: «En el transcurso de una sola generación, este dinámico país somete a sus habitantes a contrastes más extremos y cambios más abruptos que los que suelen producirse en otras grandes naciones»[6]. Estas tendencias no han hecho sino acelerarse desde que Erikson hizo esa observación en 1950. Hoy en día se producen en una década más cambios que los que antes tenían lugar en un siglo. Cuando las circunstancias varían con tanta rapidez que la cultura no es capaz de adaptarse, las costumbres y las tradiciones se desintegran. No es sorprendente que la cultura actual esté incumpliendo su función tradicional de apoyar los vínculos entre adultos y niños.

La transmisión electrónica de la cultura, que permite su difusión, comercialmente mezclada y empaquetada, en nuestros hogares y en las propias mentes de nuestros hijos ha impulsado en parte este cambio tan rápido. La cultura instantánea ha sustituido a la que solía transmitirse a través de las costumbres y la tradición de generación en generación.

—Casi todos los días tengo que luchar contra la cultura del chicle a la que están expuestos mis hijos —dijo un padre frustrado al que entrevistamos para este libro.

No es solo que el contenido sea a menudo ajeno a la cultura de los progenitores, sino que el proceso de transmisión ha excluido a los abuelos y los ha desconectado de una forma muy amarga. Los juegos también se han vuelto electrónicos. Siempre han sido un instrumento cultural para conectar a las personas entre sí, sobre todo a los niños con los adultos. Ahora se han convertido en una actividad solitaria que se practica mientras se siguen las retransmisiones deportivas en la televisión o de forma aislada en el ordenador.

El cambio más significativo de los últimos tiempos ha sido la tecnología de la comunicación: primero el teléfono y luego Internet a través del correo electrónico y la mensajería instantánea. Nos hemos enamorado de la Red sin ser conscientes de que una de sus funciones principales es facilitar los vínculos. Sin darnos cuenta, hemos puesto esta tecnología en manos de niños que, por supuesto, la utilizan para conectar con sus iguales. Debido a sus fuertes necesidades de apego, el contacto les resulta muy adictivo y a menudo se convierte en uno de nuestros principales motivos de preocupación. Nuestra cultura no ha sido capaz de favorecer las costumbres y tradiciones que podrían contener este desarrollo, por lo que, una vez más, estamos abandonados a nuestra suerte. Esta maravillosa tecnología sería un instrumento muy positivo si se utilizara para facilitar las conexiones entre niños y adultos, como, por ejemplo, cuando permite la comunicación entre los estudiantes que viven fuera de casa y sus progenitores, pero, si no se controla, fomenta la orientación hacia los iguales.

UNA CULTURA DE APEGO EN ACCIÓN

Las carencias de nuestra cultura occidental resultan evidentes cuando observamos una sociedad que todavía valora los vínculos tradicionales. Tuve la oportunidad de hacerlo recientemente cuando, junto con mi mujer, Joy, y nuestros hijos, pasé una temporada en el pueblo de Rognes, en la Provenza.

Esa región me trae inmediatamente a la mente imágenes de una cultura atemporal. El clima soleado, las uvas, el encanto del Viejo Mundo, la comida, todos estos detalles me producen una sensación de nostalgia. Además, resulta muy instructivo observar la sociedad provenzal desde otro punto de vista, por lo que puede enseñarnos sobre el apego. Como veremos en nuestro último capítulo, incluso en el entorno absolutamente distinto de la Norteamérica postindustrial podemos aplicar algunas de esas lecciones mientras recreamos nuestra propia aldea de apego, como me gusta llamarla.

Cuando visitamos por primera vez la Provenza, di por hecho que iba a observar una cultura diferente. Al tener en mente el apego, se me hizo evidente que era mucho más que eso: estaba presenciando una cultura en funcionamiento y una cultura que funcionaba. Los niños saludaban a los adultos y los adultos saludaban a los niños. En la socialización participaban familias enteras, no adultos con adultos y niños con niños. En el pueblo solo se celebraba una actividad cada vez, por lo que las familias no se veían arrastradas en varias direcciones. Los domingos por la tarde eran para pasear en familia por el campo. Incluso en la fuente del pueblo, el lugar de reunión local, los adolescentes se mezclaban con los mayores. Las fiestas y celebraciones, que eran muchas, eran asuntos familiares. La música y el baile unían a las generaciones en vez de separarlas. La cultura primaba sobre el materialismo. Ni siquiera se podía comprar una baguette sin participar en los rituales de saludo apropiados. Las tiendas de los pueblos cerraban durante tres horas al mediodía, y en ese tiempo las escuelas se vaciaban y las familias volvían a reunirse. El almuerzo se hacía de forma cordial, con grupos multigeneracionales sentados alrededor de las mesas compartiendo conversación y comida.

Las costumbres de apego en torno a la escuela primaria del pueblo eran igualmente impresionantes. Los niños eran acompañados personalmente a la escuela y recogidos por sus padres o abuelos. El recinto estaba cerrado y solo se podía acceder por una única entrada. Los profesores esperaban en la puerta a sus alumnos. Una vez más, la cultura dictaba que se estableciera una conexión con saludos apropiados entre los acompañantes adultos y los profesores, así como entre los profesores y los alumnos. A veces, cuando los alumnos de una clase ya estaban todos reunidos pero aún no había sonado el timbre de la escuela, el profesor los guiaba por el patio como una mamá oca seguida de sus polluelos. Aunque a los ojos de los norteamericanos esto puede parecer un ritual de preescolar, incluso absurdo, en la Provenza era evidente que formaba parte del orden natural de las cosas. Cuando los niños salían de la escuela, lo hacían siempre en orden, con el maestro a la cabeza, que esperaba con ellos en la puerta hasta que todos habían sido recogidos por su acompañante adulto. Sus maestros eran sus maestros, tanto en el recinto escolar como en el mercado o en la fiesta del pueblo. No había muchas posibilidades de que alguien se quedara al margen. La cultura provenzal reducía al mínimo los vacíos de apego.

Me aventuré a hacer preguntas sobre por qué hacían esto o aquello. Nunca obtuve ninguna respuesta. Tuve la sensación de que mis preguntas estaban fuera de lugar, como si hubiera algún tipo de tabú en torno al análisis de las costumbres y tradiciones. Había que seguir la cultura, no cuestionarla. La sabiduría del apego estaba obviamente en la propia cultura, no en la conciencia de la gente. ¿Cómo conseguía la sociedad provenzal conservar el poder tradicional de las generaciones mayores para transmitir a sus hijos su cultura y sus valores? ¿Por qué los jóvenes de la campiña francesa eran capaces de establecer con sus iguales unos vínculos que no parecían competir con los que mantenían con los adultos? La respuesta está relacionada con el modo en que se forma el apego entre iguales.

La forma natural de establecer relaciones de apego

Por lo general, las relaciones de apego surgen de dos maneras. O bien son el producto natural de otras ya existentes, o aparecen cuando el vacío de apego se vuelve intolerable. La primera se manifiesta ya en la infancia. A los seis meses de edad, la mayoría de los niños muestran resistencia al contacto y a la proximidad de personas ajenas. Para superar esto se necesita una interacción concreta entre la persona a la que ya están apegados y el «extraño». Por ejemplo, si la madre entabla un periodo de contacto amistoso teniendo cuidado de no empujar al bebé a establecerlo también y permitiéndole que se limite a observar, la resistencia suele suavizarse y el niño se vuelve receptivo a la conexión con el recién llegado. Debe haber una introducción amistosa, una «bendición», por así decirlo. Una vez que los instintos de apego del bebé se han activado y se disfruta de un momento de cercanía, el niño suele aceptar el contacto con el recién llegado y se deja cuidar por él. El adulto antes «extraño» (un amigo de la familia, por ejemplo, o una niñera) se habrá ganado ahora el «permiso» del niño para convertirse en su cuidador.

Este diseño es inteligente. Cuando un apego nuevo nace de las relaciones que el niño ya tiene, hay muchas menos posibilidades de que se convierta en una fuerza competidora. Lo más probable es que se respete el vínculo con el progenitor, que se mantiene como punto de referencia definitivo, y la relación con él seguirá siendo prioritaria. Es mucho más difícil que los contactos con hermanos, abuelos, familia extensa y amigos de la familia alejen al niño de sus progenitores, aunque haya compañeros de por medio.

La capacidad que tienen los apegos para generar relaciones nuevas permite la creación de lo que he denominado una aldea natural de apego, que se origina fundamentalmente en los progenitores, cuyas relaciones acaban convirtiéndose en las del niño y proporcionan un contexto en el que este puede criarse. Por eso los vínculos de los niños de Rognes con sus iguales no parecían competir con los que mantenían con sus padres, y por eso estos niños se mostraban receptivos a ser criados por casi cualquier adulto de la aldea.

Apegos nacidos de un vacío

En la sociedad estadounidense (y en otras sociedades que funcionan según ese mismo modelo), la mayoría de los apegos con los iguales no surgen de forma natural, sino por la incapacidad del pequeño para soportar un vacío, esa situación que se produce cuando se erosionan los vínculos tradicionales y el niño se encuentra desprovisto de un punto de referencia natural. En tal situación, su cerebro está programado para buscar un sustituto, alguien a quien se pueda apegar, y, ante esa necesidad, esa pasa a ser su máxima prioridad.

Como nos narran los cuentos y las leyendas, los vínculos que se forman por necesidad son básicamente indiscriminados y accidentales, hijos de la coincidencia y el caos. Los gemelos Rómulo y Remo, fundadores míticos de Roma, fueron arrojados a un abismo de apego humano y luego criados por una loba. Tarzán sufrió el mismo destino, pero fue adoptado por unos simios. En el clásico infantil *The Yearling*, de Marjorie Kinnan Rawlings, un cervatillo huérfano es criado por un niño. Una gacela puede apegarse a un león. Un gato puede apegarse a un perro. Mi gallo bantam puso su impronta en la Harley-Davidson de mi hermano.

Los vacíos de apego, esas situaciones en las que los apegos naturales del niño están ausentes, tienen mucho peligro precisamente porque sus resultados son muy indiscriminados. Como ya hemos señalado antes, si la pata madre no está disponible cuando el patito sale del cascarón, el pequeño se apegará al objeto móvil más cercano. En el caso de los niños, el proceso de impronta es mucho más complejo, pero lo más probable es que su punto de referencia pase a ser la primera persona que ofrezca un alivio a su vacío de apego. La programación humana del apego no se fija en factores como la fiabilidad, la responsabilidad, la seguridad, la madurez y la crianza. A la hora de abordar la sustitución, prescinde por completo de la inteligencia. Un triste testimonio de ello son muchas de nuestras relaciones de apego, incluso cuando somos adultos. En los niños no tiene lugar ningún proceso de entrevista, ni siquiera un cuestionamiento interno. Los temas importantes del apego no entran jamás en su conciencia: ¿está el punto de referencia de acuerdo con los valores de mis progenitores? ¿Podré estar cerca de ambos simultáneamente? ¿Puedo depender de esta persona? ¿Puede esta relación ofrecerme una aceptación incondicional y amorosa? ¿Puedo confiar en la dirección y orientación de esta persona? ¿Se me invita a existir tal como soy y a expresarme con autenticidad? Por desgracia, los adultos cariñosos son desplazados muy a menudo en favor del grupo de iguales. Lo que empieza como una sustitución temporal en situaciones concretas en las que existe un vacío de orientación acaba convirtiéndose en una sustitución permanente.

Cuando un apego nace de un vacío y no de un vínculo ya existente tiene muchas más probabilidades de convertirse en una «aventura amorosa» que compita con el apego a los progenitores. Las relaciones entre iguales son más seguras si son el resultado natural de los vínculos con los progenitores pero, por desgracia, en lugar de surgir de la conexión, la mayoría de las veces lo hacen de la desconexión.

Cuantos más vínculos de apego formen los niños con compañeros que no están conectados con nosotros, mayor es la probabilidad de que aparezca una incompatibilidad, con lo que se origina una espiral cada vez mayor de orientación hacia los iguales. Nuestros progenitores estaban menos orientados hacia sus iguales de lo que lo estamos nosotros en la actualidad, y es probable que nuestros hijos lleguen a estarlo más que nosotros, a menos que seamos capaces de hacer algo al respecto.

La experiencia actual de la inmigración en Estados Unidos es un ejemplo dramático de cómo la orientación hacia los iguales socava los vínculos culturales consagrados. Los vacíos de apego que experimentan los niños inmigrantes son profundos. Sus progenitores trabajan duro, centrados en mantener económicamente a sus familias, y, al no estar familiarizados con la lengua y las costumbres de su nueva sociedad, no son capaces de orientar a sus hijos con autoridad y confianza. Los compañeros suelen ser las únicas personas a las que pueden aferrarse estos niños. Empujadas a una cultura orientada hacia los iguales, las familias inmigrantes pueden desintegrarse rápidamente. El abismo entre hijos y progenitores puede ensancharse hasta hacerse insalvable. Los progenitores de estos niños pierden su dignidad, su poder y su liderazgo. Los iguales acaban sustituyéndolos y las bandas van reemplazando cada vez más a las familias. Sin embargo, tampoco en este caso la inmigración o el necesario traslado de personas desplazadas por la guerra o la miseria económica son el problema. Trasplantadas a la sociedad occidental dirigida por iguales, las culturas tradicionales sucumben. Fallamos a nuestros inmigrantes por culpa de nuestro propio fracaso social a la hora de preservar la relación entre padres e hijos.

En algunas zonas del país todavía se ven familias, a menudo procedentes de Asia, que se reúnen en grupos multigeneracionales para salir de excursión. Padres, abuelos e incluso frágiles bisabuelos se mezclan, ríen y socializan con sus hijos y los descendientes de estos. Lamentablemente, esto solo se ve entre los inmigrantes relativamente recientes. A medida que los jóvenes se van incorporando a la sociedad norteamericana, sus conexiones con los mayores se desvanecen. Se distancian de sus familias. Sus iconos pasan a ser las figuras artificiales e hipersexualizadas que Hollywood y la industria musical estadounidense comercializan en masa. Se aíslan rápidamente de las culturas que han sostenido a sus antepasados generación tras generación. Al observar la rápida disolución de las familias inmigrantes bajo la influencia de la sociedad orientada hacia los iguales, somos testigos, como en un vídeo de avance rápido, del hundimiento cultural que nosotros mismos hemos sufrido en el último medio siglo.

Sería alentador creer que otras partes del mundo van a conseguir resistir con éxito la tendencia hacia la orientación hacia los iguales. Lo más probable es que ocurra todo lo contrario, a medida que la economía global va ejerciendo sus influencias corrosivas sobre las culturas tradicionales de otros continentes. Los problemas de aislamiento de los adolescentes son ahora muy habituales en los países que han seguido más de cerca el modelo estadounidense (Reino Unido, Australia y Japón), y podemos predecir patrones similares en otros lugares como resultado de los cambios económicos y los desplazamientos masivos de población. Entre los niños rusos, por ejemplo, están proliferando los trastornos relacionados con el estrés. Según un informe del *New York Times*, desde el colapso de la Unión

Soviética hace poco más de una década, casi un tercio de los 143 millones de habitantes de Rusia (unos 45 millones) han cambiado de residencia. La orientación hacia los iguales amenaza con convertirse en una de las exportaciones culturales estadounidenses menos beneficiosas.

SEGUNDA PARTE

SABOTEADOS: POR QUÉ LA ORIENTACIÓN HACIA LOS IGUALES SOCAVA LA CRIANZA POR PARTE DE LOS PROGENITORES

4
EL PODER DE CRIAR SE NOS ESTÁ YENDO DE LAS MANOS

Kirsten tenía siete años cuando sus padres vinieron a consultarme por primera vez, molestos y preocupados por el cambio repentino que había experimentado su hija. Tendía a hacer todo lo contrario de lo que se esperaba de ella y podía mostrarse muy grosera con ellos, sobre todo cuando sus amigas estaban cerca. Sus padres se sentían desconcertados. Era la mayor de tres hermanas y, hasta que empezó segundo de primaria, había sido una niña cariñosa y tierna, siempre deseosa de agradar.

—Criar a Kirsten era una experiencia maravillosa —recordaba su madre.

Ahora se mostraba reticente y muy difícil de manejar. Ante la petición más nimia, ponía cara de fastidio y todo acababa en una discusión. Su madre descubrió un aspecto de sí misma que desconocía, se dio cuenta de que estaba enfadada e incluso enrabietada. Se oía a sí misma gritar y se sorprendía al comprobar que de su boca salían unas palabras que la asustaban. A su padre, la atmósfera le resultaba tan tensa y la fricción tan agotadora que fue recluyéndose poco a poco en su trabajo. Como muchos progenitores en su situación, fueron recurriendo cada vez con mayor frecuencia a las regañinas, las amenazas y los castigos… sin ningún resultado.

Puede resultar sorprendente que nos digan que la crianza debería ser relativamente fácil. Conseguir que nuestros niños sigan nuestro ejemplo, obedezcan nuestras indicaciones o respeten nuestros valores no debería exigir ningún esfuerzo, lucha ni coacción, ni siquiera la influencia extra de las recompensas. Cuando se necesitan tácticas de presión, es porque algo va mal. Los padres de Kirsten habían llegado a recurrir a la fuerza porque, sin darse cuenta, habían perdido el *poder de criar*.

La crianza se diseñó para ser asistida. Es algo muy parecido a los vehículos de lujo actuales, con dirección, frenos y elevalunas asistidos. Si fallara esta ayuda, muchos de estos coches resultarían imposibles de conducir. Manejar a los niños cuando perdemos el poder para criarlos resulta también casi imposible, pero eso es justo lo que están intentando hacer millones de progenitores. Sin embargo, aunque es relativamente fácil encontrar un buen mecánico que nos solucione el problema del coche, los expertos a los que recurren los progenitores para solucionar sus dificultades con la crianza de sus hijos rara vez evalúan correctamente el problema. Es demasiado habitual que se culpe a los niños de ser difíciles, o a los padres de ser ineptos, o a sus técnicas de crianza de ser inadecuadas. Por lo general, ni los progenitores ni los profesionales reconocen que la raíz del problema no es la ineptitud parental, sino su impotencia en el sentido más estricto del término: la falta de potencia suficiente.

La cualidad que está ausente es el poder, no el amor, ni el conocimiento, ni el compromiso, ni las habilidades. Nuestros predecesores tenían mucho más poder que los padres de hoy. Nuestros abuelos eran mucho más capaces que nuestros padres de conseguir que sus hijos les prestaran atención, y a nosotros nos sucede lo mismo con respecto a nuestros progenitores. Si la tendencia continúa, nuestros hijos experimentarán serias dificultades en la crianza de sus propios hijos. El poder de criar se nos está yendo de las manos.

LA AUTORIDAD ESPONTÁNEA PARA CRIAR A LOS HIJOS

La impotencia parental es difícil de reconocer y dolorosa de admitir. Nuestra mente se aferra a otras explicaciones más aceptables: nuestros hijos ya no nos necesitan o son especialmente difíciles, o nuestras habilidades para criar son deficientes.

Hoy en día, mucha gente se siente incómoda ante el concepto de poder. Siendo niños, algunos de nosotros conocimos demasiado bien el poder de nuestros progenitores y fuimos dolorosamente conscientes de su potencial de maltrato. Sabemos que el poder conduce a la tentación y hemos experimentado que no se puede confiar en quienes buscan ejercerlo sobre los demás. En cierto modo, poder se ha convertido en una palabra malsonante, con expresiones como búsqueda de poder y ansia de poder. No es sorprendente que muchos hayan llegado a evitarla, una actitud que encuentro con frecuencia entre progenitores y educadores.

Muchos confunden también poder con fuerza. No es ese el sentido en el que empleamos la palabra en este libro. En el análisis que estamos haciendo sobre la crianza y el apego, poder significa la *autoridad espontánea para criar a un hijo,* y no surge de la coacción ni de la fuerza, sino de una relación que se adapta correctamente al niño. El poder de criar a un hijo surge cuando las cosas siguen su orden natural, y lo hace sin esfuerzo, sin gesticulaciones ni presiones. La carencia de poder es lo que nos empuja a recurrir a la fuerza. Cuanto más poder tenga un progenitor, menos fuerza necesitará en la crianza cotidiana. Por otra parte, cuanto menos poseamos, más impulsados nos sentiremos a alzar la voz, a endurecer nuestra conducta, a proferir amenazas y a buscar alguna influencia para hacer que nuestros hijos cumplan nuestras exigencias. La pérdida de poder que experimentan los progenitores de hoy en día ha dado lugar a una preocupación que se refleja en la literatura sobre crianza a través de técnicas que en casi cualquier otro entorno se percibirían como sobornos y amenazas. Hemos camuflado esas muestras de impotencia con eufemismos como recompensas y «consecuencias naturales».

El poder es absolutamente necesario para la tarea de criar a un hijo. ¿Por qué lo necesitamos? Pues, porque tenemos responsabilidades. La paternidad nunca fue concebida para existir sin el poder que nos permite cumplir las responsabilidades que conlleva. No hay forma de entender la dinámica de la crianza sin abordar la cuestión del poder.

El poder que hemos perdido es el de dirigir la atención de nuestros hijos, apelar a sus buenas intenciones, inculcarles deferencia hacia nosotros y conseguir su cooperación. Sin estas cuatro habilidades, lo único que nos queda es la coacción o el soborno. Este era el problema al que se enfrentaban los padres de Kirsten cuando vinieron a mi consulta, preocupados por la reciente actitud recalcitrante de su hija. Como ejemplo de la pérdida de la autoridad natural de los progenitores voy a utilizar la relación de Kirsten con ellos, junto con otros dos casos que describiré a continuación y que también ayudan a demostrar el significado del poder parental. Este elenco de personajes está formado por nueve personas: seis progenitores y tres hijos. Sus historias tipifican el dilema al que se enfrentan hoy en día muchas familias.

Los progenitores de Sean, de nueve años, estaban divorciados. Ninguno de los dos se había vuelto a casar y la relación entre ambos era lo bastante buena como para permitirles buscar ayuda juntos. Sus dificultades para criar a su hijo habían contribuido a su separación. Los primeros años fueron relativamente fáciles, pero los dos últimos fueron horribles. Sean maltrataba verbalmente a sus progenitores y agredía físicamente a su hermana pequeña. Aunque era muy inteligente, ningún razonamiento podía inducirle a hacer lo que le decían. Los progenitores habían consultado a varios expertos y habían leído muchos libros que recomendaban distintos enfoques y técnicas. Nada parecía funcionar con él. Los castigos habituales no hacían más que empeorar las cosas. Mandarle a su cuarto no parecía surtir ningún efecto. Aunque su madre no creía en los azotes, por desesperación acabó recurriendo al castigo físico. Ambos progenitores habían renunciado a intentar que obedeciera en cosas tan sencillas como sentarse a la mesa durante la cena. Tampoco conseguían que hiciera los deberes. Antes de que el matrimonio se rompiera, su hosca resistencia empañaba el ambiente de la casa. El desgaste emocional de ambos progenitores era tal que ninguno de ellos era capaz de sentir calidez o afecto hacia su hijo.

Melanie tenía trece años. Cuando su padre hablaba de ella, apenas podía contener la ira. La convivencia con la niña había cambiado tras la muerte de su abuela, cuando Melanie estaba en sexto de primaria. Hasta entonces había colaborado en la casa, había sido una buena alumna en el colegio y siempre había tratado con cariño a su hermano, tres años mayor que ella. Ahora faltaba a clase y los deberes le daban igual. Se escapaba de casa con frecuencia. Se negaba a hablar con sus progenitores y declaraba que los odiaba y que lo único que quería era que la dejaran en paz. También se negaba a comer con ellos y lo hacía sola en su habitación. Su madre se sentía traumatizada. Casi cada día suplicaba a su hija que fuera «buena», que llegara a casa a tiempo y que dejara de escaparse. El padre no soportaba la actitud insolente de Melanie. Creía que la solución era, de alguna manera, imponer la ley, enseñar a la adolescente «una lección que nunca olvidaría». En su opinión, todo lo que no fuera mano dura no hacía sino consentir el comportamiento inaceptable de Melanie y empeorar las cosas. Estaba especialmente furioso pues, hasta ese brusco cambio de personalidad, Melanie había sido «la niña de papá», dulce y complaciente.

Tres situaciones individuales, tres circunstancias distintas y tres niños muy diferentes, pero ninguno de ellos único. Las frustraciones que experimentaron estos progenitores en su crianza son compartidas por muchos padres y madres. Las dificultades se manifiestan de una forma distinta en cada niño, pero el coro es siempre el mismo: ser progenitor resulta mucho más difícil de lo previsto. Hoy en día es muy común escuchar la letanía de lamentos de los progenitores: «Los niños actuales no parecen tener el respeto por la autoridad que teníamos nosotros a su edad; no consigo que mi hijo haga los deberes, se meta en la cama, haga sus tareas, limpie su habitación». O la queja burlona que se oye a menudo: «¡Si la crianza de un hijo es tan importante, los niños deberían venir con un manual de instrucciones!».

El secreto del poder de los progenitores

Mucha gente ha llegado a la conclusión de que no se puede esperar que los progenitores sepan qué deben hacer si no lo aprenden formalmente. Ahora hay todo tipo de cursos para padres, e incluso clases que les enseñan a recitar poemas infantiles a sus hijos pequeños. Sin embargo, los expertos no pueden enseñar aquello que es más importante para una crianza eficaz. El poder de un progenitor no surge de las técnicas, por bienintencionadas que sean, sino de la relación de apego, que en nuestros tres ejemplos estaba ausente.

El secreto del poder de un progenitor está en la dependencia del niño. Los niños nacen completamente dependientes, incapaces de abrirse camino por sí mismos en este mundo. Su falta de viabilidad como seres autónomos hace que dependan por completo de los demás para que los cuiden, los guíen y dirijan, los apoyen y aprueben, les den un sentimiento de hogar y pertenencia. Y es sobre todo ese estado de dependencia del niño lo que hace que la crianza sea necesaria. Si nuestros hijos no nos necesitaran, nosotros no necesitaríamos el poder para criarlos.

A primera vista, la dependencia de los niños parece bastante sencilla. Pero aquí está el fallo: ser dependiente no garantiza que se dependa de los cuidadores adecuados. Todos los niños nacen necesitados de cuidados, pero, después de la primera infancia y la niñez, no todos recurren necesariamente al progenitor para que se los proporcione. Nuestro poder como progenitores no reside en lo dependiente que sea nuestro hijo, sino en lo mucho que dependa específicamente de nosotros. El poder para ejercer nuestras responsabilidades parentales no reside en la necesidad de nuestros hijos, sino en que busquen en nosotros la respuesta a esas necesidades.

No podemos cuidar de verdad a un niño que no cuenta con nosotros para que lo cuidemos, o que solo depende de nosotros para alimentarse, vestirse, tener una casa y solucionar las cuestiones materiales. No podemos apoyarlo emocionalmente si él a su vez no se apoya en nosotros para cubrir sus necesidades psicológicas. Resulta frustrante dirigir a un niño que no agradece nuestra orientación, y fastidioso y contraproducente ayudar a uno que no busca nuestra ayuda.

Esa era la situación a la que se enfrentaban los progenitores de Kirsten, Sean y Melanie. Kirsten ya no dependía de sus progenitores para cubrir sus necesidades de apego ni para obtener orientación sobre cómo ser y qué hacer. A la tierna edad de siete años, ya no acudía a ellos en busca de consuelo y cariño. La postura de Sean iba más allá: había desarrollado una resistencia muy profunda a depender de su padre y de su madre. La oposición de Sean y de Melanie se extendía incluso a que los alimentaran (o, más exactamente, al ritual de la alimentación que tiene lugar en la mesa familiar). Al entrar en la adolescencia, Melanie ya no buscaba en sus progenitores una sensación de hogar o conexión. No deseaba que la comprendieran ni que la conocieran íntimamente. Ninguno de estos tres niños se sentía dependiente de sus padres, y esa era la raíz de las frustraciones, dificultades y fracasos experimentados por sus progenitores.

Por supuesto, todos los niños dependen de sus cuidadores para vivir. Sin embargo, en el camino de estos tres se produjo un cambio, al igual que en el de muchos otros niños de hoy. No es que ya no necesitaran que se ocuparan de ellos. Mientras un niño sea incapaz de funcionar de forma independiente, necesitará depender de alguien. Sin importar lo que pensaran o sintieran estos tres, no estaban ni mucho menos preparados para valerse por sí mismos. Seguían siendo dependientes, pero ya no sentían que lo fueran de sus progenitores. Sus necesidades de dependencia no habían desaparecido; lo que había cambiado era a quién acudían para cubrirlas. El poder de criar a un hijo se transfiere a la persona de la que depende, sea o no verdaderamente fiable, adecuada, responsable o compasiva, sea o no adulta.

Estos tres niños habían dejado de depender emocionalmente de sus progenitores para pasar a hacerlo de sus compañeros. Kirsten tenía un grupo muy unido de tres amigas que le servían de referencia y de base. Para Sean, el grupo de iguales en general se convirtió en su fuente de apego, la entidad a la que se conectó en lugar de hacerlo a sus padres. Invirtió sus valores, intereses y motivaciones en sus compañeros y en la cultura de grupo. Melanie llenó el vacío de apego creado por la muerte de su abuela con la presencia de una amiga. En los tres casos, las relaciones con los compañeros compitieron con el apego a los progenitores y la conexión con ellos llegó a ser la dominante.

Esta transferencia de poder supone un doble problema para nosotros, que no solo nos quedamos sin el poder que necesitamos para controlar a nuestros hijos, sino que los inocentes e incompetentes usurpadores adquieren el de llevarlos por el mal camino. Los compañeros de nuestros hijos no buscan activamente este poder, sino que es consustancial a la dependencia. Este siniestro recorte del poder de los progenitores suele producirse cuando menos lo esperamos y en el momento en que más necesitamos la autoridad natural. Las semillas de la dependencia de los compañeros suelen arraigar en los primeros cursos, pero en los intermedios es cuando la creciente incompatibilidad entre el apego a los iguales y el apego a los progenitores hace estragos en nuestro poder para criar. Durante la adolescencia de nuestros hijos, justo en el momento en que tenemos que gestionar más cosas que nunca, y justo cuando nuestra superioridad física sobre ellos empieza a menguar, el poder de criarlos se nos escapa de las manos.

Lo que a nosotros nos parece independencia es en realidad dependencia transferida. Deseamos que nuestros hijos sean capaces de hacer las cosas por sí mismos y nos olvidamos de lo dependientes que son en realidad. Al igual que la palabra poder, dependencia se ha convertido en un término malsonante. Queremos que nuestros hijos se dirijan, se motiven, se controlen, se orienten por sí solos, que sean autosuficientes y seguros de sí mismos. Hemos dado tanta importancia a la independencia que hemos perdido de vista el significado de la infancia. Los progenitores se quejan de la actitud negativa y desagradable de sus hijos, pero rara vez advierten que estos han dejado de buscar en ellos cariño, consuelo y ayuda. Les molesta que su hijo no cumpla unas expectativas razonables, pero parecen no darse cuenta de que ya no busca su afecto, aprobación o aprecio. No ven que recurre a sus iguales en busca de apoyo, amor, conexión y pertenencia. Cuando se desplaza el apego, se desplaza la dependencia y, con ella, el poder para criar al hijo.

El gran reto para los progenitores de Kirsten, Sean y Melanie no era imponer normas, lograr que se cumplieran o poner fin a tal o cual conducta, sino reclamar a sus hijos, conseguir que las fuerzas del apego volvieran a estar de su lado. Tenían que fomentar en sus hijos la dependencia, que es la fuente del poder del progenitor. Para recuperar su autoridad natural, tenían que desplazar y usurpar la jurisdicción ilegítima de sus desprevenidos e inconscientes usurpadores: los amigos de sus hijos. Aunque volver a establecer lazos de apego con nuestros hijos sea más fácil de conceptualizar que de llevar a la práctica, es la única forma de recuperar nuestra autoridad. Gran parte de mi trabajo con las familias y la mayoría de los consejos que daré en este libro pretenden ayudar a los progenitores a reasumir su posición natural de autoridad.

¿Qué es lo que permite a los iguales desplazar a los padres, dado que dicho desplazamiento parece contrario a lo que el niño necesita? Como siempre, el orden natural de las cosas tiene su lógica. La capacidad de un niño para vincularse a personas que no son sus progenitores biológicos cumple una función importante, ya que la presencia de estos no está en absoluto garantizada. Pueden morir o desaparecer. Nuestra programación del apego exige la flexibilidad necesaria para encontrar sustitutos a los que apegarse y de los que depender. Los seres humanos no somos los únicos que podemos transferir apegos. Lo que hace que algunas criaturas sean tan buenas mascotas es que pueden trasladar a los humanos el apego que tienen a sus progenitores, y eso nos permite tanto cuidarlos como manejarlos.

Puesto que la dependencia de los seres humanos es muy prolongada, los vínculos deben ser transferibles de una persona a otra, de los progenitores a los parientes y vecinos y a los ancianos de la tribu o de la aldea. Todos ellos, a su vez, deben desempeñar su papel para que el niño alcance la plena madurez. Esta notable adaptabilidad, que durante miles de años ha resultado muy adecuada tanto para los progenitores como para los hijos, es lo que nos atormenta en los últimos tiempos porque, en las condiciones actuales, permite a los iguales sustituir a los padres.

Cuando un niño se orienta hacia sus iguales, la mayoría de los progenitores son capaces de darse cuenta de que han perdido su poder, aunque no lo reconozcan como lo que es. La atención de un niño así es más difícil de dominar, su deferencia disminuye, la autoridad del progenitor se erosiona. Cuando se les preguntó específicamente, los progenitores de cada uno de los tres niños de nuestros ejemplos fueron capaces de identificar cuándo empezó a menguar su poder. Esa erosión de la autoridad natural es percibida al principio como una simple sensación de que algo va mal.

¿Qué nos permite criar a un hijo?

Para que la crianza funcione se necesitan tres ingredientes: un ser dependiente que precise que lo cuiden, un adulto dispuesto a asumir responsabilidades y un buen vínculo de apego entre el niño y el adulto.

El más crítico de ellos es también el que más se suele pasar por alto y descuidar: el apego del niño al adulto. Muchos progenitores (y aspirantes a progenitores) siguen trabajando con la idea errónea de que uno puede sencillamente asumir el papel de padre, ya sea adoptivo, de acogida, padrastro o padre biológico, confiando en que la necesidad del niño de ser atendido y nuestra voluntad de cuidarlo sean suficientes, y nos sorprendemos y ofendemos cuando los niños parecen resistirse a nuestra crianza.

Reconociendo que la responsabilidad parental es insuficiente para criar con éxito a los hijos, pero sin ser conscientes todavía del papel del apego, muchos expertos suponen que el problema debe estar en los conocimientos de los progenitores. Si la crianza no funciona correctamente es porque los progenitores no están haciendo las cosas bien. Según esta forma de pensar, no basta con asumir el papel; un progenitor necesita cierta habilidad para ser eficaz. Su función tiene que complementarse con todo tipo de técnicas de crianza, o eso parecen creer muchos expertos.

Otro razonamiento muy habitual entre los progenitores es el siguiente: si otros consiguen que sus hijos hagan lo que ellos quieren, pero yo no puedo, debe ser porque carezco de las habilidades necesarias. Todas sus preguntas presuponen una simple falta de conocimientos que debe corregirse con consejos prácticos en función de cada situación problemática: ¿cómo consigo que mi hijo me escuche? ¿Cómo consigo que haga los deberes? ¿Qué tengo que hacer para que limpie su habitación? ¿Cuál es el secreto para conseguir que haga sus tareas? ¿Cómo consigo que se siente a la mesa? Nuestros predecesores se habrían avergonzado de hacer tales preguntas o, para el caso, de asistir a un curso de paternidad. Da la impresión de que a los progenitores de hoy les resulta mucho más fácil confesar incompetencia que impotencia, sobre todo cuando nuestra falta de habilidad puede achacarse de un modo muy conveniente a la falta de formación o a la carencia de modelos adecuados en nuestra propia infancia. El resultado ha sido una industria multimillonaria de asesoramiento, desde los expertos que recomiendan los tiempos muertos o los puntos de recompensa en la nevera hasta todos los libros publicados sobre cómo criar eficazmente a un hijo. Los expertos en crianza y la industria editorial están dando a los progenitores lo que estos les piden, en lugar de la información que tanto necesitan. El mero volumen de los consejos ofrecidos tiende a reforzar las sensaciones de incapacitación y de no estar preparados para criar a un hijo. Sin embargo, aunque se ha comprobado que estas metodologías no funcionan, eso no ha frenado el torrente de habilidades que se pretenden enseñar.

Desde el momento en que percibimos la crianza como un conjunto de habilidades que hay que aprender, nos resulta difícil entender el proceso de otro modo. Siempre que surgen problemas, se asume que debemos leer otro libro, hacer otro curso, dominar otra habilidad. Mientras tanto, nuestro elenco de apoyo sigue asumiendo que tenemos el poder para hacer nuestro trabajo. Los profesores actúan como si aún pudiéramos hacer que nuestros hijos hicieran los deberes. Los vecinos esperan que mantengamos a nuestros hijos a raya. Nuestros propios progenitores nos reprenden para que adoptemos una postura más firme. Los expertos dan por sentado que, para lograr el acatamiento de las normas, solo hace falta tener una habilidad más. Los tribunales nos hacen responsables del comportamiento de nuestros hijos. Nadie parece darse cuenta de que nuestro control sobre ellos se está desvaneciendo.

El razonamiento según el cual la crianza constituye un conjunto de habilidades parecía bastante lógico, pero en retrospectiva ha sido un terrible error. Ha conducido a una dependencia artificial de los expertos, ha despojado a los progenitores de su confianza natural y a menudo hace que se sientan ignorantes e incompetentes. Nos apresuramos a suponer que nuestros hijos no escuchan porque no sabemos hacer que escuchen, que no son obedientes porque aún no hemos aprendido los trucos necesarios para lograrlo, que no son lo bastante respetuosos con la autoridad porque nosotros, los progenitores, no les hemos enseñado a serlo. Pasamos por alto el punto esencial de que lo importante no es nuestra habilidad, sino la relación del niño con el adulto que asume la responsabilidad de su crianza.

Cuando nos centramos exclusivamente en lo que deberíamos hacer, dejamos de ser conscientes de nuestra relación de apego con nuestros hijos y sus carencias. La paternidad es ante todo una relación, no una habilidad que hay que adquirir. El apego no es un comportamiento que haya que aprender, sino una conexión que hay que buscar.

Nos cuesta ver nuestra impotencia a la hora de criar a nuestros hijos porque el poder que solían poseer los progenitores no era consciente de sí mismo. Era automático, invisible, un elemento incorporado en la vida familiar y en las culturas basadas en la tradición. Por regla general, los progenitores de antaño podían darlo por sentado porque normalmente era suficiente para la tarea que tenían entre manos. Por las razones que hemos empezado a analizar, esto ya no es así. Si uno no sabe por qué algo le resulta fácil, no puede apreciar de dónde surgen las dificultades. Debido a nuestro desconocimiento colectivo del apego, nuestra dificultad para reconocer la impotencia de los progenitores y nuestra aversión al poder en sí mismo, el obstáculo más habitual en la crianza de los hijos permanece sin explicación.

La búsqueda de etiquetas

La alternativa evidente a culpar al progenitor es llegar a la conclusión de que al niño le falla o le falta algo. Si no somos dados a dudar de la forma en la que estamos criando a nuestros hijos, asumimos que el origen del problema deben ser ellos. De este modo, nos consolamos y nos decimos a nosotros mismos que no hemos fracasado, sino que nuestros hijos no han estado a la altura de nuestras expectativas. Nuestra actitud se expresa en preguntas o exigencias como ¿por qué no prestas atención?, ¡deja de ser tan difícil! o ¿por qué no haces lo que se te dice?

Muchas veces, las dificultades en la crianza de los hijos dan lugar a una investigación afanosa para saber qué les pasa, y por eso hoy en día somos testigos de una búsqueda frenética de etiquetas que puedan explicar sus problemas. Los progenitores intentan encontrar diagnósticos formales de un profesional o se aferran a etiquetas informales: hay, por ejemplo, libros sobre cómo criar al niño «difícil» o al «inquieto». Cuanto más frustrante resulte la crianza, más probable será que percibamos a nuestros hijos como difíciles y más afán pondremos en encontrar etiquetas que lo confirmen. No es casualidad que, en nuestra sociedad, la preocupación por los diagnósticos haya crecido en paralelo al aumento de la orientación hacia los iguales. Los problemas de conducta de los niños se atribuyen cada vez más a distintos síndromes médicos, como el trastorno negativista desafiante o el trastorno por déficit de atención. Estos diagnósticos tienen al menos la ventaja de absolver al niño y de descargar de culpabilidad a los progenitores, pero camuflan la dinámica reversible que impulsa a los niños a desobedecer. Las explicaciones médicas ayudan al eliminar la culpa, pero suponen también un obstáculo porque reducen las dificultades a conceptos excesivamente simplificados. Asumen que los complejos problemas de conducta de muchos niños pueden explicarse por la genética o por circuitos cerebrales mal conectados. Ignoran las pruebas científicas que revelan que el entorno va moldeando el cerebro humano desde el nacimiento y durante toda la vida, y que las relaciones de apego son el aspecto más importante del entorno del niño. También dictan soluciones estrechas, como los medicamentos, sin tener en cuenta las relaciones del niño con sus iguales y con el mundo de los adultos. En la práctica, sirven para desempoderar aún más a los progenitores.

Con esto no estamos diciendo que la fisiología cerebral no esté implicada en algunos trastornos infantiles ni que los medicamentos nunca sean útiles. Mi colega, por ejemplo, atiende a muchos niños y adultos con déficit de atención, un trastorno en el que el cerebro no funciona con normalidad por una serie de causas fisiológicas, y prescribe medicamentos cuando le parecen justificadamente necesarios. A lo que sí nos oponemos es a reducir los problemas infantiles a diagnósticos y tratamientos médicos, excluyendo los muchos factores psicológicos, emocionales y sociales que contribuyen a su aparición. Incluso en el TDA y otras afecciones infantiles en las que los diagnósticos y tratamientos médicos pueden resultar útiles, la relación de apego con los progenitores debe seguir siendo la principal preocupación y el mejor camino hacia la curación*.

---

* En el libro *Mentes dispersas: Los orígenes y la curación del trastorno por déficit de atención (TDA)*, de Gabor Maté (Madrid, Ed. Gaia, 2023), se analizan a fondo estas cuestiones.

Los progenitores de Sean ya habían buscado etiquetas y habían obtenido tres diagnósticos diferentes de tres expertos: dos psicólogos y un psiquiatra. La evaluación de uno de estos profesionales fue que padecía un trastorno obsesivo compulsivo, la de otro, que se trataba de un trastorno negativista desafiante y, por último, el tercero afirmaba que Sean padecía un trastorno por déficit de atención. Descubrir que a su hijo le pasaba algo supuso un gran alivio para sus progenitores. Sus dificultades para criarlo no eran culpa suya. Además, los diagnósticos de los médicos también liberaron de culpa a Sean. No podía evitarlo. Las etiquetas pusieron fin a la culpabilización, lo cual era bueno.

No tengo nada en contra de ninguna de esas etiquetas; de hecho, describían bastante bien su comportamiento. Era muy compulsivo, desafiante y distraído. Además, lo que tienen en común estos tres síndromes es que los niños así etiquetados también son impulsivos e incapaces de adaptarse. Los niños (o adultos) impulsivos no pueden separar los impulsos de las acciones. Llevan a cabo cualquier cosa que surja en su mente. La falta de adaptación implica no poder ajustar nuestro comportamiento a la adversidad, y, por tanto, no sacar provecho ni aprender de las circunstancias negativas. Estos problemas hacen que los progenitores tengan que manejar más conductas inadecuadas y, al mismo tiempo, limitan sus herramientas para controlar la conducta del niño. Las técnicas negativas como la amonestación, la vergüenza, las sanciones, las consecuencias y el castigo, por ejemplo, son inútiles con un joven que no es capaz de aprender de ellas. Por todo ello podría decirse que, en cierto sentido, las numerosas dificultades que afrontaban los progenitores de Sean eran debidas a lo que le pasaba a su hijo. Hay algo de verdad en ello, pero a veces una verdad puede ocultar otra aún mayor: en este caso, un problema en la relación.

Las etiquetas medicalizadas obligaron a los progenitores de Sean a depender de los expertos. En lugar de confiar en su propia intuición, aprender de sus propios errores y encontrar su propio camino, empezaron a buscar en otras personas instrucciones sobre cómo criar a su hijo. Seguían mecánicamente sus consejos empleando métodos artificiosos de control de la conducta que suponían un atropello de la relación de apego. A veces, decían, parecía que se relacionaban con un síndrome en vez de con una persona. En lugar de encontrar respuestas, encontraban tantas opiniones como expertos que las defendieran.

Un problema aún más preocupante de las etiquetas (incluso de las tan informales como «el niño difícil» o las tan inocuas como «el niño sensible») es que crean la impresión de que se ha encontrado la raíz del problema. Encubren el verdadero origen de la dificultad. Cuando una evaluación de un problema ignora los factores de relación subyacentes, retrasa la búsqueda de soluciones auténticas.

Nadie ponía en duda que Sean era difícil de manejar. Y es evidente que su impulsividad complicaba las cosas todavía más. Sin embargo, la mayoría de los impulsos se desencadenan por el apego, y eran los apegos de Sean los que se habían descarriado. Lo que hacía que la situación resultara tan imposible no era su impulsividad, sino el hecho de que esos impulsos actuaran en contra de sus progenitores. La situación era contraria a los instintos naturales de Sean de depender de sus progenitores, de estar cerca de ellos o de seguir sus indicaciones, y ello se debía a su orientación hacia los iguales, no a un trastorno médico. Sus instintos de apego desviados justificaban también su comportamiento oposicionista y señalaban la forma de encontrar una cura. El problema de la orientación hacia los iguales no explicaba todos sus problemas de atención, pero el restablecimiento de un apego sano con sus progenitores era la forma de sentar una base que permitiera tratarlos. La cuestión más acuciante para sus padres no era qué le pasaba a Sean, sino qué faltaba en la relación de Sean con ellos.

Aunque ni los padres de Kirsten ni los de Melanie habían seguido el camino de buscar un diagnóstico formal, también se preguntaban si sus hijas eran normales o si el problema residía en las técnicas que ellos aplicaban. Tras un examen más detallado, descubrí que Melanie era significativamente inmadura para su edad, pero esto tampoco explicaba las dificultades que presentaba su crianza. La cuestión crítica era que dependía de sus iguales, lo cual, dada su inmadurez psicológica, suponía un golpe devastador para la crianza.

Afortunadamente, la orientación hacia los iguales no solo se puede prevenir, sino que, en la mayoría de los casos, también es reversible: las partes cuarta y quinta de este libro están dedicadas a este tema. Sin embargo, debemos comprender a fondo cuál es el problema. La crianza debería ser natural e intuitiva, pero solo puede serlo cuando el niño se apega a nosotros. Para recuperar el poder de criar a nuestros hijos debemos lograr que vuelvan a depender de nosotros por completo, no solo físicamente, sino también psicológica y emocionalmente, como ha sido siempre la intención de la naturaleza.

5
DE AYUDA A IMPEDIMENTO: CUANDO EL APEGO ACTÚA CONTRA NOSOTROS

El cómico Jerry Seinfeld, que tuvo su primer hijo a los cuarenta y siete años, ha comentado lo enervante que resulta tener a otro ser humano que te mira alegremente a los ojos mientras se hace caca en los pantalones.

—Imagínatelo —dijo—. ¡Se la estaba haciendo mientras me miraba directamente a la cara!

Lo que hace que los padres sigan adelante es el apego. El compromiso y los valores sirven para mucho, pero, si todo se limitara a eso, la crianza de los hijos sería un mero trabajo. Si no fuese por el apego, muchos padres no serían capaces de aguantar los continuos cambios de pañales, ni perdonarían las interrupciones del sueño, ni soportarían el ruido y los llantos, ni llevarían a cabo todas esas tareas que pasan inadvertidas. Y más tarde tampoco tolerarían los retos que suponen las conductas irritantes e incluso odiosas de sus retoños.

Como ya hemos señalado, el apego actúa de forma invisible. Las personas que, por puro instinto, han creado una buena relación de apego con sus hijos serán unos progenitores exitosos y competentes, aunque jamás hayan aprendido formalmente ni una sola «habilidad» de crianza.

El apego favorece una crianza eficaz a través de siete principios significativos que aseguran que el niño dependa de su progenitor, y esa es precisamente la auténtica fuente del poder parental. Por desgracia, cuando los apegos del niño están desviados, estos mismos principios actúan para debilitar la autoridad de los progenitores. A los lectores les resultará útil consultar esta lista mientras asumen la tarea de reafirmar la conexión con sus hijos.

A aquellos padres que están ansiosos por recibir consejos sobre lo que deben hacer, les repito que el primer requisito es el conocimiento paciente y sincero del apego. La experiencia que he obtenido ayudando a miles de progenitores y niños me ha convencido de que, a menos que sepamos totalmente cómo y por qué funcionan las cosas (y también cómo se supone que deben funcionar), las soluciones que intentemos, por muy buenas intenciones que tengamos, no harán más que agravar el problema.

El apego establece la jerarquía entre el progenitor y el niño

La primera función del apego es colocar a los adultos y a los niños en un orden jerárquico. Siempre que los seres humanos entablan una relación, su cerebro de apego establece de forma automática el rango de los participantes en orden de dominación. En nuestro sistema racional innato están grabadas las posiciones arquetípicas, que se dividen a grandes rasgos en dominante y dependiente, cuidador y receptor de cuidados, el que proporciona y el que recibe. Esto es así incluso en los apegos adultos, como los que se dan en el matrimonio, aunque en las relaciones sanas y recíprocas se adopta y se cede a menudo la función de dar y de recibir cuidados, dependiendo de las circunstancias y también de la forma en que los cónyuges decidan repartir sus responsabilidades. Con respecto a los adultos, los niños están diseñados para estar en una posición dependiente y receptora de cuidados.

Un niño se muestra receptivo a que lo cuiden o a que lo dirijan siempre y cuando se perciba a sí mismo como dependiente. Los que ocupan su lugar correcto en la jerarquía del apego desean instintivamente que los cuiden. Respetan de manera espontánea a sus progenitores, recurren a ellos en busca de respuestas y les conceden autoridad. Esta dinámica es la verdadera naturaleza del apego. Es lo que nos permite hacer nuestra labor. Si esa sensación de dependencia no existe, la conducta resulta difícil de gestionar.

La orientación hacia los iguales activa esta misma programación, pero con resultados negativos. Subvierte el funcionamiento instintivo del cerebro de apego, diseñado para establecer los vínculos entre el niño y el adulto. En lugar de mantener al pequeño en una relación sana con sus cuidadores, la dinámica de dominación/dependencia establece unas situaciones insanas de dominación y sumisión entre iguales inmaduros.

Un niño cuyo cerebro de apego elige un modo más dominante cuidará y mangoneará a sus iguales. Si este niño dominante es compasivo y asume una responsabilidad hacia los demás, también será cariñoso y los cuidará. Si está frustrado y es agresivo y egoísta, tendremos un matón, como veremos en próximos capítulos cuando tratemos el tema de la agresión y el acoso. De todas formas, el principal problema que provoca la orientación hacia los iguales es que acaba con la jerarquía natural progenitor-hijo. Los padres pierden el respeto y la autoridad que, en el orden natural de las cosas, son consecuencia de su papel dominante.

Un niño orientado hacia sus iguales carece de sentido interno de orden o rango, no siente ningún deseo de que su progenitor sea más importante que él o de que esté por encima. Muy al contrario, cualquier postura que el progenitor adopte a este respecto le parece forzada y poco natural, como si fuera tratado con prepotencia o desprecio.

La orientación hacia sus iguales había seducido a los tres niños que vimos en el capítulo anterior y los había empujado a apartarse de sus apegos parentales. Aunque Kirsten solo tenía siete años, sus padres habían perdido su posición dominante en el orden de apego. Eso explicaba su grosería y su falta de respeto, sobre todo cuando estaban presentes sus iguales. Y lo mismo sucedía con Sean y Melanie. Como el apego hacia los progenitores se había debilitado, el orden jerárquico, cuyo objetivo es facilitar la crianza, se había venido abajo, y por eso el padre de Melanie se sentía tan mal y reaccionaba con tanta vehemencia. Melanie los trataba como si fuesen sus iguales sin ningún derecho a entrometerse ni a intentar dirigir su vida. Instintivamente, su padre intentaba ponerla en su sitio, pero, por desgracia, eso no es algo que un progenitor pueda hacer sin la ayuda del apego porque, en esas circunstancias, lo único que consigue, como mucho, es intimidar a su hijo para que obedezca, pero con el coste de dañar gravemente la relación y el desarrollo a largo plazo del niño.

La orientación hacia los iguales no es la única forma en la que se puede invertir el orden del apego. También puede darse, por ejemplo, cuando los progenitores tienen necesidades no resueltas que proyectan sobre su hijo. En nuestras respectivas prácticas como psicólogo y médico, ambos hemos visto cómo algunos progenitores recurren a sus hijos como confidentes para quejarse de los problemas con su cónyuge. En estos casos, el niño se convierte en receptor de la angustia emocional de su progenitor y, en lugar de poder confiar en sus padres para transmitirles sus dificultades, aprende a reprimir sus necesidades y a atender las de los demás. Esta inversión de la jerarquía del apego también resulta perjudicial para un desarrollo sano. En *El apego*, el primer volumen de la trilogía clásica del psiquiatra John Bowlby sobre el modo en que las relaciones entre los progenitores y los hijos influyen en el desarrollo de la personalidad, el autor escribe: «La inversión de papeles entre el niño, o adolescente, y el progenitor, a menos que sea muy temporal, es casi siempre no solo un signo de la existencia de una patología en el padre, sino también una causa de patología en el hijo»[1]. El intercambio de papeles con un progenitor distorsiona la relación del niño con todo el mundo y es una fuente muy importante de estrés psicológico y físico en el futuro.

En resumen, el cerebro de apego del niño orientado hacia los adultos le hace receptivo a un progenitor que se hace cargo de él y asume la responsabilidad de cuidarlo. A este niño le parece correcto que el progenitor tenga una posición dominante. Si esa disposición se invierte o se anula como consecuencia de la orientación hacia los iguales, una posible crianza irá en contra de los instintos del niño, por mucho que la necesite.

El apego despierta los instintos de crianza, hace que el niño resulte más entrañable e incrementa la tolerancia de los progenitores

Como ilustra el chascarrillo de Jerry Seinfeld, el apego no solo prepara al niño para que lo cuiden, sino que además despierta en el adulto el instinto de cuidar, algo que la formación o la educación son incapaces de conseguir. Además, hace que los niños nos resulten más entrañables y aumenta nuestra tolerancia frente a las dificultades que conlleva la crianza y el maltrato involuntario que podemos sufrir en este proceso.

No hay nada más conmovedor que la conducta de apego de un bebé: la mirada que te busca, la sonrisa que te llega hasta lo más hondo, los brazos extendidos, el fundirse contigo cuando lo meces. Ante estos gestos, habría que ser de piedra para no sentir apego. Este comportamiento sirve para despertar al progenitor que llevamos dentro. No está diseñado por el bebé, sino por reflejos de apego automáticos y espontáneos. Si llega al progenitor que llevamos dentro, nos acercamos, deseamos abrazar, nos sentimos preparados para asumir responsabilidades. Experimentamos la acción del apego: el comportamiento instintivo del bebé haciendo brotar los instintos de un posible progenitor.

Esta conducta tan tierna y encantadora puede irse desvaneciendo a medida que los niños crecen, pero los efectos que la conducta de apego del hijo ejerce sobre los progenitores siguen siendo poderosos durante toda su infancia. Cuando nuestros hijos expresan con acciones o palabras su deseo de apegarse a nosotros, nos resultan más dulces y fáciles de aceptar. Hay cientos de pequeños gestos y expresiones, todos inconscientes, que sirven para enternecernos y acercarnos. No es el niño el que nos manipula, sino las fuerzas del apego, y tienen un buen motivo para hacerlo. Ser progenitor implica incomodidades y necesitamos algo que alivie un poco nuestra carga.

La orientación hacia los iguales cambia la situación por completo. El lenguaje corporal del apego que crea la atracción magnética ya no se dirige hacia nosotros. La mirada ya no nos busca. El rostro no se hace querer. Las sonrisas que solían enternecernos se han congelado de un modo u otro y ahora nos dejan fríos o nos producen dolor. Nuestro hijo ya no responde a nuestras caricias. Los abrazos se vuelven superficiales y unilaterales. Se nos hace difícil querer a nuestro hijo. Cuando no estamos motivados por el apego de nuestros hijos a nosotros, solo nos queda confiar en nuestro amor y compromiso y en nuestro sentido de la responsabilidad como progenitores. Para algunos es suficiente, para muchos no.

Para el padre de Melanie no lo era. La niña siempre había estado muy unida a él, pero, cuando sus atenciones y afectos se desviaron hacia sus iguales, el corazón de su padre se enfrió. Era el tipo de persona que se desvivía, mucho más que la mayoría de los progenitores, por encontrar algo que funcionara en el caso de su hija, pero esa actitud era más obra del apego que de su propio carácter. Su lenguaje reflejaba un cambio de actitud. Ahora lo único que sentía era que ya había soportado bastante, que no tenía por qué aguantar más, que nadie debería tener que soportar semejante maltrato. Empezó a utilizar los ultimátums. Se sentía utilizado, maltratado y ninguneado, consideraba que su hija se estaba aprovechando de él.

En realidad, todos los hijos se aprovechan de sus progenitores, los utilizan, abusan de ellos, presuponen su presencia. La razón por la que no suele afectarnos es, de nuevo, obra del apego. Tomemos, por ejemplo, una madre gata con gatitos lactantes. La pisotean, la muerden, la arañan, la empujan y la provocan, pero por lo general sigue mostrándose muy tolerante. Ahora bien, si se introduce en la camada un gatito que no es suyo, esa tolerancia se verá muy mermada, a menos que se forme un vínculo de apego. La gata madre castigará físicamente al gatito a la menor infracción, por inevitable que sea. Nuestra madurez como progenitores humanos y nuestro sentido de la responsabilidad pueden ayudarnos a trascender esas reacciones instintivas, pero seguimos teniendo mucho en común con otras criaturas de apego. También nosotros nos irritamos más fácilmente cuando el apego se ha debilitado. Lo que ha dado tan mala fama a las madrastras y padrastros de los cuentos infantiles es probablemente la falta de apego mutuo espontáneo.

La mayoría de nosotros necesitamos la ayuda del apego para soportar el desgaste que conlleva el ejercicio de nuestras responsabilidades como progenitores. Por lo general, los niños no tienen ni idea del efecto que producen en nosotros, de las heridas que pueden habernos infligido ni de los sacrificios que hemos realizado por ellos. Ni deberían tenerla, al menos hasta que se den cuenta, a través de su propia reflexión madura, de lo que hemos hecho por ellos. Parte de la tarea de ser progenitor consiste en no dar nada por sentado. Lo que hace que todo merezca la pena es el gesto de cariño, la señal de conexión, el deseo de cercanía, no necesariamente por aprecio a nuestra dedicación y esfuerzo, sino por puro y simple apego. Por otra parte, cuando ese apego se desvía, la carga puede resultar insoportable. Cuando tenemos que tratar con niños orientados hacia sus iguales, a muchos de nosotros se nos atrofian los instintos de crianza. El cariño natural que nos gusta sentir hacia nuestros hijos se enfría, e incluso podemos llegar a sentirnos culpables de no «quererlos» lo suficiente.

En el ámbito antinatural de las relaciones orientadas hacia los iguales, este mismo poder del apego para hacernos soportar el maltrato resulta contraproducente. Pensado para aliviar la carga de la crianza y mantener a los progenitores implicados, entre iguales fomenta el maltrato. Los niños pueden llegar a tolerar la violencia que sufren a manos de sus iguales. Los progenitores suelen quedar consternados al ver que sus hijos, reacios en casa a la más mínima corrección o control, soportan las exigencias irracionales de los compañeros e incluso aceptan ser maltratados por ellos. Incapaz de reconocer que un amigo o un compañero de clase no se preocupa por él lo suficiente como para tener en cuenta sus sentimientos, el niño orientado hacia sus iguales hará la vista gorda o encontrará una excusa que preserve el apego.

El apego exige la atención del niño

Es inmensamente frustrante tratar con un niño que no nos presta atención. Conseguir que nos mire y nos escuche es fundamental para la crianza. Todos los progenitores de nuestro elenco de nueve tenían dificultades para captar la atención de sus hijos. La madre de Melanie se quejaba de que a veces parecía como si ella ni siquiera existiera. Los progenitores de Sean estaban cansados de que los ignorara. Los de Kirsten tenían dificultades para conseguir que su hija de siete años los escuchara y los tomara en serio.

Los problemas que experimentaba este grupo para captar la atención de sus hijos no son inusuales. En realidad, ninguna persona puede dominar realmente la atención de otra. El cerebro del niño asigna prioridades a lo que debe atender mediante dinámicas que son, en su mayor parte, inconscientes. Si lo preeminente es el hambre, la comida captará su atención. Si lo más urgente es la necesidad de orientarse, buscará lo que le resulta conocido. Si está alarmado, su atención se desviará en busca de lo que puede ir mal. El apego, sin embargo, es lo más importante en su mundo y, por tanto, será fundamental para orquestar su atención.

En líneas generales, la atención es posterior al apego. Cuanto más fuerte es este, más fácil nos resulta asegurar la atención del niño. Cuando es débil, nos costará muchísimo captarla. Una de las señales más reveladoras de la falta de atención de un niño es que el progenitor tenga que estar constantemente elevando la voz o repitiendo las cosas. Algunas de nuestras peticiones más habituales como padres están relacionadas con la atención de nuestro hijo: «escúchame», «mírame cuando te hablo», «fíjate en esto», «¿qué acabo de decir?» o sencillamente «presta atención».

Cuando los niños se orientan hacia sus iguales, su atención se dirige instintivamente hacia ellos. Atender a los progenitores o a los profesores va en contra de sus instintos naturales. Sus mecanismos de atención consideran los sonidos que brotan de los adultos como un montón de ruido e interferencias carentes de significado y relevancia para las necesidades de apego que dominan su vida emocional.

La orientación hacia los iguales crea déficits en la atención del niño hacia los adultos porque estos no son prioritarios en su jerarquía. No es casualidad que el trastorno por déficit de atención se considerara inicialmente un problema escolar, la falta de atención del niño al profesor. Tampoco es casualidad que la explosión del número de casos diagnosticados de este trastorno haya ido paralela a la evolución de la orientación hacia los iguales en nuestra sociedad y que empeore allí donde esta predomina más: los centros urbanos y las escuelas de los barrios marginales. Esto no quiere decir que todas las dificultades para prestar atención provengan de esta fuente y que no haya otros factores implicados en el TDA. Por otra parte, no reconocer el papel fundamental del apego en el gobierno de la atención es ignorar la realidad de muchos niños diagnosticados de TDA. La falta de apego a los adultos favorece significativamente la carencia de atención hacia ellos. Si el apego está desordenado, la atención también lo estará.

El apego mantiene al niño cerca de su progenitor

Quizá la función más evidente del apego sea mantener al niño cerca. Cuando el niño experimenta su necesidad de proximidad en términos físicos (como sucede con los que son muy pequeños), el apego sirve de correa invisible. Nuestra descendencia comparte esta característica con muchas otras criaturas de apego que deben mantener a un progenitor a la vista o al alcance de su oído o su olfato.

A veces, la necesidad de proximidad nos resulta un poco asfixiante, sobre todo cuando el niño pequeño o preescolar entra en pánico si cerramos la puerta del baño. Sin embargo, en líneas generales, esta programación del apego nos concede una gran libertad. En vez de tener que estar continuamente vigilando al niño, podemos permitirnos tomar la iniciativa y confiar en su instinto para que nos siga. Como una madre osa con su osezno, una madre gata con sus gatitos o una madre oca con sus polluelos, podemos dejar que el apego haga el trabajo de mantener cerca a nuestras crías en vez de tener que pastorearlas o meterlas en corrales.

El instinto del niño de mantenerse cerca de nosotros puede estorbarnos y frustrarnos. No acogemos con agrado la acción del apego cuando lo que ansiamos es la separación, ya sea por motivos de trabajo, estudio, sexo, cordura o sueño. Nuestra sociedad está tan trastornada que podemos llegar a valorar más la voluntad de separación del niño que sus instintos de cercanía. Por desgracia, no podemos tener las dos cosas. A los progenitores con hijos pequeños que no están bien apegados les cuesta Dios y ayuda no perderlos de vista. Deberíamos estar agradecidos al apego por la ayuda que nos proporciona para evitar que nuestros hijos se alejen. Si tuviéramos que hacer nosotros todo el trabajo, nunca podríamos seguir adelante con las demás obligaciones que implica la paternidad. Tenemos que aprender a ser progenitores en armonía con este diseño, en lugar de luchar contra él.

Si todo va bien, el instinto de proximidad física con el progenitor va evolucionando gradualmente hacia una necesidad de conexión y contacto emocional. El impulso de mantener al progenitor a la vista se transforma en la necesidad de saber dónde está. Incluso los adolescentes, si están bien apegados, preguntarán: «¿Dónde está papá?» y «¿Cuándo llega mamá a casa?» y a menudo mostrarán cierta ansiedad cuando no puedan ponerse en contacto con ellos.

La orientación hacia los iguales trastorna estos instintos. Los niños sienten la misma necesidad de conexión y contacto, pero la redirigen los unos hacia los otros. Ahora lo que angustia al niño es el paradero de las personas que nos han sustituido. Como sociedad, hemos desarrollado una potente tecnología para mantenernos en contacto, desde los teléfonos móviles hasta el correo electrónico y las redes sociales. Melanie, de trece años, obsesionada con el contacto con sus iguales, se enfrascó a fondo en esta búsqueda. Esta necesidad urgente de mantenerse en contacto interfiere no solo con el tiempo en familia, sino con los estudios del niño, el desarrollo del talento y, sin duda, con la soledad creativa, tan esencial para la maduración (para más información sobre la maduración y la soledad creativa, véase el capítulo 9).

El apego crea un modelo a partir del progenitor

Muchas veces, los adultos se sorprenden e incluso se sienten heridos cuando los niños que están a su cargo no siguen su ejemplo en su forma de comportarse y de vivir la vida. Tal decepción surge de la creencia errónea de que los progenitores y los profesores son modelos automáticos para sus hijos y alumnos. En realidad, el niño solo acepta como modelos a aquellos a los que está fuertemente unido. No son nuestras vidas las que nos convierten en modelos, por muy ejemplares que seamos, ni tampoco nuestro sentido de la responsabilidad hacia el niño o nuestro papel en su crianza. Lo que hace que un niño quiera ser como otra persona, adoptar sus características, es el apego. El modelado es, en definitiva, una dinámica de apego. Al emular a la persona a la que está apegado, el niño mantiene una cercanía psicológica con ella.

El deseo de semejanza con figuras de apego importantes conduce a algunas de las experiencias de aprendizaje más significativas y espontáneas del niño, aunque la motivación subyacente sea la cercanía, no el aprendizaje, que se produce sin que ni el progenitor tenga mucha intención consciente de enseñar ni el niño de estudiar. En ausencia de apego, el aprendizaje es laborioso, y la enseñanza, forzada. Piensa en el trabajo que supondría que cada palabra que el niño adquiriera tuviera que ser enseñada deliberadamente por el progenitor, cada comportamiento mostrado de forma consciente, cada actitud inculcada intencionadamente. La carga de ser progenitor resultaría abrumadora. El apego realiza estas tareas de manera automática, con un esfuerzo relativamente pequeño por parte del progenitor o del niño. Nos proporciona un aprendizaje asistido: ¡qué delicioso resulta, según han descubierto muchas personas, estudiar un nuevo idioma cuando se está enamorado del profesor encantador que nos lo enseña! Lo sepamos o no, como progenitores y profesores dependemos en gran medida del apego para convertirnos en modelos.

Cuando los compañeros sustituyen a los progenitores como figuras de apego dominantes, se convierten en los modelos de nuestros hijos sin asumir, por supuesto, ninguna responsabilidad por el resultado final. Nuestros hijos copian su lenguaje, sus gestos, sus acciones, sus actitudes y sus preferencias. El aprendizaje es igual de impresionante, pero el contenido ya no está bajo nuestro control. El patio de la escuela suele ser el lugar más habitual de este aprendizaje asistido. Lo que se aprende de este modo puede ser aceptable cuando los modelos son niños que nos gustan, pero bastante angustioso cuando los niños que se convierten en modelos tienen un comportamiento o unos valores que consideramos problemáticos. Peor aún, cualquier enseñanza que queramos ofrecer a nuestros hijos se convierte ahora en laboriosa, deliberada y dolorosamente lenta. Cuando no somos el modelo que emula nuestro hijo, la tarea de criar se complica muchísimo.

El apego designa al progenitor como ejemplo principal

Una de las tareas fundamentales de los progenitores es proporcionar a nuestros hijos dirección y orientación. Todos los días les indicamos lo que funciona y lo que no, lo que es bueno y lo que no, lo que se espera de uno y lo que es inapropiado, a qué aspirar y qué evitar. Hasta que sean capaces de autodirigirse y de seguir su propia motivación interior, necesitan que alguien les muestre el camino. Están constantemente buscando pistas sobre cómo ser y qué hacer.

La cuestión crítica no es lo inteligente que sea nuestra forma de enseñar, sino a quién ha designado la programación del apego del niño como guía. Es conveniente ofrecer instrucciones claras, pero no importa lo sabios o claros que seamos si no somos nosotros las personas que el niño tiene como ejemplo. Ahí es donde la literatura sobre la crianza de los hijos se ha equivocado. La premisa no declarada, que ya no está justificada, es que los niños están orientados hacia los adultos y reciben sus señales de sus progenitores o profesores. Por lo tanto, la literatura se centra en cómo proporcionar orientación y dirección (por ejemplo, siendo claros sobre las expectativas, estableciendo límites bien definidos y razonables, articulando las normas, siendo coherentes con las consecuencias y evitando los mensajes contradictorios). Cuando los niños no siguen nuestras indicaciones, es fácil suponer que el problema reside en la forma en que transmitimos nuestras expectativas o en la capacidad de los niños para recibir nuestros mensajes. Puede que sea así en algunas situaciones, pero lo más probable es que el problema sea mucho más profundo: como consecuencia de la pérdida de apego, el niño ya no sigue nuestras instrucciones.

Proporcionar dirección y orientación no debería ser una tarea ardua, cargada de frustración. Puede, y debe, ocurrir de manera espontánea.

La persona que sirve de punto de referencia al niño también sirve para darle ejemplo. Todo forma parte del reflejo de orientación. El cerebro del niño buscará de forma automática las señales de aquel a quien esté principalmente vinculado. Si está orientado hacia el progenitor, estas señales procederán del rostro de este, de sus reacciones, de sus valores, de sus comunicaciones y de sus gestos. Lo leerá y estudiará atentamente en busca de señales que apunten a lo que podría desearse o esperarse. El apego facilita la orientación, aunque a veces demasiado.

Cuando no estamos en nuestro mejor momento y nos comportamos o hablamos de un modo que no nos gusta demasiado, podemos llegar a desear que nuestros hijos no nos sigan de una forma tan automática y precisa. El poder puede resultar a veces una carga, pero alguien tiene que asumir la labor de dar las indicaciones. Si no somos nosotros, ¿quién será? Al menos, como adultos y progenitores responsables, tenemos la capacidad y el sentido de la responsabilidad suficientes para reflexionar sobre nuestros actos y, cuando sea necesario, reparar el daño que hayamos podido causar. Cuando son los compañeros los que tienen el poder, no asumen ninguna responsabilidad ni se sienten nunca mal por el impacto negativo que puedan ejercer. A diferencia de los progenitores, no luchan por crecer en el papel que el apego les ha asignado. Aunque seamos inmaduros e incompetentes, que se nos haya concedido la enorme responsabilidad de ser un modelo y servir de ejemplo constituye un poderoso aliciente para mejorar y crecer.

Cuando los iguales sustituyen a los progenitores como modelos, el niño seguirá sus expectativas tal como él las percibe. Cumplirá sus exigencias con la misma facilidad con la que obedecería las órdenes de su progenitor si estuviera orientado hacia los adultos.

Algunos progenitores pueden evitar dar instrucciones creyendo ingenuamente que tienen que dejar espacio para que el niño desarrolle su propia orientación interna. Las cosas no funcionan así. Solo la madurez psicológica puede otorgar una auténtica autodeterminación. Aunque es importante para su desarrollo que los niños puedan tomar decisiones adecuadas a su edad y madurez, los progenitores que evitan dar instrucciones acaban por principio abdicando de su papel. En ausencia de dirección parental, la mayoría de los niños buscarán orientación en una fuente sustitutiva, probablemente sus iguales.

Criar a un niño que no sigue nuestra dirección ya resulta de por sí bastante difícil, pero intentar controlar a un niño que está bajo el mando de otra persona es casi imposible. Lo que debía sustituirnos no es otra persona dando órdenes, sino la madurez, es decir, la propia capacidad de una persona adulta para tomar decisiones y elegir el mejor modo de proceder.

El apego hace que el niño quiera que su progenitor esté contento con él

La última ayuda importante que nos ofrece el apego de nuestro hijo es la más significativa de todas: el deseo del niño de que su progenitor esté contento con él. Merece una mirada atenta.

El afán de complacer que tiene el niño confiere al progenitor un poder formidable... y las dificultades que se crean cuando no existe son igual de formidables. Podemos ver ese deseo de ser buenos en el afán de los perros domésticos por comportarse bien con sus amos, por muy indiferentes que sean a las órdenes de extraños. Intentar manejar a un perro sin ningún interés por portarse bien nos da una pequeña idea de a qué nos enfrentamos cuando esta motivación falta en un ser emocionalmente mucho más complejo y vulnerable como el niño humano.

Este deseo de ser bueno es una de las primeras cosas que busco en un niño cuyos progenitores tienen problemas para criarlo. Existen varias razones para que un niño no sea bueno, pero la más crucial con diferencia es la ausencia del propio deseo. Es triste decirlo, pero algunos hijos nunca pueden estar a la altura de las expectativas de sus progenitores porque los niveles exigidos por estos son irreales. Ahora bien, si falta el deseo en el propio niño, no importa demasiado si las expectativas son realistas o no. Cuando les pregunté a los progenitores de Sean, Melanie y Kirsten, todos dijeron que su hijo carecía de esta motivación. Sin embargo, los progenitores de cada uno de ellos podían recordar una época no muy lejana en la que el deseo de ser bueno era mucho más evidente.

A efectos de la crianza de los hijos, el logro supremo de un apego que funcione es inculcar en el niño el deseo de ser bueno. Cuando decimos que un niño es «bueno», creemos que estamos describiendo una característica de su temperamento innato. Lo que no vemos es que lo que fomenta esa bondad es su apego al adulto. Por ello, estamos ciegos ante el poder del apego. El peligro de creer que la personalidad innata del niño es la que provoca su deseo de ser bueno es que lo culparemos y avergonzaremos —es decir, diremos que es «malo»— si observamos que ese deseo no está presente. El impulso de bondad surge no tanto del carácter del niño como de la naturaleza de sus relaciones. Si un niño es «malo», lo que tenemos que corregir es la relación, no al niño.

El apego despierta el deseo de ser bueno de varias maneras, y cada una de ellas es importante por sí misma. Juntas hacen posible la transmisión de normas de comportamiento y valores aceptables de una generación a otra. Una fuente del deseo del niño de ser bueno es lo que yo llamo «conciencia de apego», una especie de alarma innata que le avisa ante conductas que el progenitor podría no aprobar. La palabra conciencia tiene su origen en el verbo latino *conocer* y yo la utilizo aquí con este significado más básico, es decir, no como un código de moralidad, sino como un conocimiento interior que protege contra la ruptura con el progenitor.

La esencia de la conciencia de apego es la ansiedad que provoca la separación. Como el apego es tan fundamental, existen en el cerebro importantes centros nerviosos que funcionan como alarmas creando una sensación de agitación incómoda cuando tenemos que separarnos de las personas a las que estamos apegados. Al principio, lo que desata esta respuesta en el niño es la anticipación de la separación física. A medida que el apego se vuelve más psicológico, la experiencia de la separación emocional se vuelve más ansiógena. El niño se sentirá mal al anticipar o experimentar la desaprobación o la decepción del progenitor. Cualquier cosa que pueda molestarlo, alejarlo o distanciarlo le producirá ansiedad. La conciencia de apego mantendrá su conducta dentro de los límites establecidos por las expectativas de su progenitor.

La conciencia de apego puede evolucionar en última instancia hacia la conciencia moral del niño, pero su función original es preservar la conexión con quien sirve de apego primario. Cuando el apego funcional de un niño cambia, es probable que la conciencia de apego se reajuste para evitar cualquier cosa que pudiera causar malestar o distanciamiento en la nueva relación. Hasta que no haya desarrollado una personalidad lo bastante fuerte como para formarse valores y juicios independientes, no dispondrá de una conciencia madura y autónoma, coherente en todas las situaciones y relaciones.

Aunque es beneficioso que un niño se sienta mal al prever la pérdida de conexión con quienes están entregados a él y a su bienestar y desarrollo, es de vital importancia que los progenitores comprendan que no es prudente explotar nunca esta conciencia. Jamás debemos hacer de forma intencionada que un niño se sienta mal, culpable o avergonzado para conseguir que sea bueno. Abusar de la conciencia de apego provoca profundas inseguridades en el niño y puede inducirle a anularla por miedo a que le hagan daño. Las consecuencias no compensan ningún beneficio a corto plazo en nuestros objetivos de comportamiento.

La conciencia de apego puede volverse disfuncional por otros motivos aparte de la orientación hacia los iguales, pero, cuando sirve a un propósito equivocado, la causa más común es que el niño esté inclinado hacia sus iguales y se haya alejado de sus progenitores. En estas circunstancias, la conciencia sigue siendo operativa, pero se subvierte su finalidad natural. De ello se derivan dos consecuencias indeseables: los progenitores pierden la ayuda de esta conciencia para influir en el comportamiento de sus hijos y, al mismo tiempo, la conciencia de apego se reajusta para servir a las relaciones entre iguales. Si nos sorprenden los cambios de conducta que se producen en estos casos es porque lo que a los iguales les resulta aceptable no tiene nada que ver con lo que es admisible para nosotros. Del mismo modo, lo que los aparta dista mucho de ser lo que aleja a los progenitores. La conciencia de apego sirve a un nuevo amo.

Cuando un niño intenta ganarse el favor de sus iguales y no el de sus progenitores, la motivación para que sus padres lo consideren bueno disminuye considerablemente. Si los valores de los compañeros difieren de los de los progenitores, la conducta del niño cambiará para adaptarse a ellos. Este cambio de comportamiento revela que los valores de los progenitores nunca habían sido verdaderamente interiorizados, que el niño nunca los había hecho realmente suyos. Funcionaban sobre todo como instrumentos para ganarse su favor.

Los niños no interiorizan los valores (no los hacen suyos) hasta la adolescencia. Así pues, los cambios en el comportamiento de un niño orientado hacia sus iguales no significan que sus valores hayan cambiado, sino solo que la dirección de su instinto de apego se ha alterado. Los valores de los progenitores, como el estudio, el trabajo para alcanzar una meta, la búsqueda de la excelencia, el respeto a la sociedad, el logro de los potenciales, el desarrollo del talento, la búsqueda de una pasión, el aprecio por la cultura, se sustituyen a menudo por valores de los iguales que son mucho más inmediatos y a corto plazo. Cosas como la apariencia, el entretenimiento, la lealtad a los compañeros, pasar tiempo juntos, encajar en la subcultura y llevarse bien con los demás se valorarán mucho más que la educación y la realización del potencial personal. Los progenitores se encuentran a menudo discutiendo sobre valores sin darse cuenta de que para sus hijos, orientados hacia sus iguales, los auténticos valores no son más que las normas que ellos, los hijos, deben cumplir para ganarse la aceptación del grupo de iguales.

En esta situación, perdemos nuestra influencia justo en el momento de la vida de nuestros hijos en que es más apropiado y necesario que adopten nuestros valores e interioricen aquello en lo que creemos. Alimentar los valores requiere tiempo y diálogo. La orientación hacia los iguales priva a los progenitores de esa oportunidad y, con ello, detiene el desarrollo moral del hijo.

El impulso de ser malo es el reverso del deseo de ser bueno. Indicar que tal o cual cosa nos agradaría o que el comportamiento de nuestro hijo hizo que nos sintiéramos orgullosos o felices puede resultar contraproducente. La naturaleza bipolar del apego, que ya analizamos en el capítulo 2, es tal que, cuando el aspecto negativo está activo, puede provocar un comportamiento opuesto al deseado. Esto era sin duda lo que sucedía entre Melanie y su madre. Cuando un niño se resiste a entrar en contacto con nosotros en lugar de querer complacernos, sus instintos son repeler e irritar. Melanie hacía todo lo posible por molestar a su madre. Puede parecer que el niño orientado hacia los iguales intenta sacarnos de quicio, y en cierto sentido es una gran verdad, lo que sucede es que es un impulso instintivo e involuntario. Las criaturas de apego son criaturas de instinto e impulso. Les parece que no está bien, que no es correcto ni adecuado buscar el favor de aquellos de los que quieren distanciarse. Cuando lo que se busca es la aprobación de los iguales, resulta casi insoportable encontrar el favor de los adultos.

Una última advertencia. El deseo de un hijo de que su progenitor lo considere bueno es una motivación poderosa que facilita mucho la tarea de ser padre. Requiere una crianza cuidadosa y mucha confianza. No creer en este deseo del niño (acusándole, por ejemplo, de albergar malas intenciones cuando no aprobamos su comportamiento) supone una violación de la relación. Tales acusaciones pueden desencadenar fácilmente defensas en el niño, dañar la relación y hacerle sentir que es malo. También es demasiado arriesgado que el niño siga queriendo que le considere bueno un progenitor o un profesor que no tiene fe en su intención de ser bueno y piensa, por tanto, que a él, al niño, hay que tentarlo con sobornos o amenazarlo con sanciones. Es un círculo vicioso. Los motivadores externos del comportamiento, como las recompensas y los castigos, pueden destruir la valiosa motivación interna de ser bueno y hacen necesario por defecto el recurso a esos medios artificiales. Una de las mejores inversiones para una crianza fácil es confiar en el deseo del niño de que lo consideremos bueno.

Muchos métodos actuales de gestión del comportamiento, al basarse en motivaciones impuestas externamente, pisotean este impulso tan delicado. La doctrina de las llamadas consecuencias naturales es un ejemplo. Este método disciplinario pretende inculcar al niño que determinados comportamientos malos van a acarrear unas sanciones específicas elegidas por el progenitor, según una lógica que en la mente de este tiene sentido, pero rara vez en la del niño. Lo que el progenitor ve como natural, el niño lo experimenta como arbitrario. Si las consecuencias son realmente naturales, ¿por qué hay que imponérselas al niño?

Algunos progenitores consideran que la confianza tiene que ver con el resultado final, no con la motivación básica. En su opinión, es algo que hay que ganarse y no una inversión que hay que hacer. «¿Cómo puedo confiar en ti —pueden decir— si no haces lo que dijiste que harías o si me has mentido?». Aunque un niño no estuviera nunca a la altura de nuestras expectativas ni hiciera realidad sus propias intenciones, seguiría siendo importante confiar en su deseo de que lo consideremos bueno. Retirar esa confianza supone quitarle el viento a sus velas y herirlo profundamente. Si no se atesora y alimenta su deseo de que lo consideremos bueno, perderá la motivación para seguir intentando estar a la altura de lo que esperamos de él. Lo que justifica nuestra confianza es su deseo de que nosotros lo consideremos bueno, no su capacidad para cumplir nuestras expectativas.

6
LA CONTRAVOLUNTAD: POR QUÉ LOS NIÑOS SE VUELVEN DESOBEDIENTES

A SUS SIETE AÑOS, Kirsten empezó de repente a decirles a sus atónitos padres: «Tú no eres mi jefe» cada vez que le pedían que colaborara. Sean, de nueve años y también cada vez más reticente, puso un gran cartel de prohibido en su puerta: «No pasar». La comunicación de la adolescente Melanie con sus progenitores quedó reducida a poco más que gestos desafiantes: una expresión huraña, un encogimiento de hombros o una sonrisa burlona que se volvía todavía más desdeñosa cuando su padre emitía órdenes airadas pero ineficaces de «deja de sonreír así».

Como vimos en el capítulo anterior, cuando nuestros hijos se orientan hacia sus iguales, el apego se vuelve contra nosotros y perdemos el poder para criarlos. Con esos dos factores en contra, los progenitores de Kirsten, Melanie y Sean ya lo estaban pasando mal, pero la historia no acaba ahí. Existe otro instinto que, cuando la orientación hacia los iguales lo tuerce, provoca el caos en la relación entre padres e hijos y hace que la vida resulte imposible para cualquier adulto que esté al cargo de un niño. Un inteligente psicólogo austríaco llamado Otto Rank lo bautizó muy apropiadamente como «contravoluntad».

Es la resistencia instintiva y automática que mostramos en el momento en que percibimos que nos están forzando a hacer algo. Se desencadena siempre que una persona se siente controlada o presionada para hacer lo que otra quiere. Su entrada más espectacular se produce en el segundo año de vida, sí, en eso que solemos denominar los terribles dos años (si los niños de dos años pudieran inventar etiquetas así, quizá dirían que sus padres estaban experimentando los «terribles treinta años») y reaparece vengativa durante la adolescencia, pero puede activarse a cualquier edad. Muchos adultos la experimentan.

En los primeros años del siglo XX, Rank ya había observado que el reto más difícil para los progenitores era gestionar la contravoluntad. Escribía en una época en la que, en líneas generales, los apegos de los niños seguían dirigidos hacia los adultos. Por tanto, la contravoluntad de un niño no es algo excepcional, pero, como enseguida explicaré, puede magnificarse de forma anormal cuando está sometida a la influencia de la orientación hacia los iguales.

A nadie le gusta sentirse manipulado, y tampoco a los niños... o, por decirlo de una forma más correcta, *en especial* a los niños. Aunque todos somos bastante conscientes de esa respuesta instintiva cuando se produce en nosotros, de algún modo la pasamos por alto cuando tratamos con nuestros hijos. Si los progenitores entienden esa reacción, pueden evitar mucha confusión y conflictos innecesarios, sobre todo a la hora de darle sentido a las actitudes y a la conducta de un niño orientado hacia sus iguales.

Se manifiesta de miles de formas: en el «no» reactivo del niño pequeño, en el «tú no eres mi jefe» del chaval, como terquedad cuando intentamos que vayan más deprisa, como desobediencia o desafío. Resulta visible en el lenguaje corporal del adolescente. También se expresa mediante la pasividad, como en el caso de la procrastinación, o en hacer lo contrario de lo que se espera de uno. Puede dar la impresión de pereza o falta de motivación. Puede comunicarse mediante la negatividad, la beligerancia o las ganas de discutir, y los adultos la interpretan a menudo como insolencia. En muchos niños movidos por ella podemos observar una fascinación por los tabús transgresores y por adoptar actitudes antisociales. Sea cual fuere el aspecto que adopte, la dinámica subyacente es muy clara: resistencia instintiva a que nos obliguen a hacer algo.

La sencillez de esta dinámica contrasta claramente con la multitud y complejidad de los problemas que provoca, tanto para los padres como para los profesores o cualquier persona que tenga que manejar niños. El hecho mismo de que algo nos parezca importante puede quitar a nuestros hijos las ganas de hacerlo. Cuanto más los presionemos para que coman verduras, limpien su habitación, se cepillen los dientes, hagan los deberes, cuiden sus modales o se lleven bien con sus hermanos, menos inclinados se sentirán a hacerlo. Cuanto más les insistamos en que no deben tomar comida basura, más inclinados se sentirán a hacerlo. «Cada vez que me dices que coma verduras, menos me apetecen», le dijo a su padre un chico de catorce años que comprendía muy bien lo que sentía. Cuanto más claramente expresemos nuestras expectativas, más se centrarán ellos en su resistencia. Todo esto puede suceder hasta en las circunstancias más normales y naturales, es decir, cuando los niños están bien apegados a los adultos encargados de su cuidado. Cuando los niños no se apegan activamente a las personas responsables de ellos, considerarán que los esfuerzos de los mayores por conservar su autoridad son «mangoneo». Y la orientación hacia los iguales, como desplaza los apegos naturales del niño, magnifica la resistencia hasta límites inconcebibles. El instinto de contravoluntad puede volverse incontrolable.

La contravoluntad crece a medida que disminuye el apego

El apego atempera, cuando no sustituye, la resistencia básica de los seres humanos a la coacción. También esto lo sabemos por experiencia propia: cuando estamos enamorados, prácticamente ninguna de las expectativas de nuestro ser querido nos parece ilógica, pero tenemos muchas más probabilidades de resistirnos a las exigencias de alguien con quien no nos sentimos conectados. Es muy probable que un niño que desee estar cerca de nosotros reciba nuestras expectativas como una oportunidad para dar la talla. Las indicaciones sobre cómo debe ser y lo que debe hacer lo ayudan a ganarse nuestro favor.

Sin embargo, cuando estas indicaciones no se sitúan dentro de la dinámica del apego, la historia cambia por completo, sobre todo para las personas que no tienen la madurez suficiente para tener una opinión propia. Las expectativas pasan a ser una fuente de presión. Cuando les dicen lo que tienen que hacer, sienten como si intentaran dominarlos. Obedecer supone tener la sensación de haber capitulado. Hasta los adultos relativamente maduros pueden reaccionar de esa forma, así que un niño en desarrollo, mucho más. Dar una orden a un preescolar con el cual no mantenemos relación alguna es invitarle a que nos desafíe o, en el mejor de los casos, a que nos ignore. El pequeño no siente ninguna inclinación a obedecer a alguien con quien no se siente conectado. Sencillamente, no le parece correcto hacer lo que le piden unos extraños que quedan fuera de su círculo de apegos.

En el caso de los adolescentes inmaduros, la dinámica es exactamente la misma, aunque sus formas de expresarlo puedan no ser ni por asomo tan encantadoras e inocentes. Cuando se encuentran en situaciones en las que personas a las que no tienen apego les dicen lo que tienen que hacer, es muy fácil que la contravoluntad se afiance como respuesta fundamental ante el mundo adulto. Una chica de catorce años muy orientada hacia sus iguales a la que enviaron interna a un colegio porque su contravoluntad la hacía ingobernable acabó expulsada del centro por esa misma razón. Cuando le pregunté por qué había cometido algunos de los actos atroces que se le atribuían, se encogió de hombros y contestó cargada de razón: «Porque no debíamos hacerlo». Este imperativo le parecía tan evidente que, desde su punto de vista, mi pregunta apenas merecía una respuesta.

Cuando a los chicos orientados hacia sus iguales e impulsados por la contravoluntad se les pregunta qué es lo que más les importa, suelen responder: «No dejar que nadie nos mangonee». Su contravoluntad es tan omnipresente y tan grave que los adultos los consideran incorregibles e imposibles de gobernar. El personal clínico suele diagnosticarles un trastorno negativista desafiante, pero lo que no está funcionando como debiera no es la actitud de negación, sino su apego. Lo único que están haciendo estos chicos es ser fieles a su instinto de desafiar a las personas con las que no se sienten conectados. Cuanto más orientado hacia sus iguales esté un niño, más resistencia mostrará contra los adultos que están al mando. Lo que etiquetamos como trastornos de la conducta en los niños son en realidad señales de una disfunción de la sociedad.

El instinto de contravoluntad se opone a nuestras ideas sobre cómo deben ser los niños. Tenemos la impresión de que todos deberían estar dispuestos a recibir las directrices de los adultos responsables. Los niños son obedientes por naturaleza, pero solo cuando existe una conexión y el poder de apego es suficiente.

Al socavar el vínculo del niño con sus progenitores, la orientación hacia los iguales vuelve el instinto de contravoluntad precisamente contra las personas que deberían proporcionar orientación y dirección. Estos niños se resisten instintivamente incluso a las expectativas más razonables de sus progenitores. Se rebelan, hacen «huelga de celo», se oponen, muestran su desacuerdo o hacen lo contrario de lo que se les pide.

Para desencadenar la contravoluntad de un niño orientado hacia sus iguales no hace falta que los progenitores digan nada. Si hay alguien capaz de leernos la mente respecto a lo que nos gustaría que hicieran, esos son nuestros hijos. Cuando nos sustituyen por sus iguales, no por ello dejan de saber perfectamente lo que queremos. Lo que desaparece es el apego a nosotros que haría que nuestra voluntad les resultara agradable. El deseo de cumplir se sustituye por su contrario. Sin que el progenitor tenga que pronunciar ni una sola palabra, el niño orientado hacia sus iguales se sentirá forzado, presionado o manipulado.

Por debajo de las dificultades a las que se enfrentaban los progenitores de Kirsten, Sean y Melanie estaba esta dinámica de contravoluntad, distorsionada y magnificada por la orientación hacia los iguales. Unas simples peticiones bastaban para que estos niños se ofendieran. Había que actuar. Las expectativas resultaban contraproducentes. Cuanto más importante era algo para los progenitores, menos dispuestos estaban los niños a cumplirlo. Cuanto más autoritario intentaba ser el padre de Melanie, más rebelde se volvía su hija. La cuestión no era que los padres estuvieran haciendo algo mal, sino que el instinto de contravoluntad de sus hijos se había vuelto omnipresente —e incluso perverso— por la orientación hacia sus iguales.

El propósito natural de la contravoluntad

A pesar de lo molesto que puede resultar para los adultos tratar con un niño que se opone a todo, la contravoluntad, en su contexto adecuado (como todos los instintos naturales en su entorno original), tiene un fin positivo e incluso necesario. Cumple una doble función de desarrollo. Su papel principal es el de defenderse repeliendo las órdenes y la influencia de quienes quedan fuera del círculo de apego. Impide que el niño sea engañado y coaccionado por extraños.

Además, fomenta el crecimiento de la voluntad interna y la autonomía del joven. Todos entramos en esta vida completamente indefensos y dependientes, pero el resultado del desarrollo natural es la maduración de un individuo automotivado y autorregulado, con una auténtica voluntad propia. La larga transición de la infancia a la edad adulta comienza con los tímidos movimientos que realiza el niño pequeño para empezar a separarse de sus progenitores. La contravoluntad aparece por primera vez para ayudarlo en esa tarea de individuación. Básicamente, lo que hace el niño es levantar un muro de noes. Detrás de este muro puede ir poco a poco aprendiendo lo que le gusta y lo que no, lo que le disgusta y lo que prefiere, sin verse abrumado por la voluntad mucho más poderosa de su progenitor. La contravoluntad puede compararse a la pequeña valla que se coloca alrededor de un césped recién plantado para protegerlo de los pisotones. La fragilidad y los titubeos del nuevo crecimiento emergente hacen necesaria una barrera protectora hasta que las ideas, los significados, las iniciativas y los puntos de vista propios del niño estén lo bastante arraigados y sean lo bastante fuertes como para soportar que los pisoteen sin acabar destruidos. Si no tuviera esa valla de protección, la voluntad incipiente del niño sería incapaz de sobrevivir. En la adolescencia, la contravoluntad tiene el mismo objetivo y ayuda al joven a relajar su dependencia psicológica de la familia. Llega en un momento en que el sentido del yo tiene que salir de la crisálida protectora de la familia. Para descubrir lo que queremos tenemos que empezar disfrutando de la libertad de no querer. Al mantener a raya las expectativas y exigencias de los progenitores, la contravoluntad ayuda a dejar espacio para el crecimiento de las motivaciones e inclinaciones autogeneradas del niño. Es, por tanto, una dinámica humana normal que existe en todos los niños, incluso en los que están bien apegados.

Para la mayoría de estos, la contravoluntad es una experiencia repetitiva pero fugaz. Se limitará a situaciones en las que la fuerza que el adulto está aplicando para enderezar al niño sea mayor que el poder de apego que el adulto posee en esa situación dada. Algunos de esos momentos son inevitables en la crianza. El progenitor sabio e intuitivo los reducirá al mínimo necesario, a esas situaciones en las que las circunstancias o el bienestar del niño le exigen imponer abiertamente su voluntad. Si no somos conscientes de la dinámica del apego ni de la de la contravoluntad, es posible que no percibamos dónde se encuentra el umbral entre ambas y que lo crucemos inadvertidamente incluso cuando no haya ninguna necesidad de hacerlo.

Podemos creer, por ejemplo, que nuestro hijo es testarudo o caprichoso y que tenemos que acabar con su actitud desafiante. Sin embargo, difícilmente puede decirse que los niños pequeños tengan voluntad, si por tal se entiende la capacidad de una persona para saber lo que quiere y atenerse a ese objetivo a pesar de los contratiempos o las distracciones. «Pero mi hijo tiene una voluntad de hierro —insisten muchos progenitores—. Cuando decide que quiere algo, sigue insistiendo hasta que no puedo decirle que no, o hasta que me enfado mucho». Lo que realmente se describe aquí no es un acto de voluntad, sino un empecinamiento rígido y obsesivo con tal o cual deseo. Una obsesión puede parecerse a la voluntad en su persistencia, pero no tiene nada en común con ella. Su poder procede del inconsciente y gobierna al individuo, mientras que una persona con verdadera voluntad está al mando de sus intenciones. La actitud de oposición del niño no es una expresión de voluntad. Lo que denota precisamente es la ausencia de voluntad, que solo permite a la persona reaccionar, pero no actuar a partir de un proceso libre y consciente de elección.

Es frecuente confundir la contravoluntad con la fuerza del niño y considerarla un intento deliberado de este de salirse con la suya. Lo que es fuerte es la reacción defensiva, no el niño. Cuanto más débil es la voluntad, más poderosa es la contravoluntad. Si el niño poseyera una fortaleza auténtica, no se sentiría tan amenazado por su progenitor. En lugar de presionar, se siente presionado. Su descaro no procede de una auténtica independencia, sino de su carencia.

La contravoluntad es algo que le sucede *al* niño, no algo que él instigue. Puede cogerle tan por sorpresa como al progenitor y, en realidad, es la manifestación de un principio universal según el cual para cada fuerza existe una contrafuerza. Vemos la misma ley en la física, donde, por ejemplo, por cada fuerza centrípeta tiene que haber una centrífuga. Puesto que la contravoluntad es una fuerza contraria, la provocamos cada vez que nuestro deseo de imponer algo a nuestro hijo supera el deseo de este de conectarse con nosotros.

El mejor motivo que tienen los niños para experimentarla es cuando surge no como una oposición automática, sino como un sano impulso de independencia. El niño se resistirá a que le presten ayuda para así hacerlo él mismo; se resistirá a que le digan lo que tiene que hacer para encontrar sus propias razones para hacer las cosas. Se resistirá a que le dirijan para encontrar su propio camino, descubrir sus propias motivaciones y hallar su propio impulso e iniciativa. Se opondrá a los «deberías» del progenitor para descubrir sus propias preferencias. Pero, como explicaré más adelante, ese cambio hacia la auténtica independencia solo puede producirse cuando el niño está absolutamente seguro de su apego a los adultos que forman parte de su vida (véase el capítulo 9).

Un niño de cinco años que se sienta seguro en su relación con sus progenitores puede reaccionar ante una afirmación como que el cielo es azul replicando categóricamente que no lo es. Al progenitor le puede parecer que le está llevando la contraria descaradamente o que intenta ser difícil cuando, en realidad, lo que está sucediendo es que el cerebro del niño está bloqueando cualquier idea o pensamiento que no se haya originado en él. Se resiste a todo lo que le es ajeno para permitirse tener sus propias ideas. Lo más probable es que el contenido final sea el mismo (el cielo es azul), pero, cuando se trata de ser uno mismo, lo que cuenta es la originalidad.

Cuando la contravoluntad está al servicio de la búsqueda de autonomía, funciona como un sistema inmunitario psicológico que reacciona a la defensiva ante cualquier cosa que no se origine dentro de uno. Siempre que el progenitor deje espacio para que el niño se convierta en él mismo y alimente su necesidad de autonomía y de apego estará favoreciendo su desarrollo. Incluso esta contravoluntad puede no ser fácil de manejar, como ha señalado Otto Rank, pero no es omnipresente (no distorsiona la mayoría de las interacciones de nuestro hijo con nosotros) y cumple sin duda un buen propósito: el desarrollo de una independencia madura.

Si el desarrollo sigue un buen camino y el niño avanza para convertirse en él mismo, la necesidad de apego disminuye y, con ello, el niño maduro será aún más sensible a la coacción y menos susceptible de ser manipulado. Se sentirá despreciado si se le trata como si no fuera capaz de pensar por sí mismo y de tener sus propias opiniones, límites, valores y objetivos, decisiones y aspiraciones. Se resistirá rotundamente cuando no se le reconozca como persona independiente. De nuevo, esto es algo bueno. La contravoluntad cumple el propósito de protegerlo para que no se convierta en una extensión de otra persona, ni siquiera del progenitor. Ayuda a que nazca un ser autónomo, emergente, independiente, lleno de vitalidad y capaz de funcionar al margen de los apegos.

A medida que se desarrolla la auténtica independencia y se produce la maduración, la contravoluntad se desvanece. Al madurar, los seres humanos adquieren la capacidad de soportar emociones encontradas. Pueden estar en varios estados mentales contradictorios al mismo tiempo: queriendo ser independientes, pero comprometidos también a preservar la relación de apego. En última instancia, la persona verdaderamente madura, con una auténtica voluntad propia, no necesita oponerse automáticamente a la voluntad del otro; puede permitirse hacerle caso cuando tenga sentido hacerlo y seguir su propio camino cuando no lo tenga.

La falsa independencia del niño orientado hacia los iguales

Como siempre, la orientación hacia los iguales desbarata el modelo natural de desarrollo. En lugar de favorecer la autonomía, la contravoluntad no hace sino apoyar el propósito más primitivo de evitar que el niño se deje dominar por aquellos con los que no desea intimar, y para él, esas personas somos nosotros, sus progenitores y profesores. En lugar de preparar el camino hacia una auténtica independencia, protege la dependencia de los iguales. Y aquí está la gran paradoja: una dinámica que originalmente servía para favorecer el funcionamiento independiente llega, bajo la influencia de la orientación hacia los iguales, a destruir la base misma de la independencia: la relación sana del niño con su progenitor.

En nuestra sociedad, esta contravoluntad distorsionada se confunde a menudo con la verdadera, con el sano esfuerzo humano por lograr la autonomía. Suponemos que las reacciones de oposición del adolescente orientado hacia sus iguales representan una rebelión natural de esa edad. Es fácil confundir ambas cosas. Aparecen los signos habituales de resistencia: la contestación, la negativa a cooperar, la discusión incesante, el incumplimiento, las batallas territoriales, las barricadas erigidas para mantener alejados a los progenitores, las actitudes antisociales, los mensajes de «tú no eres quién para controlarme». Sin embargo, la contravoluntad al servicio del apego entre iguales es muy distinta de la contravoluntad natural que sustenta la verdadera independencia. En un niño que está madurando, el deseo de apego y la búsqueda de autonomía se mezclan creando un cúmulo de sentimientos encontrados. Los momentos de contravoluntad más reactiva se equilibran con los de búsqueda de proximidad. Sin embargo, cuando es resultado de la orientación hacia los iguales, la resistencia es más flagrante y no se ve mitigada por ningún intento de acercamiento a los progenitores. El niño rara vez es consciente de los impulsos contradictorios: la atracción es unidireccional, hacia los compañeros.

Hay una forma infalible de distinguir la contravoluntad distorsionada por los compañeros del auténtico impulso de autonomía: el niño que madura y se individualiza resiste a la coacción sea cual fuere su origen, incluida la presión de los compañeros. En una rebelión sana, el objetivo es la verdadera independencia. No se busca liberarse de una persona solo para sucumbir a la influencia y la voluntad de otra. Cuando la contravoluntad es el resultado de apegos distorsionados, la libertad por la que lucha el niño no es la de ser él mismo, sino la oportunidad de amoldarse a sus iguales. Para ello, reprimirá sus propios sentimientos y camuflará sus propias opiniones si difieren de las de sus compañeros.

¿Estamos diciendo que puede no ser natural, por ejemplo, que un adolescente quiera quedarse hasta tarde con sus amigos? No, el adolescente puede querer salir con ellos no porque esté impulsado por la orientación hacia los iguales, sino simplemente porque en ocasiones eso es lo que le apetece hacer. La cuestión es: ¿está dispuesto a hablar de ello con sus progenitores? ¿Respeta el punto de vista de estos? ¿Es capaz de decir que no a sus amigos cuando tiene otras responsabilidades o acontecimientos familiares, o cuando simplemente prefiere estar solo? El adolescente que está orientado hacia sus iguales no admite obstáculos y experimenta una intensa frustración si se pone alguna traba a su necesidad de contacto con sus compañeros. Es incapaz de imponerse ante las expectativas de sus iguales y, proporcionalmente, se resentirá y se opondrá a los deseos de sus progenitores.

Los adultos que malinterpretan esta forma primitiva y pervertida de contravoluntad como una autoafirmación adolescente sana pueden estar alejándose prematuramente de su papel como criadores. Aunque dar a los adolescentes espacio para ser ellos mismos, para que aprendan de sus propios errores, es una actitud muy sensata, muchos progenitores tiran la toalla. Por pura exasperación o frustración, normalmente sin previo aviso y sin ceremonias, se retiran. Pero retirarse antes de tiempo es abandonar sin quererlo a un niño que aún nos necesita mucho, aunque no lo sabe. Si viéramos a estos adolescentes orientados hacia sus iguales como las personas dependientes que realmente son y nos diéramos cuenta de lo mucho que necesitan nuestra labor de padres, estaríamos dispuestos a recuperar nuestro poder como tales. Deberíamos reconquistar a esos niños.

El mito del niño omnipotente

Otro error es interpretar la oposición del niño como un juego de poder o como una aspiración a la omnipotencia*. Es comprensible que,

---

* Un psiquiatra infantil llegó incluso a escribir un libro titulado *El niño omnipotente...* ¡y se estaba refiriendo a bebés que empezaban a caminar!

cuando tenemos la sensación de haber perdido el poder, proyectemos en el niño la voluntad de ostentarlo. Si yo no tengo el control, si yo no tengo el poder, debe tenerlo él; si yo no llevo las riendas, será que las lleva él. En lugar de asumir la responsabilidad de mi propia sensación de debilidad, creo que el niño se está esforzando por estar al mando. En casos extremos podemos llegar a considerar incluso que los bebés tienen todo el poder: controlan los horarios, estropean los planes, nos roban el sueño, dirigen el cotarro.

El problema de considerar que nuestros hijos tienen poder es que no nos damos cuenta de lo mucho que nos necesitan. Aunque un niño intente controlarnos, lo hace por necesidad y porque depende de nosotros para que las cosas funcionen. Si fuera realmente poderoso, no necesitaría que cumpliéramos sus órdenes.

Ante un hijo que perciben como exigente, algunos progenitores se ponen a la defensiva y actúan para protegerse. Como adultos, reaccionamos ante la sensación de estar siendo coaccionados del mismo modo que lo hacen los niños: nos negamos, nos resistimos, nos oponemos y contraatacamos. Se desata nuestra propia contravoluntad, lo que lleva a una lucha de poder con nuestros hijos que se convierte más en una batalla de contravoluntades que en una batalla de voluntades. Lo triste de todo ello es que el niño pierde al progenitor que tan desesperadamente necesita. Nuestra resistencia no consigue más que multiplicar sus exigencias y erosiona la relación de apego, que es nuestra mejor y única esperanza.

Tomar la contravoluntad como una demostración de fuerza desencadena y justifica el uso de la fuerza psicológica. Nos esforzamos por responder con fuerza a la fuerza que percibimos. Nuestra expresión se crispa, alzamos la voz y subimos la apuesta con cualquier recurso que tengamos a nuestro favor. Cuanto mayor sea la fuerza que impongamos, más contravoluntad provocará nuestra reacción. Si nuestra reacción desencadena ansiedad, que actúa como alarma psicológica del niño para advertirle que se está amenazando un apego importante, su principal objetivo será el mantenimiento de la cercanía. El niño asustado se apresurará a compensarnos y a volver a ganarse nuestra simpatía. Podemos creer que hemos alcanzado nuestro objetivo de «buen comportamiento», pero esa capitulación no es gratuita. La relación se debilitará por la inseguridad que provocan nuestra ira y nuestras amenazas. Cuanta más fuerza utilicemos, más se desgastará la relación. Cuanto más se debilite la relación, más fácil será que el niño nos sustituya (hoy en día, casi siempre por sus iguales). No es solo que la orientación hacia los iguales sea una de las causas principales de la contravoluntad, sino que nuestras reacciones a esta pueden fomentar la orientación hacia los iguales.

Por qué la fuerza y la manipulación resultan contraproducentes

Por instinto, siempre que consideramos que no tenemos la fuerza suficiente para realizar la tarea que nos hemos propuesto, ya sea mover una roca o mover a un niño, buscamos alguna palanca. Los esfuerzos de los progenitores por aumentar su influencia suelen adoptar dos formas: el soborno y la coacción. Si no basta con una simple indicación como «me gustaría que pusieras la mesa», podemos añadir un incentivo como, por ejemplo, «si pones la mesa, te dejaré tomar tu postre favorito». O si no basta con recordarle al niño que es hora de hacer los deberes, podemos amenazarle con retirarle algo que le guste. También podemos dar un tono coercitivo a nuestra voz o asumir una conducta más autoritaria. La búsqueda de palancas es interminable: sanciones, recompensas, supresión de privilegios, prohibición de usar el ordenador o los juguetes, retirada de la paga, separación del progenitor o de los amigos, limitación o supresión del tiempo que se puede ver la televisión o usar el coche, etcétera, etcétera. No es infrecuente oír a alguien quejarse de que se le han agotado las ideas sobre lo que aún se le puede quitar al niño.

A medida que disminuye nuestro poder como progenitores, aumenta nuestra preocupación por encontrar una palanca, un recurso. Abundan los eufemismos: a los sobornos se les llama recompensas, incentivos y refuerzos positivos; a las amenazas y los castigos se les bautiza como advertencias, consecuencias naturales y refuerzos negativos; a aplicar la fuerza psicológica se le suele llamar modificar el comportamiento o dar una lección. Estos eufemismos camuflan intentos de motivar al niño mediante presión externa porque su motivación intrínseca se considera inadecuada. El apego es natural y surge del interior, mientras que el uso de recursos es artificioso e impuesto desde el exterior. En cualquier otro ámbito, lo veríamos como manipulación. En la crianza, muchos consideran que este tipo de medios son normales y apropiados para conseguir que el niño haga lo que queremos.

Todos los intentos de utilizar la influencia para motivarlo implican el uso de la fuerza psicológica, ya empleemos la fuerza «positiva» de las recompensas o la «negativa» de los castigos. La aplicamos siempre que explotamos los gustos de un niño o sus aversiones e inseguridades para conseguir que haga lo que le pedimos. Recurrimos a esto cuando no tenemos nada más con lo que trabajar: ninguna motivación intrínseca que aprovechar, ningún apego en el que apoyarnos. Estas tácticas, si alguna vez se emplean, deberían ser el último recurso, no nuestra primera respuesta y, desde luego, no nuestro *modus operandi*. Por desgracia, cuando los niños se orientan hacia sus iguales, los progenitores nos vemos abocados a buscar a la desesperada algún tipo de influencia.

La manipulación, ya sea en forma de recompensas o de castigos, puede conseguir que el niño cumpla nuestros deseos durante un tiempo, pero nunca que el comportamiento deseado pase a formar parte de la personalidad intrínseca de nadie. Ya se trate de dar las gracias o de pedir perdón, de compartir algo con otra persona, de hacer un regalo o mandar una tarjeta, de limpiar una habitación, de ser agradecido, de hacer los deberes o de ensayar con el piano, cuanto más coaccionado esté el comportamiento, menos probable será que se produzca de manera voluntaria. Y cuanto menos espontáneo sea, más inclinados se sentirán los progenitores y los profesores a ingeniárselas para encontrar algún tipo de recurso, lo que da lugar a una espiral de fuerza y contravoluntad que requiere el uso de más y más influencia y erosiona la verdadera base de poder de los progenitores.

Numerosas pruebas, tanto en laboratorio como en la vida real, atestiguan el poder de la contravoluntad para sabotear objetivos superficiales de comportamiento impulsados por la fuerza o la manipulación psicológicas. En un experimento concreto, los participantes eran niños en edad preescolar a los que les encantaba jugar con rotuladores mágicos. Fueron divididos en varios grupos: a uno se le prometió un bonito diploma si utilizaban los rotuladores; a otro no se le prometió nada pero se le recompensó por utilizar los rotuladores con el mismo diploma; al tercero no se le prometió nada ni se le dio recompensa alguna. Cuando se les sometió a la prueba varias semanas después, pero sin mencionar ninguna recompensa, los dos grupos en los que se utilizó la coacción positiva se mostraron mucho menos inclinados a jugar con los rotuladores[1]. El instinto de contravoluntad hacía inevitable que el uso de la fuerza resultara contraproducente. En un experimento similar, el psicólogo Edward Deci observó el comportamiento de dos grupos de estudiantes universitarios ante un juego de ingenio que, en un principio, les había intrigado a todos por igual. Unos recibirían una recompensa monetaria cada vez que resolvieran un rompecabezas, mientras que al otro grupo no se le ofreció ningún incentivo externo. En el momento en que cesaban los pagos, el grupo que los había estado recibiendo mostraba mucha más propensión a abandonar el juego que sus homólogos que no recibieron nada. «Las recompensas pueden aumentar la probabilidad de los comportamientos —escribe el doctor Deci—, pero solo mientras sigan llegando. Si se deja de pagar, se deja de jugar»[2].

Es fácil malinterpretar la contravoluntad del niño y considerarla un afán de poder. Es posible que nunca tengamos el control total de nuestras circunstancias, pero educar a los niños y enfrentarse a diario a su contravoluntad nos obliga a ser en todo momento conscientes de nuestra impotencia. En la sociedad actual, no es sorprendente ni inusual que los progenitores se sientan tiranizados e impotentes. Ante la sensación de impotencia que experimentamos cuando los vínculos entre el niño y el adulto no son lo bastante fuertes, empezamos a ver a nuestros hijos como manipuladores, controladores e incluso poderosos.

Tenemos que superar los síntomas. Si todo lo que percibimos es la resistencia o la insolencia, responderemos con ira, frustración y fuerza. Debemos ver que el niño solo reacciona instintivamente cuando siente que están tirando de él en más de una dirección. Además de la contravoluntad, debemos reconocer que el apego se ha debilitado. La esencia del problema no es el desafío, sino la orientación hacia los iguales que hace que la contravoluntad se vuelva contra los adultos perdiendo su finalidad natural.

Como veremos en la cuarta parte del libro, la mejor respuesta a la contravoluntad de un niño es una relación parental más fuerte y menos dependiente de la fuerza.

7
LA HORIZONTALIZACIÓN DE LA CULTURA

Lo SIGUIENTE es la copia exacta de una conversación en redes sociales entre dos adolescentes jóvenes (sus alias están en cursiva):

> *Luego ella dijo ¡¡RECTUM!! ese es el nombre de mi hijo* dice: «ola».
> *Crontasaurus y Rippitar se unen al club de taichí El Establo* dice: «k psa».
> *Luego ella dijo ¡¡RECTUM!! ese es el nombre de mi hijo* dice: «??».
> *Crontasaurus y Rippitar se unen al club de taichí El Establo* dice: «ola».
> *Luego ella dijo ¡¡RECTUM!! ese es el nombre de mi hijo* dice: «k psa».

Este diálogo en redes muestra tres características, bastante típicas, de lo que se considera correspondencia entre los adolescentes de hoy, que resultan llamativas. La primera es la cuidadosa construcción de pseudónimos largos y sin sentido, teñidos de burla e irreverencia. Lo importante es la imagen, no el contenido. En segundo lugar, y en agudo contraste con la primera, vemos la contracción del lenguaje para formar monosílabos virtualmente inarticulados. Por último observamos una auténtica vacuidad de lo que se está diciendo, es decir, un contacto sin comunicación verdadera. «Ola» es el saludo establecido. «k psa» sustituye a «qué pasa» como forma de decir «qué tal estás» o «cómo te va»… sin ninguna invitación a compartir alguna información que resulte verdaderamente significativa para ninguno de los participantes. Estas «conversaciones» pueden extenderse, y de hecho lo hacen, sin que se diga nada con más significado. Es el lenguaje tribal, extraño para los adultos, y tiene el propósito implícito de establecer una conexión sin revelar nada de valor acerca de la persona.

«Los adolescentes de hoy son una tribu aparte», escribió la periodista Patricia Hersch en su libro de 1999 sobre la adolescencia en Estados Unidos. Y, como corresponde a una tribu, tienen su propio lenguaje, sus valores, sus significados, su música, sus códigos de vestimenta y sus marcas de identificación, como el *piercing* y los tatuajes. En otras épocas anteriores, es muy posible que los padres tuvieran la sensación de que sus adolescentes estaban descontrolados, pero la conducta tribal de los actuales no tiene precedentes. Podemos, por ejemplo, considerar que los duelos por las calles y las reyertas de los jóvenes Capuletos y Montescos de *Romeo y Julieta* eran batallas tribales, y efectivamente lo eran, pero entre los jóvenes héroes de Shakespeare y los adolescentes de hoy existe una diferencia fundamental: los personajes shakesperianos se identificaban con las tribus (las familias) de sus padres y dirigían sus hostilidades a lo largo de los linajes. Además, el conflicto central de la obra de teatro no era intergeneracional: los jóvenes amantes desobedecieron a sus progenitores, pero no los rechazaron y lo único que deseaban era unirlos por el bien del amor que sentían el uno por el otro. Recibieron la ayuda de adultos que los apoyaban, como el fraile que celebró su matrimonio en secreto. Las tribus adolescentes de hoy no tienen ninguna conexión con la sociedad adulta. En la película *West Side Story*, de Leonard Bernstein, la versión americana moderna de la historia de Romeo y Julieta, las bandas adolescentes rivales están completamente aisladas del mundo adulto y se muestran amargamente hostiles hacia él.

Aunque nos hemos convencido a nosotros mismos de que esta tribalización de los jóvenes es un proceso inocuo, se trata de un fenómeno históricamente nuevo que ejerce una influencia disruptiva sobre la vida social. Subyace en la frustración que sienten muchos progenitores ante su incapacidad para transmitir sus tradiciones a sus hijos.

En la tribu aparte a la que se han unido muchos de nuestros hijos, la transmisión de valores y cultura fluye en horizontal, de una persona ignorante e inmadura a otra. Este proceso, que podríamos considerar como la horizontalización de la cultura, está erosionando ante nuestros ojos uno de los soportes de la actividad social civilizada. La existencia de un cierto grado de tensión entre generaciones es una parte natural del desarrollo, pero, por lo general, se resuelve de una manera que permita a los niños madurar en armonía con la cultura de sus mayores. Los jóvenes pueden expresarse libremente sin olvidar los valores universales que se transmiten en sentido vertical, de una generación a la siguiente, ni faltarles el respeto. Y eso no es lo que vemos hoy en día.

«Los niños de toda la civilización occidental —declaraba un presentador de MTV no hace mucho tiempo— han llegado a parecerse más entre sí que a sus padres o abuelos y actúan todos igual». Aunque el objetivo de esta afirmación era presumir de la red durante una emisión de aniversario, contiene un elemento de verdad cuyas implicaciones resultan alarmantes.

La transmisión de la cultura asegura la supervivencia de las formas especiales que se dan a nuestra existencia y expresión como seres humanos. Va mucho más allá de nuestras costumbres, tradiciones y símbolos e incluye los gestos y el lenguaje con que nos expresamos; la forma en que nos vestimos y maquillamos; qué, cómo y cuándo celebramos. Define también nuestros rituales en torno al contacto y la conexión, los saludos y las despedidas, la pertenencia y la lealtad, el amor y la intimidad. Un elemento central de cualquier cultura es la comida: cómo se prepara y se come, las actitudes que se tienen hacia ella y las funciones que cumple. Y una parte importante es la música que se crea y se escucha.

La transmisión de la cultura es, por lo general, una parte automática de la crianza y el apego, además de facilitar la dependencia, proteger contra el estrés externo y dar origen a la independencia, es también el conducto por el que circula. Mientras el niño se apegue adecuadamente a los adultos responsables, la cultura fluye hacia él. Dicho de otro modo, el niño que se apega se informa de manera espontánea, es decir, absorbe las formas culturales del adulto. Según el estadounidense Howard Gardner, destacado especialista del desarrollo, los conocimientos que los progenitores proporcionan de manera espontánea en los primeros cuatro años de vida son más que los que la persona adquiere durante toda su formación reglada[1].

Cuando el apego funciona, la transmisión de la cultura no requiere una formación o enseñanza deliberada por parte del adulto, ni tampoco un aprendizaje consciente por parte del niño. El hambre de conexión de este y su inclinación a buscar señales de los adultos se encargan de ello. Si se le ayuda a alcanzar una verdadera individualidad y una independencia mental madura, la transmisión de la cultura de una generación a otra no es un proceso de imitación sin sentido ni de obediencia ciega, sino que constituye un vehículo para la verdadera autoexpresión. Es el contexto donde la creatividad individual puede florecer.

Cuando un niño se orienta hacia sus iguales, se derriban las líneas de transmisión de la civilización. Los nuevos modelos son otros niños o grupos de iguales o los últimos iconos del pop. La apariencia, las actitudes, la vestimenta y el comportamiento se adaptan. Incluso el lenguaje de los niños cambia: es más empobrecido, menos articulado sobre sus observaciones y experiencias, menos expresivo en significados y matices.

Los niños orientados hacia sus iguales no están desprovistos de cultura, pero aquella en la que se inscriben está generada por esa orientación. Aunque se difunde a través de medios de comunicación controlados por adultos, los gustos y preferencias que debe satisfacer son los de los niños y jóvenes. Ellos son los que tienen el poder adquisitivo que determina los beneficios de la industria cultural, aunque sean los ingresos de los progenitores los que se esfumen en ese proceso. Cuando lanzan su mensaje a grupos de clientes cada vez más jóvenes a través de las redes sociales, los publicistas saben muy bien cómo explotar sutilmente el poder de la imitación a los iguales. De este modo, son nuestros jóvenes los que dictan los peinados y la moda, es a ellos a los que debe atraer la música, son los que dirigen principalmente la taquilla. La juventud determina los iconos culturales de nuestra época.

Los adultos que satisfacen las expectativas de los jóvenes orientados hacia sus iguales pueden controlar el mercado y beneficiarse de él, pero como agentes de transmisión cultural no hacen más que complacer los gustos culturales degradados de unos niños apartados del contacto sano con los adultos. La cultura de los iguales surge de los niños y evoluciona con ellos a medida que van haciéndose adultos. Por razones que explicaré en la tercera parte del libro, la orientación hacia los iguales engendra agresividad y una sexualidad precoz y malsana, lo que produce una cultura juvenil agresivamente hostil e hipersexualizada, propagada por los medios de comunicación de masas, a la que los niños ya están expuestos desde la primera adolescencia. Los vídeos de rock actuales escandalizan incluso a los adultos que crecieron bajo la influencia de la «revolución sexual». A medida que la orientación hacia los iguales va siendo cada vez más temprana, lo mismo sucede con la cultura que genera. El fenómeno pop de las Spice Girls de finales de los noventa, que mientras escribo este capítulo es un recuerdo que se desvanece a toda velocidad, parece en retrospectiva una expresión cultural nostálgicamente inocente comparada con los ídolos pop pornográficamente erotizados que se sirven a los preadolescentes de hoy.

Aunque en los años cincuenta ya existía una cultura juvenil, la primera manifestación evidente y dramática de una cultura generada por la orientación hacia los iguales fue la contracultura *hippie* de los sesenta y setenta. El teórico canadiense de los medios de comunicación Marshall McLuhan la llamó «el nuevo tribalismo de la Era Eléctrica». El pelo, la vestimenta y la música desempeñaron un papel importante en su configuración, pero lo que la definió más que nada fue su glorificación del apego entre iguales que la originó. Los amigos tenían prioridad sobre la familia. Se perseguía el contacto físico y la conexión con los iguales; se declaraba la hermandad de la tribu pop, como en la «nación Woodstock» basada en la generación. El grupo de iguales era el verdadero hogar. «No te fíes de nadie que tenga más de treinta años» se convirtió en el lema de la juventud e iba mucho más allá de una sana crítica a los adultos para convertirse en un rechazo militante de la tradición. La degeneración de esa cultura hacia la alienación y el consumo de drogas, por un lado, y su cooptación con fines comerciales por las mismas instituciones dominantes contra las que se rebelaba, por otro, eran casi predecibles.

Las culturas bien curtidas han ido acumulando sabiduría a lo largo de cientos y a veces miles de años. Contienen rituales y costumbres y formas de hacer las cosas que nos protegen de nosotros mismos y salvaguardan valores importantes para la vida humana, incluso cuando no somos conscientes de cuáles son esos valores. Una cultura evolucionada necesita una expresión artística y musical con la que identificarse, símbolos que transmitan a la existencia unos significados más profundos y modelos que inspiren grandeza. Lo más importante es que esta cultura debe proteger su esencia y su capacidad de reproducirse: el apego de los hijos a sus progenitores. La cultura generada por la orientación hacia los iguales no contiene sabiduría, no protege a sus miembros de sí mismos, solo crea modas pasajeras y rinde culto a ídolos sin valor ni significado. Se limita a simbolizar el ego no desarrollado de la juventud insensible y destruye los vínculos entre padres e hijos. Cada nueva generación orientada hacia los iguales nos permite observar un abaratamiento de los valores culturales. A pesar de su autoengaño y su petulante aislamiento del mundo adulto, la «tribu» de Woodstock seguía asumiendo valores universales de paz, libertad y fraternidad. Las reuniones musicales masivas de hoy en día son poco más que estilo, ego, exuberancia tribal y dinero.

La cultura generada por la orientación hacia los iguales es estéril en el sentido estricto de la palabra: es incapaz de reproducirse ni de transmitir valores capaces de orientar a las generaciones futuras. Hay muy pocos hippies de tercera generación. Sea cual fuere su atractivo nostálgico, no tuvo mucha capacidad de permanencia. La cultura de los iguales es momentánea, transitoria y se crea a diario, es una «cultura del día», por así decirlo. Su contenido resuena en la psicología de nuestros niños y adultos orientados a sus iguales, que están detenidos en su propio desarrollo. En cierto sentido, es una suerte que no pueda transmitirse a las generaciones futuras, ya que su único aspecto positivo es que se renueva cada década. No edifica ni nutre, no suscita ni por lo más remoto lo mejor de nosotros ni de nuestros hijos.

Al estar preocupada solo por lo que está de moda en el momento, carece de todo sentido de la tradición o la historia. A medida que aumenta la orientación hacia los iguales, disminuye el aprecio de los jóvenes por la historia, incluso por la más reciente. Para ellos, el presente y el futuro existen en un vacío sin conexión con el pasado. Las implicaciones son alarmantes ante la perspectiva de cualquier toma de decisiones políticas y sociales informadas que se deriven de tal ignorancia. Un ejemplo actual es Sudáfrica, donde el fin del *apartheid* no solo ha traído libertad política sino, en el lado negativo, una occidentalización rápida y desenfrenada y el advenimiento de la cultura globalizada de los iguales. La tensión entre las generaciones ya se está intensificando. «Nuestros progenitores intentan educarnos sobre el pasado —dijo un adolescente sudafricano a un periodista canadiense—. Nos obligan a escuchar discursos sobre racismo y política…». Por su parte, Steve Mokwena, historiador de treinta y seis años y veterano de la lucha contra el *apartheid*, es descrito por el periodista como «perteneciente a un mundo diferente al de los jóvenes con los que trabaja ahora». «Se les alimenta a la fuerza con comida basura pop estadounidense. Resulta muy preocupante», dijo Mokwena, que en la mitad de la treintena es casi un patriarca anciano[2].

Se podría argumentar que la orientación hacia los iguales puede tal vez llevarnos a la auténtica globalización de la cultura, a una civilización universal que ya no divida el mundo entre «nosotros y ellos». ¿No se jactaba el locutor de la MTV de que los niños de todo el mundo, consumidores de programas de televisión, se parecían más entre sí que a sus padres y abuelos? ¿No podría ser este el camino hacia el futuro, una forma de trascender las culturas que nos dividen y establecer una cultura mundial de conexión y paz? Creemos que no.

A pesar de las similitudes superficiales creadas por la tecnología global, hay más probabilidades de que la dinámica de la orientación hacia los iguales fomente la división en lugar de una universalidad saludable. Basta con observar la extrema tribalización de las bandas juveniles, las formas sociales que adoptan los niños que más se orientan hacia sus iguales. La búsqueda de asemejarse a otro desencadena inmediatamente la necesidad de diferenciarse de los demás. A medida que se refuerzan las similitudes dentro del grupo elegido, se acentúan hasta la hostilidad las diferencias con los que no pertenecen a él. Cada clan se solidifica y refuerza mediante la emulación mutua y la asimilación de los modelos. Así es como se han formado de manera espontánea las tribus desde el principio de los tiempos. La diferencia crucial es que la cultura tribal tradicional podía transmitirse, mientras que las tribus actuales están definidas y limitadas por barreras entre generaciones.

El entorno escolar está plagado de este tipo de dinámicas. Cuando niños inmaduros que han cortado sus amarras con los adultos se mezclan entre sí, enseguida y de forma espontánea se crean grupos que con frecuencia siguen las líneas divisorias más evidentes de curso, sexo y raza. Dentro de estas agrupaciones más amplias surgen ciertas subculturas: a veces en función de la vestimenta y el aspecto, otras según los intereses, actitudes o habilidades que comparten, como en los grupos de deportistas, cerebritos y *frikis* informáticos. En ocasiones se forman subculturas orientadas a los iguales, como los *skaters*, los moteros y los cabezas rapadas. Muchas de ellas son reforzadas y moldeadas por los medios de comunicación y apoyadas por disfraces, símbolos, películas, música y lenguaje de culto. Si la punta del iceberg de la orientación hacia los iguales son las bandas y los aspirantes a formar parte de ellas, en la base están las camarillas. Como los dos muchachos que se escribían por redes sociales del principio de este capítulo, los seres inmaduros que giran unos en torno a otros inventan su propio lenguaje y modos de expresión que empobrecen su forma de hablar y los aíslan de los demás. Es posible que tales fenómenos ya hubieran aparecido antes, por supuesto, pero ni de lejos en la misma medida que presenciamos hoy.

El resultado es la tribalización señalada por Patricia Hersch. Los niños apartados de sus familias, desconectados de sus maestros y que aún no han madurado lo suficiente como para relacionarse entre sí como seres independientes se reagrupan automáticamente para satisfacer su impulso instintivo de apego. La cultura del grupo se inventa o se toma prestada de la cultura de sus iguales en general. Los niños no tardan mucho en saber a qué tribu pertenecen, cuáles son sus normas, con quién pueden hablar y a quién deben mantener a distancia. A pesar de nuestros intentos por enseñarles a respetar las diferencias individuales y por inculcarles un sentimiento de pertenencia a una civilización cohesionada, nos estamos fragmentando a un ritmo alarmante en un caos tribal. Y son nuestros propios hijos los que están abriendo el camino. Nos iría mucho mejor si el tiempo que como progenitores y educadores dedicamos a intentar enseñarles tolerancia social, aceptación y buenos modales lo invirtiéramos en cultivar una conexión con ellos. Los niños criados en jerarquías tradicionales de apego no son ni mucho menos tan susceptibles a las fuerzas espontáneas de la tribalización. Los valores sociales que deseamos inculcar solo pueden transmitirse a través de las líneas de apego existentes.

La cultura creada por la orientación hacia los iguales no se mezcla bien con otras. Dado que esta orientación existe por sí misma, lo mismo sucede con la cultura que crea. Su funcionamiento es parecido al de una secta. Los seres inmaduros que la adoptan se aíslan de las personas ajenas. Esta juventud se enorgullece de excluir los valores tradicionales y las conexiones históricas. Las personas pertenecientes a culturas que se han transmitido verticalmente conservan la capacidad de relacionarse con respeto, aunque en la práctica esa capacidad se vea a menudo desbordada por los conflictos históricos o políticos que enfrentan a los seres humanos. No obstante, por debajo de las expresiones culturales particulares, pueden reconocer mutuamente la universalidad de los valores humanos y apreciar la riqueza de la diversidad. Sin embargo, los niños orientados hacia sus iguales tienden a juntarse exclusivamente entre ellos. Se apartan de los que son diferentes. Cuando llegan a la adolescencia, muchos progenitores tienen la sensación de que apenas pueden reconocer a sus propios hijos por su música tribal, su vestimenta, su idioma, sus rituales y sus adornos corporales. «Los tatuajes y los *piercings*, que antaño nos chocaban, son ahora meras señales generacionales en una cultura que redibuja constantemente la línea entre el comportamiento aceptable y el no permitido», señaló un periodista canadiense en 2003[3].

Muchos de nuestros hijos están creciendo desprovistos de la cultura universal que produjo las grandes creaciones intemporales de la humanidad: el Bhagavad Gita, los escritos de Rumi, Dante, Shakespeare, Cervantes y Faulkner o de los mejores y más innovadores autores vivos, la música de Beethoven y Mahler o incluso las grandes traducciones de la Biblia. Solo conocen lo que es actual y popular, solo aprecian lo que pueden compartir con sus iguales.

La verdadera universalidad en el sentido positivo de respeto mutuo, curiosidad y valores humanos compartidos no exige una cultura globalizada creada por la orientación hacia los iguales, sino madurez psicológica (que no sea el resultado de la educación didáctica, sino solo de un desarrollo sano). Como veremos a continuación, los adultos son los únicos que pueden ayudar a los niños a crecer de esta forma. Y solo en las relaciones sanas con sus mentores adultos (padres, profesores, mayores, creadores artísticos, musicales e intelectuales) pueden estos recibir su patrimonio, el legado cultural universal y de larga tradición de la humanidad. Solo ahí pueden desarrollar plenamente sus capacidades para expresarse de forma libre, individual y novedosa.

TERCERA PARTE

ATASCADOS EN LA INMADUREZ: POR QUÉ LA ORIENTACIÓN HACIA LOS IGUALES IMPIDE UN DESARROLLO SANO

8
LA PELIGROSA HUIDA DEL SENTIMIENTO

Hace poco caminaba por los pasillos del instituto de mi hijo durante la hora de la comida y me sorprendió lo mucho que se parecían a los pasillos y comedores de los reformatorios en los que solía trabajar. Las posturas, los gestos, el tono, las palabras y la interacción que observé en ese gentío adolescente indicaban una invulnerabilidad espeluznante. Aquellos chicos parecían tener la sensación de que nadie podía hacerles daño. Su actitud reflejaba una confianza, incluso una bravuconería que parecía inexpugnable pero, al mismo tiempo, muy superficial.

La máxima ética en la cultura de los iguales es «tranqui», es decir, la ausencia total de apertura emocional. Los más estimados del grupo tienen un aspecto desconcertantemente imperturbable, muestran poco o ningún miedo, parecen inmunes a la vergüenza y son dados a murmurar cosas como «paso» y «da igual».

La realidad es muy distinta. Los seres humanos somos las criaturas más vulnerables (del latín *vulnerare*, 'herir') del mundo. No solo físicamente, sino también en términos psicológicos. Entonces, ¿a qué se debe esta discrepancia? ¿Cómo es posible que unos jóvenes tan vulnerables parezcan ser todo lo contrario? Su dureza, su comportamiento «chulesco», ¿son impostados o reales? ¿Es una máscara de la que pueden prescindir cuando se sienten a salvo o es el verdadero rostro de la orientación hacia los iguales?

Cuando me encontré por primera vez con esta subcultura de invulnerabilidad adolescente, supuse que era una impostación. Cuando uno es consciente de su vulnerabilidad, la psique humana puede desarrollar poderosas defensas que se arraigan en los circuitos emocionales del cerebro. Preferí pensar que aquellos niños, si se les daba la oportunidad, se desprenderían de la armadura y revelarían su lado más tierno, más genuinamente humano. De vez en cuando, así era, pero la mayoría de las veces comprobaba que esa invulnerabilidad de los adolescentes no era impostada o fingida. Muchos de estos niños no tenían sentimientos heridos, no sentían dolor. Eso no quiere decir que fueran incapaces de sentirse heridos, pero, en lo que respecta a los sentimientos que experimentaban de forma consciente, no había ninguna máscara.

Aquellos capaces de sentir tristeza, miedo, pérdida y rechazo ocultan estos sentimientos a sus compañeros para evitar exponerse al ridículo y a los ataques. La invulnerabilidad es un camuflaje que adoptan para fundirse en la multitud, pero del que se despojarán rápidamente en compañía de aquellos que les aportan la seguridad necesaria para mostrarse como son. Estos no son los que más me preocupan, aunque sin duda me inquieta el efecto que una atmósfera de invulnerabilidad puede llegar a producir en su aprendizaje y su desarrollo. En un entorno así no puede prosperar la curiosidad genuina, no se pueden hacer preguntas libremente, no se puede expresar el entusiasmo ingenuo por aprender. No se asumen riesgos, la pasión por la vida y la creatividad no encuentran salida.

Los niños más afectados y con mayor riesgo de sufrir daños psicológicos son los que aspiran a ser duros e invulnerables no solo en la escuela, sino en general. No pueden ponerse y quitarse la armadura según les convenga. Defenderse no es algo que hagan, sino lo que son. Este endurecimiento emocional es más evidente en los delincuentes, los pandilleros y los niños de la calle, pero también es una dinámica importante en la variedad cotidiana de orientación hacia los iguales que existe en el típico hogar occidental.

Los niños orientados hacia los iguales son más vulnerables

La única razón por la que un niño no es consciente de su propia vulnerabilidad es que esta se ha vuelto demasiado pesada de soportar, que sus heridas resultan demasiado dolorosas. En otras palabras, es probable que los niños que en el pasado se sintieron abrumados por heridas emocionales se inmunicen contra esta misma experiencia en el futuro.

La relación entre las heridas psicológicas y la *huida de la vulnerabilidad* es bastante evidente en aquellos que han vivido una profunda experiencia de dolor emocional. Los más propensos a desarrollar este tipo extremo de endurecimiento emocional defensivo son los procedentes de orfanatos o de múltiples hogares de acogida, los que han experimentado pérdidas significativas o han sufrido abusos y abandono. Dado el trauma que han soportado, es fácil comprender por qué han desarrollado unas poderosas defensas inconscientes.

Lo sorprendente es que, sin ningún trauma comparable, muchos niños que han estado orientados hacia sus iguales durante algún tiempo pueden manifestar la misma actitud defensiva. Da la impresión de que necesitan protegerse contra la vulnerabilidad en la misma medida que los niños traumatizados. ¿Por qué ha de ser así si no han sufrido experiencias similares?

Antes de analizar el motivo de su mayor fragilidad y rigidez emocional, debemos aclarar el significado de la frase *defenderse contra la vulnerabilidad* y su casi sinónimo, *huir de la vulnerabilidad*. Nos estamos refiriendo a las reacciones defensivas instintivas del cerebro ante la sensación de vulnerabilidad. Estas reacciones defensivas inconscientes se desencadenan contra una conciencia de vulnerabilidad, no contra la vulnerabilidad real. El cerebro humano no es capaz de evitar que un niño sea herido, pero sí que se sienta herido. Los términos *defenderse de la vulnerabilidad* y *huir de la vulnerabilidad* encierran estos significados. Transmiten una sensación de pérdida de contacto con los pensamientos y emociones que nos hacen sentirnos vulnerables, una menor conciencia de la susceptibilidad humana a que nos hieran emocionalmente. Todo el mundo puede experimentar en ocasiones ese cierre emocional. Un niño adopta esta actitud de defensa contra la vulnerabilidad cuando el cerrarse ya no es solo una reacción temporal, sino que se convierte en un estado persistente.

Cuatro son las razones por las que los niños orientados hacia sus iguales son más susceptibles a las heridas emocionales que los orientados hacia los adultos. El efecto final es una huida de la vulnerabilidad inquietantemente similar al endurecimiento emocional de los niños traumatizados.

Los niños orientados hacia sus iguales pierden su escudo natural contra el estrés

La primera razón que obliga a los niños orientados hacia sus iguales a endurecerse emocionalmente es que han perdido su fuente natural de poder y confianza en sí mismos y, al mismo tiempo, su escudo natural contra el dolor y las heridas intolerables.

Aparte de la avalancha constante de tragedias y traumas que ocurren por todas partes, el mundo personal del niño es un universo de interacciones y acontecimientos intensos con una gran capacidad para herirlo: que lo ignoren, no ser importante, que lo excluyan, no estar a la altura, que lo desaprueben, no gustar, que no lo elijan, que lo avergüencen o ridiculicen. Lo que protege al niño frente a la peor parte de todo este estrés es el apego a un progenitor. Eso es lo importante: mientras el niño no esté apegado a quienes lo menosprecian, el daño causado es relativamente pequeño. Las burlas pueden doler y provocar lágrimas en el momento, pero su efecto no será duradero. Cuando el progenitor es el punto de referencia, lo relevante son los mensajes que este transmite. Cuando sucede una tragedia o se experimenta un trauma, el niño busca en él señales que le indiquen si debe preocuparse o no. Mientras sus vínculos sean seguros, el cielo podría derrumbarse y el mundo desmoronarse, pero los niños estarían relativamente protegidos de sentirse peligrosamente vulnerables. La película de Roberto Benigni *La vida es bella*, en la que se narran los esfuerzos de un padre judío por proteger a su hijo de los horrores del racismo y el genocidio, lo ilustra de una forma absolutamente conmovedora. El apego protege al niño del mundo exterior.

Un padre me contó que había sido testigo del poder que tiene el apego para mantener a salvo a un niño cuando su hijo, al que llamaremos Braden, tenía unos cinco años.

—Braden quería jugar al fútbol en la liga comunitaria local. El primer día de entrenamiento, unos chicos mayores le hicieron pasar un mal rato. Cuando les oí burlarse de él y ridiculizarlo, me convertí rápidamente en un padre oso protector. Estaba decidido a poner en su sitio a aquellos matoncillos cuando observé que Braden se enfrentaba a ellos, se erguía todo lo alto que era, ponía los brazos en jarras y sacando el pecho todo lo que podía decía algo así como: «¡No soy un imbécil! Mi padre dice que soy futbolista». Y santas pascuas.

La idea que Braden tenía de lo que su padre pensaba de él le protegía de un modo más eficaz de lo que el padre podría haber logrado con una intervención directa. La percepción que su padre tenía de él tenía prioridad. Podía desviar los insultos de los compañeros. En cambio, un niño orientado hacia sus iguales que ya no busca en los adultos su sentido de la autovaloración carece de esa protección.

Por supuesto, esta dinámica tiene su reverso. En la medida en que el apego de este niño a su padre le protege contra la interacción hiriente con los demás, también le sensibiliza ante las propias palabras y gestos de su progenitor. Si este lo menospreciara, lo avergonzara, lo despreciara, Braden se vendría abajo. El apego a sus progenitores le hace muy vulnerable en relación con ellos, pero menos ante los demás. El apego tiene un interior y un exterior: la vulnerabilidad está en el interior, la invulnerabilidad en el exterior. El apego es a la vez un escudo y una espada. Divide el mundo entre los que pueden hacerte daño y los que no. El apego y la vulnerabilidad, estos dos grandes temas de la existencia humana, van siempre unidos.

Un aspecto evidente de nuestra labor como progenitores es defender a nuestros hijos contra las heridas físicas. En el terreno psicológico, aunque las magulladuras no siempre son tan visibles, los daños que provocan pueden ser mayores. Incluso nosotros, los adultos, unas criaturas relativamente maduras, podemos desviarnos violentamente de nuestro curso o quedar inmovilizados por el dolor emocional cuando un vínculo se altera. Si a nosotros nos pueden herir de este modo, cuánto más a los niños, que son mucho más dependientes, que tienen una necesidad de apego mucho mayor.

El apego es la necesidad más acuciante y el impulso más poderoso del niño, y sin embargo es también lo que le predispone a que le hagan daño. Como sucede con las dos caras de una moneda, no podemos tener la una sin la otra. Cuanto más apegado esté el niño, más capacidad tendrá de ser herido. El apego es un territorio vulnerable. Y esto nos lleva a la segunda razón por la que los niños orientados hacia sus iguales muestran una mayor actitud de defensa emocional.

LOS NIÑOS ORIENTADOS HACIA SUS IGUALES SE SENSIBILIZAN A LAS INTERACCIONES INSENSIBLES DE LOS NIÑOS

Del mismo modo que un niño orientado hacia los adultos es más vulnerable en relación con sus progenitores y profesores, los que están orientados hacia sus iguales lo son en relación con estos. Al haber perdido sus escudos de apego parentales, se vuelven muy sensibles a las acciones y a las palabras de otros niños. El problema es que la interacción natural de estos es cualquier cosa menos cuidadosa, considerada y civilizada. Cuando los iguales sustituyen a los progenitores, esta interacción descuidada e irresponsable adquiere una potencia que nunca debió tener. Las sensibilidades y las susceptibilidades se ven fácilmente desbordadas. Solo tenemos que imaginarnos cómo nos iría a nosotros, como adultos, si nuestros amigos nos sometieran al tipo de interacción social que los niños tienen que soportar cada día: las pequeñas traiciones, el rechazo, el desprecio, la absoluta falta de fiabilidad. No es de extrañar que los niños orientados hacia sus iguales se cierren ante la vulnerabilidad.

La literatura sobre el impacto del rechazo de los compañeros en los niños, basada en una amplia investigación, deja muy claras sus consecuencias negativas y emplea adjetivos como demoledor, paralizante, devastador, mortificante[1]. Los suicidios infantiles están aumentando y la literatura indica que el rechazo de los compañeros es una causa cada vez más importante. He observado de primera mano las vidas de numerosos adultos y niños que han quedado marcados por el trato sufrido a manos de sus compañeros. El primer cliente de mi consulta de psicología fue un adulto que había sido víctima del maltrato de sus compañeros cuando estaba en primaria. Por alguna razón que él desconocía se convirtió en el chivo expiatorio elegido por varios niños frustrados que se metían con él sin cesar. Desarrolló unas compulsiones y obsesiones tan graves que era incapaz de llevar una vida normal. Por ejemplo, no podía soportar ninguna referencia al número 57 porque 1957 fue el año en que sufrió más abusos por parte de sus compañeros. Si se contaminaba con ese número, tenía que realizar complejos rituales de limpieza que hacían imposible una vida normal. El ostracismo y el maltrato de los compañeros han paralizado la vida de muchos de esos chivos expiatorios de la infancia (estudios recientes demuestran que estos fenómenos aumentan rápidamente bajo la influencia de la orientación hacia los iguales. En los capítulos 10 y 11, sobre la agresión y el acoso, los examinaremos con más detalle).

Se supone que el principal culpable es el rechazo de los compañeros, que rehúyen, excluyen, avergüenzan, se mofan, se burlan e intimidan. La conclusión a la que llegan algunos expertos es que la aceptación de estos es absolutamente necesaria para la salud emocional y el bienestar del niño, y que no hay nada peor que no caerles bien. Se da por sentado que su rechazo es una condena automática a la duda de por vida. Muchos progenitores viven hoy con miedo a que sus hijos no tengan amigos, a que no sean apreciados por sus compañeros. Esta forma de pensar no tiene en cuenta dos cuestiones fundamentales: ¿qué hace que un niño sea tan vulnerable? ¿Por qué está aumentando esta vulnerabilidad?

Es absolutamente cierto que los niños desprecian, ignoran, rehúyen, avergüenzan, se burlan y se mofan. Siempre lo han hecho cuando no están correctamente supervisados por un adulto. Pero lo que genera la vulnerabilidad es el apego, no el comportamiento insensible o el lenguaje de los compañeros. El planteamiento actual sobre el impacto del rechazo y la aceptación de los iguales ha pasado totalmente por alto el papel del apego. Si el niño está apegado sobre todo a sus iguales, su aceptación resulta vital para su salud emocional y su bienestar, y no caerles bien supone un golpe devastador para su autoestima. Es probable que la capacidad de los niños para comportarse de una manera cruel no haya cambiado, pero, como demuestran las investigaciones, cada vez se hieren más unos a otros. Si hoy en día muchos niños resultan dañados por la insensibilidad de sus compañeros, no se debe necesariamente a que estos sean más crueles que en el pasado, sino a que la orientación hacia los iguales ha hecho a los niños más vulnerables a las burlas y agresiones emocionales de los demás. Nuestra incapacidad para mantener a nuestros hijos unidos a nosotros y a los demás adultos responsables de ellos no solo les ha quitado sus escudos, sino que ha puesto una espada en manos de sus iguales. Cuando estos sustituyen a los progenitores, los niños pierden su protección vital contra la desconsideración de los demás. La vulnerabilidad de un niño en tales circunstancias puede verse fácilmente desbordada. El dolor resultante es más de lo que muchos pueden soportar.

Los estudios han llegado a la conclusión inequívoca de que la mejor protección para un niño, incluso en la adolescencia, es un fuerte vínculo con un adulto. En la investigación más impresionante sobre este asunto participaron noventa mil adolescentes de ochenta comunidades distintas, elegidas para que la muestra fuera lo más representativa posible del conjunto de Estados Unidos. El principal hallazgo fue que aquellos que mantenían fuertes lazos afectivos con sus progenitores tenían muchas menos probabilidades de presentar problemas con las drogas y el alcohol, de intentar suicidarse o de tener comportamientos violentos y una actividad sexual precoz[2]. Dicho de otro modo, corrían un riesgo muy reducido de sufrir los problemas derivados de la defensa contra la vulnerabilidad. Los fuertes vínculos con sus progenitores les protegían contra el estrés y favorecían su salud emocional y su funcionamiento. Esto mismo descubrió el célebre psicólogo estadounidense Julius Segal, brillante pionero de la investigación sobre la resiliencia de los jóvenes. Resumiendo estudios de todo el mundo, llegó a la conclusión de que el factor más importante para impedir que los niños se vean abrumados por el estrés es «la presencia en sus vidas de un adulto carismático, una persona con la que se identifican y de la que sacan fuerzas»[3]. Como también ha dicho el doctor Segal: «Nada puede funcionar si entre el progenitor y el hijo no existe un vínculo indestructible de cariño».

Los compañeros nunca deberían haber llegado a ser tan importantes, desde luego no más que los progenitores, los profesores u otras figuras de apego adultas. Sus burlas y su rechazo escuecen, por supuesto, pero no deberían herir en lo más hondo, no deberían ser tan devastadores. El profundo abatimiento de un niño excluido revela un problema de apego mucho más grave que el que supone el rechazo de los compañeros.

En respuesta a la creciente crueldad de los niños entre sí, las escuelas de todo el mundo se apresuran a diseñar programas para inculcar responsabilidad social a los jóvenes. Sin embargo, cuando intentamos que los niños sean responsables de otros niños estamos tomando un camino equivocado. En mi opinión, es absolutamente irreal creer que de este modo podemos erradicar la exclusión y el rechazo entre iguales y los intercambios insultantes. Lo que deberíamos hacer es restablecer el poder de los adultos para proteger a los niños de sí mismos y de los demás, con lo que conseguiríamos quitar hierro a estas manifestaciones naturales de inmadurez.

Los compañeros se ríen de estas manifestaciones de vulnerabilidad y las explotan

Los jóvenes orientados hacia sus iguales se enfrentan, por tanto, a dos graves riesgos psicológicos que son más que suficientes para hacer insoportable la vulnerabilidad y provocar que sus mentes adopten una actitud defensiva: haber perdido el escudo del apego parental y tener la poderosa espada del apego blandida por niños despreocupados e irresponsables. Un tercer golpe contra los sentimientos profundos y abiertos (y la tercera razón del cierre emocional del niño orientado hacia sus iguales) es que cualquier signo de vulnerabilidad tiende a ser atacado por los que ya están cerrados frente a ella.

Por poner un ejemplo extremo, uno de mis objetivos principales cuando trabajaba con delincuentes juveniles violentos era derribar sus defensas contra la vulnerabilidad para que pudieran empezar a sentir sus heridas. Si una sesión salía bien y conseguía ayudarlos a superar sus defensas y acceder a una parte del dolor que escondían, su rostro y su voz se suavizaban y sus ojos se humedecían. Para la mayoría de estos chicos, esas lágrimas eran las primeras que vertían en muchos años, y cuando alguien no está acostumbrado a llorar, los efectos en el rostro y en los ojos pueden ser muy notables. Al principio, yo era tan inocente que, después de las sesiones, enviaba a los chavales de vuelta con los demás reclusos. No es difícil adivinar lo que ocurrió. Como la vulnerabilidad seguía escrita en sus rostros, atraía la atención de los demás. Los que estaban cerrados frente a la suya propia se sentían obligados a atacar. La vulnerabilidad era el enemigo. Pronto aprendí a tomar medidas y a ayudar a mis clientes a asegurarse de que no se traslucía. Por suerte había un lavabo junto a mi despacho de la prisión. A veces los chicos pasaban hasta una hora echándose agua fría en la cara para intentar borrar cualquier vestigio de emoción que pudiera delatarlos. Aunque sus defensas se hubieran ablandado un poco, seguían necesitando llevar una máscara de invulnerabilidad para evitar que los hirieran aún más. Parte de mi trabajo consistía en ayudarlos a diferenciar entre la máscara de invulnerabilidad que tenían que llevar en ese lugar para no ser victimizados y las defensas interiorizadas contra la vulnerabilidad que les impedían sentir profundamente.

La misma dinámica, aunque evidentemente no tan extrema, es la que opera en el mundo dominado por los niños orientados hacia sus iguales. La vulnerabilidad suele atacarse no con los puños, sino con la vergüenza. Muchos aprenden rápidamente a ocultar cualquier signo de debilidad, sensibilidad y fragilidad, así como de alarma, miedo, impaciencia, necesidad o incluso curiosidad. Sobre todo, nunca deben revelar que las burlas han dado en el blanco.

Carl Jung explicó que tendemos a atacar en los demás aquello que más nos incomoda en nosotros mismos. Cuando la vulnerabilidad es el enemigo, se ataca dondequiera que se perciba, incluso en un muy buen amigo. Los signos de alarma pueden provocar ataques verbales como «miedica» o «gallina». Las lágrimas suscitan el ridículo. Las expresiones de curiosidad pueden precipitar gestos de hastío y acusaciones de raro o empollón. Las manifestaciones de ternura pueden dar lugar a burlas incesantes. Revelar que algo te ha dolido o preocuparse de verdad por algo resulta arriesgado cuando se está cerca de alguien que se siente incómodo con su vulnerabilidad. Con los insensibilizados, cualquier muestra de apertura emocional puede ser objeto de burlas.

Las relaciones entre iguales son intrínsecamente inseguras

Existe aún una cuarta causa, todavía más fundamental, que obliga a los niños orientados hacia sus iguales a escapar de su mayor susceptibilidad a sufrir heridas emocionales.

La vulnerabilidad engendrada por la orientación hacia los iguales puede resultar abrumadora incluso cuando los niños no se hacen daño entre sí. Es inherente a la naturaleza tan insegura de este tipo de relaciones. No tiene que ver solo con lo que ocurre, sino con lo que podría ocurrir, con la inseguridad inherente al apego. Lo que tenemos lo podemos perder, y cuanto mayor valor tiene lo que tenemos, más podríamos llegar a perder. Podemos lograr cercanía en una relación, pero no podemos asegurarla para no perderla, no del modo en que se asegura una caja fuerte, un barco o una letra del Tesoro. Tenemos muy poco control sobre lo que ocurre en una relación, sobre si mañana nos van a seguir queriendo y deseando.

Aunque la posibilidad de pérdida está presente en cualquier relación, los progenitores nos esforzamos por dar a nuestros hijos lo que ellos son constitutivamente incapaces de aportarse mutuamente: una conexión que no se basa en que nos complazcan, nos hagan sentir bien o nos correspondan de un modo u otro. En otras palabras, ofrecemos a nuestros hijos precisamente aquello que falta en los vínculos entre iguales: la aceptación incondicional.

Los seres humanos perciben por intuición el punto en el que la vulnerabilidad es excesiva y ya no puede soportarse. La generada por el miedo a la pérdida es inherente a las relaciones entre iguales, en las que no hay madurez en la que apoyarse, ni compromiso del que depender, ni sentido de la responsabilidad por otro ser humano. El niño se encuentra con la cruda realidad del apego inseguro: ¿y si no conecto con mis compañeros? ¿Y si no consigo que la relación funcione? ¿Y si no quiero participar en las cosas que hacen mis compañeros, mi madre no me deja ir o a mi amiga le gusta más fulanita que yo? Estos son los motivos de ansiedad que están siempre presentes, y bastante a flor de piel, en los niños que se orientan hacia sus iguales, obsesionados con a quién le gusta quién, quién prefiere a quién, quién quiere estar con quién. No hay lugar para los pasos en falso, para lo que pueda percibirse como deslealtad, para el desacuerdo, para las diferencias o el incumplimiento. La verdadera individualidad queda aplastada por la necesidad de mantener la relación a toda costa. Sin embargo, por mucho que el niño se esfuerce, cuando los compañeros sustituyen a los progenitores, la sensación de inseguridad puede aumentar hasta que resulta imposible de soportar. Suele ser entonces cuando estos chicos se insensibilizan, se cierran defensivamente y dejan de mostrarse vulnerables. Se congelan emocionalmente por la necesidad de defenderse del dolor de la pérdida, incluso antes de que esta llegue realmente a producirse. Y en las relaciones sexuales «amorosas» de los adolescentes mayores entran poderosamente en juego unas dinámicas similares (véase el capítulo 12).

En *La separación*, el segundo volumen de su gran trilogía sobre el apego, John Bowlby describió lo que se observó cuando diez niños pequeños de guarderías residenciales se reunieron con sus madres tras separaciones que duraron entre doce días y veintiuna semanas. Estos alejamientos se debieron en todos los casos a emergencias familiares y a la ausencia de otros cuidadores y nunca a la intención de los progenitores de abandonar al niño.

En los primeros días después de la marcha de la madre, los niños se mostraron angustiados y buscaban por todas partes a la progenitora desaparecida. A esa fase siguió una aparente resignación, incluso depresión, que fue sustituida por lo que parecía la vuelta a la normalidad. Los niños empezaron a jugar, a reaccionar ante sus cuidadores, a aceptar comida y otros cuidados. El verdadero coste emocional del trauma de la pérdida solo se hizo evidente cuando las madres regresaron. Al encontrarse con ellas por primera vez después de días o semanas de ausencia, cada uno de los diez niños mostró una enemistad significativa. Dos parecieron no reconocerla. Los otros ocho le dieron la espalda o incluso se alejaron de ella. La mayoría lloraba o estaba a punto de llorar; varios alternaron las lágrimas con la inexpresividad. Esta dinámica de retirada es lo que John Bowlby ha denominado «desapego»[4]. Tiene una finalidad defensiva y un significado: me dolió tanto tu ausencia que, para evitar volver a sentir ese dolor, he construido una coraza de desapego emocional, impermeable al amor... y, por tanto, también al dolor. No quiero volver a sentir algo así.

Bowlby señaló también que el progenitor puede estar físicamente presente pero emocionalmente ausente debido al estrés, la ansiedad, la depresión o las preocupaciones por otros asuntos. Desde el punto de vista del niño, apenas importa. Sus reacciones codificadas serán las mismas, porque, para él, la verdadera cuestión no es la mera presencia física del progenitor, sino su accesibilidad emocional. Un niño que sufre mucha inseguridad en la relación con sus progenitores adoptará la invulnerabilidad del distanciamiento defensivo como principal forma de ser. Cuando los progenitores son el vínculo que actúa en el niño, su amor y su sentido de la responsabilidad suelen garantizar que no se vea obligado a adoptar unas medidas tan desesperadas. Los compañeros no tienen esa conciencia, ni esos reparos, ni esa responsabilidad. La amenaza del abandono está siempre presente en las interacciones entre iguales y los niños responden de forma automática con distanciamiento emocional.

No es de extrañar, pues, que la palabra *tranqui* sea la ética que rige la cultura de los iguales, la virtud suprema. Aunque esta palabra tiene muchos significados, connota sobre todo un aire de invulnerabilidad. Allí donde la orientación hacia los iguales es intensa, no hay signos de vulnerabilidad en el hablar, en el andar, en el vestir ni en las actitudes.

Gabor, mi coautor, fue profesor de instituto antes que médico y recuerda que, cuando leyó el libro *De ratones y hombres*, de John Steinbeck, con su clase de cuarto de secundaria, los alumnos mostraron una absoluta falta de empatía con los dos trabajadores pobres y sencillos que protagonizan el libro. «Es que son tan estúpidos —dijeron muchos de ellos—. Tienen lo que se merecen». Aquellos adolescentes mostraron poco aprecio por la tragedia y ningún respeto por la dignidad de las personas al soportar el dolor.

Es fácil culpar a la televisión, al cine o a la música rap de insensibilizar a nuestros hijos ante el sufrimiento humano, la violencia e incluso la muerte. Sin embargo, la invulnerabilidad fundamental no procede de la cultura comercializada, por muy censurable que sea su afán de complacer y explotar el endurecimiento emocional y la inmadurez de los niños. La invulnerabilidad de los niños orientados hacia sus iguales se alimenta desde dentro. Aunque no hubiera películas ni programas de televisión que dieran forma a su expresión, brotaría espontáneamente como *modus operandi* de estos jóvenes. Aunque pueden vivir en cualquier lugar del mundo y pertenecer a infinidad de subculturas, el tema de la invulnerabilidad es universal. Las modas pueden ir y venir, la música puede modularse, el lenguaje puede variar, pero el frío distanciamiento y la desconexión emocional parecen impregnarlo todo. La omnipresencia de esta cultura es un poderoso testimonio de la huida desesperada de la vulnerabilidad de sus miembros.

Otro testimonio de la naturaleza insoportable de la vulnerabilidad que experimentan los chavales orientados hacia sus iguales es la enorme presencia de drogas que la sofocan. Estos chicos harán cualquier cosa por evitar los sentimientos humanos de soledad, sufrimiento y dolor para no sentirse heridos, expuestos, alarmados, inseguros, incompetentes o acomplejados. Cuanto más mayores son y más orientados hacia sus iguales están, más presencia adquieren las drogas en su estilo de vida. La orientación hacia los iguales crea un apetito por cualquier cosa que reduzca la vulnerabilidad, y las drogas son analgésicos emocionales. Además, ayudan a los jóvenes a escapar del estado de insensibilidad impuesto por su distanciamiento emocional defensivo.

Con la desconexión de las emociones llegan el aburrimiento y el aislamiento. Para el muchacho que se siente emocionalmente hastiado, las drogas son una estimulación artificial. Incrementan las sensaciones y proporcionan una falsa sensación de compromiso sin necesidad de incurrir en los riesgos de una auténtica apertura. De hecho, una misma droga puede desempeñar funciones aparentemente opuestas según la persona que la toma. El alcohol y la marihuana, por ejemplo, pueden adormecer o, por el contrario, liberar el cerebro y la mente de las inhibiciones sociales. Otras son estimulantes: la cocaína, las anfetaminas y el éxtasis; el propio nombre de este último dice mucho de lo que falta exactamente en la vida psíquica de nuestros jóvenes emocionalmente incapacitados.

Los adultos bienintencionados que perciben que el problema procede del exterior del individuo, a través de la presión de los compañeros y las costumbres de la cultura juvenil, pasan a menudo por alto la función psicológica que cumplen las drogas. No se trata solo de conseguir que nuestros hijos digan que no. El problema es mucho más profundo. Mientras no nos enfrentemos e invirtamos la orientación hacia los iguales entre nuestros hijos, estaremos creando un apetito insaciable por ellas. La afinidad por aquellas que reducen la vulnerabilidad se origina en lo más profundo del alma que está en actitud defensiva. La seguridad emocional de nuestros hijos solo puede proceder de nosotros, porque de ese modo no se verán impulsados a escapar de sus sentimientos y a confiar en los efectos anestésicos de las drogas. Su necesidad de sentirse vivos y excitados puede y debe surgir de su interior, de su propia capacidad innatamente ilimitada de comprometerse con el universo.

Esto nos devuelve a la naturaleza jerárquica esencial del apego. Cuanto más apego necesita el niño para funcionar, más importante es que se vincule a quienes son responsables de él. Solo entonces podrá soportar la vulnerabilidad inherente al apego emocional. Los niños no necesitan amigos, necesitan padres, abuelos, adultos que asuman la responsabilidad de apegarse a ellos. Cuanto más vinculados estén con adultos cariñosos, más capaces serán de relacionarse con sus iguales sin sentirse abrumados por la vulnerabilidad que ello implica. Cuanto menos importen los compañeros, mejor se podrá soportar la vulnerabilidad de las relaciones entre iguales. Son precisamente los niños que no necesitan amigos los que tienen más posibilidades de tenerlos sin perder su capacidad de sentir profunda y vulnerablemente.

Pero ¿por qué deberíamos querer que nuestros hijos permanecieran abiertos a su propia vulnerabilidad? ¿Qué falla cuando el desapego congela las emociones para proteger al niño? Intuitivamente, todos sabemos que es mejor sentir que no sentir. Nuestras emociones no son un lujo, sino un aspecto esencial de nuestra constitución. Las tenemos no solo por el placer de sentir, sino porque tienen un valor crucial para la supervivencia. Nos orientan, nos interpretan el mundo, nos dan una información vital sin la cual no podemos prosperar. Nos dicen lo que es peligroso y lo que es inocuo, lo que amenaza nuestra existencia y lo que alimentará nuestro crecimiento. Imagina lo discapacitados que estaríamos si no pudiéramos ver, oír, saborear ni sentir el calor, el frío o el dolor físico. Acallar las emociones supone perder una parte indispensable de nuestro sistema sensorial y, más allá de eso, de lo que somos, porque las emociones hacen que la vida merezca la pena, sea apasionante, nos rete y tenga sentido. Impulsan nuestras exploraciones del mundo, motivan nuestros descubrimientos y alimentan nuestro crecimiento. Hasta en el nivel más celular, los seres humanos están en modo defensivo o en modo de crecimiento, pero no pueden estar en ambos al mismo tiempo. Cuando los niños se vuelven invulnerables, dejan de relacionarse con la vida como posibilidad infinita, consigo mismos como potencial ilimitado y con el mundo como escenario acogedor y enriquecedor para su autoexpresión. La invulnerabilidad impuesta por la orientación hacia los iguales aprisiona a los niños en sus limitaciones y miedos. No es de extrañar que hoy en día tantos de ellos reciban tratamiento por depresión, ansiedad y otros trastornos.

El amor, la atención y la seguridad que solo pueden recibir de los adultos liberan a los niños de la necesidad de ser invulnerables y les devuelven ese potencial para la vida y la aventura que nunca podrán obtener de las actividades de riesgo, los deportes extremos o las drogas. Sin esa seguridad, nuestros hijos se ven obligados a sacrificar su capacidad de crecer y madurar psicológicamente, de entablar relaciones significativas y de seguir sus impulsos más profundos y poderosos de autoexpresión. En última instancia, la huida de la vulnerabilidad es una huida del yo. Si no mantenemos a nuestros hijos cerca de nosotros, el coste final es la pérdida de su capacidad para aferrarse a su yo más verdadero.

9
ATASCADOS EN LA INMADUREZ

—Estoy hasta las narices —exclamó la madre de Sarah, molesta por las contradicciones y la impredecibilidad de su hija—. Todo lo deja a medias, por mucho que nos esforcemos para que le vayan bien las cosas.

Había una situación repetitiva que molestaba especialmente a los padres de esta niña. Se esforzaban al máximo por cumplir cualquier deseo ferviente de su hija y lo único que conseguían era que lo dejara al primer indicio de frustración o fracaso. Abandonó la escuela de patinaje artístico nada más terminar la segunda clase, cuando ellos habían estado ahorrando con esfuerzo el dinero necesario y organizando sus agendas para adaptarse a sus horarios. Además, era muy impulsiva, impaciente y se enfadaba con facilidad. No dejaba de prometer que iba a portarse bien, pero por lo general no lo conseguía.

Los padres de Peter también estaban preocupados. Su hijo se mostraba constantemente impaciente e irritable y en ocasiones se ponía muy desagradable con su hermana y con ellos.

—Da la impresión de que ni siquiera es consciente de su actitud —me dijo su padre—, parece creer que lo que diga o haga no afecta al resto de la familia.

Además, Peter era contestón y solía oponerse a todo. No tenía ninguna aspiración a largo plazo. Nada le apasionaba a excepción de la Nintendo y los juegos de ordenador. El concepto de trabajo, ya se tratara de los deberes escolares, las horas de estudio o las tareas domésticas, no parecía significar nada para él.

—Lo que más me preocupa —decía su padre— es que parece que nada le importa en absoluto.

El muchacho no daba ninguna señal de que su falta de dirección y de objetivos importantes le perturbara lo más mínimo.

De forma ligeramente distinta, Peter y Sarah mostraban una constelación de características muy similar. Ambos eran impulsivos. Ambos parecían saber cómo debían comportarse, pero ninguno de ellos lo hacía. Ambos eran irreflexivos, no pensaban antes de actuar y eran propensos a mostrar reacciones extremas. Sus progenitores querían saber si debían preocuparse por este comportamiento o no. Mi respuesta a los padres de Sarah fue que probablemente no. Solo tenía cuatro años y estas características son propias de esa edad. Si todo se desenvolvía como debiera, los siguientes años de desarrollo traerían consigo unas diferencias significativas en su actitud y su conducta. Los de Peter, sin embargo, sí tenían motivos para preocuparse. Tenía catorce años y, al menos en este sentido, su personalidad no había cambiado desde que estaba en preescolar.

Tanto Sarah como Peter manifestaban lo que yo denomino el *síndrome del preescolar*, una conducta apropiada para cualquier niño de esa edad. En esa fase del desarrollo hay diversas funciones psicológicas que todavía no están integradas, se observa una falta de funcionamiento integrador que es una señal de aviso de la inmadurez psicológica. Por supuesto, los únicos que por su desarrollo tienen el «derecho» de actuar como preescolares son los que están en esa edad. En un niño mayor o en un adulto, esta falta de integración indica una madurez desfasada con la edad.

El crecimiento físico y el funcionamiento fisiológico adulto no van automáticamente acompañados de la maduración psicológica y emocional. Robert Bly, en su libro *The Sibling Society*, muestra que la inmadurez es un mal endémico de nuestra sociedad. «Las personas no se preocupan por hacerse mayores y todos estamos inmersos en una pecera de medioadultos», escribe[1]. En el mundo actual, el síndrome del preescolar afecta a muchos niños que ya superaron esa edad hace tiempo y puede observarse incluso en adolescentes y adultos. Hay muchas personas mayores que no han alcanzado la madurez, que no han conseguido ser individuos independientes y automotivados capaces de atender sus propias necesidades emocionales y de respetar las de los demás.

Entre las diversas razones que hacen que la madurez sea hoy en día cada vez menos prevalente, la orientación hacia los iguales es probablemente la principal, porque siempre van unidas. Cuando más pronto se oriente hacia ellos el niño y más intensa sea su inclinación, más probabilidades tiene de estar destinado a una infantilidad perpetua.

Peter estaba sumamente orientado hacia sus iguales. No estaba claro si su inmadurez era la causa de su temprana orientación hacia los iguales o había sido al revés. La causalidad puede ir en ambas direcciones pero, una vez formada esta orientación, fija el problema. En ambos casos, los niños orientados hacia sus iguales no consiguen crecer.

Qué significa ser inmaduro

Cuando maduramos, nuestro cerebro desarrolla la habilidad de unir datos para tener distintas percepciones, sentidos, pensamientos, sentimientos e impulsos al mismo tiempo sin confundirse ni quedarse paralizado. Es la capacidad que denominé «funcionamiento integrador» cuando en la página anterior hablaba del síndrome del preescolar. Alcanzar este punto del desarrollo produce un tremendo efecto transformador y civilizador sobre la personalidad y la conducta. Los atributos de la infantilidad, como la impulsividad y el egocentrismo, se desvanecen y empieza a surgir una personalidad mucho más equilibrada. Es imposible enseñar al cerebro a hacerlo. La capacidad integradora hay que desarrollarla, crecer para conseguirla. Los antiguos romanos tenían una palabra para definir este tipo de mezcla: *temper*, que significaba la unión de distintos elementos para fabricar arcilla. Ni Sarah ni Peter habían conseguido dominarla en su experiencia y su expresión. El sello distintivo de la persona inmadura es su incapacidad para tolerar la expresión de diferentes sentimientos al mismo tiempo.

Sarah, por ejemplo, era bastante cariñosa con sus progenitores, pero, como la mayoría de los niños, de vez en cuando se frustraba. Cuando eso ocurría, su tendencia a las rabietas la llevaba incluso a decirle a su madre que la odiaba. Estas frustraciones con su madre, en su nivel de desarrollo, nunca se veían atenuadas por el afecto, igual que la frustración que experimentaba cuando se caía en el hielo no se veía atenuada por su deseo de patinar. De ahí su impulsividad. De un modo muy similar, cuando Peter estallaba, lo hacía con insultos e improperios. Aunque se metía en líos una y otra vez de una forma muy previsible, su aprensión a las consecuencias negativas quedaba eclipsada por la intensa frustración que experimentaba en ese momento. Una vez más, los sentimientos no se mezclaban. Estos dos niños perdían los estribos en el verdadero sentido de la palabra y, en consecuencia, sus reacciones eran ruidosas, insolentes y sin paliativos.

En la misma línea, Peter no era capaz de asimilar la idea del trabajo porque el concepto requiere sentimientos encontrados. No suele resultar muy atractivo, pero generalmente lo hacemos porque podemos combinar la resistencia que nos provoca en ese momento con un compromiso o propósito a largo plazo que tenemos en mente. Al ser demasiado inmaduro para aferrarse a un objetivo más allá de la satisfacción inmediata, Peter trabajaba solo cuando le apetecía, lo cual no sucedía muy a menudo. No era consciente de más de un sentimiento a la vez. En este sentido, no era diferente de cualquier niño en edad preescolar. Su incapacidad para soportar conscientemente pensamientos, sentimientos y propósitos contradictorios era un legado de su orientación hacia sus iguales.

El plan de la naturaleza para el crecimiento

En nuestra habitual precipitación por averiguar qué hacer ante tal o cual problema, a menudo ignoramos el primer paso esencial que consiste en mirar, reflexionar y comprender. Sin embargo, cuando lo que nos proponemos es criar a los niños en el caótico mundo actual, no podemos permitirnos omitir ese paso. Debemos saber cómo funcionan las cosas para ser capaces de deducir lo que puede ir mal; es una necesidad para prevenir o, en caso necesario, para remediar. Presentamos a continuación un esbozo sucinto de la maduración, un proceso del que todos los progenitores y profesores deberían tener un conocimiento práctico. En muchos casos no hará sino reafirmar lo que ya se ha captado intuitivamente.

¿Cómo maduran los seres humanos jóvenes? En los años cincuenta se produjo uno de los avances más significativos de la teoría del desarrollo cuando los científicos descubrieron que existe un orden coherente y predecible en el proceso de maduración, cuando y dondequiera que se produzca. La primera fase implica una especie de escisión, o diferenciación, seguida de una segunda fase que conlleva una integración cada vez mayor de los elementos que se han separado. Esta secuencia es válida tanto si el organismo es vegetal o animal como si el ámbito es biológico o psicológico y tanto si la entidad es una sola célula como si es aquella compleja que denominamos el yo.

El primer paso de la maduración es el proceso de división, en el que se separan las cosas hasta convertirlas en distintas e independientes. Solo entonces podrá el desarrollo mezclar esos mismos elementos distintos y separados. Es un proceso sencillo y, al mismo tiempo, profundo, que vemos incluso en el nivel más básico. Durante el desarrollo, el embrión primero se divide en células independientes, cada una con su propio núcleo y unos límites muy definidos. Luego, una vez que las células individuales se han separado lo suficiente como para no correr peligro de fusionarse, el foco del desarrollo pasa a ser la interacción entre ellas. Los distintos grupos se integran en órganos funcionales. A su vez, estos órganos independientes se desarrollan por separado y luego se organizan e integran en sistemas corporales; el corazón y los vasos sanguíneos, por ejemplo, forman el sistema cardiovascular. El mismo patrón se sigue con los dos hemisferios del cerebro. Las regiones cerebrales en desarrollo funcionan al principio de forma bastante independiente, tanto en términos fisiológicos como eléctricos, pero luego van poco a poco integrándose. En este proceso, el niño va mostrando nuevas habilidades y comportamientos[2], y todo ello continúa hasta bien entrada la adolescencia e incluso después.

La maduración en el ámbito psicológico implica la diferenciación de los elementos de la conciencia: pensamientos, sentimientos, impulsos, valores, opiniones, preferencias, intereses, intenciones y aspiraciones. Esta diferenciación debe producirse antes de que estos elementos de la conciencia puedan mezclarse para producir una experiencia y una expresión templadas. Ocurre lo mismo en el ámbito de las relaciones: la maduración requiere que primero el niño se haga único y se diferencie de los demás individuos. Cuanto mejor diferenciado esté, más capaz será de mezclarse con los demás sin perder el sentido de sí mismo.

En un aspecto más esencial, el sentido del yo necesita primero separarse de la experiencia interior, y esta capacidad está totalmente ausente en el niño pequeño, que tiene que ser capaz de saber que él no es lo mismo que cualquier sentimiento que esté activo en él en un momento determinado. Necesita poder sentir algo sin que sus acciones estén necesariamente dominadas por ese sentimiento, debe ser consciente de otros sentimientos contradictorios, o de pensamientos, valores y compromisos que puedan ir en contra del sentimiento dominante en ese momento. Tiene que poder elegir.

Ni Peter ni Sarah tenían una relación consigo mismos porque aún no se había producido esta división previa. No eran dados a reflexionar sobre su experiencia interior, a estar de acuerdo o en desacuerdo consigo mismos, a aprobar o desaprobar lo que veían en su interior. Como sus sentimientos y pensamientos no estaban lo suficientemente diferenciados como para poder soportar la fusión, solo eran capaces de tener un sentimiento o impulso cada vez. Ninguno de los dos era dado a afirmar cosas como «una parte de mí se siente de esta manera y otra se siente de aquella otra». Ninguno tenía experiencias del tipo «por otro lado» ni se sentían ambivalentes a la hora de estallar de frustración o evitar determinadas acciones. Al carecer de capacidad de reflexión, se definían por la experiencia interior del momento. Actuaban instantáneamente siguiendo cualquier emoción que surgiera en su interior. Podían ser su experiencia interior, pero no podían verla. Esta incapacidad los hacía impulsivos, egocéntricos, reactivos e impacientes. Como la frustración no se mezclaba con el cariño, no tenían paciencia. Como la ira no se mezclaba con el amor, no perdonaban. Como la frustración no se mezclaba ni con el miedo ni con el afecto, perdían los estribos. En resumen, carecían de madurez.

Era razonable que Sarah no fuera capaz de mezclar sentimientos o que su expresión fuera destemplada porque era demasiado pequeña. Sin embargo, sí era lógico esperar que Peter tuviera capacidad para reflexionar sobre sí mismo y para tolerar impulsos y emociones encontrados, aunque también era un enfoque absolutamente ficticio porque realmente no era más maduro que Sarah.

Pude asegurar con total confianza a los progenitores de Sarah que eran muchas las pruebas que apuntaban a la existencia de un proceso de maduración muy activo en su interior. Mostraba signos alentadores de que el proceso de diferenciación estaba en marcha: estaba ansiosa por hacer cosas por sí misma y le encantaba resolver las situaciones sola. Quería ser ella misma y tener sus propios pensamientos, ideas y razones para hacer las cosas. También tenía una maravillosa energía aventurera: curiosidad por las cosas con las que no estaba familiarizada o a las que no tenía apego, ansia por explorar lo desconocido y fascinación por todo lo nuevo o innovador. Además, los juegos que emprendía ella sola eran imaginativos y creativos y la satisfacían completamente. Estas señales reveladoras del proceso de maduración acallaron cualquier preocupación sobre su falta de desarrollo. Su personalidad estaba madurando y, a su debido tiempo, llegarían los frutos. Había que tener paciencia.

No pude encontrar signos similares de vida emergente en Peter. No había soledad creativa, ni deseo de resolver las cosas por sí solo, ni orgullo de ser autosuficiente, ni intento de ser él mismo. Le preocupaban los límites con sus progenitores, pero no se trataba de una verdadera individuación, sino solo de mantener a sus padres alejados de su vida. Su resistencia a apoyarse en ellos no estaba motivada por el deseo de hacer las cosas por sí mismo. Mostraba una gran oposición, pero, como ya comentamos en el capítulo 6, lo hacía solo por la intensidad de sus vínculos con sus iguales y no por un auténtico impulso hacia la independencia.

La maduración es espontánea, pero no inevitable. Es como un programa informático que está preinstalado en el disco duro pero que no necesariamente se activa. A menos que Peter se desbloqueara, parecía destinado a convertirse en uno de esos adultos que siguen atrapados en el síndrome del preescolar. Ahora bien, ¿cómo podemos conseguir que niños como Peter se desbloqueen? ¿Qué es lo que activa el proceso de maduración?

Cómo se puede fomentar la maduración

Aunque los padres y los profesores siempre les dicen a los niños que «maduren», eso es algo que no se puede ordenar. No se puede enseñar a un niño a ser un individuo ni entrenarle para que sea él mismo porque esto es obra de la maduración, y solo de ella. Podemos alimentar el proceso, proporcionar las condiciones adecuadas, eliminar los impedimentos, pero no podemos hacer madurar a un niño, del mismo modo que las plantas de nuestro jardín tampoco crecerán por mucho que se lo ordenemos.

Cuando tratamos con niños inmaduros, es posible que tengamos que enseñarles cómo deben actuar, trazar los límites de lo que es o no aceptable y expresar cuáles son nuestras expectativas. A los niños que no entienden lo que significa ser justos hay que enseñarles a compartir. A los que aún no son lo bastante maduros como para apreciar los efectos de sus actos hay que darles normas y directrices de conducta aceptable. Sin embargo, esa conducta guionizada no debe confundirse con la real. No se puede ser más maduro de lo que realmente se es, sino solo actuar como tal cuando se nos indica de la forma adecuada. Compartir porque es correcto hacerlo es sin duda una conducta positiva socialmente, pero hacerlo por un auténtico sentido de la justicia solo puede proceder de la madurez. Pedir perdón puede ser adecuado a la situación, pero asumir la responsabilidad de los propios actos solo puede venir del proceso de individuación. No existe ningún sustituto para la maduración genuina, ni tampoco un atajo para llegar a ella. El comportamiento puede prescribirse o imponerse, pero la madurez procede del corazón y de la mente. El verdadero reto para los progenitores es ayudar a los niños a madurar, no simplemente a parecerse a los adultos.

Si la disciplina no es una cura para la inmadurez y si el guión es útil pero insuficiente, ¿cómo podemos ayudar a nuestros hijos a madurar? Durante años, los especialistas del desarrollo se preguntaron cuáles eran las condiciones que activaban la maduración. El gran avance no se produjo hasta que los investigadores descubrieron la importancia fundamental del apego.

Por sorprendente que resulte decirlo, la historia de la maduración es bastante sencilla y evidente. Como tantas otras cosas relacionadas con el desarrollo infantil, empieza con el apego. Como expliqué en el capítulo 2, el apego es la prioridad fundamental de los seres vivos. La maduración solo puede producirse cuando ya no hace falta estar tan pendiente de esta preocupación. En las plantas, primero deben afianzarse las raíces para que tenga lugar el crecimiento y la floración. En el caso de los niños, el objetivo último de llegar a ser viables como seres independientes solo puede imponerse cuando se satisfacen sus necesidades de apego, de contacto cariñoso y de poder depender incondicionalmente de la relación. Pocos progenitores, y aún menos expertos, comprenden esto por intuición.

—Cuando me convertí en progenitor —me dijo un padre reflexivo que sí lo entendía—, vi que el mundo parecía absolutamente convencido de que debes formar a tus hijos, es decir, dar forma activamente a su carácter, y no limitarte a crear un entorno en el que puedan desarrollarse y prosperar. Nadie parecía entender que, si les das la conexión amorosa que necesitan, florecerán.

La clave para activar la maduración es atender las necesidades de apego del niño. Para fomentar la independencia, primero debemos invitarla; para promover la individuación, debemos proporcionar un sentimiento de pertenencia y unidad; para ayudar al niño a separarse, debemos asumir la responsabilidad de mantenerlo cerca. La forma de ayudar al niño a soltarse es proporcionarle más contacto y conexión de los que él mismo busca. Cuando pide un abrazo, le damos uno más cálido que el que él nos da. No le liberamos obligándole a trabajar para ganarse nuestro amor, sino dejándole descansar en él. Lo ayudamos a afrontar la separación que supone irse a dormir o a la escuela satisfaciendo su necesidad de cercanía. Así pues, la historia de la maduración es una paradoja: *la dependencia y el apego fomentan la independencia y la auténtica separación.*

El apego es el útero de la maduración. Al igual que el útero biológico da a luz a un ser independiente en el sentido físico, el apego lo hace en el psicológico. Tras el nacimiento físico, el programa de desarrollo consiste en formar para el niño un útero de apego emocional del que pueda nacer de nuevo como individuo autónomo, capaz de funcionar sin estar dominado por los impulsos del apego. Los humanos nunca superan su necesidad de conectar con los demás, ni deberían hacerlo, pero las personas maduras y verdaderamente individuales no están controladas por este impulso. Para llegar a convertirse en un ser así de independiente se necesita toda la infancia, que en nuestros tiempos se extiende al menos hasta el final de la adolescencia y quizá más allá.

Tenemos que liberar al niño de la preocupación por el apego para que pueda seguir el programa natural de maduración independiente, y el secreto es asegurarse de que no tenga que trabajar para satisfacer sus necesidades de contacto y cercanía, para encontrar su rumbo, para orientarse. Los niños necesitan saciar sus necesidades de apego; solo entonces puede producirse un cambio de energía hacia la individuación, el proceso de convertirse en una persona verdaderamente individual. Solo entonces quedan libres para aventurarse hacia adelante, para crecer emocionalmente.

El hambre de apego se parece mucho al hambre física. La necesidad de comida nunca desaparece, y la necesidad de apego del niño nunca termina. Como progenitores, le liberamos de la búsqueda de alimento físico. Asumimos la responsabilidad de alimentarle, así como de proporcionarle una sensación de seguridad de que eso no va a faltarle nunca. Por mucha comida que tenga en un momento dado, si no puede confiar en el suministro, conseguir alimentos seguirá siendo su máxima prioridad. Un niño no es libre de proseguir con su aprendizaje y su vida hasta que las cuestiones alimentarias estén resueltas, y los progenitores lo hacemos como algo natural. Igual de claro deberíamos tener nuestro deber de satisfacer su hambre de apego.

En su libro *El proceso de convertirse en persona*, el psicoterapeuta Carl Rogers describe una actitud cariñosa y atenta para la que adoptó la expresión *consideración positiva incondicional* porque, según explica, «no lleva adjunta ninguna condición de merecimiento». Se trata de un cariño, escribió Rogers, «que no es posesivo, que no exige ninguna gratificación personal. Es una atmósfera que simplemente demuestra que *me importas, no que me importas si te comportas así o asá*»[3]. Rogers estaba resumiendo las cualidades de un buen terapeuta en su relación con sus clientes. Si sustituimos terapeuta por progenitor y paciente por niño, obtenemos una elocuente descripción de lo que se necesita en una relación padre-hijo. El amor incondicional de los progenitores es el nutriente indispensable para el crecimiento emocional sano del niño. La primera tarea consiste en abrir un espacio en su corazón que dé cabida a la seguridad de que él es precisamente la persona que sus progenitores desean y aman. No tiene que hacer nada ni ser diferente para ganarse ese amor; de hecho, no puede hacer nada, ya que ese amor no puede ganarse ni perderse. No es condicional. Sencillamente, está ahí, con independencia del aspecto desde el que actúe el niño: «bueno» o «malo». Puede mostrarse intratable, desagradable, quejica, poco colaborador y totalmente maleducado, pero el progenitor sigue dejando que se sienta querido. Hay que encontrar la manera de transmitir que determinados comportamientos son inaceptables pero siempre sin que el niño deje de sentirse aceptado. Tiene que ser capaz de mostrar al progenitor su malestar, sus características menos agradables, y aun así recibir su amor incondicional, absolutamente satisfactorio e inductor de seguridad.

Un niño necesita experimentar suficiente seguridad, suficiente amor incondicional, para que se produzca el cambio de energía necesario. Es como si el cerebro dijera: «Muchas gracias, eso es lo que necesitábamos, y ahora podemos seguir adelante con la verdadera tarea del desarrollo, con convertirnos en un ser independiente. No tengo que seguir buscando combustible; mi depósito está lleno, así que ahora puedo volver a ponerme en marcha». En el esquema del desarrollo, no existe nada más importante.

El padre de Evan, de once años, amigo de mi coautor, acababa de terminar un seminario de fin de semana sobre relaciones familiares y al día siguiente, un lunes por la mañana, iba caminando con su hijo hacia el colegio. Había estado presionándole para que continuara con su clase de kárate, una actividad a la que el niño se resistía.

—¿Sabes, Evan? —le dijo su padre—, si sigues en kárate, te voy a querer. ¿Y sabes qué más? Si dejas el kárate, te voy a querer igual.

El niño dejó transcurrir unos minutos en silencio. Luego, de repente, levantó la vista hacia el cielo encapotado y sonrió a su padre.

—¿No es un día precioso, papá? —dijo—. ¿No son preciosas esas nubes de ahí arriba? —Tras unos instantes de silencio, añadió—: Creo que voy a conseguir el cinturón negro.

Y ha continuado con sus estudios de artes marciales.

Incluso los adultos pueden experimentar los efectos de este cambio de actitud evolutivo, siempre y cuando se den las condiciones adecuadas. Una situación muy capaz de producir una oleada de energía emergente es la experiencia de estar profundamente enamorado y sentirse muy seguro en ese amor. Las personas enamoradas experimentan una renovación de los intereses y la curiosidad, un agudo sentido de la singularidad y la individualidad y el despertar del espíritu de descubrimiento. No proviene de alguien que nos empuja a ser maduros e independientes, sino de sentirnos profundamente realizados y saciados en nuestras necesidades de apego.

Lo que impide el desarrollo de muchos de nuestros hijos es su incapacidad para pasar de la búsqueda de la satisfacción de su hambre de apego a la aparición de un compromiso independiente y exuberante con su mundo. Hay cinco razones, que es importante que comprendan los progenitores y los educadores, por las que la orientación hacia los iguales priva a los niños de la capacidad de saciarse.

La orientación hacia los iguales atrofia el crecimiento de cinco formas significativas

El interés de los progenitores no consigue alcanzar su objetivo

Uno de los efectos de la orientación hacia los iguales es que el amor y el interés que sentimos por nuestros hijos no llega hasta ellos. Este fue sin duda el caso de los padres de Peter y de muchos otros con los que he hablado. Era indudable que querían a su hijo, que deseaban lo mejor para él y estaban dispuestos a sacrificarse en lo que hiciera falta. Sin embargo, a ellos, como a muchos progenitores en su situación, les resultaba difícil conservar el amor cuando no había ningún tipo de reciprocidad por parte de su hijo, y aún más desalentador cuando este rechazaba activamente sus insinuaciones, rehusaba su afecto y se resentía ante cualquier muestra de interés por su parte. Sencillamente, no permitía que la calidez y el cariño de sus progenitores calaran en él.

Me encuentro con muchísimas situaciones en las que un niño está sumido en la abundancia, con un banquete virtual extendido ante él, pero sufre desnutrición psicológica por culpa de los problemas de apego. No puedes alimentar a alguien que no está sentado a tu mesa. Todo el amor del mundo no bastaría para llevar al niño al punto de inflexión: para que el alimento pueda llegar es necesario que el cordón umbilical esté conectado. Es imposible saciar las necesidades de apego de un niño que no se apega activamente a la persona que está dispuesta a satisfacerlas y es capaz de hacerlo. Cuando un niño sustituye a sus progenitores por sus iguales como figuras de apego primarias, buscará en ellos alimento emocional. Dicho llanamente, es muy raro que el apego entre iguales satisfaga alguna vez esa hambre de apego. El cambio evolutivo de energía nunca se produce. Como no se pasa del apego a la individuación, la orientación hacia los iguales y la inmadurez van de la mano.

Los apegos entre iguales, al ser inseguros, no pueden hacer que un niño descanse

Las relaciones entre iguales conectan a seres inmaduros. Como señalé en el capítulo anterior, son intrínsecamente inseguras. No permiten que un niño descanse de la búsqueda incesante de aprobación, amor y significado, por lo que nunca lo liberan de la búsqueda de proximidad. En lugar de descanso, conllevan agitación. Cuanto más orientado hacia los iguales esté el niño, más generalizada y crónica será su inquietud subyacente. Por mucho contacto y conexión que exista con ellos, la proximidad nunca puede presuponerse ni mantenerse firme. Un niño que se alimenta de su popularidad entre los demás —o que sufre la falta de ella— es consciente de cada matiz, se siente amenazado por cada palabra, mirada o gesto desfavorable. Con los iguales, nunca se alcanza el punto de inflexión: la búsqueda de la cercanía nunca se transforma en la posibilidad de aventurarse como un ser independiente. Al ser sumamente condicionales, las relaciones entre iguales (con pocas excepciones) no pueden promover el crecimiento del yo emergente del niño. Una de estas excepciones sería la amistad de los niños que están seguros en sus vínculos adultos; en tales casos, la aceptación y la amistad de un compañero pueden aumentar la sensación de seguridad. Al sentirse fundamentalmente seguro en sus relaciones con adultos, un niño así se puede beneficiar mucho de las amistades entre iguales: al no tener que depender de ellas, no se siente amenazado por su inestabilidad inherente.

Los niños orientados hacia sus iguales son incapaces de sentirse realizados

Existe otra razón por la que los niños orientados hacia sus iguales son insaciables. Para alcanzar el punto de inflexión, un niño no solo debe sentirse realizado, sino que esta plenitud debe calar hondo. Su cerebro debe registrar de algún modo que se está satisfaciendo su anhelo de proximidad y conexión. Este registro no es cognitivo, ni siquiera consciente, sino profundamente emocional. Es la emoción la que mueve al niño y desplaza la energía de un programa de desarrollo a otro, del apego a la individuación. El problema es que, para que la plenitud cale, el niño debe ser capaz de sentir profundamente y de forma vulnerable, una experiencia contra la que se defenderán la mayoría de los que están orientados hacia sus iguales. Por las razones expuestas en el capítulo anterior, no pueden permitirse sentir su vulnerabilidad.

Puede parecer extraño que los sentimientos de plenitud requieran apertura a los de vulnerabilidad. En la plenitud no hay daño ni dolor, sino todo lo contrario. Sin embargo, en este fenómeno subyace una lógica emocional. Para que el niño se sienta pleno, primero debe sentirse vacío; para que se sienta ayudado, primero debe sentirse necesitado de ayuda; para sentirse completo, debe haberse sentido incompleto. Para experimentar la alegría del reencuentro, primero hay que experimentar el dolor de la pérdida; para sentirse reconfortado, primero es necesario haberse sentido herido. La saciedad puede ser una experiencia muy agradable, pero el requisito previo es ser capaz de sentir vulnerabilidad. Cuando un niño pierde la capacidad de sentir sus vacíos de apego, pierde también la de sentirse cuidado y realizado. Una de las primeras cosas que compruebo cuando evalúo a mis pacientes es la existencia de sentimientos de falta y pérdida. El hecho de que sean capaces de percibir lo que les falta y de saber a qué se debe ese vacío es una señal de salud emocional. En cuanto sean capaces de articular palabra, deberían poder decir cosas como «echo de menos a papá», «me dolió que la abuela no se fijara en mí», «me daba la sensación de que mi historia no te interesaba», «creo que no le gusto a esa persona».

Muchos niños de hoy en día mantienen una actitud de defensa demasiado firme, están demasiado cerrados emocionalmente como para experimentar emociones tan vulnerables. A los niños les afecta lo que les falta, lo sientan o no, pero solo pueden liberarse de su búsqueda de apego cuando son capaces de sentir y saber de qué carecen. Los progenitores de estos niños no pueden llevarlos al punto de inflexión ni a un lugar de descanso. Si, como resultado de la orientación hacia sus iguales, un niño se defiende contra la vulnerabilidad, también se vuelve insaciable en relación con los progenitores. Esa es la tragedia de este tipo de orientación: hace que nuestro amor y nuestro cariño resulten inútiles e insatisfactorios.

Para los niños insaciables, nada es suficiente. No importa lo que se haga, cuánto se intente que las cosas funcionen, cuánta atención y aprobación se les preste, nunca se alcanza el punto de inflexión. Para los progenitores resulta extremadamente decepcionante y agotador. Nada les satisface tanto como la sensación de ser la fuente de realización de un hijo. Millones de ellos no consiguen experimentar esta sensación porque sus hijos buscan los cuidados en otra parte o se protegen demasiado de la vulnerabilidad como para ser capaces de saciarse. La insaciabilidad mantiene a nuestros hijos atascados en la primera marcha del desarrollo, estancados en la inmadurez, incapaces de trascender los instintos básicos. Les impide encontrar descanso y siguen dependiendo siempre de alguien o algo exterior a ellos para satisfacerse. Ni la disciplina impuesta por los progenitores ni el amor que estos sienten pueden curar esta condición. La única esperanza es devolverlos al redil del apego, al que pertenecen, y luego ablandarlos para que nuestro amor pueda realmente penetrar y nutrir.

¿Qué ocurre cuando la insaciabilidad domina el funcionamiento emocional de una persona? El proceso de maduración se ve obstaculizado por una obsesión o una adicción, que en este caso es la conexión con los iguales. El contacto entre iguales abre el apetito sin alimentarlo, excita sin satisfacer. El resultado final suele ser un deseo urgente de más. Cuanto más obtiene el niño, más ansía. La madre de una niña de ocho años reflexionaba:

—No lo entiendo: cuanto más tiempo pasa mi hija con sus amigos, más exige reunirse con ellos. ¿Cuánto tiempo de interacción social necesita realmente?

Asimismo, los progenitores de un joven adolescente se quejaban de que «en cuanto nuestro hijo regresa del campamento, enseguida coge el teléfono para llamar a los chicos con los que acaba de estar. Sin embargo, es a la familia a la que no ha visto en dos semanas». La obsesión por el contacto con los iguales siempre empeora cuanto más tiempo pasa el niño con ellos, ya sea en la escuela o en los recreos, cuando se queda a dormir en casa de un compañero o cuando asiste a retiros de clase, excursiones o campamentos. Si el contacto con los compañeros saciara, los momentos de interacción con ellos conducirían automáticamente a un aumento del juego autogenerado, la soledad creativa o la reflexión individual.

Muchos progenitores confunden este comportamiento insaciable con una necesidad válida de interacción entre iguales. Una y otra vez escucho comentarios del tipo «pero mi hijo está absolutamente obsesionado con reunirse con sus amigos. Sería cruel privarle de ello». En realidad, es más cruel e irresponsable consentir lo que tan claramente alimenta la obsesión. El único apego que los niños necesitan de verdad es el que los nutre y satisface y puede hacerles descansar. Cuanto más exigente es el niño, más está indicando una obsesión desbocada. No es fuerza lo que manifiesta el niño, sino la desesperación de un hambre que el contacto con sus iguales no hace sino aumentar.

Los niños orientados hacia sus iguales no pueden dejar ir

Hasta ahora me he centrado en la satisfacción del hambre de apego como clave para liberar a un niño de la preocupación por este. Sin embargo, hay personas que han madurado bien sin haber disfrutado nunca, siendo niños, de un apego gratificante con un adulto. ¿A qué puede deberse? La explicación es que existe una segunda llave para desbloquear el proceso de maduración. Podríamos llamarla «la puerta trasera de la maduración» ya que es mucho menos evidente y, en muchos sentidos, lo contrario de la saciedad. Este punto de inflexión emocional se produce cuando, en lugar de saciarse con lo que funciona, el cerebro del niño registra que el hambre de apego no se va a satisfacer en esa situación ni en ese momento. Esa sensación de futilidad surge de aspiraciones fallidas: no conseguir la atención de papá ni ser especial para la abuela, no tener amigos o no tener con quien jugar. Puede deberse a su incapacidad para escapar de sentirse solo, o para ser el más grande y el mejor, importarle más a alguien, encontrar una mascota perdida, mantener a mamá en casa o evitar que la familia se mude. La lista de deseos potencialmente fútiles podría extenderse desde el ejemplo más mundano de un impulso frustrado de cercanía con alguien hasta la pérdida más profunda de apego.

Nuestro circuito emocional está programado para liberarnos de la búsqueda de contacto y cercanía no solo cuando se satisface el hambre de apego, sino también cuando realmente comprendemos que nuestro deseo de satisfacerlo es inútil. Desprenderse de un deseo al que estamos apegados, ya sea el de gustar a todo el mundo, el de que nos quiera una persona concreta o el de llegar a ser políticamente poderosos, resulta muy difícil incluso para los adultos. Hasta que no aceptamos que lo que hemos estado intentando no puede conseguirse y experimentamos plenamente la decepción y la tristeza consiguientes, no podemos seguir adelante con nuestras vidas. Como criaturas inmaduras de apego, los niños experimentan de forma natural el impulso de aferrarse, de establecer contacto, de exigir atención, de poseer a la persona a la que están apegados. Un niño puede consumirse por este deseo hasta el punto de que llegue a dominar su vida. Solo cuando la futilidad se registra en lo más profundo del cerebro emocional, la urgencia se relaja y el aferramiento termina. Por otra parte, si la futilidad no llega a calar, el niño seguirá atenazado por necesidades obsesivas de apego e insistirá en perseguir lo inalcanzable.

Al igual que ocurre con la plenitud, la futilidad debe calar para que se produzca el cambio de energía que conduce a la aceptación de la realidad, para pasar de la frustración a la sensación de paz. No basta con registrarlo intelectualmente, hay que sentirlo de manera profunda y vulnerable, en el corazón mismo del sistema límbico, en el núcleo del circuito emocional del cerebro. La futilidad es un sentimiento vulnerable que nos enfrenta cara a cara con los límites de nuestro control y con lo que no podemos cambiar. Es de los primeros en desaparecer cuando un niño se defiende contra la vulnerabilidad. Por todo ello, este tipo de emociones son sumamente escasas en los niños orientados hacia sus iguales. A pesar de que sus relaciones con los compañeros están tan cargadas de frustración y pérdida, rara vez hablan de sentimientos de decepción, tristeza y pena. Como veremos en un capítulo posterior, la incapacidad de pasar de la frustración a la futilidad, de «enfadarse a entristecerse», es una fuente importante de agresividad y violencia.

En los niños, uno de los signos más evidentes de que la futilidad está calando es el principio del llanto en los ojos. En el cerebro existe un pequeño órgano que orquesta esta señal reveladora. Cuando somos adultos, aprendemos a ocultar las lágrimas, pero el impulso del llanto está ligado a los sentimientos de futilidad. Por supuesto, hay otras experiencias que pueden hacernos llorar, como la sensación de tener algo en el ojo, picar cebolla, el dolor físico o la frustración, pero las lágrimas de futilidad son provocadas por circuitos neurológicos diferentes y son psicológicamente únicas. En las mejillas nos producen una sensación diferente. Van acompañadas de un cambio de energía: una tristeza sana, un descanso en el esfuerzo por cambiar las cosas. En realidad, suponen una liberación, una sensación de que algo ha llegado a su fin. Señalan que el cerebro comprende plenamente que algo no funciona y debe abandonarse. Un niño pequeño al que, por ejemplo, se le cae el cucurucho de helado, pero es capaz de encontrar sus lágrimas y su tristeza en los brazos de un adulto cariñoso, aceptará su pérdida, se animará rápidamente y pasará a emprender la siguiente aventura.

Es natural que un niño se conmueva hasta las lágrimas cuando experimenta algo infructuoso en sus vínculos. También en esto los niños orientados hacia los iguales muestran un comportamiento poco natural. Son más propensos a sofocar las lágrimas en este aspecto y, cuanto más dolorosas son sus relaciones con los compañeros, más se arraiga su resistencia inconsciente a aceptar la futilidad de las cosas. Cuando dejamos de llorar, es como si la capacidad del cerebro para procesar las emociones (normalmente bastante flexible y receptiva) se volviera rígida. Pierde su plasticidad, su capacidad de desarrollo. Sin futilidad, como sin saciedad, la maduración es imposible.

La orientación hacia los iguales aplasta la individualidad

La orientación hacia los iguales amenaza también la maduración de otra forma crucial: aplasta la individualidad. Antes de analizar por qué, debemos explicar brevemente la importante distinción entre individualidad e individualismo. La *individualidad* es el fruto del proceso de convertirse en un ser psicológicamente independiente que culmina en el pleno florecimiento de la propia singularidad. Los psicólogos denominan a este proceso diferenciación o individuación. Ser un individuo es tener significados, ideas y límites propios. Es valorar nuestras preferencias, principios, intenciones, perspectivas y objetivos. Es situarse en un lugar no ocupado por ningún otro. El *individualismo* es la filosofía que antepone los derechos e intereses de una persona a los de la comunidad, mientras que la *individualidad* es el fundamento de la verdadera comunidad, porque solo los individuos auténticamente maduros pueden cooperar plenamente de un modo que respete y celebre la singularidad de los demás. Paradójicamente, la orientación hacia los iguales puede alimentar el individualismo incluso cuando socava la verdadera individualidad.

La individualidad en ciernes y la independencia emergente requieren protección, tanto frente a las reacciones de los demás como frente al poder del propio impulso de apegarse a los demás a toda costa. Hay algo muy vulnerable en el crecimiento psicológico emergente recién nacido en todas sus manifestaciones: interés, curiosidad, singularidad, creatividad, originalidad, asombro con los ojos bien abiertos, nuevas ideas, hacer las cosas por uno mismo, experimentar, explorar, etcétera. Tiene un carácter tentativo y tímido, como una tortuga que asoma la cabeza de su caparazón. Aventurarnos con toda nuestra originalidad al descubierto supone exponernos plenamente a las reacciones de los demás. Si son demasiado críticas o negativas, esta muestra de emergencia se disipa rápidamente. Solo una persona muy madura puede enfrentarse a las reacciones de quienes no reconocen ni valoran la independencia de pensamiento, de ser y de actuar.

No se puede esperar que los niños acojan con satisfacción los signos de maduración de otro niño. No es su responsabilidad y, además, están demasiado impulsados por el apego como para honrar la individualidad. ¿Cómo podrían saber que desarrollar las propias intenciones es la semilla de los valores futuros? ¿Que dividir el mundo en «mío» y «no mío» no es una actitud antisocial, sino el comienzo necesario de la individuación? ¿Que querer ser el autor de la propia obra y el creador de las propias ideas es el camino para llegar a ser una persona propia? A los niños no les importan mucho esas cosas en los demás. Se necesita un adulto que reconozca las semillas de la madurez, que dé cabida a la individualidad y valore las primeras señales de independencia. Que vea la individualidad como una confianza sagrada y le dé la protección necesaria.

Aun así, si el único problema fuera la incapacidad de los niños para fomentar y celebrar la individualidad de los demás, la interacción entre iguales no sería tan dura para la incipiente personalidad. Por desgracia, el problema es mucho peor que eso. Las personas inmaduras tienden a pisotear cualquier individualidad que se atreva a mostrarse. En el mundo del niño no es la inmadurez, sino el proceso de maduración, lo que resulta sospechoso y provoca vergüenza. El niño *emergente* (el que se motiva a sí mismo y no se deja llevar por la necesidad de contacto con sus iguales) parece una anomalía, algo irregular, un poco fuera de lo común. Los que están orientados hacia sus iguales utilizan palabras muy críticas para referirse a él, cosas como raro, estúpido, retrasado, friki o chiflado. Los inmaduros no entienden por qué estos otros emergentes y maduros se esfuerzan tanto por arreglárselas por sí solos, por qué a veces buscan la soledad en vez de la compañía, por qué pueden ser curiosos e interesarse por cosas que no implican a los demás, por qué hacen preguntas en clase. Sin duda, tienen algo raro y por eso merecen ser avergonzados. Cuanto más fuerte sea la orientación hacia los iguales de un niño, más intensamente se resentirá por la individualidad de otro y la agredirá.

Del mismo modo que la individuación se ve amenazada desde el exterior por las reacciones de los iguales, también se ve socavada por la dinámica interna del niño orientado hacia ellos. La individualidad es dura para los vínculos con los compañeros. Pocas relaciones orientadas a los iguales pueden soportar el peso que supone que el niño se convierta en su propia persona, tenga sus propias preferencias, diga lo que piensa, exprese sus propios juicios, tome sus propias decisiones. Cuando el apego a los compañeros es la principal preocupación, hay que sacrificar la individualidad. Al niño inmaduro, este sacrificio le parece justo. Editar su personalidad, disminuir su verdadera autoexpresión y suprimir cualquier opinión o valor contradictorio parece el curso de acción natural. No debe permitir que su individualidad se interponga entre sus compañeros y él. Para los seres inmaduros, la amistad, es decir, el apego a los compañeros, debe estar siempre por encima del yo. Las criaturas de apego venderían voluntariamente su derecho natural a la individualidad por una aceptación simbólica de sus iguales, sin tener ni idea del sacrilegio de desarrollo que acaban de cometer. Hasta que no hay viabilidad como ser separado, no se forma siquiera un instinto de autoconservación.

Kate está educando a su hija Claire, de siete años, en casa.

—A los siete años es una personita bastante ordenada y única —dice de su hija—, con independencia de espíritu. Sin embargo, cuando vuelve a casa después de pasar más de unas horas con sus compañeros, no es la misma. Su lenguaje no es el suyo y adopta los gestos de sus amigos. Tarda un par de horas en volver a ser Claire. Sin embargo, a medida que va creciendo, se va volviendo cada vez más capaz de seguir siendo ella misma.

Durante los años en que mi hija Tamara estuvo orientada hacia sus iguales, no era capaz de expresar sus opiniones ni de tener siquiera pensamientos que pudieran provocar un conflicto con sus amigos. Casi podía verla encogerse para ajustarse a los parámetros de cualquier relación que estuviera intentando preservar. Cuando la animé a ser ella misma con Shannon, la chica que se había convertido en su principal orientación, le costó muchísimo comprender lo que yo quería decirle. Aunque era muy buena estudiante, se avergonzaba de sus logros y se esforzaba mucho por ocultar sus notas a sus compañeros. Cualquier niño que se relacione con sus iguales sabe lo que hay que hacer: no digas ni hagas nada que pueda hacer quedar mal a los demás y te haga correr el riesgo de alejarlos. Tamara sabía por intuición que estas relaciones no podían soportar su valía, pero, en lugar de dejar que el desarrollo siguiera su curso, intentó hacerse lo bastante pequeña como para caber en ellas.

El mundo en el que viven nuestros hijos es cada vez más hostil a los procesos naturales de maduración. En el universo orientado hacia los iguales, la maduración y la individuación se consideran enemigas del apego. En la cultura de los iguales, la singularidad y la individualidad se convierten en impedimentos para el éxito.

Nuestro trabajo, como progenitores, es cultivar vínculos con nuestros hijos que dejen espacio para la individuación. La individualidad de un niño nunca debe ser el precio exigido a cambio de la calidez y la cercanía. Tenemos que dar a nuestros hijos lo que ellos no pueden darse entre sí: la libertad de ser ellos mismos en el contexto de una aceptación amorosa que los compañeros inmaduros son incapaces de ofrecer, pero que los adultos podemos y debemos proporcionar.

10
UN LEGADO DE AGRESIÓN

Helen tiene nueve años. Un día se paró delante del espejo y se cortó con saña los rizos oscuros dejándose casi calva por delante. Cuando su madre, desconcertada y alarmada, le exigió que le dijera por qué lo había hecho, la niña la apuntó con las tijeras y empezó a insultarla a gritos.

A Emily, de quince años, me la envió su madre porque se hacía cortes y se golpeaba, y estos impulsos agresivos no iban dirigidos solo contra ella misma. Nada ni nadie, a excepción de sus amigas, escapaba de su furibundo sarcasmo ni de su hostilidad. Hasta hizo chistes con los títulos de los libros de mi estantería. Aunque sus ocurrencias me parecían muy originales y me impresionaba su inteligencia, me resultaba muy difícil soportar la forma en que machacaba a sus padres y a su hermano pequeño. Con una actitud inmisericordemente crítica, no dejaba de insultarlos. Su hostilidad era implacable.

Los padres de Helen son amigos míos. El año anterior a este inesperado brote de agresividad de su hija habían atravesado un periodo muy difícil en su matrimonio. Sus problemas habían absorbido todo su tiempo y su energía, y Helen se vio obligada a buscar contacto emocional en sus iguales, pero no lo consiguió.

Como ilustra la experiencia de Emily, aunque Helen hubiera conseguido que la aceptaran, sus necesidades emocionales habrían permanecido insatisfechas. Cuando Emily tenía diez años, a su madre le diagnosticaron un cáncer, lo que impulsó a la niña a orientarse intensamente hacia sus iguales. Incapaz de gestionar la vulnerabilidad que le provocaba la posibilidad de perderla, había reaccionado alejándola. El vacío creado al apartarse del apego materno lo había llenado con compañeras que ahora significaban todo para ella. A eso siguieron las agresiones que manifestaba con actos, palabras y actitudes. Atacar a los miembros de la familia es algo muy característico de los niños orientados hacia sus iguales, y por ello se dedican a hacer daño a sus padres y a sus hermanos. En la mayoría de los casos, estos ataques no son físicos, pero las agresiones verbales y la hostilidad emocional pueden resultar extremadamente agotadoras, alienantes y dolorosas.

La agresividad es una de las quejas que más suelen plantear hoy en día los padres y profesores y la principal preocupación de los progenitores de Kirsten, Melanie y Sean. Aunque no siempre está relacionada con la orientación hacia los iguales, cuanto más centrado en sus compañeros esté el niño, más probabilidades tiene de aparecer.

A medida que una sociedad se va orientando más hacia los iguales, la agresividad infantil se incrementa. El consejo escolar de Nueva York informó de seis mil incidentes violentos en 1993, frente a un único caso en 1961[1]. El número de agresiones graves entre los jóvenes canadienses se ha quintuplicado en los últimos cincuenta años, mientras que en Estados Unidos se ha multiplicado por siete[2]. El creciente maltrato a los progenitores por parte de sus hijos fue el tema del reciente informe Cottrell para Health Canada[3]. En una encuesta, cuatro de cada cinco profesores declararon haber sido agredidos por alumnos, si no físicamente, sí mediante amenazas intimidatorias y de forma verbal[4]. Cuando se amplía la definición de agresión para incluir las autolesiones, las estadísticas de suicidio se vuelven muy inquietantes. Los intentos con resultado mortal entre los niños se han triplicado en los últimos cincuenta años, y los de críos de diez a catorce años son los que han crecido a un ritmo más rápido[5].

Hoy en día, muchos adultos se lo piensan dos veces antes de enfrentarse a grupos de jóvenes que no conocen por miedo a ser atacados. Esta aprensión era prácticamente desconocida hace una o dos generaciones.

Los que llevamos tiempo en esto podemos percibir la diferencia que se ha experimentado en unas pocas décadas.

En los medios de comunicación abundan las noticias relacionadas con la agresividad infantil: «Adolescente despechado vuelve a la fiesta con una pistola y mata a tres compañeros», «Joven atacado por adolescentes, en estado crítico», «Pandilla de niños, de diez a trece años, implicados en delitos violentos», «Alumno suspendido vuelve a la escuela y mata a un profesor». En un relato de octubre de 2002 sobre la agresión mortal de un grupo de jóvenes de edades comprendidas entre los diez y los dieciocho años a un hombre de treinta y seis en Chicago, Associated Press cita la narración de un testigo: «Estaban golpeándole [con rastrillos, cartones de leche y bates] y gritando: "Eh, déjame usar eso...". Para ellos era como un juego». A las pocas semanas de aquel sangriento suceso, dos asesinatos cometidos por adolescentes en las provincias occidentales adyacentes conmocionaron a la opinión pública canadiense. El cadáver de una mujer de treinta y nueve años y madre de tres hijos fue encontrado entre los restos de un incendio provocado deliberadamente en la casa de la familia, en Maple Ridge, Columbia Británica. Pocas horas después, la policía detuvo a un joven de quince años que viajaba en el automóvil de la mujer muerta. «Estaba al volante, fumándose un puro. Había otros cinco jóvenes en el coche». El adolescente fue acusado de asesinato en primer grado. Lo que destaca en este relato es la aparente despreocupación de este niño-asesino y de sus compañeros*.

Las atrocidades violentas cometidas por adolescentes entre sí se han convertido en tema de titulares: en el instituto Columbine de Colorado; en Tabor, Alberta; en Liverpool, Inglaterra. Pero centrarse en las estadísticas sombrías y en las historias de violencia sangrienta que aparecen en los medios de comunicación supone pasar por alto todo el impacto de la agresividad infantil en nuestra sociedad. Las señales más reveladoras de la oleada de agresividad y violencia no están en los titulares, sino en la cultura de los iguales: la lengua, la música, los

---

* El adolescente ha sido condenado por el delito. La historia de su vida es la de un abandono precoz, la pérdida en serie de vínculos de apego con adultos y el consiguiente afianzamiento en el grupo de iguales.

juegos, el arte y el tipo de entretenimiento que prefieren. Una cultura refleja la dinámica de sus participantes, y la de los niños orientados a sus iguales se basa cada vez más en la agresión y la violencia. Este apetito se refleja en el disfrute vicario, no solo en la música y las películas, sino también en los patios y pasillos de las escuelas. Los niños alimentan las hostilidades entre sus compañeros en lugar de desactivarlas, animan a otros a luchar en lugar de disuadirles de ello. Los agresores son solo la punta del iceberg. En un estudio realizado en el patio de un colegio, los investigadores descubrieron que la mayoría de los escolares apoyaban pasivamente o fomentaban de forma activa los actos de acoso y agresión; menos de uno de cada ocho intentaba intervenir. Hasta tal punto han arraigado la cultura y la psicología de la violencia que, en general, los compañeros expresaban más respeto y simpatía por los acosadores que por las víctimas[6].

Las formas más frecuentes de agresión en la infancia y la adolescencia no son las peleas y ataques en los que se centran los estudios o las estadísticas, sino los gestos, palabras y actos con los que habitualmente interactúan los niños orientados hacia sus iguales. Pueden ser emocionales, expresados en forma de hostilidad, antagonismo y desprecio, pero también pueden mostrarse a través de gestos groseros, poniendo los ojos en blanco o con palabras, insultos y menosprecios. El ataque puede estar en el tono de voz, en un gesto burlón, en el brillo de los ojos, en la postura del cuerpo, en el sarcasmo de un comentario o en la frialdad de una respuesta. La agresividad puede dirigirse hacia los demás o expresarse mediante rabietas y ataques. También puede dirigirse hacia uno mismo en forma de autodesprecio («soy muy estúpido»), autohostilidad («me odio»), golpes en la cabeza, autolesiones y pensamientos e impulsos suicidas. Los ataques pueden dirigirse a la propia existencia, con expresiones como «voy a matarte» o «voy a suicidarme», y también pueden ser psicológicos, como en caso del ostracismo, cuando se pretende que otro no existe o no se quiere reconocer su presencia. La lista es interminable. En otras palabras, la esencia de la agresión trasciende las formas descaradamente violentas que se han convertido en el centro de las políticas generalizadas pero inútiles de «tolerancia cero» que se adoptan actualmente en las escuelas y otras instituciones que tratan con un gran número de niños. Dada la naturaleza omnipresente de la violencia, la tolerancia cero es superficial en su concepto e imposible de realizar en la práctica.

La agresión, como el amor, está en la naturaleza de la motivación subyacente: lo que te mueve. En el caso de la agresión, es el impulso de atacar. ¿De dónde viene toda esta agresividad? ¿Por qué está alcanzando cotas nuevas? ¿Por qué los niños orientados hacia sus iguales son tan propensos a la violencia? Las respuestas no están en las estadísticas, sino en comprender cuáles son las raíces de la violencia y cómo la orientación hacia los iguales la alimenta. La única forma de llegar a entender de verdad su escalada en el mundo en que viven nuestros hijos es encontrándole el sentido.

La raíz de la agresividad no es la orientación hacia los iguales. También los niños muy pequeños, los preescolares y otros que no están en absoluto orientados hacia ellos pueden ser violentos. La agresividad ha formado parte de la historia de la humanidad desde el principio de los tiempos. Es uno de los problemas humanos más antiguos y difíciles de resolver, mientras que la orientación hacia los iguales es relativamente nueva, pero aviva poderosamente el fuego de la agresividad y lo fomenta hasta convertirlo en violencia.

La fuerza motriz de la agresividad

¿Qué mueve a una persona a agredir? Lo que alimenta la agresión es la frustración. Por supuesto, no conduce automáticamente a ella, como tampoco un suministro de oxígeno provoca automáticamente un incendio. Como veremos, también puede producir otros resultados, bastante incompatibles con ella. Su acumulación impulsa a agredir solo cuando no se dispone de una forma más civilizada de resolverla. La orientación hacia los iguales no solo aumenta la frustración en un niño, sino que también disminuye su probabilidad de encontrar alternativas pacíficas para aliviarla.

La frustración es la emoción que sentimos cuando algo, ya sea un juguete, un trabajo, el propio cuerpo, una conversación, una demanda, una relación, la cafetera o las tijeras, no funciona. Sea lo que fuere, cuanto más nos importa que «eso» funcione, más nos alteramos cuando no lo hace. La frustración es una emoción profunda y primitiva, tanto que también existe en otros animales. No es necesariamente consciente pero, como cualquier emoción, nos afectará de todos modos.

Puede desencadenarse por muchos motivos, pero, como lo más importante para los niños (y para muchos adultos) es el apego, su mayor fuente son los apegos que no funcionan: pérdida de contacto, conexión frustrada, una separación excesiva, sentirse despreciado, perder a un ser querido, falta de pertenencia o de comprensión por parte de los otros. Como solemos ser inconscientes del apego, también solemos serlo del vínculo que existe entre nuestra frustración y el hecho de que nuestros apegos no funcionen.

Me di cuenta de la estrecha relación que existe entre la frustración provocada por el apego y la agresión cuando mi hijo Shay tenía tres años. Estaba muy apegado a mí y apenas habíamos estado separados hasta que acepté una invitación del otro lado del continente para impartir un curso de cinco días para educadores. A mi regreso, la agresividad de Shay había aumentado desde su nivel básico, apropiado para su edad, de dos o tres incidentes al día, a más bien veinte o treinta al día. No necesité preguntarle por qué tenía rabietas, mordía, pegaba y tiraba cosas: dio la casualidad de que el tema del seminario que acababa de impartir era las raíces de la agresividad y la violencia. Tampoco él habría sabido responderme. Era pura y simple frustración por apego, que brotaba de lo más hondo de su ser. La madre de Helen, la niña mencionada al principio de este capítulo, sufrió una grave depresión cuando su hija tenía tres años. Tanto ella como su marido estuvieron menos disponibles durante los largos y oscuros meses que duró su trastorno. De repente, sin motivo aparente, Helen empezó a atacar a otros niños en el patio, niños a los que ni siquiera conocía. Era su frustración por apego, que estalló en un comportamiento agresivo.

Cuando los iguales sustituyen a los progenitores, la fuente de su frustración también cambia y, en la mayoría de los casos, aumentará en lugar de disminuir. Los compañeros que establecen vínculos primarios entre sí se sienten frustrados porque les resulta difícil mantenerse unidos. No viven juntos, por lo que están continuamente sufriendo la separación. Nunca se tiene la certeza de poder encontrar el favor de los otros; ser elegido hoy no es garantía de serlo mañana. Si la máxima preocupación es ser importante para los iguales, la frustración será omnipresente: llamadas no devueltas, ser pasado por alto o ignorado, ser sustituido por otro, ser despreciado o menospreciado. Un niño nunca puede descansar en la sensación de que sus compañeros le aceptan o le consideran alguien especial. Además, es muy difícil que las relaciones con los iguales sean capaces de sostener el verdadero peso psicológico de un niño que debe estar constantemente corrigiéndose, teniendo cuidado de no revelar sus diferencias ni discrepar con demasiada vehemencia. Si se quiere preservar la cercanía, es necesario tragarse la ira y el resentimiento. No hay un refugio seguro, ni un escudo contra el estrés, ni un amor que perdone, ni un compromiso en el que confiar, ni la sensación de que nos conocen íntimamente. La frustración en un entorno así es intensa, incluso cuando las cosas funcionan relativamente bien. Añade algo de rechazo y ostracismo, y la cosa se dispara. No es de extrañar que el lenguaje de nuestros niños orientados hacia sus iguales se vuelva soez y que los temas de su música y sus juegos adquieran giros agresivos, ni que tantos de estos niños se ataquen a sí mismos, mutilen su cuerpo y se planteen la posibilidad de suicidarse. De forma menos evidente pero más generalizada, muchos niños se sienten incómodos consigo mismos. Consciente o inconscientemente, son muy críticos con sus propios atributos. Eso también es una forma de agresión contra el yo.

Los que se sienten atrapados por la frustración buscan oportunidades para atacar y se sienten muy atraídos por los temas ofensivos de la música, la literatura, el arte y el entretenimiento. Mi coautor recuerda que se escandalizó cuando uno de sus hijos, entonces al borde de la adolescencia, empezó a ver programas violentos de lucha libre en la televisión y a llevar disfraces que evocaban al protagonista de una película de terror, el letal Freddie Kruger de uñas afiladas. Este chico, en aquel momento de su vida, carecía de un vínculo suficientemente seguro con sus progenitores y se vio envuelto en unas relaciones extremadamente frustrantes con sus compañeros.

Como muchos progenitores han experimentado con tristeza, una vez que el cerebro de apego de un niño se ha centrado en sus iguales, los intentos de cambiar la situación pueden provocar una frustración realmente intensa. Las limitaciones y restricciones impuestas por los progenitores pueden desencadenar un torrente de palabras y actitudes agresivas que puede resultar muy angustioso. Matthew, de once años, es un buen ejemplo. Había sustituido a sus progenitores por un compañero solitario, Jason. Eran inseparables. Matthew pidió permiso para ir a una fiesta nocturna de Halloween en casa de su amigo. Cuando sus padres no accedieron, estalló en tal grado de hostilidad emocional y agresión verbal que sus progenitores se asustaron de lo que podría llegar a hacer. Fue entonces cuando me consultaron y descubrieron la orientación hacia los iguales subyacente. Una nota angustiada que Matthew les escribió captó parte de su frustración y de la agresión resultante.

> Ahora, por favor, pensad un momento en esta situación. Si Jason quisiera hacer algo con alguien, normalmente me llamaría. Pero ahora ni siquiera se molestará porque vosotros no me dejáis. Así que en vez de eso se relacionará más con otras personas, lo que normalmente estaría bien, pero entonces no será amigo mío. ¡¡¡¡¡¡¡Eso me cabrea mucho!!!!!!! Me pone tan furioso que quiero hacer daño a alguien y me refiero a joderle de verdad… Juro por Dios que ese hijito que tanto queréis ya no estará. ¡Me mataré si no me queda otro remedio! A lo mejor me abro las muñecas… SI ME QUEDO SIN AMIGOS, ME QUEDO SIN VIDA.

El combustible del fuego de la agresividad en un niño orientado hacia sus iguales no tiene fin.

De todas formas, la frustración no conduce necesariamente a la agresión. La respuesta sana es intentar cambiar las cosas. Si eso no es posible, podemos aceptar la situación y adaptarnos creativamente a lo que no puede cambiarse. Si no se produce esa adaptación, los impulsos de agresión pueden mantenerse bajo control moderando los pensamientos y los sentimientos, es decir, mediante una autorregulación madura. Uno puede sentirse intensamente frustrado y, sin embargo, no experimentar el impulso de atacar. En los niños orientados hacia sus iguales es probable que las salidas aceptables a la frustración se bloqueen, tal y como ahora explicaré, y por ello se vuelven agresivos por defecto.

Las relaciones entre iguales muestran tres carencias principales que hacen que la frustración se acumule hasta estallar en agresión.

La orientación hacia los iguales fomenta la agresividad

Los niños orientados hacia sus iguales son menos capaces de efectuar cambios

Cuando nos sentimos frustrados, lo primero que se nos ocurre es cambiar lo que no funciona. Podemos intentar conseguirlo mediante exigencias a otras personas, esforzándonos por modificar nuestra conducta o empleando diversos medios. La frustración nos invita a actuar, con lo que habrá cumplido su cometido.

El problema es que la vida nos depara muchas frustraciones que nos superan: no podemos alterar el tiempo, cambiar el pasado ni deshacer nuestros actos. Somos incapaces de evitar la muerte, hacer que duren las experiencias buenas, engañar a la realidad, hacer que funcione algo que no va a funcionar o inducir a alguien a que coopere con nosotros cuando no lo desea. No podemos hacer que las cosas sean siempre justas ni garantizar nuestra seguridad ni la de los demás. De todas estas frustraciones inevitables, la más amenazadora para los niños es no poder sentirse psicológica y emocionalmente seguros. Estas necesidades tan importantes (ser deseados, invitados, queridos, amados y especiales) escapan a su control.

Mientras los progenitores consigamos retener a nuestros hijos, no tendrán que enfrentarse a esta profunda futilidad, fundamental para la existencia humana. No es que podamos protegerlos para siempre de la realidad, pero los niños no deberían tener que enfrentarse a retos para los que no están preparados. Los que están orientados hacia sus iguales no tienen tanta suerte. Dado el grado de frustración que experimentan, se desesperan por cambiar las cosas, por asegurar de algún modo sus vínculos. Algunos se vuelven compulsivamente exigentes en sus relaciones con los demás. Otros se preocupan por hacerse más atractivos a los ojos de sus compañeros: de ahí el gran aumento de la demanda de cirugía estética entre los jóvenes y, por tanto, también su obsesión por estar a la moda a edades cada vez más tempranas. Algunos se vuelven mandones; otros, encantadores o divertidos. Unos se doblegan y se retuercen como lazos psicológicos para mantener una sensación de cercanía con sus iguales. Perpetuamente insatisfechos, estos niños no están en contacto con la fuente de su descontento y se rebelan contra una realidad sobre la que no tienen control. Por supuesto, esa misma dinámica puede darse también en las relaciones de los niños con los adultos (y ocurre con demasiada frecuencia), pero, en las que están orientadas hacia los iguales, su presencia está absolutamente garantizada.

Por mucho que el niño intente cambiar la situación exigiendo cosas, modificando su aspecto, haciendo que las cosas funcionen para los demás, por mucho que modere su verdadera personalidad o se ponga en peligro a sí mismo, no encontrará más que un alivio efímero, no duradero, de la implacable frustración del apego, y se frustrará todavía más al chocar una y otra vez contra este muro de imposibilidad. Su frustración, en lugar de aplacarse, avanzará un paso más hacia la agresión, como en los casos de Helen y Emily que mencionamos al principio de este capítulo.

Los niños orientados hacia sus iguales tienen menos capacidad de adaptación

La frustración que se topa con obstáculos infranqueables está destinada a disolverse en sentimientos de futilidad. Con ello, engendra adaptación y nos obliga a transformarnos a nosotros mismos porque vemos que somos incapaces de cambiar las circunstancias que nos frustran. Un niño que se adapta no agrede: la adaptación y la agresión, ambas posibles resultados de la frustración, son incompatibles.

Esta dinámica de pasar de la frustración a la futilidad se ve muy claramente en los niños pequeños. Imaginemos que uno de ellos pide algo que el progenitor, normalmente por razones válidas, no quiere o no puede satisfacer. Tras algunos intentos infructuosos de cambiar las cosas, el niño debería romper a llorar de futilidad. Esa respuesta es muy buena. La energía se está transformando, está pasando de intentar cambiar las cosas a dejarse llevar. Si parte de la frustración ya había estallado en forma de ataque, esos sentimientos también pasan del enfado a la tristeza. Una vez transformados en sentimientos de futilidad, el niño descansa. Sin embargo, cuando este proceso no tiene lugar y la frustración no se transforma, el niño no dejará de intentar salirse con la suya. A menos que se le distraiga o se le consienta, es probable que siga luchando y estalle en ataques hasta el agotamiento. Solo los sentimientos de futilidad pueden permitir que alguien abandone un curso de acción que no funciona y disuelva la frustración que conlleva.

El cerebro debe registrar que algo no funciona. No basta con *pensarlo*: hay que *sentirlo*. Todos hemos vivido la experiencia de saber que algo no funciona y, a pesar de todo, hemos seguido repitiendo la misma acción una y otra vez. Por ejemplo, muchos de nosotros, como progenitores, le hemos dicho a un hijo: «Te lo he dicho una y mil veces…». Si, por el contrario, dejáramos que nuestro propio sentimiento de futilidad se apoderara de nosotros, no persistiríamos en comportamientos de padres que sabemos que no funcionan ni funcionarán por muchas veces que los repitamos.

La adaptación es un proceso profundamente inconsciente y emocional orquestado no por las partes pensantes de la corteza cerebral, sino por el sistema límbico, que es el aparato emocional del cerebro. Cuando, por ejemplo, hemos perdido a un ser querido, ya sea por fallecimiento o simplemente por el fin de una relación, no basta con que sepamos que está ausente para que se produzca la adaptación. Debemos aceptarlo emocionalmente a través de oleadas y oleadas de futilidad sentida. Solo cuando la futilidad cala y captamos en nuestro nivel emocional más profundo la imposibilidad de conservar el contacto físico y emocional con alguien que se ha ido para siempre de nuestras vidas, aparecen las lágrimas y comienza la adaptación. Este proceso puede durar años. Cuando levantamos el muro de la futilidad ante un niño pequeño y le impedimos tomar un aperitivo antes de la cena, la adaptación debería durar solo unos instantes, es decir, el enfado debería transformarse en tristeza muy rápidamente. En el caso de tener que compartir a mamá con un hermano, esa adaptación puede llevar un poco más de tiempo. Pero, si las lágrimas de futilidad no llegan nunca, la adaptación no se produce. Tanto si lloramos con los ojos como si no lo hacemos, los sentimientos más comunes son la tristeza, la decepción y la pena. Por suerte, incluso cuando hemos aprendido a reprimir las lágrimas, la tristeza y la decepción pueden seguir haciendo su trabajo para facilitar la adaptación, siempre y cuando seamos capaces de experimentar la futilidad en nuestro interior. El dilema de los niños orientados hacia sus iguales es que los sentimientos de futilidad implican vulnerabilidad, suponen aceptar los límites de nuestro poder y control. En la huida de la vulnerabilidad, los sentimientos de futilidad son los primeros que se suprimen. En una cultura de la frialdad, las lágrimas de futilidad son fuente de vergüenza. Como carecen de este tipo de sentimientos, los niños orientados hacia sus iguales son mucho más propensos a la agresión.

La orientación hacia los iguales da lugar a la frustración y a la vez elimina las lágrimas que serían el antídoto. Helen, por ejemplo, había perdido su capacidad de llorar y ahora estaba llena de hostilidad emocional hacia su madre. Emily nunca derramó una lágrima por el cáncer de su madre. En lugar de lágrimas de futilidad, derramaba gotas de sangre al cortarse. En lugar de tristeza y decepción, estaba llena de sarcasmo y desprecio. Eligió la violencia del *heavy metal* en lugar de la música melancólica que habría reflejado y calmado su angustia. Cada vez son más los niños que se enfrentan a la imposibilidad de hacer que las cosas funcionen con sus compañeros, pero, demasiado endurecidos para dejar que la futilidad cale, acaban atacándose a sí mismos y a los demás.

Cuando la futilidad no se asimila, tampoco nos desprendemos de ella ni somos capaces de aceptar los límites existentes. Sin adaptación no hay resiliencia ante la adversidad, ni ingenio cuando se carece de dirección, ni capacidad para recuperarse de traumas pasados.

Los niños orientados hacia sus iguales están atrapados entre la espada y la pared: la espada son las cosas que no pueden cambiar y la pared está en sus propios corazones.

Los niños orientados hacia sus iguales tienen menos sentimientos encontrados a la hora de atacar

Otra forma de evitar que la frustración se convierta en agresión es frenar los impulsos de atacar con otros impulsos, pensamientos, intenciones y sentimientos opuestos. En lo que respecta a la agresión, la ambivalencia es algo muy bueno, pero los niños orientados hacia sus iguales tienen muchas menos probabilidades de sentirla a la hora de agredir.

Por lo general, lo que mantiene a raya los impulsos de agresión son las intenciones de no hacer daño, el deseo de ser bueno, el miedo a las represalias y la preocupación por las consecuencias. También los mitigan la sensación de alarma ante la posibilidad de alejar a las personas a las que estamos unidos, los sentimientos de cariño e incluso el deseo de autocontrol. Una vez surgidos los impulsos de agredir, lo que hace que el niño siga portándose de una forma correcta es que algo lo mueva en la dirección contraria. Estas motivaciones contradictorias desencadenan una conciencia que permite el autocontrol. Cuando no hay ambivalencia y el deseo de atacar ocupa el primer plano de nuestra mente, nada impide que se dé rienda suelta a esos impulsos inapropiados.

¿Por qué los niños orientados hacia sus iguales tienen muchas menos probabilidades de sentir ambivalencia ante la posibilidad de atacar? En primer lugar, como su desarrollo se ha detenido, es más probable que tengan una naturaleza que no ha sido domada por los sentimientos encontrados y los impulsos contradictorios. Este es el síndrome preescolar que analizamos en el capítulo 9: la impulsividad derivada de la inmadurez psicológica. No importa lo que sepa un niño impulsivo, lo buenas que puedan ser sus intenciones, las veces que le hayan sermoneado, los castigos que pueda sufrir en consecuencia; cuando haya acumulado una cantidad suficiente de frustración, todo lo demás quedará eclipsado por su deseo de atacar.

La segunda razón por la que los niños orientados hacia sus iguales tienen menos probabilidades de sentirse ambivalentes es la ausencia de la fuerza mitigadora del apego. Como expliqué en el capítulo 2, la naturaleza bipolar del apego primitivo nos impulsa a repeler a quienes no nos atraen. Cuando el niño, para satisfacer su hambre de apego, busca la conexión y la cercanía de sus compañeros, prácticamente todas las demás personas quedan expuestas a ser blanco de sus agresiones: hermanos, progenitores y profesores, así como aquellos compañeros a los que no quiere apegarse. Una vez más, esta agresión puede adoptar muchas formas aparte de la violencia física: hablar mal de los demás, burlarse, ignorar, criticar, mostrarse emocionalmente hostil, insultar, menospreciar, mostrar antagonismo, despreciar.

Así pues, la orientación hacia los iguales desencadena impulsos de agresión y, al mismo tiempo, elimina la inmunidad natural que proporcionan los miembros de la familia y otros adultos responsables del niño. De ahí el creciente maltrato a los progenitores por parte de sus hijos y a los profesores por parte de sus alumnos.

Otra poderosa influencia atemperadora es la alarma psicológica. Una parte importante del cerebro está diseñada para conformar un elaborado sistema de alarmas. La ansiedad es una de ellas y nos advierte de los peligros, ya sea un ataque o la amenaza de separarnos de quienes nos importan. La aprensión a meterse en líos, el miedo a hacerse daño, la preocupación por las consecuencias y la ansiedad por alejar a los seres queridos son mecanismos destinados a impulsar al niño hacia la cautela. Atacar es arriesgado. La sola idea, en un niño capaz de tener emociones encontradas, debería provocar sentimientos de alarma que lo ayuden a mantener su agresividad bajo control.

El problema de sentirse alarmado es que también nos hace sentirnos vulnerables. De hecho, la esencia misma de la vulnerabilidad es darse cuenta de que algo malo podría ocurrirnos. Como muchos niños orientados hacia los iguales huyen de la vulnerabilidad, pierden sus sentimientos de miedo. Es posible que sigan generando respuestas fisiológicas de temor, pero conscientemente ya no experimentan la sensación de alarma ni la vulnerabilidad que la acompaña. Ya no hablan de estar asustados, nerviosos o atemorizados.

Una vez adormecidos los sentimientos de alarma, la química que producen (la descarga de adrenalina) puede resultar atractiva e incluso adictiva. Los niños cuyas emociones se cierran como defensa contra la vulnerabilidad pueden dedicarse a bordear el peligro por el subidón que les provoca; de ahí, sin duda, la creciente popularidad de los «deportes extremos».

Cuanto más intensamente orientado hacia sus iguales esté un niño, menos probable es que se sienta aprensivo y precavido. La investigación neurológica revela que hasta un tercio de los delincuentes adolescentes ya no experimenta una actividad cerebral normal en la zona donde se supone que se registran las alarmas. Al no haber un desencadenante funcional de alarma en el cerebro, existen muchas probabilidades de que los impulsos de una persona a atacar estallen en formas violentas.

El efecto del alcohol es un buen ejemplo de esta relación. Adormece la sensación de prevención que mantiene a raya los impulsos agresivos, que avisa de que podemos resultar heridos, meternos en líos o alejar a alguien importante para nosotros. Cuando una persona bebe, se suprimen las partes de su cerebro que normalmente inhiben la agresividad. No debería sorprendernos que la bebida esté implicada en un alto porcentaje de delitos violentos[7]. Los niños creen que el alcohol les da valor cuando, en realidad, lo único que hace es quitarles el miedo. El cerebro, sin embargo, es plenamente capaz de aletargar nuestros sentimientos de alarma sin ayuda del alcohol u otras drogas, y lo hará si las circunstancias le resultan demasiado abrumadoras. Este adormecimiento emocional es el objetivo de demasiados de nuestros niños orientados hacia sus iguales. Por supuesto, cuando llegan a la adolescencia, también son más propensos a beber, lo que aumenta las probabilidades de que lleguen a agredir.

Intentar apagar el fuego de la agresividad en nuestros niños orientados hacia sus iguales es en sí mismo un ejercicio de futilidad. Sin embargo, hasta que no adquirimos conciencia de este hecho y asimilamos nuestra propia tristeza, es poco probable que cambiemos nuestra forma de actuar. Nos encontramos en un terrible aprieto. Cuanto más orientados hacia sus iguales están los jóvenes, más inclinados se muestran a la agresividad, pero también menos receptivos a nuestra disciplina. Cuanto más agresivos son, más distantes y ausentes nos volvemos, lo que deja un vacío aún mayor que llenarán con sus iguales. Nuestra tendencia automática, en tales circunstancias, es centrar nuestra atención y nuestros esfuerzos en calmar su agresividad, en lugar de solucionar el problema subyacente de los apegos mal dirigidos de nuestros hijos. Por muy molesto y angustioso que sea el problema, no podemos permitirnos convertir la violencia en el centro de atención. Nuestra única esperanza de cambiar las cosas es recuperar a nuestros hijos y restablecer su apego a nosotros.

11
LA FORMACIÓN DE ACOSADORES Y VÍCTIMAS

Siempre ha habido matones, como sabrá cualquiera que conozca a Flashman, el personaje fanfarrón pero cobarde del clásico victoriano para niños *Días de escuela de Tom Brown*. Todos podemos recordar episodios de acoso de nuestra infancia, ya fuésemos participantes, testigos o víctimas. A pesar de ello, las proporciones que ha alcanzado el fenómeno, que ha llegado a convertirse en una alarma social muy extendida, son muy recientes. Según el periódico *The New York Times*, «en uno de los estudios más amplios realizados sobre el desarrollo infantil, investigadores de los Institutos Nacionales de Salud [estadounidenses] han informado que aproximadamente una cuarta parte de los alumnos de enseñanza secundaria eran perpetradores o víctimas (o, en algunos casos, ambas cosas) de acoso grave y crónico, una conducta que incluía amenazas, ridiculización, insultos, puñetazos, bofetadas, burlas y mofas»[1].

Hoy en día es raro encontrar un distrito escolar en Estados Unidos (y en otros países) en el que no haya sido necesario instituir programas antiacoso o emitir normas de «tolerancia cero» contra este tipo de conductas. Sin embargo, seguimos sin saber bien a qué se deben. Las medidas propuestas para abordarlas son prediciblemente ineficaces porque, como de costumbre, están dirigidas a las conductas y no a las causas. En el año 2001, por ejemplo, *The New York Times* informaba de que, tras un tiroteo con víctimas mortales en un instituto de Santee, California, provocado por episodios de acoso escolar, el Senado del estado de

Washington aprobó una ley para tomar medidas contra el problema. Según el informe, «los defensores de la ley afirman que puede ayudar a evitar más violencia, pero los escépticos señalan que el instituto californiano donde se produjo el tiroteo ya contaba con programas antiacoso en los que se incluían medidas para denunciar de forma anónima a los alumnos que profirieran amenazas y programas para ayudar a los adolescentes, como uno denominado "Los motes pueden hacernos daño"»[2].

En un estudio que mencionamos en el capítulo anterior, investigadores de la Universidad de York estudiaron grabaciones de cincuenta y tres episodios de acoso entre alumnos en el patio del recreo de diversas escuelas de primaria y descubrieron que, en más de la mitad de ellos, los testigos observaban pasivamente las burlas y la violencia y, casi en una cuarta parte, algunos se unían a los agresores[3].

Un asesinato que concitó la atención internacional en 1997, el de la adolescente de Victoria (Columbia Británica) Reena Virk a manos de sus compañeros, recordaba como una pesadilla al libro *El señor de las moscas*. Reena tenía catorce años en el momento de su muerte, y sus asesinos tenían uno o dos menos. Como en la novela de William Golding, un grupo de adolescentes se volvió contra la más vulnerable del grupo y no consiguieron desahogar plenamente sus frustraciones y su rabia hasta que la niña murió ahogada. Según consta en el informe, uno de los asesinos se estaba fumando un cigarrillo mientras sostenía despreocupadamente la cabeza de la víctima bajo el agua. Muchos de los que no participaron directamente presenciaron la paliza, pero nadie hizo ningún esfuerzo por intervenir ni se animó después a denunciar el incidente a las autoridades. Pasaron varios días antes de que los adultos se enterasen del asesinato.

En *El señor de las moscas*, un grupo de niños integrantes de un coro británico naufragan en una isla tropical. Abandonados a su suerte, se dividen espontáneamente en acosadores y acosados, una situación en la que llegan hasta el asesinato. La interpretación que muchos han dado a la novela de Golding es que los niños albergan un salvajismo indomable bajo un fino barniz de civilización y que solo la fuerza de la autoridad puede mantener bajo control su impulso innato de brutalidad. Esta impresión se ve reforzada por la proliferación de noticias que aparecen en los medios de comunicación sobre niños que victimizan a otros niños. Aunque es cierto que el hecho de que no haya adultos en la vida de los niños es una de las principales causas del acoso, la dinámica real no tiene que ver con la falta de autoridad adulta, sino con la escasez de vínculos adultos. Más exactamente, la disminución de la autoridad adulta está directamente relacionada con el debilitamiento de los vínculos con los adultos y su desplazamiento por los vínculos con los compañeros. En el acoso escolar, como en el legado de la violencia en general, vemos los efectos de la orientación hacia los iguales. De hecho, podemos observar el mismo fenómeno en el mundo animal.

En un experimento con monos de los Institutos Nacionales de Salud de Estados Unidos se separó a un grupo de bebés de los adultos, con lo que se vieron obligados a atenderse unos a otros. A diferencia de los monos criados por los adultos, un gran número de los orientados hacia sus iguales mostraron una conducta de acoso y se volvieron impulsivos, agresivos y autodestructivos[4].

En una reserva natural sudafricana, los guardas del parque observaron con preocupación una gran mortandad de rinocerontes blancos, una especie en peligro de extinción. En un principio se culpó a los cazadores furtivos, pero más tarde se descubrió que el responsable era un grupo de elefantes jóvenes sin escrúpulos. El episodio llamó tanto la atención que el programa de televisión *60 Minutes* emitió un reportaje sobre él. Un relato de Internet ofrece más detalles:

> La historia empezó hace una década, cuando el parque ya no podía sostener a la población de elefantes existente. [Los guardas] decidieron matar a muchos de los adultos cuyas crías tenían edad suficiente para sobrevivir sin ellos. Así, los jóvenes crecieron sin padres.
>
> Con el tiempo, muchos de estos elefantes jóvenes empezaron a vagar juntos en bandas y a hacer cosas que estos animales no suelen hacer. Lanzaban palos y agua a los rinocerontes y se comportaban como los matones del barrio… Unos cuantos machos jóvenes se volvieron especialmente violentos y se dedicaron a derribar rinocerontes y a pisarlos o a arrodillarse sobre ellos, con lo que estos morían aplastados…

La solución fue traer a un macho grande para que los dirigiera y corrigiera su conducta. Pronto el nuevo macho restableció la jerarquía de mando y puso a los jóvenes en su sitio. La matanza cesó.

En ambos casos vemos que el acoso entre animales se produjo tras la destrucción de la jerarquía generacional natural. También entre los niños humanos, este fenómeno es un producto directo de la subversión de la jerarquía que tiene lugar tras la pérdida de las relaciones con los adultos. En *El señor de las moscas*, los niños quedan abandonados a su suerte tras un accidente aéreo en el que no sobrevive ninguno de los mayores que los cuidan. En el asesinato de Reena Virk en Victoria, tanto la víctima como sus agresores eran jóvenes procedentes de entornos familiares problemáticos, intensamente orientados hacia sus iguales, que habían perdido los vínculos afectivos con los adultos. Incluso el matón de la época victoriana, Flashman, era producto de un sistema que sacaba a los chicos de sus hogares cuando aún eran muy jóvenes y los internaba en instituciones donde los valores de los iguales dominaban su vida social y sus relaciones. El acoso escolar siempre ha sido un rasgo endémico de las escuelas masculinas británicas.

El problema subyacente no es el comportamiento en sí, sino la pérdida de la jerarquía natural de apego con los adultos al cargo. Cuando los jóvenes ya no pueden buscar orientación en sus progenitores, quedan reducidos al instinto y al impulso. Como explicaré más adelante, el instinto de dominación surge cuando se pierden las relaciones de apego adecuadas. Por desgracia, a menudo se pasa por alto la dinámica del comportamiento de intimidación, tan profundamente arraigado en el instinto y la emoción. Lo único que concita la preocupación social es lo que vemos de forma inmediata: el comportamiento de acoso y sus terribles efectos sobre las víctimas.

Lo que llama especialmente la atención es la epidemia de acoso en las escuelas. El estereotipo tradicional del acosador como inadaptado social, socialmente desfavorecido, que se aprovecha de los débiles y los vulnerables pero que es condenado al ostracismo por la corriente dominante, ya no se sostiene. En el mundo de nuestros hijos, los acosadores no son marginados. A menudo cuentan con un gran grupo de apoyo, al menos en la escuela. Un estudio publicado en el año 2000 por la Asociación Estadounidense de Psicología descubrió que «muchos chicos muy agresivos y antisociales de la escuela primaria son recompensados con la popularidad». El autor principal de esta investigación fue Philip Rodkin, profesor de la Universidad Duke de Carolina del Norte. «Cuando pensamos en chicos agresivos, tendemos a pensar en individuos perdedores, estigmatizados y fuera de control —afirmó el doctor Rodkin—, pero aproximadamente un tercio de ellos son cabecillas de grupos en el aula. Pueden tener mucha influencia entre sus compañeros y en el conjunto de la clase, aunque sean una minoría, debido a su elevado estatus»[5].

Es muy habitual, pero erróneo, creer que el acoso escolar se origina en un fallo moral o se deriva del maltrato en el hogar, la falta de disciplina o la exposición a la violencia en los medios de entretenimiento. Algunos aspectos pueden surgir de estas fuentes, pero estoy convencido de que el acoso en sí es fundamentalmente el resultado de un fallo en el apego. En cada uno de los ejemplos anteriores, los niños y los animales habían quedado huérfanos, física o emocional y psicológicamente. Para estudiar el efecto de la crianza entre iguales, los monos habían sido separados de sus progenitores; los progenitores de los elefantes habían sido sacrificados. Los adultos de *El señor de las moscas* habían muerto, y los adolescentes de Victoria habían sido apartados de sus progenitores. Todos ellos, animales y niños por igual, sufrían un vacío de apego intolerable. Su comportamiento acosador era una expresión de seres inmaduros que no estaban debidamente instalados en una jerarquía natural de vínculos. Las investigaciones existentes respaldan esta conclusión. Un estudio publicado en *The New York Times* sugiere que, cuanto más tiempo pasan los niños pequeños en compañía de sus iguales y lejos de sus progenitores, más propensos son a desarrollar conductas de acoso. Según el artículo del *Times*, «los niños que pasaban más de treinta horas a la semana lejos de mamá tenían un 17 por ciento de probabilidades de acabar siendo matones y alborotadores, frente a solo un 6 por ciento de los que pasaban menos de diez horas a la semana en la guardería»[6].

Dominación sin cariño

¿Por qué razón los apegos alterados de un niño le predisponen a convertirse en acosador o, para el caso, en víctima? Ya hemos visto que el papel principal del apego en la vida humana es hacer posible que un adulto maduro y cariñoso cuide de un niño pequeño inmaduro y necesitado. Para ello, lo primero que hay que hacer en cualquier relación de apego es establecer una jerarquía de trabajo. Como ya vimos en el capítulo 5, en circunstancias normales, el cerebro de apego asigna al niño un rango de dependencia, mientras que el adulto asume un papel dominante. Sin embargo, el instinto de asumir una posición dominante o dependiente puede activarse en cualquier relación de apego, aunque ambas partes sean inmaduras y ninguna esté en condiciones de atender las necesidades de la otra. El dependiente admira al otro para que lo cuide, mientras que el dominante asume la responsabilidad del bienestar del otro. Entre niños y adultos, la división adecuada de papeles es obvia, o debería serlo, pero, cuando todos son niños, las consecuencias pueden ser desastrosas. Algunos buscan la dominación sin asumir ninguna responsabilidad por los que se someten a ellos, mientras que otros se vuelven sumisos ante los que no pueden cuidarlos, de manera que poderosos impulsos de apego fuerzan a niños inmaduros que deberían estar en igualdad de condiciones a adoptar una jerarquía antinatural de dominación y sumisión.

Algunos niños dominantes se convierten de hecho en las «mamás gallinas» que cuidan de los más pequeños, atienden a los necesitados, defienden a los vulnerables y protegen a los débiles. Hay historias conmovedoras de niños que cuidan de otros niños en ausencia de adultos. Es muy posible que los alfa sean mandones y prepotentes y tiendan a dar órdenes a su prole, pero lo hacen con el fin de cuidar de aquellos que están a su cargo y cumplir sus responsabilidades. Alguien debe hacerlo, y estos niños están a la altura de las circunstancias. A pesar de su carácter dominante, no son matones. No se meten con los débiles, sino solo con quienes molestan a los niños que están a su cuidado. No atacan la vulnerabilidad cuando la ven, sino solo a los que se aprovechan de ella. No tienen una vena mezquina, sino solo un instinto ferozmente protector. Es posible que se peleen o discutan, pero no lo hacen para elevar su posición, sino solo para defender a aquellos que tienen a su cargo. El clásico estadounidense *Los chicos del vagón de carga*, de Gertrude Chandler Warner, es un entrañable relato de ficción sobre niños que asumen responsabilidades entre sí. Cuatro hermanos huérfanos deciden cuidarse unos a otros en lugar de buscar refugio en casa de un abuelo al que ninguno de ellos conoce. Henry, el mayor, llega incluso a encontrar trabajo para mantener a sus hermanos.

Los niños (o los adultos) se convierten en matones cuando el afán de dominio *no* va acompañado de un sentido instintivo de responsabilidad hacia los que ocupan niveles jerárquicos inferiores. Rebajan las necesidades de los demás en lugar de atenderlas, no protegen a los vulnerables sino que los explotan, se burlan de los débiles en lugar de ayudarlos y ridiculizan las desventajas en lugar de preocuparse de ellas.

La dominación no va acompañada de atención porque la huida de la vulnerabilidad del acosador suele ser tan desesperada que lo ha endurecido contra los sentimientos de cuidado y responsabilidad. Los acosadores están, sobre todo, psicológicamente cerrados a cualquier cosa que pueda aumentar su sensación de vulnerabilidad, a todo aquello que les pueda abrir a experimentar de forma consciente su capacidad de resultar emocionalmente heridos. Están ciegos a sus defectos y errores. Para ellos, la invulnerabilidad es una virtud: no hay que mostrar dolor ni miedo. Preocuparse supone implicarse emocionalmente en algo o en alguien. Sentirse responsable es estar abierto a sentimientos de incompetencia y culpa. Sus mantras son «me da igual» y «no es culpa mía».

El acoso surge cuando la necesidad de dominar a los compañeros, impulsada por el apego, se combina con un endurecimiento contra los sentimientos de cuidado y responsabilidad que deberían acompañar a un papel dominante. La defensa del acosador contra la vulnerabilidad inclina la dominación en una dirección destructiva.

No es de extrañar que haya proliferado en el mundo de nuestros hijos.

Qué impulsa a los acosadores a dominar

Una persona que domina es mucho menos vulnerable que la que se encuentra en una posición de dependencia, y por eso los niños más cerrados emocionalmente son también los más propensos a intentar dominar a los demás.

Sin duda, hay algunos que ya antes de orientarse hacia sus iguales están psicológicamente predispuestos a convertirse en acosadores. En esos casos, esta orientación, aunque no sea la causa, proporciona muchas oportunidades para que el niño exteriorice sus impulsos de acosar.

A veces, el impulso de dominación puede ser consecuencia de una experiencia dolorosa sufrida cuando desempeñaba un papel dependiente. Cuando un progenitor o cuidador ha abusado de su posición de responsabilidad avasallando al niño, pisoteando su dignidad, haciéndole daño, no es sorprendente que este desarrolle el deseo de evitar a toda costa una posición dependiente. En cualquier nueva situación de apego, buscará instintivamente el primer puesto. Frank vivió de pequeño con un padrastro que le pegaba con regularidad. Cuando sus compañeros sustituyeron a sus progenitores como apegos importantes, este niño de doce años intentó con todas sus fuerzas salir victorioso. Emuló exactamente lo que le hacían. De este modo, y no a través de los genes, los acosadores pueden engendrar acosadores.

Un niño también puede estar predispuesto a convertirse en un matón si sus progenitores no le han transmitido la seguridad de que hay un adulto competente, bondadoso y capacitado al mando. El niño, por mucho que se resista a que sus padres lo dirijan y se esfuerce por conseguir más autonomía de la que puede gestionar, anhela sentir que está en manos de alguien lo bastante fuerte y sabio como para cuidar de él. El fracaso de los progenitores a la hora de establecer el dominio del apego parece ir en aumento, debido en parte a la forma actual de crianza y a la devaluación de la intuición paterna. Da la impresión de que muchos padres ponen a los niños al frente y buscan en ellos pistas sobre cómo criarlos. Algunos aspiran a evitar disgustos y frustraciones e intentan por todos los medios que su hijo lo tenga fácil. Los niños que se crían de esta forma nunca sienten la frustración necesaria que se produce al enfrentarse a lo imposible. Se les priva de la experiencia de transformar la frustración en sentimientos de futilidad, de desprenderse y adaptarse. Otros progenitores confunden el respeto a sus hijos con complacer sus deseos en lugar de satisfacer sus necesidades.

Algunos pretenden dar poder a sus hijos ofreciéndoles opciones y explicaciones, cuando lo que el niño realmente necesita es que se le permita expresar la frustración que le provoca el hecho de que la realidad impida algunos de sus deseos, que se le dé la libertad de rebelarse contra algo que no le satisface. Otros progenitores esperan que sus hijos satisfagan sus propias necesidades de apego. Muchos, en el inestable clima socioeconómico actual, están físicamente presentes para sus hijos, pero demasiado preocupados por las tensiones de sus vidas como para estar también plenamente presentes en términos emocionales.

Si los progenitores están demasiado necesitados o son demasiado pasivos o inseguros para afirmar su dominio, los instintos de apego van a llevar al niño a esa posición de dominio por defecto. Esos niños pueden volverse mandones y controladores. Así, un niño de cinco años le dijo a su madre:

—¿Cómo puedes decir que me quieres cuando no haces lo que te digo?

Una niña de preescolar susurró al oído de la suya:

—Si no me haces caso, te mataré cuando sea mayor.

Cuando los progenitores no ocupan la posición que les corresponde en la relación con sus hijos, el vínculo se invierte. Si mi propia práctica profesional puede servir de referencia, puedo afirmar que los niños cada vez intimidan más a sus progenitores. Cuando estos niños se orientan hacia los iguales, su cerebro selecciona de forma natural el modo dominante y empiezan a intimidar a sus compañeros.

Qué hacen los acosadores para dominar a los demás

La dominación se puede establecer de muchas formas. La más directa consiste en ponerse por encima de los demás presumiendo o alardeando, presentándose como el más grande, el mejor, el más importante. Sin embargo, la más común es menospreciar a los otros, y el matón suele ocuparse de demostrar a los demás quién manda y de mantenerlos a raya. Los métodos para conseguirlo son abundantes: condescendencia, desprecio, insultos, menosprecio y degradación, humillación, burlas y bromas, vergüenza. El acosador busca instintivamente la inseguridad de los demás y trata de explotarla a su favor. Disfruta haciendo que los demás parezcan tontos o estúpidos, o que se avergüencen. Para ensalzarse a sí mismo humilla de manera instintiva a los demás. No tiene que aprender a hacerlo, porque las técnicas que necesita surgen espontáneamente de su psicología.

Por supuesto, lo que quiere un acosador es lo mismo que quiere cualquier niño: algo que satisfaga su hambre de apego, y debe lograrlo de la forma menos vulnerable posible. De las seis formas de apego que enumeré en el capítulo 2, la semejanza es la que resulta menos vulnerable*. En la otra cara de la moneda, las diferencias se convierten en los objetivos principales del insulto. Cualquier cosa que destaque, que haga único a un niño, que no se valore en la cultura de los compañeros, convierte a su poseedor en objetivo del acosador. A los matones les repugnan las diferencias y dominan atacando las de los demás. Otra de las formas menos vulnerables de apego es ser significativo, ser importante a los ojos de alguien. En su afán de superioridad, los acosadores explotan cualquier inferioridad que perciban en los demás, del mismo modo que se burlan y devalúan cualquier superioridad que puedan ver en otros. No soportan que nadie sea más importante que ellos.

Otra forma de lograr el dominio es intimidar. Provocando miedo, el matón gana ventaja. Por eso se esfuerza por asustar a los demás mediante amenazas, retos, historias y tácticas. Para consolidar su posición nunca deben mostrar su temor. Algunos adolescentes llegan a extremos ridículos para demostrar su intrepidez, quemándose o cortándose y enseñando sus cicatrices para demostrar que no tienen miedo. No hay que subestimar el poder de estos instintos. Hacer entrar en razón a estos niños es imposible porque nuestros argumentos no tienen sentido para ellos.

Una de las formas más primitivas de establecer la dominación, por supuesto, es conseguir la superioridad física. Un adolescente que testificó en un juicio celebrado en Toronto, en el que él y tres de sus

---

* Véase «Las seis formas de apego», en el capítulo 2. Las vulnerables, como la apertura psicológica y la intimidad, son anatema para el acosador.

compañeros fueron acusados de haber matado a golpes a un chico de quince años, declaró que sus amigos se habían dedicado a fanfarronear después de la agresión. Se estaban «engrandeciendo», dijo.

Solía haber importantes diferencias de género en esta lucha por la dominación, así como muchas normas culturalmente definidas sobre cómo conseguirla. La orientación hacia los iguales ha reducido las diferencias de género, ha despojado a la competición de sus reglas socialmente aceptadas y ha hecho que la búsqueda de la dominación sea más desesperada que nunca. Ahora las chicas también la establecen atacando físicamente a otras. En ocasiones, estas peleas se interpretan en el sentido de que ahora son menos remilgadas y correctas, menos inhibidas que en épocas pasadas, es decir, una expresión del «poder de las chicas». No es así, ni mucho menos; la intimidación que sufren algunas niñas por parte de otras es una señal de regresión emocional, no de liberación.

Otra forma más de conseguir la dominación es exigir deferencia, el comportamiento característico del matón. Los demás niños le perciben como alguien que tiene que salirse con la suya y que no se detiene ante nada para conseguirlo. ¿Qué hace que sean tan exigentes? Una vez más, tenemos que fijarnos en la dinámica del apego y la vulnerabilidad. Aunque no sean conscientes de ello, los acosadores están llenos de frustración por la pérdida de sus apegos con los adultos y sus vínculos empobrecidos con los compañeros. Como su defensa psicológica es demasiado fuerte y les impide saber por qué se sienten descontentos, exigen cosas que están muy alejadas de las fuentes de su frustración. Están atrapados. Nunca pueden exigir lo que realmente necesitan: calor, amor, relación. La deferencia, o la apariencia de tal, es un sustituto muy pobre. Así pues, todo aquello que reciben en respuesta a sus exigencias (aunque se satisfagan plenamente) no consigue nunca aplacar su hambre fundamental de alimento emocional. Sus intentos de calmar esas ansias resultan infructuosos, pero, como no pueden permitirse experimentar la verdadera futilidad de todo ello, no pueden dejarlo pasar. Sus exigencias son perpetuas.

Se exige deferencia porque es una poderosa señal de lealtad y sumisión. Al matón no parece importarle que no se muestre de corazón, sino solo a petición o bajo amenaza. Los acosadores no dudan en exigir lo que no pueden inspirar, en tomar lo que no se les da libremente. No comprenden jamás la inutilidad de tal esfuerzo; son incapaces de diferenciar entre las muestras externas de respeto y la realidad, o de entender que la cercanía y el contacto que se ofrecen bajo presión no son auténticos y nunca pueden satisfacer. Como la deferencia que obtiene por la fuerza no le sacia, tanto el hambre de apego del acosador como su frustración se vuelven cada vez más intensas. Jamás podrá conseguir de este modo aquello que realmente quiere: unas relaciones que le satisfagan emocionalmente.

Qué desencadena el ataque de un acosador

El acosador se siente provocado a atacar siempre que se frustran sus demandas, aunque no hayan sido expresadas. Por ejemplo, es extremadamente sensible a la falta de deferencia. Incluso mirarle de forma equivocada puede desencadenar una reacción. Caminar por un pasillo lleno de acosadores es como atravesar un campo de minas, hay que avanzar con sumo cuidado para evitar desencadenar una reacción violenta. Por desgracia, no siempre está claro cuál es ese movimiento equivocado hasta que ya es demasiado tarde. Para una niña, Justine, fue rozar la bandeja de un matón en la cafetería. Para Franca fue bailar con un chico al que la chulita de la clase había marcado como suyo. A estas dos niñas sus errores les valieron meses de amenazas y acoso que les amargaron la vida e influyeron sobre sus notas, a pesar de que ambas eran bastante espabiladas y por lo general conseguían esquivar el peligro.

Muchos niños son absolutamente incapaces de no meterse en problemas en un mundo donde reinan los acosadores. Por desgracia, uno de los principales efectos de la orientación hacia los iguales es que genera defensas contra la vulnerabilidad necesaria para percibir las indicaciones de hostilidad y rechazo. Cuando se silencia el sistema de alarma, disminuye la capacidad de leer las señales que deberían incitar a la cautela. De este modo, la orientación hacia los iguales no solo crea acosadores, sino que prepara a las víctimas. Estos niños desafortunados siempre están en peligro. Eso fue lo que le sucedió a Reena Virk, la víctima de la paliza y el ahogamiento en Victoria. Tenía una orientación muy intensa hacia sus iguales, pero se defendía para no sentir las heridas de su rechazo. Cuanto más la excluían, más se esforzaba por encajar en el grupo. Incluso estando ya cerca del final, parece ser que rogaba a sus asesinos que fueran amables con ella, les suplicaba y les decía que les quería. En lugar de alarmarse y actuar con cautela, caminó ciegamente hacia su propia desaparición. Esta dinámica, en formas menos graves, se repite cientos de veces al día en los patios de las escuelas de todo el mundo. Los niños caminan hacia el peligro porque han conseguido desintonizar las señales sociales de rechazo y los mensajes hablados o tácitos que deberían alarmarlos.

Además de la falta percibida de respeto o la ausencia de sumisión, el otro desencadenante principal del acoso es una muestra de vulnerabilidad. Un niño nunca debe mostrarle a un acosador cómo puede herirle o pagará caro su error. Revela que algo te duele y el acosador te meterá el dedo en la llaga. Muestra qué es importante para ti y el matón encontrará la forma de estropearlo. Dar la impresión de estar necesitado, ansioso o entusiasta supone convertirse en objetivo. La mayoría de nuestros hijos lo saben y camuflan cuidadosamente su vulnerabilidad ante quienes podrían atacarla. No pueden decir que nos echan de menos o se convertirían en el hazmerreír de sus compañeros. No pueden admitir que les ha dolido un comentario o se mofarán de ellos sin piedad. No pueden confesar que son sensibles o las burlas no cesarán jamás. Deben aprender a ocultar su miedo, a no mostrar nunca alarma, a negar su herida. Para sobrevivir en un mundo donde reinan los matones, nuestros hijos deben esconder cuidadosamente todo rastro de vulnerabilidad, borrar toda señal de afecto. Ese es sin duda el motivo por el que tantos niños suprimen cualquier sentimiento de empatía hacia las víctimas del acoso.

En las jerarquías sesgadas creadas por la orientación hacia los iguales, algunos niños se vuelven sumisos. En esto se rigen por su instinto tanto como los impulsados a dominar. Frente a un compañero dominante, los niños sumisos muestran automáticamente deferencia. Parte de esa demostración de sumisión consiste en mostrar vulnerabilidad, del mismo modo que un lobo de una manada se da la vuelta para exponer su garganta al líder más poderoso. Está presentando la parte más vulnerable de su cuerpo, indicando sumisión. Este comportamiento está profundamente arraigado en el instinto de apego. En circunstancias naturales, mostrar la propia vulnerabilidad debería engendrar cuidados. Decir que algo te duele debería provocar ternura. Sin embargo, a los ojos del acosador, esa vulnerabilidad tan descarada es como un trapo rojo para un toro y enciende su impulso de atacar. Tanto las víctimas como sus acosadores no hacen más que seguir lo que marcan sus instintos inconscientes, pero con consecuencias terribles para las víctimas.

Retroceder hacia los apegos

Entre las oscuras predisposiciones de los acosadores encontramos un proceso peculiar que yo denomino «retroceder hacia los apegos». Una persona emocionalmente sana aborda los vínculos de forma directa, de frente, por así decirlo. Expresa sus necesidades y deseos abiertamente, y con ello revela su vulnerabilidad. Al matón, sin embargo, le resulta demasiado arriesgado buscar la proximidad sin tapujos. A un acosador orientado hacia sus iguales le asustaría demasiado decir «me gustas», «eres importante para mí», «te echo de menos cuando no estás», «quiero que seas mi amigo». No puede admitir en ningún momento su hambre insaciable de conexión; de hecho, la mayor parte del tiempo ni siquiera es capaz de sentirla de forma consciente.

Entonces, ¿qué hace para apegarse? Recuerda que el apego tiene aspectos negativos y positivos. Es lo que en el capítulo 2 describí como su naturaleza bipolar. He aquí, pues, una segunda forma negativa de establecer conexión. Para intentar acercarse a aquellos cuya proximidad ansía, se aleja de las personas con las que no quiere tener contacto. Aunque indirecto y poco eficaz, este enfoque también conlleva un riesgo mucho menor de resultar herido o rechazado. Permite que el acosador no parezca nunca preocupado por el resultado, que jamás revele que está poniendo sus emociones en una relación a la que aspira. En lugar de expresar directamente su anhelo de contacto con la persona deseada, se resistirá al trato con las demás ignorándolas y rehuyéndolas de forma ostentosa, sobre todo en presencia de aquella a quien realmente busca. En vez de imitar a quien secretamente desea acercarse, se burla de los demás y los remeda. Como está demasiado congelado en términos emocionales para abrirse a los que le importan, guarda secretos acerca de los que no cuentan para él… o incluso los crea.

Así es como surge la personalidad del acosador: distancia a una persona para acercarse a otra, vierte desprecio aquí para establecer una relación allá, rehúye y condena al ostracismo a unas personas para cimentar la conexión con otras. Amar conlleva un riesgo, pero detestar no; admirar supone un riesgo, pero despreciar no; querer ser como otro implica una vulnerabilidad, pero burlarse de los que son diferentes no. Los acosadores toman instintivamente la ruta menos vulnerable para llegar a su destino.

Los receptores de este comportamiento instintivo no suelen encontrarle ningún sentido. «¿Por qué a mí?», «¿qué he hecho yo para merecer este tipo de trato?», «¿por qué se mete conmigo si yo estoy a lo mío?». No es de extrañar que se sientan confusos y desconcertados. En realidad, es muy raro que la situación tenga algo que ver con ellos. Los objetivos son solo un medio para alcanzar un fin, y el acosador necesita encontrar a alguien que sirva a ese fin. No es nada personal; casi nunca lo es. El único requisito para que se metan contigo es no ser alguien a quien el acosador tenga apego. Por desgracia, cuando los peones involuntarios de esta estrategia de apego se toman ese trato a pecho, el destrozo psicológico que sufren es aún mayor. Es difícil evitar que algunas víctimas de los acosadores asuman que debe haber algo en su persona que no está bien o que de alguna manera son responsables del trato que reciben. Si no están protegidos por fuertes vínculos con los adultos, corren un gran riesgo de sufrir graves heridas emocionales, un cierre emocional profundamente defensivo, depresión o algo peor.

A medida que vaya aumentando la población de acosadores, también se incrementará la probabilidad de que otros niños se pongan en su punto de mira. Dondequiera que se reúnan dos o más niños orientados hacia sus iguales, es probable que retrocedan hacia sus apegos mutuos condenando a los demás al ostracismo. «¿No la odias?». «Ahí va ese perdedor». «Es una esnob». «Ese tío es imbécil». La charla basura puede no tener fin. A los ojos de los adultos, ese tipo de conducta puede resultar desconcertante, ya que, en otro entorno, esos mismos niños pueden ser educados, encantadores y simpáticos. La personalidad de algunos puede cambiar en un abrir y cerrar de ojos, dependiendo de con quién estén y hacia qué polo, negativo o positivo, tire el imán del apego.

Cómo conseguir que un acosador deje de serlo

Es importante recordar que el acoso no es intencionado. Los niños no quieren ser acosadores, ni siquiera necesitan aprender a serlo, puesto que eso puede surgir espontáneamente en cualquier cultura. Es un error creer que el comportamiento agresivo de un acosador refleja su verdadera personalidad. Estos chicos no son unos simples huevos podridos, sino unos huevos de cáscara muy dura que progenitores y profesores han sido incapaces de incubar para convertirlos en seres independientes. El acoso es el resultado de la interacción entre las dos dinámicas psicológicas más significativas del cerebro emocional de los seres humanos, el apego y la autoprotección, que camuflan la personalidad innata del niño.

Si queremos rescatar al acosador, lo primero que debemos hacer es ponerlo en su sitio, pero no en el sentido de darle una lección, castigarlo o menospreciarlo, sino en el de volver a colocarlo en una jerarquía natural de apego. La única esperanza que le queda es que se apegue a algún adulto que, a su vez, esté dispuesto a asumir la responsabilidad de alimentar sus necesidades emocionales. Bajo esa dura coraza exterior se esconde un joven profundamente herido y su barniz de fortaleza solo desaparecerá en presencia de un adulto que se preocupe de verdad por él.

—Una vez le pregunté a un matón cómo se sentía al ver que todo el mundo le tenía miedo —me dijo un orientador de secundaria—. «Tengo muchos amigos —me respondió—, pero en realidad no tengo ninguno». Y al decirlo, estalló en sollozos.

Cuando un acosador ya no se siente abandonado, cuando ya no necesita valerse por sí mismo para satisfacer su hambre de apego, el acoso se vuelve inútil. En la versión cinematográfica de *Las dos torres*, la segunda parte de la trilogía de *El señor de los anillos*, vemos un ejemplo conmovedor de cómo el comportamiento agresivo se vuelve superfluo una vez satisfechas las necesidades de apego. Gollum, una criatura viscosa, retorcida y hambrienta de emociones, repleta de amargura y odio, entabla un diálogo interno consigo mismo cuando se apega al hobbit Frodo, al que llama «Amo».

—Ya no te necesitamos —le dice a su otro yo, desconfiado, manipulador e incluso asesino—, *ahora el Amo cuida de nosotros.*

Si, en resumen, tuviéramos que describir la esencia del matón, hablaríamos de una dura coraza de emociones enquistadas que protege a una criatura muy sensible al apego, muy inmadura y enormemente dependiente que busca la posición dominante. Aunque este comportamiento puede deberse a otras circunstancias, es un resultado predecible de la orientación hacia los iguales que conduce y exacerba el acoso y, entre los niños de hoy, su origen más frecuente. Todos los atributos de los acosadores surgen de la combinación de estas dos poderosas dinámicas: un apego intenso, invertido y desplazado y una huida desesperada de la vulnerabilidad. El producto de esta unión es el acosador, un niño duro, mezquino, muy exigente, que se mete con los demás, se mofa, se burla, amenaza e intimida. Además, es sensible a los desaires, se deja provocar fácilmente, no tiene miedo ni es capaz de llorar y se aprovecha de la debilidad y la vulnerabilidad de los demás.

La orientación hacia los iguales es lo que engendra tanto a los acosadores como a sus víctimas. Hemos mostrado una ingenuidad muy peligrosa al pensar que juntando a los niños fomentaríamos valores y relaciones igualitarias. Lo que hemos conseguido ha sido allanar el camino para la formación de jerarquías de apego nuevas y perjudiciales. Estamos creando una comunidad que abona el terreno para que aparezca una situación propia de *El señor de las moscas*. La orientación hacia los iguales está dejando huérfanos a nuestros hijos y convirtiendo nuestros colegios en orfanatos de día, por así decirlo. La escuela es ahora un lugar donde los niños orientados hacia sus iguales están juntos en los comedores, pasillos y patios escolares y relativamente libres de la supervisión de los adultos. Debido a la poderosa reorganización del apego que tiene lugar tras la orientación hacia los iguales, las escuelas también se han convertido en fábricas de acosadores, de forma involuntaria e inadvertida, pero también trágica.

La mayoría de los planteamientos que se hacen para combatir el acoso escolar se quedan cortos porque no comprenden la dinámica subyacente. Los que lo perciben como un problema de conducta consideran que pueden acabar con ese comportamiento imponiendo sanciones y consecuencias. Sin embargo, esas consecuencias negativas no solo no calan, sino que alimentan la frustración y aíslan aún más a los acosadores. El fuerte no es el acosador, sino la dinámica que lo crea. Y, en la cultura de los iguales, la oferta de posibles víctimas también resulta inagotable.

La única forma de conseguir que un acosador deje de serlo es invertir la dinámica: reintegrar al niño a una jerarquía de apego adecuada y luego proceder a ablandar sus defensas y satisfacer su hambre de apego. Aunque pueda resultar muy complicado, es la única solución que ofrece posibilidades de éxito. Los métodos actuales que se centran en desalentar el comportamiento intimidatorio o, alternativamente, en exhortar a los niños a comportarse de forma civilizada unos con otros, pasan por alto la raíz del problema: estos chicos no dependen de un modo vulnerable de los adultos que los cuidan. Hasta que no veamos el acoso como el trastorno de apego que realmente es, es poco probable que nuestros remedios consigan cambiar demasiado la situación.

Del mismo modo, la mejor forma de proteger a las víctimas es también volver a hacerlas depender de los adultos responsables de ellas para que puedan sentir su vulnerabilidad y llorar por lo que no les funciona. En la mayoría de los casos, los que corren mayor riesgo son los niños que están demasiado orientados hacia sus iguales como para apoyarse en los adultos.

Hace poco participé en un programa especial de la televisión nacional canadiense que trataba sobre el acoso escolar y en el que intervenían varios progenitores cuyos hijos se habían suicidado por sufrir esta situación. En el programa participaba también una niña a la que le habían amargado la vida. Su madre contó que su hija rompía a llorar casi todos los días cuando volvía del colegio y relataba sus angustiosas experiencias. Después del programa, la presentadora me mostró su preocupación porque esta chica pudiera correr también el riesgo de quitarse la vida. Yo le respondí que todo lo contrario, que su dependencia de su madre y las palabras y lágrimas que derramaba en la seguridad de su relación eran su salvación. Los chicos que se habían quitado la vida eran enigmas para sus progenitores. Sus suicidios habían sido una completa sorpresa. Estas tristes víctimas se habían orientado demasiado hacia sus iguales como para hablar con sus progenitores sobre lo que estaba ocurriendo y habían erigido demasiadas defensas contra su vulnerabilidad como para encontrar las lágrimas relacionadas con el trauma que estaban experimentando. Su frustración había ido aumentando hasta que ya no pudo contenerse. En estos casos concretos, los niños se atacaban a sí mismos en lugar de a los demás. También en este sentido, los acosadores y los acosados suelen estar cortados por el mismo patrón: ambos carecen de vínculos adecuados con adultos que les den cariño. Independientemente de la infelicidad que puedan sentir a veces, los niños no corren el riesgo de agredirse a sí mismos o a otros mientras sean capaces de apoyarse en sus progenitores, afrontar lo que les angustia y responder con los sentimientos adecuados de futilidad.

Algunas personas, incluidas las consideradas expertas, ven el problema del acoso escolar como un fallo en la transmisión de valores morales. La percepción es real, hasta cierto punto, pero en absoluto en el sentido que se suele suponer. El fracaso no consiste en no haber enseñado a nuestros hijos los valores del cariño y la consideración, porque surgen de forma natural en aquellos que sienten con la suficiente profundidad y vulnerabilidad. El problema no es la quiebra de la educación moral del acosador sino la desaparición de los valores básicos de apego y vulnerabilidad en la mayor parte de la sociedad. Si se tuvieran en cuenta, la orientación hacia los iguales no proliferaría ni engendraría acosadores y víctimas.

12
UN GIRO SEXUAL

Jessica, de trece años, le confió a su amiga Stacey que unos niños del colegio la estaban presionando para que practicara sexo oral a un compañero de clase en una fiesta que se iba a celebrar.

—Me dicen que así es como demuestro que pertenezco a su grupo —le dijo.

No tenía claro qué sensaciones le despertaba todo aquello. No sentía ningún interés sexual por el chico, pero le gustaba ser el centro de tanta atención. La cuestión de si lo haría o no había levantado un debate muy intenso en el colegio. La muchacha tenía sobrepeso y jamás había pertenecido al grupo de la gente popular. Stacey, apabullada por la responsabilidad de tener que aconsejar a su amiga sobre un asunto con tanta carga emocional, le contó a su padre el dilema. Este, tras pensárselo bien, consideró que lo mejor era informar de ello a los padres de Jessica, que se quedaron muy sorprendidos porque no tenían ni idea de la precaria situación social de su hija ni de la presión que estaba afrontando para empezar a ser sexualmente activa. Cuando por fin hablaron con ella sobre el asunto, el acto ya había tenido lugar. La muchacha había sucumbido... en este caso, ni siquiera a las exigencias sexuales de un chico al que estuviera intentando agradar o con el que esperara entablar una relación, sino sencillamente a la persuasión de su grupo de compañeros.

Como todos podemos entender, es muy raro que el sexo signifique solo sexo; en el caso de Jessica, es evidente que no era así. A veces es un ansia de ser deseado. Puede ser un escape del aburrimiento o de la soledad. También puede ser una forma de marcar un territorio o de reclamar una posesión, o servir como un intento de asegurar una relación exclusiva con otra persona. Puede ser un símbolo muy poderoso de estatus y reconocimiento. También puede estar relacionado con lograr una buena reputación, con integrarse en un grupo, con encajar o aferrarse y mantenerse. Puede significar dominación o sumisión o servir para agradar a una persona. En algunos casos refleja una falta de límites y una incapacidad para decir que no. Y, por supuesto, también puede expresar amor, una fuerte pasión y una verdadera intimidad. Casi siempre, de una forma u otra, está relacionado con el apego. En la vida de nuestros adolescentes es, por lo general, una expresión de necesidades de apego insatisfechas.

La edad de inicio de la actividad sexual es cada vez más temprana. Según un estudio realizado en 1997 por los Centros para el Control de Enfermedades de Estados Unidos, el porcentaje de niñas de entre catorce y quince años que habían mantenido relaciones sexuales antes de los trece (un 6,5 por ciento) duplicaba el de las de entre diecisiete y dieciocho. Entre los chicos estadounidenses de catorce y quince años, casi el 15 por ciento admitió haber tenido actividad sexual antes de los trece, más del doble de los que tenían entre diecisiete y dieciocho. Y lo mismo sucede en Canadá, donde un estudio publicado en el año 2000 reveló que más del 13 por ciento de las niñas de los años noventa mantenía relaciones sexuales antes de los quince años, el doble que en la estadística comparable de principios de los años ochenta[1]. En ambos países existe evidencia empírica de que un gran número de adolescentes practican sexo oral como sustituto del coito sin reconocer que han mantenido relaciones sexuales. «Existe un cambio muy preocupante en la actitud hacia el sexo oral, el coito anal, cualquier cosa *menos*...», señaló Eleanor Maticka-Tyndale, profesora de Sociología de la Universidad de Windsor.

Un joven de diecinueve años, promesa del béisbol, elegido en el *draft* de 2003 por los Dodgers de Los Ángeles, fue declarado culpable por invitar a una menor a realizarle tocamientos sexuales y se le condenó a cuarenta y cinco días de cárcel. En cierta ocasión, el joven deportista había hecho que dos niñas de doce y trece años le practicaran sexo oral. En su exitosa apelación alegó que no había sido él quien había iniciado el contacto, sino las niñas. ¿Y por qué? Las dos presuntas víctimas declararon al tribunal que en su comunidad era habitual que las chicas de primero de secundaria ofrecieran sexo oral a los chicos. Una de ellas dijo que lo había hecho porque «todo el mundo lo hacía y no quería que la dejaran de lado»[2].

Esta preocupante precocidad de la actividad sexual viene acompañada de la devaluación de la sexualidad. Entre el contacto sexual como expresión de intimidad genuina y el que se practica como dinámica primitiva de apego existe una gran diferencia. El resultado de este último es siempre la insatisfacción y una promiscuidad adictiva, como experimentó Nicholas, de diecisiete años.

—Hay algo que no está como debiera —empezó diciendo—. Todo me va bien: tengo mucho sexo, pero creo que nunca he hecho el amor de verdad. Todos mis amigos me admiran por el tipo de chicas con las que ligo. Sin embargo, eso que llamáis intimidad no se me da demasiado bien. Por la mañana, nunca sé qué decirle a una chica. Lo único que me apetece es llamar a alguno de mis colegas para presumir.

Podríamos decir que el dilema de Nicholas es el viejo síndrome del donjuanismo que han padecido muchos varones, pero lo cierto es que hoy en día se enfrentan a él muchos jóvenes cuya iniciación e historia sexual se producen en el contexto de la cultura de los iguales.

Tanto Nicholas como Jessica tenían una orientación hacia sus iguales muy pronunciada. En palabras de Nicholas:

—No me siento unido a mi familia. De hecho, mis amigos son mucho más mi familia para mí que la real. Ni siquiera me apetece estar cerca de ella.

Yo los conocía bastante bien, tanto a él como a sus familiares. Tenía tres hermanas y unos progenitores que le querían con toda el alma. Sin embargo, en lugar de saciar su hambre de apego con ellos, intentaba hacerlo con sus compañeros. Durante la adolescencia de este chico, su padre, profesional liberal, estuvo dos años totalmente centrado en su carrera y su madre sufrió una depresión inducida por el estrés. Un periodo tan relativamente corto en esta época crucial de la vida de

Nicholas bastó para crear un vacío de apego que vino a llenar el grupo de iguales. Así de susceptibles son los niños hoy en día en una cultura que ya no proporciona vínculos adultos sustitutorios cuando, por la razón que sea, los lazos familiares se debilitan aunque sea de manera temporal.

Jessica también estaba desvinculada emocionalmente de sus progenitores. Yo apenas conseguía que hablara de ellos y, cuando lo hacía, era solo para decir que estaban interfiriendo en su vida, una vida que giraba en torno a sus iguales. Esta orientación se manifestaba en su insaciable hambre de aceptación, su obsesión por la mensajería instantánea a través de Internet y su absoluto desprecio por valores adultos como el trabajo escolar y el aprendizaje. Según ella, nada era más importante que ser querida, deseada y reclamada por sus amigos.

Para Nicholas, el sexo era una cuestión de conquista y trofeos, de salir vencedor, de aumentar su estatus entre sus colegas. Para sus compañeras, aparentemente dispuestas, podía ser una afirmación de su atractivo, un sello de aprobación por ser objeto de deseo, una experiencia de proximidad íntima o un signo de pertenencia y exclusividad. Para Jessica, el sexo oral era un rito de iniciación social, un precio que tenía que pagar para ser admitida en un club social al que ansiaba unirse.

Para Heather, de catorce años, el sexo consistía en hacer suyos a los chicos, atraer su atención y afecto, vencer a la competencia. Era otra niña muy orientada hacia sus iguales, bastante popular y enormemente orgullosa de su capacidad para interesar a los chicos. Empezó su actividad sexual a los doce años, pero consiguió ocultarlo a sus progenitores. Cuando vino a verme, enviada por estos porque la consideraban ingobernable, tenía una experiencia inusual para su edad. Se jactaba de que, antes de ir al instituto, se había «trabajado» tres escuelas de primaria distintas al mismo tiempo, buscando en ellas a «los chicos más populares» y haciéndolos suyos gracias a sus proezas sexuales y su precocidad. Su tono de voz mostraba un enorme desprecio hacia las chicas que no eran capaces de conseguirlo y afirmaba que eran estúpidas y nada más que unas perdedoras. Al hablar de uno de sus actuales compañeros sexuales, decía que era su novio, pero no parecía sentirse culpable de su falta de fidelidad.

—No hablamos mucho —dijo—, y lo que él no sepa no le hará daño —y añadió que lo que realmente le molestaba era que él fuera medio centímetro más bajo que ella—. Además, el sexo con los otros chicos es solo físico.

Identificó a su novio como la persona a la que se sentía más cercana, pero esta cercanía no parecía incluir un sentimiento de intimidad emocional ni psicológica.

El divorcio que puede llegar a existir entre el sexo adolescente y la intimidad queda ilustrado en la siguiente anécdota de la doctora Elaine Wynne, que trabaja en una clínica juvenil.

—Una chica de quince años vino a mi consulta para hacerse una revisión rutinaria y una citología —me contó—. Mientras le hacía el examen pélvico, mencionó casualmente que no conseguía saber si su novio eyaculaba durante las relaciones sexuales. Y eso le preocupaba. «¿Has pensado en preguntárselo?», le dije. «¿Estás de broma? Es una pregunta demasiado personal», me contestó.

Resulta inquietante observar lo que el sexo provoca en los chavales orientados hacia sus iguales y lo que la orientación hacia los iguales causa en la sexualidad. Está claro que no todos estos adolescentes van a ser sexualmente activos, ni vivirán su sexualidad de la misma manera, pero la cultura en la que están inmersos está impregnada de una sexualidad extrañamente distorsionada: pseudosofisticación sin madurez, juego físico de la intimidad sin ninguna preparación psicológica para afrontar las consecuencias.

Factores físicos como la maduración fisiológica y las «hormonas desatadas» no explican por sí solos la sexualidad adolescente. Para comprender plenamente el comportamiento sexual precoz de los jóvenes tenemos que volver a examinar tres conceptos que ya presenté en capítulos anteriores: el apego, la vulnerabilidad y la maduración. La clave, como siempre, es el apego. El factor crítico no es el despertar sexual de la adolescencia, sino que el adolescente orientado hacia sus iguales es un ser sexual propenso a utilizar cualquier cosa que tenga a su alcance para satisfacer su necesidad de apego. Cuanto menores sean su vulnerabilidad y su madurez, más probable será que su impulso de apego encuentre una expresión sexual.

El sexo como expresión del hambre de apego

En el orden natural de las cosas, el sexo tiene lugar entre seres maduros, no entre niños y las personas responsables de ellos. Cuando los niños buscan la proximidad emocional con los adultos, la interacción sexual es muy poco probable. Sin embargo, si esos mismos niños se orientan hacia sus iguales, esa hambre de contacto puede sexualizarse. El sexo se convierte en un instrumento de apego entre iguales. Los niños que han sustituido a sus progenitores por compañeros son los más propensos a mostrar interés por la sexualidad o a ser sexualmente activos. Los que carecen de un sentimiento de intimidad con sus progenitores son los que más necesitan buscar esa intimidad con sus iguales, pero en este caso a través del sexo y no de los sentimientos o las palabras. Es lo que sucedía en los casos de Nicholas, Heather y Jessica, que se habían apartado de sus progenitores por su orientación hacia sus iguales. Utilizaban el sexo con estos para intentar satisfacer su hambre de conexión y afecto.

El sexo es un instrumento muy fácil de usar para quienes buscan satisfacer necesidades primitivas de apego. En el capítulo 2 enumeré las seis formas de apego, la primera de las cuales se produce a través de los sentidos físicos. Si un niño busca la proximidad sobre todo mediante el contacto físico, el sexo le resultará muy eficaz. Si el apego se busca en la semejanza, el comportamiento del niño se ajustará a los valores del grupo de iguales, como en los casos de Jessica y las dos muchachas que practicaron sexo oral al jugador de béisbol. Para una persona que busca la tercera forma de apego (pertenencia exclusiva y lealtad), la interacción sexual será muy tentadora. Si un niño se siente atraído por la cuarta vía (ser importante para alguien), la afirmación del estatus o el atractivo se convertirán en su principal objetivo, y el sexo, en un método de calificación muy útil. Por supuesto, el contacto sexual también puede representar sentimientos amorosos y verdadera intimidad, pero para los adolescentes inmaduros y orientados hacia sus iguales rara vez lo hace, por mucho que a ellos les guste creerlo. Carecen de la vulnerabilidad y la madurez necesarias para que su sexualidad alcance estas dos formas más elevadas de apego, como explicaré a continuación.

Los estilos de moda actuales en el vestir, el maquillaje y la conducta fomentan la sexualización de chicas jóvenes que no están en absoluto preparadas para la actividad sexual madura. La apariencia física, con su enorme componente sexual, se ha convertido en una medida primordial de la autoestima, según Joan Jacobs Brumberg, historiadora de la Universidad de Cornell y autora de *The Body Project*, una historia de la niñez en Estados Unidos Brumberg declaró a la revista *Newsweek* que hace cincuenta años, cuando las chicas hablaban de superación personal, lo que tenían en mente eran los logros académicos o alguna contribución a la sociedad. Sin embargo, ahora, lo más importante es el aspecto físico. «En los diarios privados de las adolescentes vemos que su preocupación constante es su cuerpo, solo superada por las relaciones con sus iguales»[3]. Está claro que la expresión «solo superada por» yerra el tiro, puesto que la obsesión por la imagen corporal es un resultado directo de la orientación hacia los iguales y su subproducto, la sexualización de la adolescencia.

Al sexualizar sus apegos, los adolescentes están jugando con fuego sin ser conscientes de ello. El sexo no es un simple instrumento que podamos utilizar para nuestros propios fines. Es imposible que los adolescentes salgan de él indemnes y sin problemas, sin que algo esencialmente humano se vea alterado. El sexo es un potente agente de unión, un pegamento para el contacto humano, que produce una sensación de unión y fusión, que crea una sola carne. Con independencia de lo breve o inocente que sea la interacción sexual, convierte a los participantes en pareja, los vincula, estén listos o no, dispuestos o no, sean conscientes o no. Los estudios han confirmado lo que la mayoría de nosotros habremos descubierto por nuestra cuenta: que hacer el amor tiene un efecto de vinculación natural que evoca poderosas emociones de apego en el cerebro humano[4].

Cuando el hambre de apego sexualizado de los niños orientados hacia sus iguales se combina con el importante efecto de vinculación del sexo, aunque sea «casual», los resultados son muy predecibles. En los países donde abunda este tipo de orientación, los embarazos adolescentes no deseados aumentan, a pesar de nuestros esfuerzos por mejorar la educación sexual y el control de la natalidad. Según las estadísticas, el país del mundo con tasas de embarazo adolescente más elevadas es Estados Unidos, seguido del Reino Unido y Canadá[5]. La actividad sexual de los niños orientados hacia sus iguales no tiene nada que ver con hacer el amor o tener bebés; su objetivo es buscar en los brazos del otro lo que deberían buscar en la relación con sus progenitores: contacto y conexión. Cuando esta búsqueda se produce con compañeros, los bebés pueden ser el resultado no deseado y, en muchos casos, las víctimas desafortunadas, porque nacen de progenitores inmaduros que no están en absoluto preparados para nutrirlos emocional o incluso físicamente.

La sexualidad y la huida de la vulnerabilidad

En la medida en que el sexo une a unos con otros, también arrastra a los participantes a un escenario de lo más vulnerable, donde se pueden herir sentimientos y romper corazones. Lo que el sexo une no puede separarse sin sufrir un cierto dolor. Cuando este ha realizado su trabajo de unión, cualquier tipo de separación provocará un desgarro y un trastorno psicológico significativos, una experiencia con la que la mayoría de los adultos suelen estar muy familiarizados. Las experiencias repetidas de separación o rechazo tras los poderosos vínculos creados por el sexo pueden generar una vulnerabilidad demasiado difícil de soportar y provocan cicatrices emocionales y endurecimiento.

No resulta sorprendente que, cuanto más sexualmente activos son nuestros adolescentes, más duros se vuelven en términos emocionales. Esta insensibilización puede parecer una bendición, porque les permite jugar con fuego sin quemarse. Pero, como hemos expuesto en los capítulos anteriores, el coste de la huida de la vulnerabilidad es el cercenamiento de su potencial como seres humanos y de la libertad y profundidad emocionales que les harían estar verdaderamente vivos.

La práctica del sexo no deja indemne, ni siquiera a corto plazo, al adolescente con fuertes defensas emocionales. El hecho de que no parezca estar afectado no significa que no haya sufrido consecuencias.

Cuanto menos afectados estamos de forma consciente, más profunda puede ser la herida en el inconsciente. Heather me contó que la habían violado en una de sus citas, pero, con tono de despreocupación, señaló que, en realidad, el suceso no le había afectado. No era difícil ver la vulnerabilidad que esta bravuconada pretendía encubrir ni predecir que ese endurecimiento superficial, a menos que se invirtiera, seguiría conduciendo a esta chica por un territorio peligroso. El contacto sexual que no es capaz de mover al adolescente a una mayor vulnerabilidad intensifica las defensas contra dicha vulnerabilidad. Cuando le pregunté a una joven paciente por qué tanto ella como sus amigas bebían mucho en las fiestas, me contestó sin vacilar:

—Así no duele tanto cuando te follan.

Uno de los costes más importantes del endurecimiento emocional es que el sexo pierde potencia como agente de unión. El efecto a largo plazo adormece el alma, mermando la capacidad de los jóvenes para entablar relaciones en las que sea posible mantener un contacto y una intimidad verdaderos. Acaba convirtiéndose en una actividad de apego no vulnerable. Incluso puede ser adictivo porque apacigua momentáneamente el hambre sin llegar a satisfacerla. Al separarlo de la vulnerabilidad se puede obtener un efecto liberador sobre la conducta sexual, pero este proviene de un lugar oscuro de insensibilización emocional.

Aunque Heather era brillante, atractiva, simpática y habladora, no había ni una pizca de vulnerabilidad en nada de lo que decía o sentía. No tenía miedo, no admitía echar de menos a nadie, no estaba en contacto con su inseguridad y no se sentía mal por nada de lo que había hecho. También Nicholas huía de la vulnerabilidad, y eso le aburría y le hacía sentirse crítico, arrogante y despectivo. Estaba desprovisto de aprensión y de sentimientos de inseguridad. Despreciaba a los débiles y no soportaba a los perdedores. Ni Heather ni él eran capaces de conmoverse profundamente. Ambos eran inmunes al efecto de apego del sexo. Se habían curtido contra la vulnerabilidad antes de implicarse sexualmente, pero su actividad sexual aumentó su endurecimiento emocional.

Ni con sus compañeros, ni siquiera conmigo, ni Heather ni Nicholas se mostraron especialmente tímidos a la hora de hablar de sus experiencias sexuales. Esta soltura es un efecto secundario interesante pero engañoso de la huida de la vulnerabilidad: la pérdida de la sensación de quedar expuesto que se produce cuando se comparte una información personal que normalmente se consideraría íntima. A muchos adultos les impresiona la aparente franqueza de los jóvenes de hoy en día en materia sexual, y la perciben como un signo de progreso respecto al secretismo y la timidez de antaño.

—Nosotros nunca habríamos tratado estos temas con tanta franqueza —aplaude la madre de un joven de quince años muy orientado hacia sus iguales—. Cuando teníamos su edad, nos habría dado demasiada vergüenza hablar de sexo.

Lo que esta madre no veía es que hablar descarada y desvergonzadamente de la actividad sexual no tiene nada que ver con la valentía o la transparencia, sino más bien con la defensa contra la vulnerabilidad. No se requiere mucho valor para revelar algo que no tiene nada de íntimo. Si uno no se siente expuesto, no hay nada que impulse a ser discreto. Cuando el sexo está divorciado de la vulnerabilidad, no consigue llegarnos tan hondo como para herirnos. Lo que debería ser muy personal e íntimo puede ser transmitido al mundo (y a menudo lo es) en programas de televisión basura.

Para los chicos que todavía sienten con la suficiente profundidad y vulnerabilidad como para que el sexo pueda cumplir su función, practicarlo es como zambullirse en emociones potentes, en un apego inexplicable y a menudo inextricable, en una vulnerabilidad tan intensa que apenas puede rozarse. Aunque los adolescentes suelen practicar el sexo para acercarse, no tienen en cuentan que pueden quedarse enganchados el uno del otro. Es probable que la zambullida en la vida de pareja les sobrepase. Algunos intentarán eludir el inevitable dolor de la separación aferrándose desesperadamente al otro, persiguiéndolo sin descanso y agarrándose a él con todas sus fuerzas. Otros se sentirán asfixiados y atrapados por una proximidad para la que no estaban preparados e intentarán escapar lo antes posible. Si el acoplamiento surte efecto para ambas partes, algunos verán su tímida individualidad estrangulada por las fuerzas de la fusión, su sentido de persona emergente engullido por la condición de pareja. Ya no podrán conocer sus propias preferencias ni decidir por sí mismos sin consultar primero con su pareja.

—Aún no sé si somos novios —dijo una chica de diecisiete años, refiriéndose a su última pareja sexual—. Todavía no me lo ha dicho.

Practican sexo chavales que no tienen ni la menor idea de en qué se están metiendo. Los que tienen unas defensas más fuertes parecen salirse con la suya porque ya no pueden apegarse emocionalmente ni sienten dolor. Su invulnerabilidad hace que el sexo parezca algo muy informal, fácil y divertido. Los que sí sienten profunda y vulnerablemente tienen problemas: primero se quedan colgados del otro, lo quieran o no, y luego, cuando la relación ya no se sostiene, quedan destrozados.

Si tenemos en cuenta su capacidad para unir, la vulnerabilidad que hace falta para que funcione y la que provoca si realmente lo consigue, me parece que deberíamos preocuparnos más por la protección en el sexo. Esta cautela viene dictada no por consideraciones morales, sino directamente por el conocimiento de las consecuencias negativas que la sexualidad precoz provoca en el desarrollo emocional sano de nuestros hijos. El superpegamento humano no es un juguete para niños.

Visto a través de la lente de la vulnerabilidad, el concepto de sexo seguro adquiere un significado completamente distinto: es una seguridad no frente a enfermedades o bebés no deseados, sino para evitar que la persona resulte herida y se endurezca. Está claro que ningún vínculo de apego puede ofrecer garantía de seguridad, ni siquiera los formados por adultos maduros. El objetivo no debería ser tanto proteger a nuestros hijos de que les hagan daño como reducir su riesgo de implicarse sexualmente en relaciones que probablemente no les satisfagan ni se mantengan. El sexo de la adolescencia rara vez protege el compromiso, promete exclusividad ni aporta la ternura de la consideración o el apoyo de la comunidad. Es sexo desprotegido en el sentido más profundo: carece de protección psicológica. Una persona no puede «casarse» y «divorciarse» una y otra vez sin endurecerse e insensibilizarse, al menos no sin que tenga que pasar un duelo significativo. La separación postcoital es demasiado dolorosa. Los adolescentes no son más inmunes a esa dinámica natural que el resto de nosotros. De hecho, debido a la ternura de sus años, su falta de perspectiva y su inmadurez natural, son incluso más propensos que los adultos a resultar heridos por sus experiencias sexuales.

Cuando la sexualidad carece de madurez

El sexo más seguro, desde la perspectiva del apego y la vulnerabilidad, se produciría no como forma de entablar una relación, sino en el contexto de una relación que ya resulta satisfactoria y segura. Se debería tener la mayor certeza posible de que la relación está exactamente en el punto en el que se quiere que esté. El sexo sería el acto supremo de apego, el ejercicio que da inicio a la exclusividad, la creación de un establecimiento como pareja. Su seguridad depende de la sabiduría que posean los individuos implicados. Lo que más necesita es precisamente lo que les falta a los adolescentes orientados hacia sus iguales: madurez. Al menos, los adolescentes inmaduros que se orientan hacia los adultos se muestran más inclinados a apoyarse en sus progenitores para recibir indicaciones sobre la interacción sexual. Los chavales orientados hacia sus iguales sufren una maldición doble: no tienen la madurez necesaria para tener una interacción sexual sana o tomar decisiones correctas ni están lo bastante orientados a los adultos como para aceptar consejos de quienes ya hemos aprendido por las malas algunas lecciones.

En varios aspectos, la maduración es un requisito previo para el sexo.

Su primer fruto es la individuación de la persona. Para crear una unión sana se necesita un mínimo de separación. Uno necesita conocer lo suficiente su propia mente como para hacer una invitación a otro, o para rechazar la invitación de otro. Para valorar la autonomía, para experimentar los límites personales, para poder decir que no necesitamos tener instinto de autoconservación. Para disfrutar de una sexualidad sana necesitamos libertad para no implicarnos sexualmente o, al menos, para no sentirnos obligados a hacer que las cosas funcionen a toda costa. Como el adolescente no ha alcanzado el punto en el que es más importante ser uno mismo que pertenecer a alguien o poseer a alguien, corre un gran peligro.

Es muy probable que no exista ningún escenario más significativo para la consideración de la individuación del otro que la esfera sexual. Para tener una interacción sexual madura es esencial tener en cuenta a la otra persona. Para los psicológicamente inmaduros, el sexo no es una danza interactiva. En el salto prematuro a la sexualidad es probable que alguien resulte herido, que se aprovechen de él.

Como expusimos en el capítulo anterior, la orientación hacia los iguales engendra tanto acosadores como posibles víctimas. También en el tema del sexo los acosadores exigen lo que no reciben libremente, porque es rico en el simbolismo que están ansiosos por recoger: estatus, deseabilidad, victoria, puntuación, deferencia, pertenencia, atractivo, servicio, lealtad, etcétera. Por desgracia, estos chicos están demasiado cerrados psicológicamente como para darse cuenta de la inutilidad de exigir lo que no se da libremente. Las fantasías de los acosadores no son de invitación sino de dominación, no son de reciprocidad sino de superioridad. Tanto Heather como Nicholas eran esencialmente acosadores en lo que respecta al sexo, en el sentido de que explotaban la debilidad de los demás para satisfacer sus propias necesidades. Apenas tenían en cuenta a sus parejas. En el caso de Heather, su actitud sexual indiscriminada también la llevó a ser ella misma acosada, hasta el punto de sufrir una violación en una cita. Por desgracia, la orientación hacia los iguales produce abundantes sujetos ingenuos y necesitados de los que aprovecharse. No debería sorprendernos que actos agresivos como la violación estén aumentando entre los adolescentes.

Hay un aspecto más en el que se precisa madurez para implicarse en el sexo de una forma sana. La sabiduría que las personas necesitan para tomar buenas decisiones requiere el procesamiento bidimensional e integrador que solo la madurez puede otorgar. Tenemos que ser capaces de gestionar sentimientos, pensamientos e impulsos contradictorios. El anhelo de pertenecer a otro tiene que coexistir con el deseo de ser uno mismo; el mantenimiento de los límites debe mezclarse con la pasión por fundirse con otro. También se requiere, por supuesto, la capacidad de considerar tanto el presente como el futuro. Las personas psicológicamente inmaduras son incapaces de pensar en otra cosa que no sea el placer del momento. Para tomar buenas decisiones es preciso sentir miedo y deseo al mismo tiempo. Si apreciáramos los poderosos sentimientos que puede desatar la sexualidad, nos pondríamos debidamente nerviosos desde el principio. El sexo debe ser tanto venerado como temido, debe evocar tanto anticipación como aprensión, debe ser motivo tanto de celebración como de precaución.

Los adolescentes carecen de la sabiduría, la perspicacia y el control de los impulsos que necesitan para tomar estas decisiones por sí solos sin peligro. Podríamos, por supuesto, desde nuestra sabiduría de adultos, imponerles estructuras y limitaciones que mantuvieran su comportamiento sexual dentro de unos límites seguros, y podríamos actuar como sus asesores en las decisiones sobre sexo, pero con los adolescentes orientados hacia sus iguales carecemos del poder y la conexión necesarios para hacerlo. Si nuestros jóvenes acudieran a nosotros en busca de consejo, sin duda les informaríamos de que no pueden separar las decisiones sobre el sexo de las decisiones sobre la relación. Les aconsejaríamos que esperaran hasta estar seguros de que su relación es emocionalmente sólida, que está basada en una intimidad auténtica que va más allá de la interacción sexual. El problema es que, por muy sabios que sean nuestros consejos, los chicos orientados hacia sus iguales no se dirigen hacia nosotros.

Hoy en día, muchos progenitores y educadores trivializan la actividad sexual de los adolescentes denominándola exploración y experimentación, y la consideran inherente a la naturaleza de la adolescencia. El concepto de experimento sugiere un espíritu de descubrimiento y la existencia de preguntas. Sin embargo, los adolescentes más activos sexualmente no son los que se hacen preguntas. El sexo adolescente no es tanto una cuestión de experimentación sexual como de desesperación emocional y hambre de apego.

Por lo general, los adultos intentan hacer frente a la hipersexualidad de los adolescentes orientados hacia sus iguales, como hacen con el acoso y la agresión, centrándose en la interacción entre los jóvenes. Pretendemos efectuar cambios en el comportamiento mediante amonestaciones, enseñanzas, recompensas y castigos. También en este ámbito nuestros esfuerzos están mal orientados. Poco podemos hacer para corregir la sexualidad aberrante de los chavales orientados hacia sus iguales mientras sigan estando orientados hacia ellos. Sin embargo, sí podemos hacer mucho para corregir la orientación aberrante de los niños que están precozmente sexualizados, al menos cuando se trata de nuestros propios hijos. Si queremos marcar una diferencia en su sexualidad, primero debemos devolverlos al lugar al que realmente pertenecen: a nuestro lado.

13
ALUMNOS A LOS QUE NO SE PUEDE ENSEÑAR

Hasta sexto de primaria, Ethan era buen alumno, aunque nunca se interesó demasiado por las clases. Era bastante listo. Aunque no parecía mostrar ningún afán por destacar, sus padres y profesores pudieron inculcarle la idea de que había que aprender y comportarse correctamente. A los profesores les resultaba un chico agradable y simpático. Cuando sus padres vinieron a verme, Ethan estaba a punto de terminar sexto de primaria y había dejado por completo de acatar las expectativas de los adultos. Conseguir que hiciera los deberes era una lucha constante. Sus profesores se quejaban de que no prestaba atención y de que ya no estaba receptivo a sus intentos de enseñarle. A menudo se mostraba contestón e insolente y no rendía al nivel de sus capacidades. Este cambio en su educabilidad había ido paralelo a una preocupación por los iguales recién descubierta. En los meses anteriores se había ido uniendo a un compañero tras otro copiando sus maneras y adoptando sus preocupaciones. Cuando las cosas empezaban a ir mal con uno, se mostraba cada vez más desesperado por conseguir que funcionaran con otro.

En el caso de Mia, el bajón académico se había producido el curso anterior. Antes de entrar en quinto se implicaba mucho en su aprendizaje, mostraba un gran interés y planteaba muchas preguntas inteligentes. Ahora se quejaba de que las asignaturas le aburrían. Los padres comprobaron, con gran disgusto, que no estaba entregando algunos trabajos y que los que sí presentaba habían dejado de tener la calidad anterior. Los profesores les llamaban para informarles de su falta de atención y motivación y de que no dejaba de hablar con sus amigas en clase, unas quejas a las que no estaban acostumbrados. Cuando le planteaban sus preocupaciones, Mia se mostraba indiferente. También se dieron cuenta de que ya no solía hablar de sus profesores o de que, en todo caso, lo hacía en términos despectivos. Los deberes habían dejado de ser una de sus prioridades y habían sido sustituidos por hablar por teléfono o conectarse con sus amigas a través de Internet. Cuando sus padres intentaron restringir estas actividades, los desafió con una insolencia y un rencor que jamás le habían visto anteriormente.

Estos dos casos representan un fenómeno endémico en nuestra cultura actual, el de los niños capaces pero desmotivados, inteligentes pero que no rinden a la altura de sus capacidades, brillantes pero aburridos. Además, la enseñanza se ha convertido en una profesión mucho más estresante de lo que solía ser hace una o dos generaciones. Como atestiguan muchos profesores, parece haberse vuelto más difícil, y los alumnos, menos respetuosos y receptivos. Las clases son cada vez más ingobernables y el rendimiento académico va cuesta abajo. Las capacidades lectoras de los escolares parecen haber disminuido, a pesar de todo el esfuerzo que en los últimos años han hecho muchos colegios para mejorar las habilidades literarias[1]. Sin embargo, los profesores están mejor formados que nunca, los planes de estudio jamás han estado tan desarrollados y la tecnología nunca ha sido tan sofisticada.

¿Qué ha cambiado? Una vez más tenemos que volver a la influencia crucial del apego. El cambio que se ha producido en los patrones de vinculación de nuestros hijos ha tenido unas implicaciones profundamente negativas en la educación. Muchos progenitores y profesores siguen creyendo que unir a un estudiante capaz con un buen maestro debería bastar para obtener buenos resultados. En realidad, eso no ha funcionado nunca, pero, cuando los niños se mostraban dispuestos a aprender, esa actitud tan ingenua no causaba daños. Hasta hace relativamente poco, los profesores podían aprovecharse de la fuerte orientación hacia los adultos engendrada por la cultura y la sociedad, pero esos tiempos han pasado. El problema que afrontamos ahora en lo que respecta a la educación de nuestros hijos no se puede solucionar con dinero, los programas de estudios son incapaces de abordarlo y la tecnología de la información no lo puede remediar. Es algo mucho más grande pero, al mismo tiempo, mucho más sencillo.

Según dijo Goethe, es imposible meter conocimiento en un cerebro como se meten monedas en una bolsa. La enseñabilidad de un estudiante es el resultado de muchos factores: deseo de aprender y comprender, interés por lo desconocido, disposición a asumir algunos riesgos y apertura para ser influido y corregido. También exige conexión con el profesor, inclinación a prestar atención, disposición a pedir ayuda, aspiraciones de estar a la altura y conseguir logros y, sobre todo, estar dispuesto a trabajar. Todos estos factores hunden sus raíces en el apego o se ven influidos por él.

Si lo analizamos más a fondo, encontramos cuatro cualidades esenciales para determinar la enseñabilidad de un niño: curiosidad natural, mente integradora, capacidad para beneficiarse de la corrección y relación con el profesor. El apego sano potencia todas ellas, mientras que la orientación hacia los iguales las socava.

La orientación hacia los iguales extingue la curiosidad

Lo ideal sería que lo que impulsara a un niño a aprender fuera la curiosidad y una mente abierta ante el mundo. Antes de poder encontrar respuestas, el niño debe hacer preguntas, debe explorar antes de descubrir verdades y experimentar antes de llegar a conclusiones firmes. Sin embargo, la curiosidad no es una parte inherente de su personalidad, sino fruto del proceso emergente, es decir, una consecuencia del desarrollo cuya función es hacerle viable como ser separado, independiente y capaz de funcionar al margen de los apegos.

Los niños muy emergentes suelen mostrar un gran interés por determinadas cosas y están intrínsecamente motivados para aprender. Aprender o entender cómo funciona algo les proporciona una gran satisfacción. Crean sus propios objetivos para el aprendizaje. Les gusta ser originales y buscan dominar las cosas por sí mismos. Les entusiasma la responsabilidad y se mueven de forma espontánea para hacer realidad su propio potencial.

Para los profesores que valoran la curiosidad, invitan a hacer preguntas y dan protagonismo a los intereses del niño, enseñar a los alumnos emergentes resulta una delicia. Para estos niños, los mejores profesores son los que actúan como mentores alimentando sus intereses, encendiendo sus pasiones, haciéndoles responsables de su propio aprendizaje. Si los alumnos emergentes no siempre obtienen buenos resultados en la escuela es probablemente porque, al tener sus propias ideas sobre lo que quieren aprender, ven el plan de estudios impuesto por el profesor como una intrusión inoportuna.

Desde el punto de vista del desarrollo, la curiosidad es un lujo. El apego es lo más importante. Hasta que no se libera una cierta cantidad de energía que se había destinado a buscar vínculos seguros, el plan de desarrollo no contempla la posibilidad de aventurarse hacia lo desconocido. Por eso la orientación hacia los iguales mata la curiosidad. Los alumnos orientados hacia sus iguales se preocupan exclusivamente por las cuestiones relacionadas con el apego. En lugar de interesarse por lo desconocido, se aburren ante cualquier cosa que no sirva al propósito del apego entre iguales, y este sentimiento constituye una epidemia entre este tipo de chicos.

Existe también otro problema relacionado con la curiosidad, y es que esta hace a la persona muy vulnerable en el mundo *cool* de los iguales. El asombro, el entusiasmo por un tema, las preguntas sobre cómo funcionan las cosas o la originalidad de una idea exponen al niño al ridículo y a ser avergonzados por sus compañeros. La huida de la vulnerabilidad de los niños orientados hacia sus iguales apaga su propia curiosidad, además de inhibir la de quienes los rodean. Esta orientación de nuestros hijos está convirtiendo la curiosidad en un concepto en peligro de extinción.

La orientación hacia los iguales embota la mente integradora

Para automotivarse viene muy bien tener una mente integradora, es decir, capaz de procesar impulsos o pensamientos contradictorios. En un niño con una capacidad de integrar bien desarrollada, la falta de ganas de ir a la escuela suscita preocupación por perder clase, no querer levantarse por la mañana desencadena aprensión por llegar tarde. La falta de interés por prestar atención al profesor se ve atenuada por el afán de hacer bien las cosas, la resistencia a hacer lo que se le dice se mitiga con la conciencia de que la desobediencia tiene consecuencias desagradables.

Para el aprendizaje integrador, el niño debe ser lo bastante maduro como para tolerar tener dos mentes, albergar sentimientos encontrados, generar dudas, experimentar ambivalencia. Además, para que el elemento atemperador (el componente que contrarresta los impulsos que socavan el aprendizaje) esté presente, el niño debe tener un apego adecuado. Debe ser capaz de sentir de forma profunda y vulnerable. Necesita, por ejemplo, contar con un apego suficientemente fuerte como para que le importe lo que piensen los adultos (sus progenitores y profesores), para que las expectativas de estos le resulten significativas, para que no quiera disgustarlos ni alejarlos. Un alumno necesita estar emocionalmente implicado en el aprendizaje, entusiasmado por descubrir algo. La falta de vulnerabilidad (no preocuparse) paraliza el aprendizaje y destruye la educabilidad.

Para el tipo de enseñanza que va más allá del aprendizaje memorístico y la regurgitación, los alumnos necesitan una inteligencia integradora. Para resolver problemas, es necesario procesar algo más que una sola dimensión. Hay que descubrir temas, discernir significados más profundos, comprender la metáfora, descubrir el principio subyacente que está más allá de los meros datos. Es necesario saber destilar un material hasta la esencia o unir las piezas en un conjunto armonioso. Todo lo que vaya más allá del pensamiento concreto requiere una mente integradora. Al igual que la percepción de la profundidad requiere dos ojos, el aprendizaje profundo requiere la capacidad de ver las cosas desde al menos dos puntos de vista. Si la mente solo cuenta con un ojo, no hay profundidad ni perspectiva, síntesis ni destilación, no se puede penetrar hacia un significado y una verdad más profundos. No se tiene en cuenta el contexto; la figura y el fondo carecen de diferenciación.

Por desgracia, la inteligencia bruta de un alumno no se traduce automáticamente en inteligencia integradora. Como expuse en el capítulo 9, el funcionamiento integrador es fruto de la maduración, y ese proceso es precisamente el que la orientación hacia los iguales detiene. Los inmaduros no consiguen desarrollar capacidades integradoras.

Nuestra pedagogía y nuestro plan de estudios presuponen las capacidades integradoras de los niños. Cuando nosotros, como educadores, no somos conscientes de lo que falta, tampoco nos damos cuenta de a qué nos enfrentamos cuando intentamos atemperar el pensamiento o el comportamiento de los niños. Pretendemos que hagan algo que sus mentes son incapaces de hacer y, cuando no lo conseguimos, los castigamos por no haberlo hecho. Las personas que tienen mentes integradoras suponen que todos los demás son capaces de pensar igual, pero esta suposición ya no se ajusta a los tipos de alumnos a los que nos enfrentamos en nuestras aulas hoy en día. Los niños que carecen de inteligencia integradora no se prestan a esta forma de enseñanza y necesitan un enfoque diferente. Los alumnos orientados hacia sus compañeros tienen más probabilidades de ser aprendices discapacitados, es decir, con pensamientos, sentimientos y acciones no atemperados.

La orientación hacia los iguales pone en peligro el aprendizaje adaptativo por ensayo y error

La mayor parte del aprendizaje se produce por adaptación, mediante un proceso de ensayo y error. Probamos tareas nuevas, cometemos errores, tropezamos con obstáculos, hacemos las cosas mal... y luego sacamos las conclusiones apropiadas, o hacemos que otro las saque por nosotros. El fracaso es una parte esencial del proceso de aprendizaje y la corrección es el principal instrumento de la enseñanza. La huida de la vulnerabilidad que provoca la orientación hacia los iguales asesta tres golpes devastadores a esta vía fundamental del aprendizaje.

El primer golpe afecta al deseo de experimentar. Probar cosas nuevas implica asumir un riesgo: leer en voz alta, ofrecer una opinión, adentrarse en territorio desconocido, probar una idea. Esa experimentación es un campo minado de posibles errores, reacciones imprevisibles y respuestas negativas. Cuando la vulnerabilidad es tan alta que es prácticamente insoportable, como sucede en la mayoría de los niños orientados a sus iguales, estos riesgos resultan inaceptables.

El segundo golpe afecta a la capacidad del niño orientado hacia sus iguales para beneficiarse del error. Antes de poder aprender de nuestros fallos, tenemos que reconocerlos y admitir nuestro fracaso. Si queremos aprovecharlos, tenemos que asumir la responsabilidad y aceptar ayuda, consejos y correcciones. Una vez más, los alumnos orientados hacia sus iguales suelen tener unas defensas demasiado firmes contra la vulnerabilidad que les impiden ser conscientes de sus errores o asumir la responsabilidad de sus fracasos. Si la nota de un examen es demasiado baja para que un alumno así la tolere, echará la culpa del fracaso a otra cosa (o a otra persona). O se distraerá para no enfrentarse al problema. Los cerebros de los niños que se defienden contra la vulnerabilidad se desentienden de todo aquello que pudiera hacer que la sintieran, en este caso, la admisión de errores y fracasos. Incluso ser corregido levemente por un profesor o un progenitor puede amenazar a un niño así con una sensación de incapacidad y vergüenza, la sensación de que «hay algo en mí que no funciona». Señalar lo que ha hecho mal provocará en él reacciones descaradamente evasivas u hostiles que los adultos suelen interpretar como groserías, pero que en realidad cumplen la función de impedir que estos niños sientan su vulnerabilidad.

El tercer golpe contra el aprendizaje por ensayo y error es que, cuando el niño tiene demasiadas defensas contra la vulnerabilidad, no es capaz de asimilar la inutilidad de una forma de actuar. Como he señalado antes, la frustración debe convertirse en un sentimiento de futilidad para que el cerebro se dé cuenta de que algo no funciona (véase el capítulo 9). Registrar esta futilidad es la esencia del aprendizaje adaptativo. Cuando nuestras emociones están demasiado endurecidas como para permitir la tristeza o la decepción por algo que no ha salido bien, no respondemos aprendiendo de nuestro error, sino desahogando la frustración. En el caso de los alumnos, el objetivo externo de ese desahogo será el profesor «idiota», las tareas «aburridas», la falta de tiempo. El objetivo interno puede ser uno mismo, con comentarios como «soy muy estúpido». De cualquier modo, el enfado no se convierte en tristeza, la emoción asociada a experimentar realmente la inutilidad no aflora.

No se cambian los hábitos de trabajo, no se modifican las estrategias de aprendizaje ni se superan las desventajas. Los niños atrapados en este modo de funcionar no desarrollan la resiliencia necesaria para gestionar el fracaso y la corrección. Se quedan encerrados en lo que no funciona. En mi consulta recibo cada vez a más niños que hacen las mismas cosas una y otra vez a pesar de fracasar repetidamente.

La orientación hacia los iguales convierte a los alumnos en aprendices basados en el apego, incluso cuando los vincula a los mentores equivocados

Como ya he mencionado en este capítulo, desde la perspectiva del desarrollo solo existen cuatro procesos básicos de aprendizaje. Hemos hablado de cómo la orientación hacia los iguales socava tres de ellos: el aprendizaje emergente, el aprendizaje integrador y el aprendizaje adaptativo. Mientras los niños sean aprendices emergentes, pueden ser enseñados por profesores que les permitan tomar la iniciativa siguiendo sus intereses. Los niños integradores pueden enfrentarse cara a cara con los factores conflictivos que deben tenerse en cuenta para resolver un problema. A los niños adaptativos se les puede enseñar mediante el ensayo, el error y la corrección. Les pueden enseñar incluso aquellos a los que no están vinculados. Cuando se suprimen estos procesos cruciales, el aprendizaje pasa a depender de una única dinámica: el apego. Los alumnos incapacitados por su falta de emergencia, integración o adaptabilidad solo pueden aprender cuando el apego está implicado de un modo u otro. Es posible que su deseo de aprender no sea interno, pero puede ser potente si está motivado por un fuerte impulso de estar cerca del adulto que enseña, ya sea el profesor en el aula o el progenitor que educa en casa, o el amigo de la familia que puede actuar como mentor.

El apego es, con mucho, el proceso más poderoso en el aprendizaje y sin duda resulta suficiente, incluso sin la ayuda de la curiosidad o la capacidad de beneficiarse de la corrección. Siempre ha habido alumnos que carecían de un funcionamiento adaptativo, emergente o integrador. Aunque discapacitados para desarrollar todo su potencial, a menudo pueden obtener buenos resultados. Los que están basados en el apego tienen una motivación muy fuerte en aspectos que otros alumnos pueden no presentar. Por ejemplo, están más predispuestos a aprender mediante la imitación, el modelado, la memorización y la asimilación de pistas. Además, quieren estar a la altura y se sentirán motivados a trabajar para recibir aprobación, reconocimiento y estatus. El problema no surge cuando los niños se limitan al aprendizaje basado en el apego, sino cuando se apegan a sus compañeros en vez de a los adultos que les sirven de mentores.

Ethan, por ejemplo, era al principio un aprendiz basado casi exclusivamente en el apego. Tenía poco interés emergente por las cosas con las que no estaba familiarizado. Su funcionamiento adaptativo era mínimo incluso antes de orientarse hacia sus iguales. Así pues, solo era enseñable a través del apego y exclusivamente por profesores a los que se sintiera cercano. Había tenido una experiencia desdichada en segundo, un año en el que no había sido capaz de establecer una conexión con su profesor. Su recién descubierta orientación hacia sus iguales no fue lo que le convirtió en un aprendiz basado en el apego, pero sí destruyó por completo hasta su capacidad de aprender basada en él. Un niño que está acostumbrado a aprender solo a través del apego y cuyos instintos están mal dirigidos por la orientación hacia los iguales verá reducida en gran medida su enseñabilidad, por muy prometedor que sea su potencial innato.

Mia, en cambio, había sido muy fácil de educar antes de orientarse hacia sus compañeras, incluso por aquellos a los que no estaba apegada. La orientación hacia sus iguales extinguió su curiosidad, embotó su mente integradora y saboteó su capacidad de aprender por ensayo y error. La transformó por defecto en una aprendiz basada en el apego. Su inteligencia se centraba ahora en un único objetivo: la cercanía con sus amigas.

Para algunos niños, la decisión de «atontarse» es plenamente consciente.

—En sexto de primaria y primero de secundaria, siempre era el primero de mi clase —recuerda Ross, de veintinueve años, ahora instructor de *fitness*—. Me daban todos los premios. En segundo, cuando tenía trece años, otros niños empezaron a burlarse de mí. De repente no era listo, era un empollón. Eso no molaba. Quería estar con los deportistas, con la gente guay. La única opción que tenía para ello era encajar. Me aseguré de no sacar buenas notas. Cometía errores deliberados en matemáticas, solo para no tener una nota perfecta. Con los años, esto me llevó a tener malos hábitos de estudio y, en los dos últimos cursos de instituto, mi «plan» tuvo demasiado éxito. Incluso en la universidad persistieron mis malos hábitos de estudio y no llegué a terminar la carrera. Ahora pienso que me gustaría haber estado más centrado en mí mismo cuando era adolescente, menos preocupado por lo que pensaran mis amigos.

La orientación hacia los iguales hace que los estudios se vuelvan irrelevantes

Para los chicos orientados hacia sus iguales, los temas académicos se vuelven irrelevantes. La historia, la cultura, las contradicciones de la sociedad o las maravillas de la naturaleza no les interesan. ¿Qué relación tiene la química con estar con los amigos? ¿Cómo ayuda la biología a hacer que las cosas funcionen con los compañeros? ¿De qué sirven las matemáticas, la literatura, los estudios sociales en cuestiones de apego? La letra de una canción que tuvo mucho éxito a finales de los cincuenta lo capta perfectamente: «Don't know much about history. Don't know much biology... But I do know that I love you» (No sé mucho de historia. No sé mucha biología... pero sí sé que te quiero).

Los jóvenes no valoran intrínsecamente la educación formal. Hace falta una cierta madurez para darse cuenta de que puede abrir mentes y puertas y que es capaz de humanizar y civilizar. Lo que necesitan los estudiantes es valorar a quienes valoran la educación. Con ello al menos seguirán nuestras indicaciones hasta que sean lo bastante maduros como para sacar sus propias conclusiones. Los alumnos orientados hacia sus iguales saben instintivamente que los amigos son lo más importante y que estar con ellos es lo único que cuenta. Y discutir contra el instinto de alguien, aunque sea un instinto sesgado, es tarea imposible.

La orientación hacia los iguales priva a los alumnos de sus profesores

Los jóvenes inmaduros dependen del apego para aprender. Cuanto menos emergente, integrador y adaptativo sea el niño, más expuesto estará. En el capítulo 5 expliqué que el apego puede ser útil a los progenitores y a los profesores porque despierta la atención del niño, le suscita respeto y hace que se preste a ser influido, unos procesos esenciales para el objetivo de educarle. Los niños orientados hacia los adultos miran a estos como puntos de referencia con los que orientarse y saber en qué dirección deben avanzar. Serán más leales al profesor que al grupo de iguales y verán a este como un modelo, una autoridad y una fuente de inspiración. Cuando los niños se apegan a un profesor, este obtiene el poder natural de guionizar el comportamiento del niño, de incitarle a tener buenas intenciones, de inculcarle valores sociales.

Ahora bien, ¿quiénes son los profesores para el niño orientado hacia sus iguales? No los que han sido contratados por el consejo escolar. Una vez que un niño está orientado hacia sus iguales, el aprendizaje alcanza su punto álgido en el recreo, en la hora de la comida, después de clase y en los descansos entre clases. Lo que aprendan estos niños no vendrá del profesor ni del plan de estudios. Su apego no dictará de forma automática lealtad a los educadores certificados por el Gobierno, formados en la universidad y nombrados por las instituciones. Cuando el apego está sesgado, el maestro se vuelve ineficaz, por muy bien formado y entregado que esté o por muy venerado que sea por los demás.

No descartamos el valor de que un profesor tenga una formación superior, una gran experiencia, un profundo compromiso, un buen plan de estudios o acceso a la tecnología. Pero esto no le capacita en esencia para enseñar. Los niños aprenden mejor cuando les gusta su profesor y creen que ellos también le gustan a él. El camino hacia las mentes infantiles ha sido siempre a través del corazón.

Nuestro enfoque postindustrial de la educación ha tendido a ser idealista, dando por sentado que los niños pueden ser enseñados por profesores a los que no tienen apego. En las últimas décadas, algunos enfoques educativos bien intencionados e incluso bien pensados han intentado sacar partido de los factores emergentes, adaptativos e integradores del aprendizaje, dando cabida a los intereses, la individualidad, la interacción y las elecciones de los alumnos. Si a menudo han fracasado, no es porque sean erróneos en sí mismos, sino porque la orientación hacia los iguales ha hecho a los alumnos impermeables a ellos. Los niños orientados hacia sus iguales son aprendices basados en el apego por defecto, incapaces de un aprendizaje emergente, adaptativo e integrador. El problema es que sus apegos mal orientados les hacen aprender de los profesores equivocados.

Los críticos conservadores de la educación consideran que los enfoques modernos e «ilustrados» de la enseñanza son un fracaso, pues los perciben como sembradores de anarquía, falta de respeto y desobediencia. Muchos miran al otro lado del charco, a los enfoques más autoritarios y estructurados de la Europa continental y Asia. De lo que no se dan cuenta es de que estos sistemas educativos tradicionales existen en sociedades en las que, hasta cierto punto, los vínculos con los adultos siguen intactos. Eso es lo que les da validez y poder. Pero incluso estos sistemas educativos están mostrando debilidades a medida que se rompen las relaciones jerárquicas tradicionales. Tuve la oportunidad de presenciarlo personalmente en Japón y de participar como académico invitado en una conferencia educativa destinada a analizar los problemas de un sistema sometido a tensión. Ninguna sociedad postindustrializada parece inmune. Cuando se empieza a valorar la economía por encima de la cultura, la ruptura es inevitable y la aldea de apego empieza a desintegrarse. Los profesores de los sistemas educativos autoritarios aún no se han dado cuenta de que es la conexión, y no la coacción, lo que facilita el aprendizaje. Nuestro sistema educativo debe ser capaz de aprovechar los procesos emergentes, integradores y adaptativos allí donde existan, pero también debe crear una red de seguridad de conexión y relación para evitar que los alumnos basados en el apego se les vayan de las manos. Los enfoques autoritarios que miran al pasado no hacen sino empeorar las cosas.

Dado que la orientación hacia los iguales está devastando nuestro sistema educativo, cabría pensar que deberíamos estar alarmados, buscando formas de invertir la tendencia o al menos ralentizarla. Pues bien, todo lo contrario; nosotros, como educadores y progenitores, lo que estamos haciendo en realidad es ayudar e instigar este fenómeno. Nuestro enfoque «ilustrado» de la educación, centrado en el alumno, nos hace estudiar a los niños y confundir lo que son con lo que deberían ser, sus deseos con sus necesidades. Ha surgido un peligroso mito educativo según el cual los niños aprenden mejor cuando lo hacen de sus compañeros. Esto se debe, en parte, a que resulta más fácil emular a los compañeros que a los adultos, pero sobre todo a que su orientación hacia sus iguales ha aumentado mucho. Sin embargo, lo que aprenden no es el valor del pensamiento, la importancia de la individualidad, los misterios de la naturaleza, los secretos de la ciencia, los temas de la existencia humana, las lecciones de la historia, la lógica de las matemáticas, la esencia de la tragedia. Tampoco aprenden sobre lo que es netamente humano, cómo llegar a serlo, por qué tenemos leyes o qué significa ser noble. Lo que los niños aprenden de sus compañeros es a hablar, a andar, a vestir, a actuar y a parecer como ellos. En resumen, a conformarse y a imitar[2].

El aprendizaje entre iguales hace también que los alumnos sean más independientes de los profesores, para alivio, sin duda, de muchos educadores sobrecargados de trabajo. Por desgracia, esa situación no permite a los alumnos avanzar en su desarrollo. El significado primigenio de pedagogo es «líder», concretamente, alguien que dirige a los niños. Los profesores solo pueden liderar si sus alumnos los siguen, y los alumnos solo seguirán a aquellos a los que se sientan unidos. Sin embargo, da la impresión de que los profesores siguen cada vez más las indicaciones de sus alumnos, lo que pone a estos en cabeza y compromete el espíritu mismo de la pedagogía.

La orientación hacia los iguales hace que la ya de por sí formidable tarea de educar a los jóvenes resulte mucho más difícil, lo que afecta gravemente a la moral, los niveles de estrés e incluso la salud física de los docentes. La orientación hacia los iguales impulsa a los alumnos a oponer resistencia a los planes de sus profesores y a comprometerse en una campaña perpetua de trabajar para mandar. Encontrarse con una resistencia crónica es una receta segura para el agotamiento. Enseñar más no es la respuesta. La única forma de facilitar la enseñanza es entrar en el problema del apego. Lo que llena a un profesor es abrir la mente de un alumno y, para abrir la mente de nuestros alumnos, primero tenemos que ganarnos su corazón.

Unas palabras finales sobre educación. En esta era de especialización y expertos, podemos creer que la enseñanza es un deber exclusivo de los profesores. Sin embargo, si reconociéramos el papel que desempeña el apego a la hora de facilitar el aprendizaje y evitar la orientación hacia los iguales, veríamos que la educación de nuestros jóvenes es una responsabilidad social compartida por progenitores, profesores y todos los adultos que entran en contacto con los chavales… y también por todos aquellos que conforman la naturaleza de la sociedad y la cultura en la que los niños se desarrollan y aprenden sobre la vida.

CUARTA PARTE

CÓMO AFERRARNOS A NUESTROS HIJOS
(o cómo reclamarlos)

14
CAPTAR A NUESTROS HIJOS

Hasta este momento, lo que hemos expuesto en este libro es que nuestra sociedad ha perdido el contacto con sus instintos parentales. Nuestros hijos se están conectando entre ellos, con unas criaturas inmaduras incapaces de conducirlos a la madurez. Veamos ahora las soluciones. ¿Cómo podemos, como padres y profesores, recuperar el papel que la naturaleza ha designado para nosotros como mentores y criadores de nuestros jóvenes, como los modelos y líderes en los que estos se fijan para que los guíen?

Como ya comenté en el capítulo 1, la crianza, para ser eficaz, exige un contexto: la relación de apego. Sin darnos cuenta, hemos permitido, como cultura y como individuos, que la orientación hacia los iguales la erosione. Ha llegado el momento de restaurarla. Nuestra principal preocupación debe ser captar a nuestros hijos, volver a ponerlos bajo nuestra ala, hacer que deseen pertenecernos y estar con nosotros. Ya no podemos asumir, como hacían los progenitores de épocas anteriores, que la existencia de un vínculo temprano fuerte entre nuestros hijos y nosotros vaya a durar todo el tiempo necesario. Por mucho que los queramos y por muy buenas que sean nuestras intenciones, en las circunstancias actuales tenemos menos margen de error del que han tenido jamás los padres. Afrontamos demasiada competencia. Para compensar el caos cultural actual debemos conseguir que el hecho de captar a nuestros hijos a diario y una y otra vez hasta que sean suficientemente mayores como para funcionar como seres independientes se convierta en un hábito. La parte buena es que la naturaleza (nuestra naturaleza) nos dice cómo debemos hacerlo.

Al igual que las abejas, las aves y muchas otras criaturas, los seres humanos empleamos conductas instintivas para invocar las respuestas de apego de los demás. Tenemos también una especie de danza de cortejo cuyo objetivo es atraer a otras personas y establecer conexiones con ellas. Sin duda, la función más esencial de esta danza, además de la procreación, es poder captar a los hijos. Cuando los adultos están cerca de un bebé, aunque no sea suyo, estos instintos de cortejo aparecen de forma casi automática: la sonrisa, el movimiento de la cabeza, la apertura de los ojos, los arrullos. Esta conducta instintiva es lo que a mí me gusta denominar *danza de apego o de captación*.

Podríamos pensar que, si la danza de apego forma parte de nuestra naturaleza, no nos debería suponer ningún problema captar a nuestros hijos mientras necesitemos hacerlo. Por desgracia, la cosa no funciona así. Aunque los pasos son algo innato para todos nosotros, si hemos perdido el contacto con nuestra intuición, dejamos de darlos. En muchos adultos, estos instintos de captar a los niños ya no se despiertan con aquellos que han dejado de ser bebés... y, sobre todo, con los que, a diferencia del tierno infante, quizá ya no deseen esforzarse activamente por apegarse a nosotros. Si queremos recoger a nuestros hijos bajo nuestra ala entre las múltiples distracciones y seducciones de la cultura actual, tenemos que adquirir conciencia de estos instintos. Necesitamos focalizarnos en ellos a propósito. Tenemos que usarlos para criar y enseñar con la misma deliberación que podríamos emplear en nuestras habilidades de cortejo para atraer a alguna pareja adulta deseable con la que queramos entablar una relación.

Cuando observo a adultos interactuando con bebés, puedo comprobar que la danza de apego tiene cuatro pasos claros que van progresando en un orden concreto y, con ello, forman el modelo básico de toda la interacción de cortejo humana. Proporcionan la secuencia que debemos seguir para captar a nuestros hijos, desde la infancia hasta después de la adolescencia.

Acércate a la cara (o al espacio) del niño de una forma amistosa

El objetivo de este primer paso es atraer la mirada del niño, provocarle una sonrisa y, si es posible, favorecer un movimiento de su cabeza. En el caso de los bebés, nuestras intenciones suelen ser absolutamente obvias: empezamos a hacer contorsiones para obtener el efecto deseado. A medida que los niños se van haciendo mayores, nuestras intenciones deben resultar menos evidentes para no alejarlos. Muchos nos hemos sentido molestos con vendedores, por ejemplo, que llevan demasiado lejos estas conductas de cortejo y asumen con excesiva facilidad una actitud de familiaridad con un posible comprador.

En el caso de los bebés, esta interacción de cortejo es a menudo un fin en sí misma y resulta intrínsecamente satisfactoria para el progenitor cuando consigue el éxito y sumamente frustrante en caso contrario. No tiene ningún plan que vaya más allá; no estamos intentando que el bebé «haga» nada. El establecimiento de la relación es un fin en sí mismo, y así debería seguir siendo una vez superada esa fase y durante toda la niñez de nuestro hijo. Con el énfasis que se da hoy en día a las estrategias de crianza, a menudo nos centramos en lo que debemos hacer y no en adónde queremos llegar. El punto de partida y el objetivo principal de todas nuestras conexiones con los niños debería ser la relación en sí misma, no una conducta ni un comportamiento concretos.

Cuanto mayores se van haciendo los niños, más probable es que solo nos pongamos ante ellos cuando algo va mal. Esta tendencia comienza en la etapa de niño pequeño activo, cuando el progenitor tiene que dedicarse cada vez más a protegerlo de cualquier daño. Según un estudio, al principio de esta etapa de exploración móvil e inquieta, el 90 por ciento del comportamiento materno consiste en muestras de cariño, juego y cuidados, y solo el 5 por ciento está destinado a prohibirle que continúe con lo que esté haciendo. En los meses siguientes se produce un cambio radical. La curiosidad y la impulsividad del niño estimulado lo arrastran a muchas situaciones en las que el progenitor debe actuar como una influencia inhibidora. Entre los once y los diecisiete meses, el bebé experimenta por término medio una prohibición cada nueve minutos[1].

El objetivo de estas interacciones no es captar emocionalmente al niño, sino corregirlo o dirigirlo. En algún momento de esta época, o un poco más tarde, dejamos de responder a nuestros instintos recolectores. Es lo mismo que sucede con la conducta de cortejo de los adultos, que suele desaparecer una vez que la relación se ha consolidado. Empezamos a dar por sentada la relación. Y si en el apego adulto esta omisión puede ser equivocada, con los niños resulta desastrosa. Aunque debamos ser los guardianes de la seguridad y el bienestar de nuestros hijos, tenemos que seguir acercándonos a ellos de una forma cálida y acogedora que continúe haciéndoles desear mantener la relación con nosotros.

A medida que los niños van creciendo o empiezan a mostrarse reacios al contacto, el reto pasa de colocarse ante ellos de forma amistosa a entrar en su «espacio» de la misma forma. Aunque la tarea resulte más difícil, debemos centrarnos siempre en el objetivo de captar al niño.

—Es verdad —admitió David, padre de una chica de catorce años—. Cuando me fijo en cómo hablo con mi hija, veo que la mayoría de las veces es para conseguir que haga algo, o para enseñarle algo, o para cambiar de algún modo su comportamiento. Rara vez pretendo que simplemente estemos juntos para disfrutar de su compañía.

La danza de la captación no puede evolucionar si buscamos objetivos de conducta a corto plazo. Cuando nos centramos en el objetivo a largo plazo de una relación enriquecedora, debemos descubrir desde dentro los movimientos que pueden llevarnos hasta allí. Puede animarnos saber que contamos con nuestros instintos e intuiciones, aunque hayan estado dormidos durante un tiempo. Date permiso para experimentar y explorar. Es una cuestión de ensayo y error, no una receta conductual. Para cada niño surgirá una danza diferente.

Resulta especialmente importante captar a nuestros hijos después de cualquier tiempo de separación. En muchas culturas existen rituales de apego, alimentados por este instinto de captación. El más común es el saludo, que es el requisito previo para cualquier interacción satisfactoria. Para que sea completo, debe captar la mirada, una sonrisa y una inclinación de cabeza. Ignorar este paso es un error muy grave. En algunas culturas, como las de Provenza y algunos países latinos, el saludo sigue siendo habitual y esperado. En nuestra sociedad, muchas veces ni siquiera saludamos a nuestro propio hijo, y no digamos al ajeno. Como, tras pasar un tiempo de separación, los niños pierden su propia iniciativa de conectar con nosotros, podemos tener la sensación de que acercarnos a ellos es menos importante. Nada más lejos de la realidad. Debemos compensarlo con nuestro propio entusiasmo e iniciativa.

Las separaciones más evidentes son las provocadas por la escuela y el trabajo, pero existen muchas otras experiencias que también pueden apartarnos. A veces, la separación puede deberse a que el niño está inmerso, por ejemplo, en la televisión, en sus juegos, en la lectura o en los deberes. La primera interacción debe consistir en restablecer la conexión. A menos que podamos volver a captar al niño, nada de lo que hagamos servirá de mucho. Resulta infructuoso y frustrante, por ejemplo, dar instrucciones a un niño cuando está completamente concentrado en el televisor. En ese momento, antes de llamarlo a cenar, podemos sentarnos a su lado y, con la mano en el hombro, entablar una interacción con él. Debemos incluir algún contacto visual.

—Hola. ¿Está bien el programa? Parece interesante. Qué faena, pero es la hora de cenar.

Captar a nuestros hijos también es importante después de la separación que provoca el sueño. Las mañanas serían muy distintas en muchas familias si el progenitor no insistiera en actuar como tal hasta que el niño no haya sido debidamente captado. Una de nuestras costumbres más fructíferas cuando nuestros hijos eran pequeños fue crear lo que llamábamos un tiempo de calentamiento matutino. Designamos dos cómodas sillas de nuestro estudio como sillas de calentamiento. Inmediatamente después de que los niños se despertaran, mi mujer, Joy, y yo los poníamos en nuestro regazo, los abrazábamos, jugábamos y bromeábamos con ellos hasta que empezábamos a intercambiar miradas, llegaban las sonrisas y las cabezas asentían. Después de eso, todo era mucho más fluido. Valía la pena levantarse diez minutos antes para empezar el día con este ritual de captación, en lugar de pasar directamente a la velocidad de crianza. Los niños están diseñados para empezar en primera, tengan la edad que tengan y maduren lo que maduren.

En resumen, tenemos que incorporar a nuestra vida cotidiana rutinas de captación de nuestros hijos. Además, resulta especialmente importante volver a conectar con ellos tras cualquier tipo de separación emocional. La sensación de conexión puede romperse, por ejemplo, después de una pelea o una discusión, ya sea por un distanciamiento, un malentendido o un enfado. El contexto de la crianza se pierde hasta que pasamos a restaurar lo que el psicólogo Gershon Kaufman ha llamado «el puente interpersonal». Y siempre somos nosotros los responsables de reconstruirlo. No podemos esperar que los niños lo hagan: no son lo bastante maduros para comprender la necesidad de hacerlo.

Para los profesores u otros adultos que están a cargo de niños que no son suyos captarlos debe ser siempre el primer punto del orden del día. Si intentamos ocuparnos de ellos o instruirlos sin haberlos recogido antes, vamos en contra de su instinto natural de resistirse a las exigencias e instrucciones de extraños.

Sin duda, este acto de captar a un niño es lo que distingue al buen profesor de todos los demás. Nunca olvidaré mi experiencia con mi primera maestra, la señora Ackerberg. Después de que mi madre me dejara en la puerta de mi clase de primero, y antes de que tuviera la oportunidad de distraerme con otro niño, aquella mujer maravillosa y sonriente atravesó la clase y se dirigió a mí de la forma más amistosa, saludándome por mi nombre, diciéndome lo mucho que le alegraba que estuviera en su clase y asegurándome el buen año que íbamos a tener. Estoy seguro de que tardó muy poco en convencerme. Después de aquello, fui completamente suyo y bastante inmune a otros apegos. No los necesitaba; ya estaba recogido. No volví a estarlo por un profesor hasta quinto. En lo que respecta a mi educación, los años intermedios fueron una experiencia salvaje.

Proporciona al niño algo a lo que pueda aferrarse

El principio que subyace en el siguiente paso es sencillo: para despertar los instintos de apego de los niños debemos ofrecerles algo a lo que aferrarse. Con los bebés, muchas veces consiste en ponerles un dedo en la palma de la mano. Si el cerebro de apego del niño es receptivo, agarrará el dedo; si no, apartará la mano. No se trata de un reflejo muscular involuntario como el que se produce cuando recibimos un golpe justo debajo de la rodilla, sino de un *reflejo de apego*, uno de los muchos que están presentes desde el nacimiento y permiten actividades como alimentarse y acurrucarse. Indica que se han activado esos instintos. El niño ya está preparado para que se ocupen de él.

Ni el adulto ni el niño saben o aprecian lo que está ocurriendo. Este simple gesto es una interacción completamente inconsciente cuyo objetivo es cebar los instintos de apego, hacer que el niño se aferre. En este caso, lo hace de manera física, pero el objetivo fundamental incluye también la conexión emocional. Al colocar nuestro dedo en la palma de su mano, estamos invitándole a establecer una conexión. Así, nuestra parte de la danza comienza con una invitación.

A medida que los niños van creciendo, el objetivo del ejercicio no es que se agarren físicamente, sino de manera figurada. Tenemos que darles algo a lo que sujetarse, algo a lo que aferrarse, algo que puedan grabar en su corazón y de lo que no quieran desprenderse. Y, para que podamos dárselo, debe proceder de nosotros o ser nuestro. Sea lo que fuere, la clave está en que, al aferrarse a ello, nuestros hijos se aferrarán a nosotros.

La atención y el interés son poderosos cebos de conexión. Las muestras de afecto son potentes. Los investigadores han identificado, a la cabeza de la lista de activadores eficaces del apego, la calidez emocional, el disfrute y el deleite. Si nos brillan los ojos y nuestra voz refleja algo de calidez, estaremos invitando a una conexión que la mayoría de los niños no rechazarán. Cuando les damos señales de que nos importan, la mayoría de ellos querrán aferrarse a la idea de que son especiales para nosotros y que apreciamos que formen parte de nuestra vida.

Para nuestros propios hijos, el componente físico es clave. Los achuchones y los abrazos se diseñaron para que los niños se aferraran a ellos y pueden seguir estimulándolos mucho tiempo después de habérselos dado. No es de extrañar que, en terapia, muchos adultos sigan lamentando la falta de calor físico que les mostraron sus progenitores en su infancia.

Los profesores me preguntan a menudo cómo deben cultivar la conexión hoy en día, cuando el contacto físico es un tema tan controvertido. El tacto es solo uno de los cinco sentidos, y los sentidos son solo una de las seis formas de conexión (para conocer los seis modos de vinculación, véase el capítulo 2). Aunque es importante, debemos tener en cuenta que no es el único modo de conectar con los niños.

Con aquellos que tienen defensas emocionales contra el apego en una de las formas más vulnerables, es posible que haya que centrarse en ofertas que les provoquen menos vulnerabilidad, como transmitir una sensación de semejanza con ellos o encontrar una oportunidad de demostrar cierta lealtad estando de su lado. En mi trabajo con jóvenes delincuentes, casi siempre empezaba por ahí. A veces era tan sencillo como observar que ambos teníamos los ojos azules o que compartíamos un interés similar y teníamos algo en común. Por encima de todo, el adulto tiene que dar algo para que el niño pueda aferrarse a ello.

El regalo definitivo es hacer que un niño se sienta invitado a existir en nuestra presencia tal y como es, expresar nuestro deleite en su propio ser. Hay miles de formas de transmitir esta invitación: con gestos, con palabras, con símbolos y con acciones. El niño debe saber que se le quiere, que es especial, significativo, valorado, apreciado, echado de menos y disfrutado. Para que reciba plenamente esta invitación (para que la crea y pueda aferrarse a ella aunque no estemos con él físicamente), esta tiene que ser auténtica e incondicional. En el capítulo 17, en el que hablaré de la disciplina eficaz, veremos lo dañino que resulta utilizar contra el hijo la separación del progenitor con fines punitivos. Aplicar esta técnica, a menudo aconsejada pero perjudicial, equivale a decir, de hecho, que el niño solo está invitado a existir en nuestra presencia cuando está a la altura de nuestros valores y expectativas; en otras palabras, que nuestra relación con él es condicional. Nuestro reto como progenitores es ofrecer una invitación tan deseable e importante que el niño no quiera rechazarla, una aceptación amorosa que ningún compañero puede proporcionar. Al aferrarse a nuestro regalo de amor incondicional, el niño se aferrará a nosotros emocionalmente, igual que el bebé se aferraba con la mano al dedo de su progenitor.

Para que la conexión funcione debe percibir que nuestro ofrecimiento es espontáneo. Puede parecer contraintuitivo decir esto (y en breve explicaré mis razones), pero no podemos captar a un niño dándole algo que espera, ya sea como parte de un ritual o como regalo de cumpleaños o recompensa por algún logro. Por mucho alboroto que montemos, lo que demos en esas circunstancias estará asociado a la situación o al acontecimiento, no a la relación. Dar así nunca satisface. Un niño puede disfrutar con los regalos que espera, ya sean físicos o emocionales, pero sus necesidades de apego no pueden saciarse con ellos.

No podemos cultivar la conexión complaciendo las demandas, ya sean de atención, de afecto, de reconocimiento o de significado. Aunque si nos apartamos de un niño cuando está expresando una necesidad genuina podemos dañar la relación, satisfacer las necesidades a demanda no debe confundirse con enriquecer la relación. Al captar a un niño, el elemento de iniciativa y sorpresa es vital. Ofrecer algo a lo que agarrarse resulta más eficaz cuando menos se espera. Si lo que ofrecemos se puede ganar o se ve como una especie de recompensa, no servirá como contacto enriquecedor. Nuestras ofertas de conexión deben fluir de la invitación fundamental que estamos haciendo al niño. Este paso de la danza no es una respuesta al niño. Es el acto de concebir una relación, una y otra vez. Es una invitación a bailar la más importante de todas las danzas: la del apego. De nuevo, se trata de transmitir un placer espontáneo por el propio ser del niño, no cuando pide algo, sino cuando no lo pide. Con gestos, sonrisas, el tono de voz, un abrazo, una sonrisa juguetona, la sugerencia de una actividad conjunta o simplemente con un brillo en los ojos mostramos nuestro placer por su existencia.

Por cierto, está muy extendida la creencia de que ceder a las peticiones de un niño es «malcriarlo». Ese temor no contiene más que una pizca de verdad. Algunos progenitores compensan la atención, conexión y contacto que no proporcionan haciendo concesiones indiscriminadas a las demandas del niño. Cuando negamos las condiciones que algo requiere, lo estropeamos (por ejemplo, estropeamos la carne dejándola fuera del frigorífico). La auténtica forma de malcriar y estropear a los niños no es complacer sus exigencias o hacerles regalos, sino ignorar sus auténticas necesidades. A la sobrina de mi coautor, madre primeriza, una enfermera de la maternidad le dijo que no tuviera tanto tiempo a su bebé en brazos porque «lo iba a malcriar». Pues bien, criarlo mal consistiría, muy al contrario, en negarle la cercanía. Sabiamente, la madre ignoró este consejo «profesional». Los lactantes y niños pequeños a los que se les asegura con agrado el contacto parental no se verán impulsados a exigirlo con exceso cuando crezcan.

Es cierto que un niño muy inseguro puede resultar agotador con sus demandas de tiempo y atención. El progenitor puede desear tomarse un respiro, apartarse un poco. El problema es que la atención que se presta a petición del niño nunca resulta satisfactoria: deja la incertidumbre de que el progenitor solo está respondiendo a las demandas, no entregándose voluntariamente. Las exigencias no hacen más que aumentar, sin que la necesidad emocional subyacente se vea nunca satisfecha. La solución es aprovechar el momento, invitar al contacto justo cuando el niño no lo exige. O, si responde a su petición, tomar la iniciativa expresando más interés y entusiasmo de los que él ha previsto: «¡Qué buena idea! Me estaba preguntando cómo podríamos pasar un rato juntos. ¡Me alegro mucho de que se te haya ocurrido!». De ese modo le cogemos por sorpresa y le hacemos sentir que es él quien recibe la invitación.

Tampoco se puede captar a un niño ni ofrecerle algo a lo que aferrarse colmándolo de elogios, porque estos suelen referirse a algo que el niño ha hecho y, como tales, no son un regalo ni algo espontáneo. No se originan en el adulto, sino en los logros del niño, que no tiene posibilidad de aferrarse a ellos porque pueden anularse con cada fracaso. Y aunque pudiera hacerlo, no se aferraría a quien se los da, sino al logro que los produjo. No es de extrañar que resulten contraproducentes en algunos niños y provoquen un comportamiento contrario a lo que se elogia o hagan que el niño se aleje de la relación por miedo a quedarse corto.

¿Estamos diciendo que no se deba elogiar nunca a los niños? Al contrario, para la relación (para cualquier relación), es muy útil, compasivo y bueno reconocer a los demás cualquier contribución especial que hayan hecho o el esfuerzo o la energía que hayan empleado en conseguir que algo suceda. Lo que queremos decir es que no hay que exagerarlos, que debemos tener cuidado de que la motivación del niño no llegue a depender de la admiración o la buena opinión de los demás. La imagen que tiene de sí mismo no debe depender de lo bien o mal que consiga ganarse nuestra aprobación mediante logros o comportamientos complacientes. La base de la verdadera autoestima es la sensación de que es aceptado, amado y disfrutado por sus progenitores exactamente como él, el niño, es.

Invita a la dependencia

Si el bebé es ya suficientemente mayor, podemos invitarle a depender de nosotros extendiendo los brazos como si fuéramos a cogerle y esperando a que responda antes de continuar. Si sus instintos de apego están suficientemente activados, responderá levantando los brazos, indicando su deseo de proximidad y su disposición a depender. Los papeles mutuos de progenitor e hijo en esta coreografía del apego son intuitivos.

Lo que en realidad supone invitar a la dependencia al bebé es que le estamos diciendo: «Ven, deja que te lleve. Yo seré tus piernas. Puedes confiar en mí. Te mantendré a salvo». Invitar a un niño mayor a depender de nosotros significa transmitirle que puede confiar en nosotros, contar con nosotros, apoyarse en nosotros, ser cuidado por nosotros. Puede acudir a nosotros en busca de ayuda y dar por hecho que se la vamos a dar. Le estamos diciendo que estamos a su disposición y que está bien que nos necesite. Pero pretender dar ese paso sin haberse ganado antes su confianza es buscarse problemas, y esto es así tanto para el progenitor como para el trabajador de la guardería, el canguro, el profesor, el progenitor adoptivo, el padrastro o la madrastra y el asesor.

En esto interfiere el interés que muestra nuestra sociedad por la independencia. No nos cuesta nada invitar a los bebés a depender de nosotros, pero, pasada esa fase, la independencia pasa a ser nuestro principal objetivo. Queremos que nuestros hijos se vistan solos, se alimenten solos, se tranquilicen solos, se entretengan solos, piensen por sí mismos o resuelvan sus propios problemas, y la historia es siempre la misma: abanderamos la independencia… o lo que creemos que es la independencia. Nos asusta la posibilidad de que invitar a la dependencia sea estar llamando a la regresión y no al desarrollo, que si le concedemos un centímetro, se va a coger un kilómetro. Lo que estamos fomentando realmente con esta actitud no es la verdadera independencia, sino solo la independencia de nosotros. La dependencia se traslada al grupo de iguales.

Animamos y estimulamos de miles de maneras pequeñas a nuestros hijos para que crezcan, apresurándolos en lugar de invitándolos a descansar. Los estamos alejando de nosotros en vez de acercándolos. Si deseáramos cortejarnos como adultos, jamás lo podríamos hacer resistiéndonos a la dependencia. ¿Te imaginas el efecto que tendría en el cortejo el mensaje de «No esperes que te ayude en nada que crea que podrías o deberías ser capaz de hacer por ti mismo»? Dudo mucho que la relación llegara a consolidarse. En el noviazgo, estamos siempre diciendo «Espera, deja que te eche una mano», «Te ayudaré con eso», «Será un placer», «Me preocupa todo aquello que te preocupe a ti». Si podemos hacer esto con los adultos, ¿no deberíamos ser capaces de invitar a la dependencia a los niños que realmente necesitan a alguien en quien apoyarse?

Quizá nos sintamos libres de invitar a la dependencia de los adultos porque no somos responsables de su crecimiento ni de su madurez. No llevamos la carga de conseguir que sean independientes. Esta es precisamente la raíz del problema: estamos asumiendo demasiada responsabilidad por la maduración de nuestros hijos. Hemos olvidado que no estamos solos, que tenemos a la naturaleza como aliada. La independencia es fruto de la maduración; nuestra tarea al criar a los hijos es ocuparnos de sus necesidades de dependencia. Cuando cumplimos y satisfacemos sus auténticas necesidades de dependencia, la naturaleza queda libre para hacer su trabajo de promover la maduración. Es lo mismo que sucede con el crecimiento: no tenemos que hacer que nuestros hijos se hagan más altos, basta con que les demos comida. Al olvidar que el crecimiento, el desarrollo y la maduración son procesos naturales, perdemos la perspectiva. Nos asusta la idea de que nuestros hijos se queden estancados y nunca lleguen a crecer. Tal vez pensemos que, si no los empujamos un poco, jamás van a abandonar el nido. En este sentido, los seres humanos no son como los pájaros. Cuanto más se presiona a los niños, más se aferran a otra persona o, en su defecto, anidan con ella.

La vida tiene estaciones. No podemos llegar a la primavera resistiéndonos al invierno; en invierno las plantas están latentes, pero florecerán cuando llegue la primavera. No podemos llegar a la independencia resistiéndonos a la dependencia. Solo cuando se satisfacen las necesidades de dependencia, comienza la búsqueda de la verdadera independencia. Al resistirnos a la dependencia, frustramos el movimiento hacia la independencia y posponemos su realización. Parece que hemos perdido el contacto con los principios más básicos del crecimiento. Si intentáramos arrancar nuestras plantas para hacerlas madurar, pondríamos en peligro sus raíces de apego y su fecundidad. Interrumpiendo las raíces de apego de los niños solo conseguimos que se trasplanten a otras relaciones. Nuestra negativa a invitarlos a depender de nosotros los empuja a los brazos de los demás.

Instar a los niños a manejar la separación antes de que estén preparados para ello, ya sea a la hora de dormir o cuando estamos fuera de casa, supone al principio suscitar el pánico y un mayor aferramiento, no menos. Los niños que no consiguen mantener cerca al progenitor pueden reemplazarlo por un sustituto. Esta transferencia de dependencia se confunde a menudo con la verdadera independencia. Al fomentar esa falsa independencia (o aquella que nuestros hijos aún no son lo bastante maduros para manejar), estamos favoreciendo la orientación hacia los iguales.

Los profesores también deberían invitar a la dependencia. De hecho, los que animan a sus alumnos a depender de ellos suelen ser los que al final tienen más probabilidades de fomentar con eficacia la independencia. Un buen maestro, en lugar de empujar a sus alumnos hacia la independencia, les proporciona generosas ofertas de ayuda. Quiere que sus alumnos piensen por sí mismos, pero sabe que no podrán conseguirlo si se resiste a su dependencia o los reprende por su falta de madurez. Sus alumnos son libres de apoyarse en él sin sentirse en ningún momento avergonzados por su necesidad.

El camino hacia la verdadera independencia no tiene ningún atajo. La única forma de llegar a ser independiente es siendo dependiente. Si confiamos en que conseguir que los niños sean viables como seres independientes no depende enteramente de nosotros (es tarea de la naturaleza), seremos libres para seguir adelante con nuestra parte del trabajo, que consiste en invitarlos a la dependencia.

Actúa como punto de referencia del niño

Una cuarta forma de activar los instintos de apego es orientar al niño. Esta parte de la danza comienza cuando tenemos al bebé en nuestros brazos. Como los niños dependen de nosotros para orientarse, debemos asumir el papel de brújula y actuar como guías. Es una función de la que nos hacemos cargo de manera automática, sin ser conscientes de ello. Señalamos esto y aquello, le damos los nombres de las cosas y familiarizamos al niño que está creciendo con su entorno.

Por lo que respecta al medio escolar, en esta parte de la danza, el maestro intuitivo se mueve para orientar al niño sobre dónde está, quién es quién, qué es qué y cuándo va a ocurrir esto o aquello: «Aquí será donde cuelgues el abrigo», «Esta persona se llama Dana», «Más tarde vais a mostrar objetos al resto de la clase y ahora puedes mirar estos libros».

Las variaciones de este paso de la captación son innumerables y vienen determinadas por el contexto y las necesidades del niño. Aunque con los más pequeños somos bastante intuitivos, muchos de nosotros perdemos este instinto orientador cuando tratamos con niños mayores. Ya no asumimos el papel de presentarles a quienes les rodean, de familiarizarlos con su mundo, de informarles de lo que va a ocurrir y de interpretar lo que significan las cosas. En resumen, dejamos de actuar como guías para quienes deberían seguir dependiendo de nosotros.

Los niños se inclinan automáticamente a mantenerse cerca de su punto de referencia. Si comprendiéramos de verdad la potencia que tiene esta función en su vida, sabríamos que es un papel demasiado importante como para dejárselo a otros.

Por intuición, todos experimentamos el poder de la orientación como iniciación del apego. Imagina que te encuentras en una ciudad extranjera, perdido y confuso, separado de tus pertenencias, incapaz de hablar o entender el idioma, sintiéndote desamparado y sin poder cambiar las circunstancias. Imagina que alguien se acerca a ti y te ofrece ayuda en tu propia lengua. Cuando te haya ayudado a orientarte y te haya mostrado las personas con las que debes contactar y los lugares a los que tienes que ir, todos tus instintos se activarán para mantenerte cerca de este guía. Si se diera la vuelta para alejarse, sin duda tratarías de prolongar la conversación, agarrándote a un clavo ardiendo para mantenerlo cerca. Si esto es así para los adultos, cuánto más para las criaturas de apego inmaduras que dependen completamente de los demás para orientarse.

Parte del problema que implica perder el contacto con este instinto de orientación es que ya no nos sentimos expertos en el mundo en el que se encuentran nuestros hijos. Las cosas han cambiado demasiado y ya no nos permiten actuar como guías. Los niños tardan muy poco en saber más que nosotros sobre el mundo de los ordenadores e Internet, sobre sus juegos y juguetes. La orientación hacia los iguales ha creado una cultura infantil que a muchos de nosotros nos resulta tan extraña como la nuestra lo sería para alguien que acabara de llegar a nuestro país. Como si fuésemos inmigrantes desorientados en una tierra extraña, perdemos el norte con nuestros hijos. La lengua parece distinta, la música es ciertamente diferente, la cultura escolar ha cambiado e incluso el plan de estudios es otro. Cada uno de estos cambios contribuye a erosionar nuestra confianza hasta el punto de que llegamos a tener la sensación de que somos nosotros los que necesitamos orientación. Nos sentimos cada vez más incapaces de orientar a nuestros hijos en su mundo.

Otro aspecto del problema es que la orientación hacia los iguales ha eliminado en nuestros hijos el desencadenante que, en circunstancias más naturales, activaría nuestro instinto de guiarlos: esa mirada que revela que se sienten perdidos o confusos. Las personas que muestran esa expresión, aunque sean adultas, pueden provocar respuestas orientadoras incluso de completos desconocidos (Gabor, mi compañero en la escritura de este libro, que es médico, afirma que ha perfeccionado esta mirada de desorientación indefensa hasta convertirla en un arte, sobre todo en los puestos de enfermería de los hospitales). Aunque los niños orientados hacia sus iguales tienen menos idea que nadie de quiénes son o adónde van, el efecto que les produce esta orientación es que desvanece su sensación de estar perdidos o confusos. El niño integrado en la cultura de lo *cool* no parece vulnerable, no da la impresión de necesitar una ayuda que lo oriente. Lo único que le parece relevante es la proximidad de sus iguales. Esa es una de las razones por las que estos niños suelen parecer mucho más seguros y sofisticados, cuando en realidad son ciegos guiando a ciegos. El efecto final de no llevar su confusión escrita en el rostro es que nuestros instintos para guiarlos permanecen dormidos y nuestra capacidad para captarlos disminuye.

A pesar de que nuestro mundo ha cambiado (o, más correctamente, como consecuencia de ello), es más importante que nunca hacer acopio de nuestra confianza y asumir nuestra posición como punto de referencia en la vida de nuestros hijos. El mundo puede cambiar, pero la danza del apego sigue siendo la misma. Se nos da bastante bien guiar a nuestros bebés y preescolares, probablemente porque asumimos que sin nosotros estarían perdidos. Les informamos una y otra vez de lo que va a ocurrir, de dónde vamos a estar, de qué van a hacer, de quién es esta persona, de qué significa algo. Es después de esta fase cuando parece que perdemos la confianza y se embota este instinto crucial de captación.

Tenemos que recordar que los niños necesitan ser orientados y que nosotros somos su mejor recurso para ello, lo sepan o no. Cuanto más los orientemos en términos de tiempo y espacio, personas y acontecimientos, significados y circunstancias, más inclinados estarán a mantenernos cerca. No debemos esperar su mirada confusa, sino asumir con confianza nuestra posición de guías e intérpretes. Incluso un poco de orientación al principio del día puede ayudar mucho a mantenerlos cerca: «Esto es lo que vamos a hacer hoy», «Aquí es donde voy a estar, lo especial de este día es…», «Lo que tengo pensado para esta noche es…», «Me gustaría que conocieras a fulanito», «Deja que te enseñe cómo funciona esto», «Este es quien te va a cuidar», «A este es a quien debes preguntar si necesitas ayuda», «Solo faltan tres días para…». Y, por supuesto, orientarlos sobre su identidad y significado: «Tienes una forma especial de…», «Eres el tipo de chica que…», «Tienes madera de pensadora original», «Tienes un verdadero don para…», «Tienes lo que hay que tener para…», «Tienes lo que hace falta para…», «Veo que vas a llegar lejos con…». Actuar como brújula de un niño pone en marcha los instintos de apego y constituye una gran responsabilidad.

Con nuestro propio hijo, orientar reactiva los instintos del niño de mantenernos cerca. Cuando recogemos al hijo de otro, orientarle es un paso esencial para cultivar una conexión. El secreto está en que el adulto, ya sea profesor o padrastro, aproveche cualquier vacío de orientación que experimente el niño para ofrecerse como guía. Si puedes organizar situaciones que hagan que el niño o el alumno dependa de ti para orientarse, tanto mejor para cebar un apego.

Recuperar a los niños orientados hacia sus iguales

Estos cuatro pasos de la danza del apego nos capacitan para percibir los instintos de apego del niño y llevarán a la mayoría de ellos a entablar una relación con los adultos que los cuidan. De todas formas, habrá niños que estarán demasiado aislados por la orientación hacia sus iguales como para que ese escenario básico de apego funcione. «¿Qué debo hacer si mi hijo ya se ha "perdido" en el mundo de sus iguales? —se preguntarán algunos progenitores—. ¿Hay alguna forma de recuperarlo?».

Merece la pena que repita el mensaje final del capítulo 1: siempre hay cosas que podemos hacer. Aunque ningún enfoque es infalible en todas las situaciones, si sabemos hacia dónde dirigir nuestros esfuerzos, podemos confiar en tener éxito a largo plazo. Se aplican los mismos pasos y principios, aunque la resistencia inicial del niño a ser cortejado pueda resultar bastante fuerte y desalentadora. En última instancia, una relación no es algo que podamos determinar, nuestra única opción es invitar y atraer. Podemos facilitar en lo posible que los niños «perdidos» vuelvan y dificultar al máximo que la competencia se aferre a ellos. ¿Qué debemos hacer para conseguirlo?

En muchos sentidos, la orientación hacia los iguales es como una secta, y los retos que implica recuperar a los niños son prácticamente los mismos que si nos enfrentáramos a las seducciones de una de ellas. El verdadero desafío consiste en recuperar sus corazones y sus mentes, no solo tener sus cuerpos bajo nuestro techo y en nuestra mesa.

Al intentar captar a nuestros hijos, debemos recordar que nos necesitan, aunque no lo sepan. Incluso el más alejado y hostil de los adolescentes necesita un progenitor que lo cuide. A pesar de sus instintos mal orientados y su cierre emocional, este conocimiento sigue incrustado en su psique y puede escaparse en la intimidad de una entrevista con un adulto preocupado o un consejero.

—Siempre nos asegurábamos de que los amigos de nuestros hijos se sintieran cómodos en nuestra casa —dice Marion, madre de dos adolescentes—. Daba la impresión de que se sentían mejor aquí que en sus propias casas. Estos tipos «duros» se sentaban alrededor de la mesa de la cocina y mantenían con mi marido y conmigo conversaciones que, más tarde, confesarían a nuestros hijos que nunca tendrían con sus propios progenitores.

Tenemos que afrontar la tarea de captar a nuestros hijos con un aire de confianza y no dejarnos desanimar ni distraer de nuestra misión. Cuanto más desafiantes e «imposibles de tratar» sean los niños, mayor será su necesidad de ser recuperados.

Y esto es importante, no solo para permitirnos terminar nuestra labor de progenitores, sino para darles la oportunidad de crecer. Los niños que han abandonado prematuramente el útero de apego parental deben ser atraídos de nuevo para que continúen su proceso de maduración. «Con independencia de la edad que tengan —escribe el eminente psiquiatra infantil estadounidense Stanley Greenspan—, los jóvenes pueden empezar a trabajar en niveles de desarrollo que no han sido capaces de dominar, pero solo consiguen hacerlo si están en el contexto de una relación estrecha y personal con un adulto entregado»[2]. Volver a atraer al niño a un vínculo de apego fuerte y mantenerlo en él es la base de todo lo que intentemos hacer con él y para él.

La clave para recuperar al niño es invertir las condiciones que provocan la orientación hacia los iguales. Tenemos que crear un vacío de apego separando al niño de sus iguales y luego colocarnos nosotros en ese vacío como sustitutos. Es importante recordar que estos niños tienen grandes necesidades de apego, pues de lo contrario no estarían orientados hacia sus compañeros. Es probable que la falta de proximidad con ellos les resulte tan intolerable como lo fueron los vacíos de apego con los progenitores que dieron inicio a esa situación.

A menudo, sobre todo si la orientación hacia los iguales no está demasiado arraigada, puede lograrse una inversión suave imponiendo algunas restricciones a la interacción con ellos, al mismo tiempo que se da prioridad a captar al niño siempre que sea posible. Es importante que no revelemos nuestros planes, porque podría resultar contraproducente. Lo más difícil para muchos progenitores es pasar de centrarse en el *comportamiento* a hacerlo en la *relación*. Cuando esta se ha deteriorado, el comportamiento puede volverse cada vez más ofensivo y alarmante. En tales circunstancias, nos resulta difícil dejar de reñir, intentar convencer y no criticar. Para cambiar el enfoque, lo primero que debemos hacer es aceptar la inutilidad de abordar el comportamiento y reorientarnos hacia la tarea de restaurar la relación. A menos que ese cambio sea auténtico, careceremos de la paciencia suficiente para la tarea que tenemos entre manos. La mayoría de nosotros sabemos por intuición cómo cortejar, solo necesitamos tener la seguridad de que no hay otra forma de llegar a donde queremos ir y que más vale pronto que tarde.

En el capítulo 17 explicaré tácticas concretas, como la creación de estructuras y la imposición de límites, pero en este punto voy a dedicar unos momentos a hablar de las restricciones a las salidas. Siguen siendo una medida disciplinaria muy habitual para adolescentes jóvenes cuando han incumplido alguna norma o cometido una infracción. La cuestión es cómo las utilizamos, si como castigo o como oportunidad. Suelen restringir el contacto con los compañeros, de modo que en realidad pueden servir para crear un vacío de apego que luego podemos aprovechar. Si los progenitores pueden verlas como un momento para acercarse a su hijo de forma amistosa y proporcionarle algo a lo que aferrarse, el resultado puede ser beneficioso, pero por sí solas no servirán de nada. Impedir la interacción con los compañeros no consigue sino aumentar la intensidad con que el niño la ansía. También deben evitarse si el progenitor carece del poder natural de apego y de la confianza interior para llevarlo a cabo. Como la mayoría de los enfoques conductuales, funcionan mejor con los que menos las necesitan y son menos eficaces con los que más las necesitan. Pero, en cualquier circunstancia, si es que hemos de emplearlas, van mejor si los progenitores las aprovechan como una oportunidad para restablecer la relación con su hijo. Y eso significa eliminar de la interacción todo tono o emoción punitivos.

A veces son necesarias medidas más radicales, sobre todo cuando los intentos de captar al niño han sido infructuosos y los esfuerzos por introducir la más mínima cuña entre él y sus compañeros han sido en vano. Existe una amplia gama de intervenciones que podemos emplear (dependiendo de los recursos de la familia y la gravedad de la situación), desde excursiones de fin de semana a solas con el niño hasta viajes prolongados en familia y todo lo demás. Aquí es cuando una casa de vacaciones puede resultar útil, para quienes puedan permitírsela. Unos parientes en el campo con el corazón abierto y un buen instinto de captación son algo que no se puede comprar con dinero. Mantener apartado a un niño durante el verano en un entorno familiar, aunque no sea el nuestro, suele ser un antídoto contra la creciente implicación con los compañeros. Varias familias que conozco decidieron mudarse para crear el vacío de apego con los iguales y, por suerte, los resultados de esta solución tan radical resultaron satisfactorios. Pero crear ese vacío es solo la mitad de la solución. La parte más importante es captar al niño.

La interacción uno a uno es lo más eficaz. Cuando hay más de un adulto, el niño puede seguir esquivando los encuentros personales y, con otros niños presentes, el vacío de apego nunca es lo bastante grande como para obligarle a echarse en nuestros brazos.

Es imposible bailar con un niño orientado hacia sus iguales: tenemos que hacer acopio de toda la iniciativa y el ingenio que podamos reunir. Para mis hijas adolescentes Tamara y Tasha, los puntos de inflexión en su propia orientación hacia sus iguales se produjeron en viajes planeados con el propósito de recuperarlas. Para Tasha, el cebo fue saltarse el colegio unos días para ir a un lugar que sabía que le encantaba. Aun así, se enfadó porque iba a faltar a clase, no porque tuviera ninguna preocupación académica, sino porque allí era donde estaban sus amigos. Por suerte, para entonces ya estábamos en el ferry, pasado el punto de no retorno. Cuando llegamos a la casa de campo junto al mar que yo había alquilado, anunció que aquello iba a ser aburrido porque no había nadie. Es lo que tiene la orientación hacia los iguales: degrada a los progenitores a la posición de «nadie». «Todo el mundo» es el nombre de aquellos a los que el niño está apegado y «nadie» son los demás.

Tuve que acordarme de que no debía dejarme apartar ni luchar contra los síntomas. Las cosas empezaron bastante despacio pero, como me había reservado varios días libres en el trabajo, estaba dispuesto a esperar hasta que el vacío de apego se volviera lo bastante intolerable como para impulsar a Tasha a buscar la cercanía conmigo. Mi tarea consistía en entrar en su espacio de forma amistosa, pero sin exagerar. Su expresión hosca distaba mucho de los ojos que solían iluminarse y la sonrisa que solía esbozar en respuesta a mi presencia. En esta ocasión, primero me descubrió como compañero de paseos y piragüismo. Luego vinieron algunas sonrisas; algo de calidez entró en su voz. Finalmente llegó la conversación y una actitud abierta a ser abrazada. Con la reconexión vino también, curiosamente, el deseo de cocinar y comer juntos. Cuando llegó la hora de marcharnos, ninguno de los dos tenía demasiadas ganas de volver. De camino a casa, Tasha y yo ideamos algunas estructuras para preservar nuestra relación: un paseo juntos una vez a la semana o un vaso de chocolate caliente en un café. Me prometí a mí mismo no «pincharla» durante esos momentos especiales. Esos eventos especialmente organizados tenían como objetivo preservar el contexto de apego; yo podría llevar a cabo mis otras tareas de crianza, enseñándola y dirigiéndola, el resto del tiempo.

Tasha me preguntó por qué la había dejado. Empecé argumentando que lo había entendido todo al revés cuando, de repente, me di cuenta de que tenía razón. Es responsabilidad de los progenitores mantener cerca a los hijos. Desde luego, mi hija no tenía la culpa del estado en que se encuentra nuestra cultura. Al buscar la proximidad con sus iguales, solo seguía sus instintos sesgados. Aunque no era culpa mía que nuestra cultura nos estuviera fallando, seguía siendo mi responsabilidad como progenitor retener a Tasha hasta que dejara de necesitarme. Sin saberlo y sin quererlo, la había dejado marchar antes de terminar mi tarea. Me estremezco al recordar que, en aquel momento, me preocupó la idea de tener que coger una semana libre en el trabajo. Echando la vista atrás, sé que fue una de las mejores decisiones que he tomado nunca.

Con Tamara, lo que restableció nuestra relación fueron unos días de senderismo y acampada solos en la naturaleza. El cebo fue que a ella le encantaba ir de excursión, pescar y estar al aire libre. Su orientación hacia sus iguales se manifestó al principio porque rechazaba mi ayuda, caminaba por delante o por detrás de mí y reducía nuestra interacción al mínimo. Su rostro cabizbajo me recordaba que yo no era la compañía que ella deseaba. Elegí un espacio que yo conocía bien para poder ser su brújula en todos los sentidos. Tardé unos días. Aunque, una vez más, tuve que recordarme a mí mismo que debía ser paciente y amigable, el último día, mi hija ya caminaba a mi lado y agradecía mi ayuda. Como en los viejos tiempos, no dejaba de mostrarme cosas y podía hablarme hasta por los codos. Lo que me sorprendió fue la rapidez y la profundidad con las que su cálida sonrisa llegaba a lo más hondo de mi corazón. Tras su orientación hacia sus iguales, había olvidado por completo la alegría que nuestra relación me proporcionaba en otros tiempos.

15
CONSERVAR LOS LAZOS QUE EMPODERAN

La relación entre un progenitor y su hijo es sagrada. Cuando nos enfrentamos al desafío de la cultura de los iguales, necesitamos que los lazos que unen a nuestros hijos con nosotros sigan siendo fuertes y debemos hacer que duren hasta que nuestros hijos dejan de necesitar nuestros cuidados. Ahora bien, ¿qué podemos hacer para conseguirlo?

Convierte la relación en tu prioridad

Sea cual fuere el problema o el asunto que afrontemos en la crianza de nuestros hijos, nuestra relación con ellos debe ser nuestra máxima prioridad. Los niños no experimentan nuestras intenciones, por muy sentidas que sean. Solo perciben lo que manifestamos en nuestro tono de voz y con nuestra conducta. No podemos asumir que vayan a saber cuáles son nuestras prioridades, debemos ponerlas en práctica. Muchos niños a los que sus padres aman incondicionalmente reciben el mensaje de que este amor está muy condicionado.

—El verdadero reto es conservar la paciencia y tener siempre presente el objetivo a largo plazo —afirma Joyce, madre de tres niños pequeños—. Cuando estás sobrecargada, resulta difícil recordar que estás manteniendo una relación con una persona, no solo intentando que esté lista para salir en diez minutos. El problema es que todos tenemos nuestra propia agenda y a veces consideramos al niño como un impedimento.

Cuando nos resulta más difícil transmitir esa aceptación incondicional es precisamente en el momento en que es más necesaria: cuando nuestros hijos nos han decepcionado, han traicionado nuestros valores o se nos han vuelto odiosos. Es justo en esos momentos cuando debemos indicar, con palabras o con gestos, que el niño es más importante que sus actos, que la relación nos importa más que la conducta o los logros. Debemos asegurar la relación antes de abordar el comportamiento. Cuando debemos aferrarnos a nuestros hijos con mayor firmeza es precisamente cuando las cosas van peor. De ese modo, ellos también, a su vez, pueden aferrarse a nosotros. Intentar criar, «dar lecciones», cuando estamos molestos o muy irritados supone correr el riesgo de hacer que el niño se angustie con respecto a la relación. No podemos esperar que se aferre a una conexión que, en su opinión, nosotros no valoramos. En esos momentos, lo mejor que podemos hacer es serenarnos, tragarnos las palabras de crítica y abstenernos de imponer ninguna «consecuencia».

Para algunos progenitores, esta forma de relacionarse resulta antinatural. Temen que sus hijos consideren que están perdonando el mal comportamiento. Creen que no alzar la voz inmediatamente y con firmeza ante una mala conducta va a confundir al niño y poner en peligro sus propios valores. Aunque es comprensible, este miedo está equivocado. La confusión no suele suponer ningún problema; un niño sabe por lo general lo que se espera de él y si no lo hace es porque no puede o porque no está dispuesto a ello. La incapacidad para responder a estas expectativas suele ser un problema de madurez, mientras que la falta de disposición a hacerlo es por lo general un problema de apego. Un niño tiene muchas más probabilidades de sentirse confuso no sobre lo que valoramos sino sobre su propia valía e importancia para nosotros. Esto es precisamente lo que requiere aclaración y afirmación. Cuando decimos que algo es inaceptable, a menos que el apego sea seguro y la conexión firme, lo más probable es que el niño escuche que él no nos gusta, o que no es aceptable por …, o que solo lo es cuando… Si un niño recibe un mensaje así, tanto si eso es lo que hemos dicho como si no, la relación se daña. Se socava la base misma sobre la cual él desea ser bueno para nosotros.

Cuando decimos que el niño es más importante que su conducta, no estamos poniendo en peligro nuestros valores sino, más bien, reafirmándolos en su nivel más profundo. Excavamos hasta la roca madre y declaramos lo que es cierto. Cuando los padres se ven retados a aclarar sus valores, con muy pocas excepciones se ponen del lado del niño y del apego. El problema es que, por lo general, damos la relación por sentada. Somos conscientes de otros valores (los morales, por ejemplo), pero no del que es más fundamental para nosotros: el apego. Cuando interactuamos con nuestros hijos, estos son los que comunicamos, y solo cuando adquirimos conciencia del apego, descubrimos nuestro compromiso más profundo: el niño mismo.

Criar teniendo en mente el apego

Si nos dejáramos guiar por la secuencia natural del desarrollo, nuestras prioridades estarían claras. La primera sería el *apego*; la segunda, la *maduración*, y la tercera, la *socialización*. Cuando afrontamos algún tipo de turbulencia con nuestro hijo, lo primero que deberíamos hacer es abordar la relación, que es exactamente lo mismo que conservar el contexto de la maduración. Solo después podremos centrarnos en el ajuste social, es decir, en la conducta del niño. No deberíamos proceder con la tercera parte hasta estar seguros de que las dos primeras están cubiertas. Aceptar esta disciplina en las interacciones con nuestros hijos nos permitirá conservar la armonía del diseño del desarrollo y nos ayudará a vivir de acuerdo con nuestros compromisos más fundamentales. Ese es el quid de la crianza: cuando hacemos las cosas lo mejor posible para nuestros hijos, conseguimos que salga lo mejor de nosotros.

Criar teniendo en mente el apego significa no permitir que nada separe a nuestro hijo de nosotros, al menos en el aspecto psicológico. Este reto es mucho mayor cuando estamos tratando con un niño orientado hacia sus iguales porque ya se ha interpuesto algo entre él y nosotros: sus iguales. Estos niños no solo se sienten menos inclinados a apegarse a nosotros, sino que se ven impulsados hacia conductas que pueden ser dañinas y marginadoras (en el capítulo 2 se explica la energía negativa del apego que alimenta este tipo de comportamientos). Podemos sentirnos heridos como progenitores incluso cuando un bebé no responde a nuestras propuestas, pero un niño mayor atrapado en la orientación hacia sus iguales puede no solo no responder, sino mostrarse absolutamente mezquino y cruel. Duele que no nos hagan caso, nos ignore o nos falten al respeto, es difícil no reaccionar ante un gesto de hastío, un tono de voz impaciente, una actitud indiferente y unas palabras groseras. La arrogancia y la deslealtad que percibimos en el niño orientado hacia sus iguales dañan toda sensibilidad de apego en el progenitor. Nos hacen estallar de una forma muy errónea. Este tipo de conductas, tan dañinas e insultantes, nos irritan muchísimo. ¿Cómo no iban a hacerlo?

En el capítulo 2 afirmé que la orientación hacia los iguales es un problema de apego. Cuando nuestro hijo nos abandona por sus compañeros, nos sentimos tan agraviados, enfadados y humillados como lo estaríamos en cualquier otra relación que nos importara mucho. Cuando nos hieren, es natural que retrocedamos defensivamente, que nos retiremos en términos emocionales para evitar que nos hagan todavía más daño. Es entonces cuando la parte defensiva de nuestro cerebro no impulsa a salir de un territorio vulnerable para refugiarnos en un lugar en el que los insultos dejen de hacernos daño y la falta de conexión no nos revuelva el estómago. Los progenitores somos humanos.

Retirar nuestra energía de apego puede defendernos contra la vulnerabilidad, pero el niño lo experimenta como un rechazo. Tenemos que recordar que no tiene una intención consciente de herirnos, sino que se está limitando a seguir sus instintos desviados. Si nosotros respondemos apartándonos emocionalmente, creamos un vacío de apego todavía mayor que impulsa al niño con más fuerza a los brazos de sus iguales. Para él, la retirada paterna precipita casi siempre una espiral descendente hacia los apegos a sus compañeros y la disfunción. Aunque al progenitor podría parecerle que no existe ninguna conexión que salvaguardar, la relación con mamá, papá y el resto de la familia sigue siendo muy importante incluso para el niño más orientado hacia sus iguales. Si nosotros, los progenitores, nos permitimos apartarnos, quemaremos el único puente por el que el niño puede regresar. Hace falta ser un santo para no alejarse, pero, a la hora de tratar con niños orientados hacia sus iguales, es posible que estemos llamados a la santidad. Si esto nos parece muy poco natural, es porque lo es. Nunca se pretendió que la crianza fuera así, la naturaleza no la designó con la posibilidad de que el corazón de nuestros hijos pudiera volverse contra nosotros. Sin embargo, si permitimos que nos aparte, al niño no le queda nada a lo que agarrarse. Una de las cosas más importantes que debemos hacer es mantenernos en la brecha, no apartarnos, por el bien de nuestros hijos y por el nuestro.

Es cierto que no hay nada que hiera más que sentirse rechazado una y otra vez. No nos queda más remedio que recurrir, con constancia y paciencia, a nuestra fuente infinita de amor no correspondido y esperar a que lleguen días mejores. Aunque nos sintamos frustrados y desesperanzados, no debemos abandonar el campo. Mientras permanezcamos abiertos, hay muchas posibilidades de que el hijo o la hija descarriados regresen a nuestros brazos.

No es infrecuente que, en un acto de desesperación, los progenitores den un ultimátum a sus hijos. Suele ser algo en la línea de «si no te portas bien, tendrás que irte». Tanto si se utiliza formalmente como una técnica de «amor duro» como si se trata simplemente de una respuesta visceral para hacer que el niño se comporte de una forma correcta, es muy raro que funcione con un niño orientado hacia sus iguales. Un ultimátum de este tipo presupone la existencia de un apego suficiente para negociar. Si el apego no es lo bastante fuerte, el niño no sentirá ningún impulso de permanecer cerca del progenitor. Los ultimátums provocan en el niño el convencimiento de que el cariño y la aceptación de sus padres son condicionales, lo que le induce a separarse aún más. Lo único que consiguen es que se atrinchere más en el mundo de sus iguales.

En ocasiones, no se trata realmente de ultimátums, sino de una forma de renunciar a la responsabilidad o de poner fin a la relación. El progenitor está harto. Ha perdido la esperanza de que las cosas mejoren o le falta la energía necesaria para conseguirlo. En ese caso, resulta preferible encontrar una forma de separarse que no agrave el problema ni dificulte en el futuro la reparación de la relación. Un rechazo de esta magnitud es difícil de superar para cualquier niño. Si los padres ya no son capaces de aguantar más, a menudo les sugiero que consideren la posibilidad de enviar a su hijo a un internado privado, que se apoyen en parientes o, posiblemente, que encuentren una familia cercana que les eche una mano. Cuanto menos manifiesto sea el rechazo, más posible será un eventual restablecimiento. Si la conexión psicológica no se ha roto y la separación física proporciona a los progenitores cierto alivio, tal vez vuelvan a encontrar la fuerza y la iniciativa que necesitan para intentar recuperar a su hijo.

De alguna manera, todos los progenitores pueden llegar a abandonar la relación de vez en cuando, aunque sea sin querer y de una forma menos drástica pero igualmente importante de reconocer. Para convertir la relación en una prioridad es necesario hacer algunas reparaciones, sobre todo cuando la conexión emocional se ha tensado o cortado. Raro es el progenitor que no pierde a veces la cabeza. Es imposible mantener una ecuanimidad perfecta. Por muy perspicaces que seamos y por muy rectas que sean nuestras prioridades, es inevitable que, salvo a los santos, nuestros hijos nos provoquen reacciones emocionalmente incontroladas. Las rupturas temporales en la relación son inevitables y no son perjudiciales en sí mismas, a menos que sean frecuentes y graves. El verdadero daño se inflige cuando descuidamos la labor de volver a captar a nuestros hijos, con lo que les transmitimos la idea de que la relación no es importante para nosotros, o, alternativamente, de que son ellos los responsables de restablecer la conexión.

Una forma de saber lo mucho que alguien quiere algo es viendo los obstáculos que está dispuesto a superar para conseguirlo. Así es como nuestros hijos saben hasta qué punto valoramos la relación con ellos. Cuando hacemos el esfuerzo de encontrar el camino que nos lleva de nuevo a su lado, trascendiendo nuestros propios sentimientos y conteniendo los suyos, estamos transmitiendo un poderoso mensaje de que la relación es nuestra máxima prioridad. Cuando las reacciones son intensas y los sentimientos están a flor de piel, es el momento de recuperar nuestras prioridades más profundas y afirmar nuestro compromiso con ellas. «Sigo siendo tu madre y siempre lo seré. Sé que es difícil recordar que te quiero cuando estoy enfadada y que a veces hasta yo misma lo olvido por un momento o dos, pero siempre me recompongo. Me alegro de que nuestra conexión sea fuerte. Es necesario que lo sea en un momento como este». Las palabras en sí no son tan importantes. Lo que de verdad transmite el mensaje es el tono de la voz, la ternura de la mirada y la dulzura del contacto físico.

Ayuda a tu hijo a mantenerte cerca

En el capítulo 2 expliqué que existen seis formas de apego, «cada una de las cuales proporciona una pista sobre el comportamiento de nuestros hijos y, a menudo, también sobre el nuestro». Lo que hace que un niño se sienta desconectado de nosotros depende de la dinámica de apego que predomine en su vida emocional. Los niños que se apegan principalmente a través de los sentidos perciben una separación cuando falta el contacto físico. Los que lo hacen a través de la lealtad van a sentirse apartados si tienen la sensación de que su progenitor está contra ellos en vez de a su favor. Mi coautor, Gabor, recuerda que su hijo, un chico muy inteligente y sensible, tenía a los nueve años la sensación de que sus padres le regañaban tanto que se imaginaba que por las noches hacían cursos sobre cómo hacer la vida difícil a los niños. Pocos expresarían sus sentimientos de una forma tan dramática, pero muchos tienen la impresión de que sus progenitores no están de su parte.

Para sentirse cerca de sus progenitores, algunos niños necesitan sentir que son importantes para ellos. Si uno de estos percibe que no lo es (por ejemplo, si le parece que el progenitor considera que el trabajo u otras actividades tienen más prioridad que él en su vida), se sentirá aislado. Si está conectado por el corazón, la falta de calidez y afecto hará que se sienta abandonado. Si ser conocido y comprendido es lo que le produce una sensación de intimidad, sentirse incomprendido le apartará, al igual que la percepción, aunque sea inconsciente, de que los progenitores albergan algún secreto esencial. Por eso no se debe mentir nunca a los hijos. Las mentiras, por inocentes que sean, no pueden proteger a un niño del dolor. Hay algo en nosotros que sabe cuándo nos están mintiendo, aunque ese conocimiento nunca llegue a ser consciente. Ser excluido de un secreto engendra un sentimiento de estar aislado y da lugar a la ansiedad de la exclusión.

En resumen, sea cual fuere la principal forma de apego de nuestros hijos, nuestro objetivo primordial es ayudarlos a permanecer lo bastante conectados a nosotros como para que no tengan necesidad de sustituirnos.

Permanecer conectados cuando estamos físicamente separados

El mayor reto lo plantean los niños que todavía dependen principalmente de los sentidos para sentirse cerca. Está claro que es lo que sucede por naturaleza con los que son muy pequeños, pero muchos niños mayores, si están orientados hacia sus iguales, tampoco son capaces de percibir claramente sus sentimientos de cercanía hacia sus progenitores cuando están físicamente lejos de ellos. Podemos reconocerlos por su indiferencia y desapego hacia nosotros tras periodos de separación física, aunque sean relativamente breves, como un día en la escuela primaria. Haríamos bien en tomar prestados los trucos que utilizan los amantes para salvar el abismo de la separación física. De hecho, pensar de este modo debería generar multitud de ideas. Con los amantes, el deseo de preservar la proximidad es mutuo, por lo que ambos suelen aplicarse a la tarea. Con los hijos, corresponde al progenitor pensar en lo que el hijo necesita. El reto es el mismo, con independencia de cuál sea la causa de la separación: que los progenitores tengan que trabajar, que el niño vaya al colegio, que los padres no vivan juntos, una hospitalización, irse de campamento o dormir separados.

Algunas técnicas útiles para que los progenitores ayuden a sus hijos a superar una separación inevitable pueden ser darles fotos suyas, joyas o medallas especiales para que se los pongan, notas para leer o hacer leer, algo propio para que el niño se aferre a ello cuando estén separados, llamadas telefónicas a horas señaladas, grabaciones de su voz con canciones o mensajes especiales, algo con su olor, regalos para abrir en momentos especiales. La lista puede ser interminable. Todo el mundo sabe cómo hacerlo; es cuestión de reconocer la importancia que tiene superar la separación física y asumir la responsabilidad. Resulta especialmente importante con aquellos niños que no nos dan señales de que eso es lo que necesitan. Por supuesto, estamos hablando de preadolescentes, ¡porque estos trucos no son demasiado apropiados para tu hijo adolescente!

Otra forma de mantener la conexión es darle una idea de dónde te encuentras cuando no estás con él. Puede ser útil familiarizarlo con tu lugar de trabajo. Cuando te vayas de viaje, prepara algo que le permita seguir tus desplazamientos en un mapa. Como ocurre con los amantes, la ausencia física es mucho más fácil de soportar cuando uno es capaz de localizar al otro en tiempo y lugar. Si no proporcionamos una sensación de continuidad, corremos el riesgo de ser sustituidos.

Es posible que necesitemos la ayuda de otros para mantenernos presentes en la mente del niño cuando estemos ausentes. Podemos pedir a amigos, parientes u otros adultos encargados de su cuidado que le hablen de nosotros de forma amistosa, que lo ayuden a imaginar qué hacemos en determinados momentos, que le muestren imágenes que le evoquen recuerdos agradables. Aunque al principio pueda alterar al niño, ese contacto secundario con nosotros sirve para preservar la conexión. Con los niños que corren el riesgo de sustituirnos por sus iguales, otros adultos pueden desempeñar un papel importante para mantener intacta la relación. Esto sucede de una forma muy especial en el caso de los niños cuyos padres no viven juntos. Si queremos hacer lo mejor para nuestros hijos, tenemos que poner todo lo que esté en nuestra mano para ayudarlos a mantenerse cerca del otro progenitor cuando no convive con él. Dado el mayor riesgo de orientación hacia los iguales que se produce tras el divorcio, este debería ser uno de nuestros principales objetivos y responsabilidades. Por desgracia, la conciencia del apego no suele ser lo bastante fuerte como para animar a los progenitores a superar sus conflictos personales.

Intimidad: la conexión más profunda

El objetivo último de ayudar a nuestros hijos a mantenerse cerca de nosotros es cultivar una intimidad profunda con la que sus iguales no puedan competir. Por muy amigos que sean, es raro que los niños compartan sus sentimientos más hondos con los demás. Los más íntimos suelen guardarse; suelen ser un asunto demasiado vulnerable como para correr el riesgo de que nos avergüencen o malinterpreten. Una madre recuerda lo que ocurrió cuando el caballo de su hija adolescente murió en un accidente de equitación.

—Me sorprendió descubrir que los mejores amigos de Jenna no sabían absolutamente nada de su dolor. Cuando le pregunté por qué no se lo había contado, me contestó con toda naturalidad que esas no eran cosas que los niños compartieran con sus amigos.

Extraño concepto de la amistad, pero bastante típico en el mundo de los vínculos entre iguales.

Los secretos que los niños comparten entre sí suelen ser cosas sobre los demás o información sobre sí mismos que no revela demasiado. De los temas vulnerables, rara vez se habla. Eso es una suerte para los progenitores, ya que la sensación de cercanía que puede provocar el hecho de sentirse profundamente conocido y comprendido es probablemente la intimidad más honda de todas y crea un vínculo que puede trascender la más difícil de las separaciones físicas. El poder de una conexión tan íntima entre progenitores e hijos es inconmensurable.

El primer paso para crear este tipo de cercanía es atraer al niño. Aunque muchos necesitan una invitación, preguntarles qué piensan y sienten no suele funcionar. A veces el truco está en encontrar el tipo adecuado de estructura: salidas regulares juntos, tareas compartidas, pasear al perro. En mi caso, cuando fregaba los platos con mi madre o recogíamos arándanos juntos era cuando compartía con ella los pensamientos y sentimientos que casi nunca salían de otra manera. La cercanía que sentía en esos momentos era muy especial y contribuyó en gran medida a crear una conexión duradera.

La hija adolescente de mi coautor tiene la costumbre de entrar en el estudio de su padre por la noche, justo cuando él desea tener algo de intimidad. Sin embargo, es en esos momentos cuando se dedica a compartir cosas personales a las que apenas está abierta el resto del día. Su padre ha aprendido a acoger y apreciar estas «intrusiones» y deja a un lado la lectura o el correo electrónico para centrar su atención en su hija. Hay que aprovechar todas las oportunidades.

Algunos niños se cierran en banda, por las razones defensivas que expliqué en el capítulo 8. Intentar conseguir que cuenten algo que les resulte remotamente vulnerable supone una tarea desalentadora. Tenemos que ayudarles todo lo posible a compartir y recordar que nuestro objetivo principal no es corregirles ni enseñarles, sino conectar con ellos. Una buena forma de empezar es creando momentos especiales de intimidad y procurando no ser demasiado directos. En gran medida se trata de una cuestión de ensayo y error, pero la iniciativa y el ingenio suelen dar sus frutos. Cuanto más difícil sea formar una conexión de este tipo, más importante será que nos esforcemos por entablarla. Cuanto más reconocidos y comprendidos por nosotros se sientan nuestros hijos, menos riesgo correremos de ser sustituidos. Este tipo de conexión es nuestra mejor apuesta para inmunizar a nuestros hijos contra la orientación hacia los iguales.

Lo mejor es cultivar un sentimiento de intimidad psicológica como medida preventiva. Una vez que el niño tiene una intensa orientación hacia sus iguales, lo más probable es que hayamos perdido la oportunidad de desarrollar esa conexión. En tales casos, lo primero que debemos hacer es captar al niño de las formas que comenté en el capítulo 14. Los que están orientados hacia sus iguales tienen muy claro que hablar con sus progenitores de cualquier cosa importante está fuera de lugar. Una joven que llamó a un programa de radio que yo realizaba sobre este tema expresó con una claridad devastadora a qué se enfrentan los progenitores de niños orientados hacia sus iguales.

En un tono que rezumaba la confianza de los que saben, aquella chica de quince años llamó para dejarme las cosas claras. «Eres taaaan raro. Cuando eres adolescente, tus amigos son tu familia. ¿Por qué iba a querer una adolescente hablar con sus progenitores? No está bien. Ni siquiera es normal». Como estaba orientada hacia sus iguales, no podía verlo de otro modo. El mal es insidioso: estos chicos no tienen la sensación de que algo vaya mal. Resulta profundamente inútil señalar a una niña orientada hacia sus iguales que sus instintos la están llevando por mal camino o que la intensidad de sus relaciones con sus iguales no le beneficia. Esta aberración no tiene nada de racional, y toda la razón del mundo no puede doblegar unos instintos sesgados. No hay otro camino que ir recuperando a nuestros hijos, uno por uno.

Cultivar conexiones polifacéticas y profundamente arraigadas es la mejor forma de prevenir la orientación hacia los iguales (en el capítulo 17 hablaré mucho más sobre ello). No es probable que un niño que se siente reconocido y comprendido se conforme con la solución peor que ofrece ese tipo de orientación. De este modo, también proporcionaremos a nuestro hijo un modelo para relaciones futuras que permita que le resulten tan satisfactorias como las que experimenta con sus progenitores. Sin ese modelo, esas relaciones pueden empobrecerse porque se basarán principalmente en la unidimensionalidad de las interacciones entre iguales.

CREAR ESTRUCTURAS E IMPONER RESTRICCIONES

Por muy necesario que consideremos imponer orden en el comportamiento de un niño, resulta mucho más importante imponerlo en sus relaciones de apego. Aquí tenemos dos tareas: establecer estructuras que cultiven la conexión e imponer restricciones que debiliten a la competencia. ¡Y créeme, si viéramos la situación con claridad, nos daríamos cuenta de que en nuestra cultura es una lucha a muerte, sin limitaciones, sin cuartel, en la que el ganador se lo lleva todo y el perdedor no consigue nada, en la que es necesario hacer lo que sea por el corazón y la mente de nuestros hijos!

Por supuesto, nuestra capacidad de acción tiene sus límites: no podemos *hacer* que nuestros hijos quieran estar con nosotros, orientarse hacia nosotros o querernos. No podemos hacer que quieran ser buenos ni decidir quiénes son sus amigos. Con los niños conectados con los adultos, no tenemos necesidad de hacer ninguna de estas cosas: será su apego a nosotros el que haga el trabajo. Del mismo modo, lo que debemos hacer tiene sus limitaciones: no debemos forzarlos ni utilizar la fuerza para mantenerlos cerca. Aferrarnos a nuestros hijos no consiste en moldear su comportamiento, sino en activar sus instintos de apego y preservar la jerarquía natural. No basta con retener a los niños cuando sus instintos se los están llevando (en realidad, ni siquiera es posible). Debemos trabajar para preservar y restaurar la relación, de modo que estar con nosotros y depender de nosotros les parezca correcto y natural. Para ello debemos establecer estructuras y restricciones. El apego de nuestros hijos no es algo que podamos confiar al destino, como tampoco debemos dejarle nuestra salud o nuestras finanzas.

Las estructuras y las restricciones salvaguardan lo sagrado. Parte del papel de la cultura consiste en proteger valores que apreciamos pero que, en nuestra vida cotidiana, no experimentamos como urgentes. Reconocemos, por ejemplo, que el ejercicio y la soledad son importantes para nuestro bienestar físico y emocional, pero rara vez sentimos una urgencia lo bastante poderosa como para que nos induzca a satisfacer esas necesidades de forma sistemática. Las culturas en las que el ejercicio y la soledad meditativa son prácticas habituales protegen a sus miembros de esa falta de motivación. A medida que nuestra cultura se erosiona, también se van destruyendo gradualmente las estructuras y rituales que protegen la vida familiar y el carácter sagrado de la relación entre padres e hijos, que en nuestra conciencia son vitalmente importantes pero no urgentes.

Si la cultura provenzal sucumbiera a las presiones económicas y a la cultura de hoy, probablemente desaparecerían los rituales que salvaguardan los vínculos de un niño: la comida familiar, los saludos a la puerta de la escuela, la fiesta del pueblo y el paseo familiar de los domingos. Por eso los progenitores de hoy tienen que tomar cartas en el asunto para crear una minicultura de trabajo propia. Necesitamos algunos ritos de apego para salvaguardar lo sagrado, algo que nos sirva a largo plazo para no tener que ser conscientes de ello a corto plazo. No podemos permitirnos que las cosas se degraden tanto que llegue un momento en que ya no puedan recomponerse.

Una actitud muy sensata es utilizar el poder del apego que poseemos hoy para establecer estructuras que nos permitan conservar el que necesitaremos mañana. Tenemos que construir estructuras que restrinjan las cosas que nos alejarían de nuestros hijos y, al mismo tiempo, nos permitan captarlos. Las normas y restricciones deben aplicarse a la televisión, el ordenador, el teléfono, Internet, los juegos electrónicos y las actividades extraescolares. Las más obvias son las que rigen la interacción entre iguales, sobre todo la de estilo libre en la que no hay adultos al cargo. A menos que los progenitores pongan algunas limitaciones, la demanda de quedar para jugar, reunirse con los demás, pasar la noche en casa de un amigo y tener tiempo para mandar mensajes pronto se les va de las manos. No tarda mucho en primar la búsqueda de contacto con los iguales sobre el deseo de cercanía con los progenitores. Sin normas ni restricciones que nos den ventaja, cada vez es más difícil competir. Ten en cuenta de nuevo que estamos hablando de prevención. Al niño orientado hacia sus iguales no se le pueden imponer por la fuerza estructuras y restricciones sin causarle más daño. Esas situaciones exigen enfoques diferentes.

Los progenitores sabios no impondrán más restricciones que las que el poder de apego que ejercen pueda soportar.

—Cuando Lance tenía once años, pasó de ser impopular a formar parte de repente del grupo *cool* —recuerda la madre de un adolescente—. Su padre y yo no veíamos con buenos ojos a sus dos nuevos mejores amigos. No parecían tener apego a sus progenitores ni estar arraigados en su familia. Nos sentíamos incómodos cuando se acercaban. Era una sensación profundamente visceral. Aquellos dos chicos nos ponían los nervios de punta.

»De repente, Lance empezó a escuchar sus CD; eran repugnantes, y a mí me encanta el rock. Muchas palabrotas, un montón de violencia. Ahora no les daría importancia, pero, entonces, cuando mi hijo tenía once años… En fin, aquel chico, Josh, era como un flautista de Hamelin. Parecía haber hipnotizado a mi hijo. Lance cambió. Se volvió reservado con nosotros y no dejaba de exigir quedar con esos chicos.

»Decidimos que teníamos que romper aquella relación. Fracasamos estrepitosamente. Sentamos a Lance para hablar con él. "Tu padre y yo ya no queremos que veas a Josh", le dije. Al principio, estuvo un buen rato llorando. Enseguida nos dejó claro que sentía que le habíamos obligado a elegir entre Josh y nosotros, y que él había elegido a Josh. Lloraba porque me iba a echar de menos.

»No nos hablaba. Durante tres meses y medio, no recibimos nada en absoluto por su parte. Siguió viendo a Josh, en la escuela, después de clase y los fines de semana. Al final, tuvimos que ceder.

Los padres de Lance se dieron cuenta de que no podían enfrentarse directamente al problema de los compañeros. Carecían de poder de apego, por lo cual su intento de limitar la interacción de su hijo con ellos estaba condenado al fracaso. Tuvieron que volver a lo básico y captar a su hijo, cortejarlo para que volviera a relacionarse con ellos.

Hay que proteger las salidas familiares y las vacaciones. Si estos momentos deben servir para captar a nuestros hijos y preservar los lazos, no podemos permitirnos diluir su función llevando con nosotros a los amigos de nuestros hijos. Tampoco podemos permitirnos el tipo de vacaciones que separan a la familia, como se está poniendo de moda tanto en la pista de esquí como en los destinos de sol. El hecho de que incluso las vacaciones familiares hayan sucumbido a la idea de que los niños deben estar con los niños y los adultos con los adultos, o que las vacaciones deben permitir a los progenitores descansar de sus hijos, es un indicio de lo locos que nos hemos vuelto. Cuantos más descansos nos tomamos, menos apegados están los niños a nosotros. Lo paradójico es que se vuelven más difíciles de criar y, por tanto, ¡más necesitamos descansar de ellos!

Por supuesto, imponer restricciones a los adolescentes, sobre todo a los que ya están muy orientados hacia sus iguales, resulta más difícil. Exigen libertad para relacionarse con los demás y que el cielo ayude a quien se lo impida. Estos chicos que siguen sus instintos sesgados tienen muy claro que se pertenecen unos a otros y que los progenitores se están interponiendo en lo que realmente importa. Por lo que a ellos respecta, los progenitores y profesores que no comprenden estas cosas están fuera de onda y, sencillamente, no captan la situación.

De ahí la importancia de establecer estructuras mientras aún tengamos poder para hacerlo. Si lo dejamos en manos del destino, nuestras familias se irán desgarrando poco a poco por los afanes individuales, las exigencias de la sociedad, las presiones económicas y, finalmente, los instintos distorsionados de nuestra prole. Las estructuras que facilitan la relación entre progenitores e hijos son clave: las vacaciones, las celebraciones, los juegos y las actividades en familia. A menos que se reserve un tiempo y un lugar y se creen rituales, las presiones más urgentes prevalecerán inevitablemente. Para las familias monoparentales, esta tarea es aún más crucial porque las presiones contrapuestas son más intensas. Tras la ruptura familiar, las tradiciones culturales que siguen existiendo en un matrimonio, aunque debilitadas en comparación con las que prevalecían en el pasado, se quedan a menudo por el camino.

Desde nuestra estancia en la Provenza, considero la comida familiar como uno de los rituales de apego más significativos. El apego y la comida van de la mano. Uno facilita el otro. Me parece que la comida debería ser un momento de dependencia descarada, donde la jerarquía del apego aún se conserve, donde los dependientes sean atendidos por las personas de las que dependen, donde la experiencia siga siendo importante, donde se disfrute alimentando y siendo alimentado y donde la comida sea el camino al corazón. Estudios de otros mamíferos han demostrado que incluso la digestión parece funcionar mejor en el contexto del apego. Es muy probable que la elevada incidencia de dolores abdominales que presentan los niños en la escuela y sus problemas de alimentación a la hora de comer puedan explicarse por los apegos perturbados, que también explicarían la resistencia de muchos niños orientados hacia sus iguales a ser alimentados por sus progenitores y a sentarse a la mesa y participar en la comida familiar.

Aunque el mero hecho de comer juntos podría facilitar una cierta conexión primitiva, lo que tiene más probabilidades de crear un apego auténtico está relacionado con el tipo de interacción que tiene lugar mientras se está comiendo. La comida familiar puede ser un potente ritual de captación. ¿Qué otra actividad puede proporcionarnos semejante oportunidad de colocarnos amistosamente ante nuestros hijos, de proporcionarles algo a lo que aferrarse e invitarlos a depender de nosotros? ¿Qué otra actividad nos brinda la oportunidad de captar las miradas, provocar sonrisas y conseguir gestos de asentimiento? No es de extrañar que durante tanto tiempo la comida haya sido la característica más importante de los rituales de cortejo humanos. También explica por qué la comida familiar es la piedra angular de la cultura provenzal: las mesas se colocan con cuidado, los platos se sirven de uno en uno, se respetan las tradiciones, las comidas están diseñadas para que lleven su tiempo, no se permiten interrupciones. Estas comidas cuentan con un gran elenco de apoyo, que incluye al panadero, al carnicero y a los vendedores del mercado del pueblo. Tanto al mediodía como a la noche, cesan los negocios y las tiendas cierran sus puertas. Los restaurantes de comida rápida son raros, al igual que la costumbre de comer solo o de pie. Se ha dicho que la Provenza es una cultura de la comida. Sin embargo, me parece que el consumo de alimentos es solo el aspecto más visible. Hay un propósito más fundamental que es el apego. Cuando nosotros estuvimos allí, la comida familiar fue sin duda la pieza central de nuestra propia vida familiar. Fue lo que más echaron de menos nuestros hijos cuando regresamos.

En el Nuevo Mundo tenemos un grave problema. La comida familiar se ha convertido en un acontecimiento en peligro de extinción. Cuando existe, es más probable que sea una actividad superficial para repostar. Hay sitios a los que ir, trabajo que hacer, deportes que practicar, ordenadores ante los que sentarse, cosas que comprar, películas que ver, televisión que mirar. Comer es lo que uno hace para prepararse para lo que viene después. Es muy raro que estas otras actividades nos permitan captar a nuestros hijos. Precisamente ahora, cuando necesitamos más que nunca comer en familia, es probable que lo hagamos solos y que permitamos que nuestros hijos hagan lo mismo. Por supuesto, las comidas donde hay tensión, que acaban en peleas o preparan el terreno para discusiones sobre modales o sobre quién debe recoger la mesa, no cumplirán una función recolectora.

Los progenitores deben utilizar este tiempo para entrar en el espacio de sus hijos de forma amistosa.

Las estructuras personales también son importantes para captar a nuestros hijos y preservar los vínculos. Tenemos que crear un momento y un lugar que nos permitan hacer una actividad con el niño en la que nuestra verdadera agenda sea la conexión. La construcción de relaciones y el mantenimiento de los vínculos son mucho más eficaces uno a uno que en entornos de grupo. Hay un número ilimitado de actividades que pueden servir para ello: trabajar en un proyecto, salir a pasear, jugar a algo, cocinar juntos, leer. Los rituales a la hora de dormir, como los cuentos y las canciones, son interacciones de apego consagradas con los niños más pequeños. Una vez más, la mayoría de los progenitores son más que capaces de darse cuenta de estas cosas. Lo que falta es que aprecien que hay que preservar el apego de nuestros hijos a nosotros si no queremos perderlos ante la competencia. Incluso una actividad que se practique una vez a la semana puede ayudar mucho a cumplir el objetivo del apego.

Restricciones al contacto con los iguales

Aunque las restricciones y las estructuras funcionan mejor cuando se utilizan de forma preventiva, también pueden emplearse para rebajar la obsesión por los iguales. Siempre es preferible ser lo más indirecto posible. Decirle a un niño que sus amigos le importan demasiado solo revela lo raros que somos y lo poco que entendemos. Tenemos que crear acontecimientos y estructuras que cumplan su función sin revelar nuestra agenda subliminal. Si la hora de la comida es el momento de relacionarse con los compañeros, entonces, cuando los progenitores u otros cuidadores estén en condiciones de hacerlo, deben priorizar la búsqueda de alternativas. Si las actividades extraescolares son la principal ocasión de vinculación entre iguales, deberían ser el objetivo de las actividades que compiten contra ellos. Si el problema es que el niño quiere quedarse a dormir en casa de algún amigo, sería conveniente imponer algunas restricciones a la frecuencia con que lo hace. Nuestra

política de que nuestra hija Bria durmiera fuera de casa solo una vez al mes fue recibida a veces con grandes protestas. Un día, frustrada, estalló:
—Pero no es justo, estáis interfiriendo en nuestro tiempo de conexión.

No podría haberlo dicho de una forma más concisa ni haber reforzado mejor nuestras preocupaciones. Si las tecnologías domésticas de vinculación (teléfonos móviles, Internet, redes sociales) sirven para que los niños se relacionen con la competencia, tenemos que encontrar alguna forma de reducir el acceso o de crear estructuras que puedan competir contra ellas. Sin embargo, una vez que un niño está verdaderamente orientado hacia la competencia, los instintos de buscar la proximidad con sus iguales pueden ser tan poderosos que las normas dejarán de ser suficientes para controlar el comportamiento. En estos casos, puede ser necesario sacrificar la parafernalia tecnológica que sirve a los vínculos con los iguales, del mismo modo que se prohibiría el alcohol en casa si un miembro de la familia tuviera problemas con la bebida o se desconectaría la televisión si se ignoraran los límites que impusiéramos.

A veces, un progenitor puede competir con éxito con los compañeros del niño yendo un paso por delante de ellos. Los niños orientados hacia sus iguales suelen tener dificultades para planificar con antelación. Quieren estar con sus compañeros pero, si toman demasiada iniciativa, parecerán demasiado necesitados y se expondrán a un posible rechazo. Aprenden a dominar la indirecta: «Hola, ¿qué quieres hacer?». «No sé, ¿qué quieres hacer tú?» «No sé». «Bueno, podríamos quedar o algo». «No me importa, lo que sea», y así sucesivamente. De alguna manera, van a la deriva juntos sin ponerse nunca a sí mismos ni al otro en una posición de vulnerabilidad. El apego les proporciona el ímpetu para juntarse, pero el miedo a la vulnerabilidad les impide ser demasiado abiertos al respecto. El lado positivo de esta situación es que ofrece a los progenitores la oportunidad de un ataque preventivo. Planificar algo con un día de antelación, o a veces con solo unas horas, respecto a los momentos predecibles de socialización con los compañeros (una comida especial, una salida de compras, una excursión familiar, una actividad que le guste mucho al niño) puede evitar que este se vea absorbido por la espiral de la interacción entre iguales. Ser creativo a la hora de frenar el tiempo de relación con ellos es mucho mejor que reaccionar ante los síntomas de este tipo de orientación.

A menudo, si conseguimos frenar lo suficiente la interacción entre iguales, se producirá un proceso automático de autoselección. Aquellos amigos de nuestros hijos que tienen una orientación hacia sus iguales más intensa pasarán a estar con otros que también buscan relacionarse sobre todo con otros niños. Y, como todos queremos relacionarnos con personas que comparten nuestros intereses y valores, es probable que los que están bien conectados con sus progenitores encuentren amigos cuyas familias también sean más importantes para ellos. Esto fue exactamente lo que le ocurrió a Bria en sexto de primaria y primero de secundaria. Sus amigas más orientadas hacia sus iguales se fueron a buscar a otras del mismo tipo y aquellas que se quedaron tenían familias a las que estaban muy apegadas y deseaban permanecer cerca de ellas. Lo que queremos precisamente, para nuestros hijos y para nosotros mismos, son amigos que no compitan con la familia.

Por supuesto, el proceso para conseguirlo puede llevar a nuestros hijos, si ya están orientados hacia sus iguales, a pasar momentos angustiosos. Nos cuesta mucho hacer cosas que les angustien, aunque sepamos que a la larga es lo mejor para ellos. Al imponerles restricciones cuando lo que buscan es estar con sus iguales, les ponemos en un terrible aprieto. Su capacidad para mantenerse unidos depende de que aprovechen todas las oportunidades de contacto y conexión. Perderse un intercambio redes con un amigo, un evento en una sala de chat de Internet, una oportunidad telefónica, una reunión, una noche en casa de otro o una fiesta implica poner en peligro la relación. Esta inseguridad obsesiva suele estar bien fundada. Los más intensamente orientados hacia sus iguales no tolerarán a aquellos que no busquen la proximidad con la misma intensidad que ellos o cuyos progenitores se interpongan en su camino. Por cruel que parezca, estorbar redunda a menudo en beneficio del niño. Ninguno de nosotros quiere ver a sus hijos abandonados a su suerte, pero es con mucho el menor de los males cuando las relaciones entre iguales amenazan la cercanía con los progenitores. No hay forma de salvar de la angustia a un niño orientado hacia sus iguales. La única elección es si la angustia viene ahora o después. La que creamos a corto plazo evita problemas mucho mayores en el futuro.

Debido a la angustia que nuestras restricciones crearán en nuestros hijos, debemos estar preparados para un viaje duro. Cuando las imponemos a niños que quieren que su relación con sus compañeros funcione, lo más probable es que les provoquemos una intensa frustración. Si cabía alguna duda de que el niño se sentía sobrepasado, sus groseras y ruidosas expresiones deberían despejar todas nuestras dudas. En su actual trabajo de médico con drogadictos, mi coautor, Gabor, es testigo frecuente de estallidos similares de desesperación y rabia sin paliativos cuando, por ejemplo, se niega a recetar un narcótico a una persona adicta. Lo más sensato es no tomarse estos ataques como algo personal. Ten siempre presente que, para el niño orientado hacia sus iguales, la respuesta a la vida es la proximidad con ellos. Interferir en ese intento supone provocar una tremenda frustración de apego, así que más vale que los progenitores estén preparados para enfrentarse a la hostilidad y a la agresión. Además, recuerda que los niños orientados hacia sus iguales se quedan atascados en sus agendas y no pueden soltarse. Como no son capaces de ver la inutilidad de una serie de acciones, insisten hasta el punto de volverse odiosos. Es un error pensar que son testarudos o de carácter fuerte; en realidad, están atascados y desesperados. Los que están más intensamente orientados hacia sus iguales no pueden imaginarse la vida fuera de los vínculos con sus compañeros. Por tanto, tenemos que estar preparados para soportar y contener las reacciones que provocan nuestras normas y restricciones. Nuestra tarea aquí consiste en refrenarnos a nosotros mismos, es decir, no dejarnos provocar ni abrumar por nuestras propias reacciones descontroladas. Eso nos ayudará a aferrarnos a nuestros hijos en esas situaciones hasta que podamos pasar a la siguiente fase.

Al establecer restricciones, debemos combinar un sentido optimista de lo que nuestros hijos necesitan con una visión realista de lo que es posible, es decir, de cuánto poder de apego poseemos realmente. Cuanto más indirectos seamos a la hora de imponer restricciones y más proactivos para establecer estructuras que cumplan su función, más probabilidades tendremos de evitar los choques frontales. Intentar imponer normas cuando no disponemos de poder de apego no hace sino preparar el terreno para revelar nuestra impotencia, y eso es algo que no nos interesa mostrar. Una vez desvelada nuestra falta de poder, incluso nuestras amenazas más ominosas quedarán desenmascaradas como los faroles que son, a menos que estemos dispuestos a subir la apuesta y utilizar la fuerza de un modo tal que dañe gravemente la relación. Sin poder de apego, no tenemos verdadero poder.

También es importante recordar que imponer limitaciones a la interacción entre iguales es solo la mitad de la solución. Con este tipo de niños, el reto no consiste solo en separarlos de sus compañeros, sino en invertir el proceso que los alejó de nosotros. Tenemos que sustituir a sus iguales por nosotros mismos, sus progenitores. Si creamos un vacío de apego mediante nuestras restricciones, tenemos que estar preparados para llenarlo nosotros. Ya he señalado que el castigo no debe utilizarse como un castigo, sino como una oportunidad (véase el capítulo 14). El verdadero beneficio no está en la lección aprendida (como veremos en el capítulo siguiente), los castigos diseñados para «dar una lección» rara vez lo consiguen. Sin embargo, desalentar la interacción con los compañeros mediante el castigo puede crear espacio para sustituirla por tiempo con nosotros.

Como progenitores, necesitamos tener mucha confianza para oponernos a la corriente dominante, imponer límites a la interacción entre iguales y establecer estructuras que preserven el apego de nuestros hijos a nosotros. Puede hacer falta un cierto valor para soportar las respuestas incrédulas y críticas de nuestros amigos, que no entienden por qué no valoramos como ellos los contactos entre iguales y por qué intentamos mantener a nuestros niños dentro de unos límites estrechos.

—Incluso con amigos cercanos, gente encantadora y muy íntegra, seguimos encontrando los mismos problemas, las mismas presiones para que permitamos que nuestros hijos jueguen sin restricciones con sus iguales, para que se queden a dormir fuera de casa con regularidad, etc. —dice un padre joven—. Cada vez que respondemos a la pregunta de por qué no lo hacemos, les estamos insultando sin querer, porque ellos han tomado la decisión contraria.

Necesitamos fuerza para resistir las súplicas desesperadas de un niño orientado hacia sus iguales, para soportar su inevitable disgusto y la tormenta de protestas que va a caer sobre nosotros, pero sobre todo necesitamos fe en que nosotros somos su mejor apuesta. Es útil contar con cierto apoyo conceptual para tu propia intuición de progenitor (y este libro pretende proporcionártelo), pero sigue haciendo falta valor para ir contracorriente. *No recomendamos a los progenitores que acepten nuestras sugerencias hasta que tengan la confianza, la paciencia y la calidez necesarias para llevarlas a cabo. No se debe criar a un hijo a partir de un libro, ¡ni siquiera de este!*

Nuestras acciones y actitudes deben proceder de la profunda seguridad en nosotros mismos de que lo que hacemos es lo mejor para nuestro hijo, y eso requiere plena confianza en nuestras propias percepciones y un firme compromiso con nuestras convicciones.

16
DISCIPLINA QUE NO DIVIDE

Imponer el orden en la conducta de un niño es uno de los mayores retos de la crianza. ¿Cómo se consigue controlar a un chico que es incapaz de controlarse a sí mismo? ¿Cómo conseguimos que una niña haga algo que no quiere hacer? ¿Cómo impedimos que un niño agreda a un hermano? ¿Cómo manejamos a una niña que se resiste a nuestras indicaciones?

En esta cultura de soluciones rápidas centrada en los resultados a corto plazo, lo fundamental es la conducta en sí misma. Si conseguimos que nuestro hijo nos haga caso, aunque sea solo de forma temporal, podemos considerar que el método es eficaz. Sin embargo, si tenemos en cuenta el apego y la vulnerabilidad, vemos que los enfoques conductuales (imposición de sanciones, consecuencias artificiales y la retirada de privilegios) son autodestructivos. El castigo crea una relación de adversarios y provoca el endurecimiento emocional. Los tiempos muertos para enseñar una lección, el «amor duro» para corregir una conducta y el «1-2-3 Magia»* para conseguir que los niños obedezcan son tácticas que tensan la relación. Cuando los ignoramos como respuesta a una rabieta, aislamos al que se porta mal o le retiramos nuestro cariño,

---

* El «1-2-3 Magia» es un método muy popular que consiste en «contar hasta tres». Se utiliza con los niños pequeños. Su nombre proviene de un libro con el mismo título que ha alcanzado un gran éxito de ventas.

socavamos su sensación de seguridad. Estar constantemente dándoles órdenes provoca contravoluntad... y, por cierto, lo mismo sucede cuando los sobornamos con recompensas. Todas estas técnicas ponen al niño en riesgo de verse arrastrado hacia el vórtice de los iguales.

Entonces, ¿qué enfoques pueden adoptar los padres?

Sigue habiendo multitud de formas seguras, naturales y efectivas de cambiar conductas. Algunos de estos métodos surgen espontáneamente cuando nos preocupamos menos por lo que debemos hacer y más por lo que de verdad es importante en el proceso de crianza; dicho de otro modo, cuando no dejamos en ningún momento de ser conscientes del apego. Cuando lo que hacemos es centrarnos en la conducta, asumimos riesgos que amenazan la base misma de nuestro poder para criar: nuestra relación con nuestros hijos.

Este capítulo no es una guía completa para los problemas de conducta. De todas formas, ofrece alternativas a métodos que agotan la relación y la emoción e introduce los principios básicos de una disciplina que no divide. En líneas generales, estas directrices representan un giro de ciento ochenta grados con respecto a las prácticas más generalizadas. Quizá necesites un tiempo para asimilarlas e incorporarlas. Para algunos progenitores, este enfoque requiere un cambio significativo en la forma de pensar y en aquello sobre lo que centramos nuestra atención, mientras que para otros supone una confirmación de lo que han estado haciendo todo el tiempo.

¿Qué es la verdadera disciplina?

Para empezar vamos a ampliar nuestro concepto de disciplina. En el contexto de la crianza de los hijos, se suele considerar que equivale a un castigo. Sin embargo, si la analizamos más de cerca, vemos que en realidad es una palabra muy rica con un cierto número de significados relacionados. También puede ser una enseñanza, un campo de estudio, un sistema de normas y autocontrol. En ese sentido, los padres son los primeros que deben adquirirla. En lo que respecta a los hijos, vamos a utilizar el término no en el sentido estrecho de castigo, sino en sus significados más profundos de formación, poner bajo control e imponer el orden. Es indudable que los niños necesitan disciplina. Tenemos que asegurarla de una forma que no dañe la relación, que no desencadene defensas emocionales que incapaciten a nuestros hijos y que no fomente la orientación hacia los iguales.

A lo largo de los muchos años que llevo ejerciendo como consultor para progenitores, he ido poco a poco organizando mis ideas alrededor de este tema en *siete principios de la disciplina natural*. Natural en este caso significa segura para el desarrollo y favorable al apego, es decir, que respete tanto la relación entre el progenitor y el hijo como la maduración del niño a largo plazo. Son principios, no fórmulas. La forma de ponerlas en práctica variará de una situación a otra, de un niño a otro, de un progenitor a otro, de una personalidad a otra, y dependerá de las necesidades y las intenciones tanto del niño como del progenitor.

La tendencia que observamos hoy en día en los libros sobre la crianza de los hijos es la de satisfacer la demanda de habilidades o estrategias. Sin embargo, lo que necesitan los padres no es eso. Las estrategias son demasiado definitivas y limitantes para una tarea tan compleja y sutil como la crianza. Insultan la inteligencia del progenitor y, por lo general, también la del niño. Nos hacen depender de los expertos que las promueven. La crianza de un hijo es sobre todo una relación, y las relaciones no se prestan a las estrategias. Están basadas en la intuición. Estos siete principios están diseñados para despertar o apoyar esa intuición para la crianza que todos poseemos. No necesitamos habilidades ni estrategias, sino compasión, principios y perspicacia. El resto surge de forma natural... aunque con esto no quiero decir que vaya a hacerlo fácilmente.

A la hora de poner en práctica los valores de apego, es muy posible que la mayoría de nosotros tengamos que luchar contra nuestras propias reacciones impulsivas y nuestra inmadurez, con nuestro propio conflicto interior y, sobre todo, contra la sensación de inutilidad. Muy pocos progenitores vienen ya preparados para la tarea, puesto que esta nace por lo general del apego y la adaptación. El apego, por supuesto, es el del niño a nosotros, que nos capacita y nos da poder como padres. La parte de la adaptación tiene que ver con nuestra continua evolución personal, ya que, cuando las cosas que intentamos no funcionan, nos invade una sensación de inutilidad. Este proceso de ensayo y error no tiene ningún atajo. Sin embargo, cuando nos sintamos fracasados, debemos darnos permiso para estar tristes y decepcionados. El endurecimiento emocional no conseguirá más que truncar nuestro desarrollo como progenitores y nos dejará rígidos e ineficaces.

En resumen, estos siete principios de disciplina natural podrían denominarse también *siete disciplinas para progenitores*. Implican controlarse a uno mismo y trabajar sistemáticamente hacia un objetivo. Nuestra capacidad para controlar eficazmente a un hijo depende en gran medida de nuestra capacidad para controlarnos a nosotros mismos. Necesitamos encontrar para nosotros la misma compasión que deseamos transmitir a nuestro hijo. Cuando, por ejemplo, perdemos el autocontrol, nuestra respuesta no debe ser castigarnos ni exhortarnos a ser buenos. Esos métodos no funcionan con nosotros, al igual que tampoco funcionan con nuestros hijos. Lo que debemos hacer es aceptar que nosotros también somos falibles y que nuestras emociones más oscuras pueden sacar lo mejor de nosotros. A veces, puede surgir la rabia a pesar del amor que sentimos por nuestro hijo y de nuestro compromiso con su bienestar. En algunas situaciones (si tenemos la posibilidad de hacerlo sin ser negligentes), puede que tengamos que dejar de actuar como progenitores hasta que los impulsos amorosos vuelvan a aflorar. Por ejemplo, podemos ceder la tarea de la crianza a nuestra pareja o a otro adulto de confianza mientras nos tomamos un tiempo, no para castigar a nuestro hijo, sino para encontrar, en medio de nuestros propios sentimientos enfrentados, los de aceptación y cariño hacia él. Estos elementos conflictivos nos aportan control, equilibrio, perspectiva y sabiduría.

La disciplina no debe ni tiene por qué ser un enfrentamiento. Nuestros hijos no tienen la culpa de nacer incivilizados e inmaduros, de que sus impulsos los gobiernen o de no estar a la altura de nuestras expectativas. La disciplina para los progenitores consiste en trabajar solo en el contexto de la conexión. A veces, cuando, en la seguridad de mi despacho, un progenitor frustrado está poniendo verde a su hijo, le sugiero que haga una breve pausa para sentir su conexión emocional con el niño y que luego vuelva a contarme sus preocupaciones.

Es asombrosa la forma tan distinta en que observamos las cosas cuando hemos encontrado el camino para ponernos del lado del niño.

Tal y como descubrimos con el proceso de maduración, contamos con un aliado: la naturaleza. No tenemos que hacerlo todo nosotros, porque la disciplina está integrada en el diseño del desarrollo. Existen procesos naturales que hacen que un niño se corrija espontáneamente. Parte de la tarea a la que se enfrentan los progenitores es trabajar *con* la naturaleza, no contra ella. La más significativa de estas dinámicas es, por supuesto, el apego, pero también están el proceso emergente (el impulso innato del niño hacia el autodominio), el proceso adaptativo (la capacidad de aprender de lo que no funciona) y el proceso integrativo (la capacidad de soportar sentimientos e ideas encontrados). Cada uno de estos mecanismos del desarrollo natural pone orden en la conducta y hace que el niño sea más apto para la sociedad. La dificultad surge cuando estos procesos se atoran o distorsionan y, por las razones que expliqué sobre todo en los capítulos 9 y 13, se atascan en el niño orientado hacia sus iguales. Hay muy poco con lo que trabajar cuando la dinámica que debería dar lugar de forma natural y espontánea a la disciplina está dañada o distorsionada.

Antes de abordar los siete principios, vamos a analizar enfoques de la disciplina que se apoyan sobre el desarrollo natural. Estos principios no deben tomarse como prescripciones inmutables. Son valores a los que aspirar, ideas básicas a las que volver cuando las inevitables frustraciones de ser progenitor nos tienen a adoptar las técnicas autodestructivas de la «buena disciplina de siempre».

Los siete principios de la disciplina natural

Para corregir al niño utiliza la conexión, no la separación

La separación ha sido siempre uno de los grandes recursos de la crianza. Hoy en día se ha convertido en una moda con el disfraz de los tiempos muertos. Si las despojamos de etiquetas eufemísticas, podemos comprobar que estas herramientas de modificación de la conducta son formas recicladas de apartar: aislar, ignorar, tratar con frialdad, privar de afecto. Siempre han generado más problemas de los que han resuelto, pero hoy aportan una desventaja añadida: contribuyen a crear condiciones que aumentan la susceptibilidad de los niños a orientarse hacia sus iguales.

La retirada de la proximidad (o la amenaza de perderla) es un medio muy eficaz para controlar la conducta porque desencadena el peor miedo del niño: el de ser abandonado. Tanto si es pequeño como si es ya mayor, si el contacto y la cercanía no fueran importantes para él, separarlo de nosotros surtiría muy poco efecto. Cuando lo interrumpimos o rompemos la conexión (o cuando el niño anticipa que esto puede ocurrir), ponemos en alerta máxima su cerebro de apego. En todos los casos, su respuesta vendrá dictada por un estado de ansiedad, pero el modo en que lo demuestre dependerá de su forma particular de apego. Un niño acostumbrado a preservar el contacto con su progenitor siendo «bueno» prometerá desesperadamente no volver a portarse mal. Su intento de recuperar la conexión llevará aparejado un montón de «lo siento». Aquel cuya forma de mantenerse cerca sea mediante gestos y palabras afectuosas, cuando sienta que el progenitor está poniendo en peligro su apego, se llenará de «te quiero»: ese será su modo de restablecer la proximidad. Si el contacto físico le resulta primordial, puede volverse pegajoso durante unas horas y no querer perderte de vista. Lo que los padres deben comprender es que estas manifestaciones no significan que el niño haya comprendido ni se haya arrepentido de verdad, *sino solo su ansiedad por intentar restablecer la relación con su progenitor*. Es ingenuo creer que con métodos así estamos dando una lección a los niños o haciéndoles ver que sus actos no eran correctos.

Jugar la carta de la separación tiene un coste muy alto: la inseguridad. El niño al que se disciplina de este modo solo puede contar con la cercanía y el contacto con el progenitor cuando está a la altura de sus expectativas. En tales condiciones, no experimenta ninguna liberación, ningún descanso del impulso de apego y, por tanto, ninguna libertad para el surgimiento de su individualidad e independencia. El niño puede llegar a ser muy «bueno», pero también estará desprovisto de energía emergente. Su desarrollo ha sido saboteado.

La amenaza de separación solo funciona porque el niño está apegado a nosotros, ansía estar cerca y aún no se ha defendido emocionalmente contra la vulnerabilidad. En otras palabras, todavía es capaz de experimentar su anhelo de apego y su dolor ante la separación. Si no se dan estas condiciones, este método resulta ineficaz para lograr que acceda a nuestras peticiones. Por otra parte, cualquier «éxito» será solo temporal. Ya se trate de una separación física o de un alejamiento emocional, es probable que la sensibilidad del niño se vea desbordada. Si nosotros, como adultos, nos sentimos heridos cuando se nos ignora o se nos rechaza, cuánto más nuestros hijos. Esta idea puede resultar difícil de aceptar para los progenitores que utilizan el tiempo muerto solo con buenas intenciones, pero las consecuencias últimas de esa técnica de separación son muy negativas para el niño pequeño sensible. Le hiere en su punto más vulnerable: su necesidad de permanecer unido a sus progenitores. Tarde o temprano se verá obligado a protegerse contra el dolor que le inunda cuando le hieren de ese modo. Se cerrará emocionalmente o, más correctamente, eso es lo que hará su cerebro de apego (en el capítulo 8 analizamos el cierre defensivo).

Al utilizar contra el niño la relación que mantenemos con él, provocamos que el cerebro de apego se cierre a nosotros, con lo que creamos un enorme vacío de conexión. En efecto, estamos induciendo al niño a cubrir sus necesidades en otra parte, y a estas alturas está claro con qué resultado. Utilizando tiempos muertos y reaccionando de una forma que rompe la conexión estamos, de un modo muy eficaz, arrojando a nuestros hijos a los brazos de sus iguales.

Su cerebro también puede defenderse de la vulnerabilidad de la separación resistiéndose al contacto con su progenitor. El niño puede esconderse debajo de la cama o en el armario y rechazar las tentativas de reconciliación de sus progenitores. O, en previsión de problemas, puede correr a su habitación o exigir que le dejen solo. De un modo u otro, la experiencia de la separación desencadenará su instinto de apartarse de nosotros.

Esta técnica resulta especialmente dañina cuando se utiliza de forma punitiva como disciplina contra la agresividad. Como expliqué en el capítulo 10, el combustible de esta es la frustración, por lo que el resultado que obtenemos al emplear la separación es más agresividad, no menos. Cualquier conformidad que consigamos con un niño agresivo utilizando tiempos muertos, frialdad y otras técnicas de separación durará poco, ya que se basa exclusivamente en su alarma temporal sobre la relación. En cuanto se restablezca la proximidad con el progenitor, la agresividad volverá con más fuerza, con el combustible añadido de la frustración del apego que acabamos de provocar. Nuestros intentos ineficaces para cortar la agresión de raíz no hacen más que fomentar su crecimiento.

Someter a un niño a experiencias innecesarias de separación, aunque sea con la mejor intención, es una muestra de miopía y un error que la naturaleza no perdona fácilmente. Resulta insensato arriesgar nuestro poder de progenitores del mañana por ganar algo de influencia hoy.

La alternativa positiva y natural a la separación es la *conexión*, que constituye la fuente de nuestro poder y nuestra influencia como padres y del deseo del niño de ser bueno. Debe ser tanto nuestro objetivo inmediato como nuestra meta a largo plazo. El truco está en prestar atención a nuestro hijo antes de que surja un problema y no imponer la separación a posteriori, porque eso nos permitirá prevenir futuros conflictos en lugar de reaccionar de forma punitiva cuando su comportamiento se descontrola.

La práctica básica de crianza que se deriva de este cambio de pensamiento es lo que yo denomino «conexión antes de la dirección». La idea es captar al niño (interviniendo en sus instintos de apego según lo que vimos en el capítulo 14) para orientarlo y guiarlo. Al cultivar primero la conexión, minimizamos el riesgo de resistencia y reducimos las posibilidades de exponernos a nuestras propias reacciones negativas. Ya sea con un niño pequeño que no coopera o con un adolescente reacio, lo primero que tiene que hacer el progenitor es acercarse a él restableciendo la cercanía emocional antes de esperar que haga lo que queremos.

Un solo ejemplo basta para ilustrar este sencillo principio. Tyler, de once años, está en la piscina con su hermana y unos amigos. Se lo están pasando bien hasta que Tyler se descontrola y empieza a golpear a sus compañeros de juego con un churro de plástico. Su madre le dice que pare, pero él no obedece. Su padre se enfada, le grita por haber desobedecido a su madre y le ordena que salga de la piscina. Tyler se niega a hacer lo que le dicen. Finalmente, el padre se mete en la piscina, lo saca a rastras y, pensando en darle una lección, lo envía a su habitación para que piense en lo que ha hecho. El comportamiento de Tyler, según me explicaron sus progenitores, había sido completamente intolerable y no debía repetirse. Sin embargo, me habían oído hablar de los riesgos de utilizar la separación para meter en cintura a un niño y querían saber de qué otra manera podrían haber actuado.

Una vez que la situación se había desencadenado de esa manera, es muy probable que los progenitores necesitaran respirar antes de seguir adelante. Cuando surgen los problemas, es preferible aumentar la proximidad en lugar de disminuirla. *El progenitor debe sentir voluntad de conectar antes de que haya algo positivo a lo que el hijo pueda responder.* Cuando la voluntad de conectar resurge en el progenitor, el primer paso es restablecer la conexión. Salir de paseo juntos, dar una vuelta en el coche, jugar a la pelota... la conexión humana debe estar intacta antes de que podamos transmitir nuestras ideas. En este caso, lo que hizo que los progenitores empezaran con mal pie fue lo que faltaba al principio de su interacción. Tyler estaba totalmente concentrado en lo que estaba haciendo. Con esa mentalidad, no se estaba orientando hacia sus progenitores ni sentía ningún deseo de cumplir sus órdenes. En unas circunstancias así, es imprescindible volver a conectar con el niño antes de seguir adelante. Para ello, se podría haber empezado con algo parecido a «caramba, Tyler, cómo te diviertes». Con eso, probablemente habrían obtenido una sonrisa y un asentimiento. Teniendo la mirada, la sonrisa y el asentimiento, la siguiente indicación de los progenitores habría sido acercar al niño. «Tyler, necesito hablar contigo un momento en privado. Ven aquí». Una vez recogido el niño, el progenitor estaría en una posición de poder e influencia. Podría dar algunas indicaciones para calmar las cosas y preservar la diversión de todos. Además, se habría evitado el desgaste de las relaciones de apego de Tyler, un punto más preocupante desde el punto de vista del desarrollo que el hecho de darle una lección. En lugar de utilizar la separación como final de la situación, los progenitores deberían haber empezado empleando la conexión.

No es un procedimiento complicado; de hecho, resulta sorprendentemente sencillo. El truco está en el pequeño paso de conexión que se da al principio. El principio de *conexión antes de la dirección* se aplica a casi todo, ya sea preguntar por los deberes, pedir ayuda para poner la mesa, recordar al niño que tiene que colgar la ropa, informar de que es hora de apagar la televisión o enfrentarse a alguna interacción entre hermanos. Si la relación básica es buena, este proceso debería durar solo unos segundos. Si el apego es débil o existe una defensa contra él, el intento de captar al niño debería revelárnoslo. Es muy difícil imponer orden en el comportamiento cuando existe un trastorno subyacente en el apego. El fracaso a la hora de captar al niño debería ser un recordatorio para que dejemos de preocuparnos por la conducta y centremos nuestro esfuerzo y atención en construir la relación.

Cuando empleamos por primera vez esta práctica de *conexión antes de la dirección*, puede parecernos un poco incómoda y hacer que nos sintamos cohibidos. Sin embargo, una vez que se convierte en un hábito, el desgaste de la relación disminuirá significativamente. Los progenitores que consiguen llegar a hacerlo bien suelen solicitar la sonrisa y un gesto de asentimiento antes de hacer su petición o su demanda. Los resultados pueden ser asombrosos.

Cuando surjan problemas, trabaja la relación, no el incidente

Cuando algo va mal, la respuesta habitual es enfrentarse al comportamiento en cuestión lo antes posible. En psicología es lo que se denomina *principio de inmediatez* y se basa en la idea de que, si no se aborda el comportamiento de inmediato, la oportunidad de aprender se perderá. El niño se habrá «librado» de las consecuencias de portarse mal. Esta preocupación es infundada.

El principio de inmediatez está basado en el estudio del aprendizaje animal, en el que no hay conciencia con la que trabajar ni capacidad de comunicación con los sujetos. Trabajar con nuestros hijos como si fueran criaturas sin conciencia transmite una profunda desconfianza y descarta su humanidad. Al igual que los adultos, los niños se sienten poco inclinados a estimar a quienes juzgan mal sus intenciones e insultan sus capacidades, sobre todo cuando disponen fácilmente de apegos sustitutivos.

Existen también otras razones por las cuales resulta absurdo intentar avanzar en medio de un incidente que nos altera. Cuando el niño está enfadado, es muy probable que haya perdido el control. Elegir ese momento para corregir, dirigir o dar «lecciones» constituye una pérdida de tiempo. En cuanto a nosotros, es muy habitual que el comportamiento inadecuado de nuestro hijo nos pille por sorpresa y nos provoque intensas reacciones emocionales, por lo cual hay muchas probabilidades de que nuestra conducta, al igual que la de nuestro hijo, sea urgente y destemplada. Abordar los problemas requiere una preparación meditada. Es muy raro que el momento en que el niño se muestre más receptivo, o nosotros, más atentos y creativos sea en medio de un incidente.

Teniendo en cuenta la relación, los objetivos inmediatos son detener la conducta si fuese necesario y preservar el vínculo. Siempre podemos volver más adelante sobre el incidente y la conducta, cuando hayamos calmado los sentimientos intensos y restablecido la conexión.

Algunos comportamientos nos sacan de quicio y ponen a prueba nuestra capacidad de mantener el vínculo con nuestro hijo. Los primeros de la lista son la agresión y la contravoluntad. Si recibimos insultos, frases de «te odio» o incluso agresiones físicas, el reto inmediato es sobrevivir al ataque sin dañar la relación. No es el momento de comentar la naturaleza del comportamiento ni su impacto hiriente. Tampoco el de proferir amenazas y sanciones ni el de obligar al niño al aislamiento. Para prepararse para la intervención que se avecina, los progenitores deben preservar su dignidad. Debemos evitar exacerbar la situación con manifestaciones emocionales incontroladas. Si permitimos que dominen nuestros sentimientos de victimización, no podremos mantener el papel de adulto a cargo.

Suele resultar muy útil centrarse en la frustración en lugar de tomarse el ataque como algo personal: «Estás enfadado conmigo», «Estás muy frustrado», «Esto no te estaba saliendo bien», «Querías que dijera que sí y yo dije que no», «Estás pensando en todas las palabrotas que puedes soltarme», «Esos sentimientos se te han vuelto a escapar». Lo fundamental no son las palabras que pronunciamos, sino el reconocimiento de la frustración que existe en el niño y un tono de voz que indique que lo que acaba de ocurrir no ha roto la conexión. Para preservar nuestra relación con él, necesitamos indicar de un modo u otro que dicha relación no está en peligro.

A veces resulta útil dejar claro que se ha cometido una infracción. «Esto no está bien. Hablaremos de ello más tarde». Las palabras, de nuevo, son menos importantes que el tono, que debe ser amistoso y cálido, no amenazador. La conexión principal que hay que preservar es la humana. Necesitamos restablecer la calma tanto en nosotros mismos como en el niño. En el momento oportuno, cumplimos nuestra cita para arreglar las cosas. Primero recogemos al niño y solo entonces intentamos extraer lecciones de lo ocurrido.

Cuando el niño no puede conseguir lo que quiere, intenta que exprese su dolor en lugar de darle una lección

Un niño tiene mucho que aprender: a compartir a mamá, a hacer sitio a un hermano, a manejar la frustración y la decepción, a convivir con la imperfección, a dejar de exigir, a renunciar a ser el centro de atención, a aceptar un no. Recuerda que uno de los significados básicos del término disciplinar es 'enseñar'. Por tanto, gran parte de nuestro trabajo como progenitores consiste en enseñar a nuestros hijos lo que necesitan saber. Ahora bien, ¿cómo debemos hacerlo?

Estas lecciones de vida no son tanto el resultado de un pensamiento correcto como de la adaptación, y la clave de esta última es que la sensación de futilidad cale en nosotros cada vez que nos enfrentamos a algo que no funciona y que no podemos cambiar. Cuando el proceso adaptativo se desarrolla como debe, las lecciones se aprenden espontáneamente. Los progenitores no trabajan solos.

Para llevar a cabo su tarea de «disciplinar» a nuestros hijos, el proceso de adaptación dispone de varias formas naturales: poner fin a una acción que no está funcionando, hacer que el niño aprenda a aceptar limitaciones y restricciones, facilitar la renuncia a exigencias inútiles. Solo mediante esta adaptación el niño puede amoldarse a circunstancias que son imposibles de cambiar y descubrir además que puede vivir sin que todos sus deseos se vean satisfechos. Es lo que le permite recuperarse de un trauma y superar una pérdida. Estas lecciones no pueden enseñarse directamente a través de la razón o de las consecuencias. Son verdaderas enseñanzas del corazón que solo se aprenden cuando la futilidad cala.

El progenitor debe ser a la vez un agente de futilidad y un ángel de consuelo. Es el contrapunto humano en su máxima expresión y de la forma más complicada. Para facilitar la adaptación debe permanecer con el niño hasta que este exprese su dolor, deje de aferrarse a lo que deseaba y obtenga la sensación de descanso que se produce tras la aceptación.

La primera parte de esta danza de adaptación consiste en representar para el niño un «muro de futilidad». A veces será obra nuestra, pero lo más frecuente es que esté hecho de las realidades y limitaciones de la vida cotidiana: «Tu hermana ha dicho que no», «Esto no va a funcionar», «No puedo dejarte hacer eso», «No hay suficiente», «Esto es todo por hoy», «No te ha invitado», «No le interesaba escucharte», «Sally ganó la partida», «La abuela no puede venir». Hay que presentar estas realidades con firmeza para que no se conviertan en el problema. Mostrarse ambiguo (razonar, explicar, justificar) es no dar al niño algo a lo que adaptarse. Si hay alguna posibilidad de que la situación cambie, no habrá adaptación primitiva. Se trata de que el niño se adapte a cómo son las cosas exactamente, no a cómo él (o incluso tú) desearía que fueran.

No mantenerse firme cuando algo es inmutable provoca que el niño busque vías de escape de la realidad, y así se frustra el proceso adaptativo. Habrá tiempo de sobra para transmitir tus razones, pero solo después de que se haya aceptado la inutilidad de intentar cambiar las cosas.

La segunda parte de la danza de la captación consiste en acompañar la experiencia de frustración del niño y proporcionarle consuelo. Una vez que se ha establecido el muro de la futilidad (de un modo firme pero sin ser duro), es hora de ayudar al niño a encontrar las lágrimas que se esconden debajo de la frustración. *El objetivo no debe ser enseñar una lección, sino convertir la frustración en tristeza.* La lección se aprenderá de forma espontánea una vez realizada esta tarea. Podemos decir cosas como «Qué mal se pasa cuando las cosas no funcionan», «Sé que tenías muchísimo interés en que esto ocurriera», «Esperabas que tuviera una respuesta diferente», «Esto no es lo que esperabas», «Ojalá las cosas hubieran sido diferentes». También en este caso, la sensación del niño de que estamos con él, no contra él, es mucho más importante que nuestras palabras. En el momento oportuno, transmitir algo de tristeza con nuestra voz puede preparar el paso hacia las lágrimas y la decepción. Es posible que haga falta algo de práctica para sentir este punto; ir demasiado deprisa o hablar demasiado puede resultar contraproducente. Esta danza no puede coreografiarse; el progenitor tiene que sentir cómo avanza. Aquí también se aprende por ensayo y error.

A veces, el progenitor puede hacer todos los movimientos correctos y aun así fracasar estrepitosamente a la hora de cebar el proceso de adaptación. El problema puede ser que el niño no perciba al progenitor como una fuente segura de apego. Lo más frecuente es que las lágrimas no fluyan porque el proceso adaptativo está atascado; es una consecuencia de las defensas tan fuertes contra la vulnerabilidad que el niño ha levantado. La futilidad no cala.

La adaptación funciona en ambos sentidos. En ocasiones, los progenitores tenemos que adaptarnos a la falta de capacidad de nuestros hijos para adaptarse. Cuando el proceso que promueve la disciplina natural no está activo en nuestro hijo, necesitamos renunciar a nuestros intentos de seguir adelante. En esos momentos necesitamos encontrar nuestra propia tristeza y desprendernos de nuestras expectativas inútiles. Si desechamos lo que no funciona, es más probable que tropecemos con lo que sí lo hace. Si faltan los signos reveladores de la adaptación (si los ojos del niño no se humedecen cuando se frustran sus planes, si la pérdida no evoca pesar, si el enfado no conduce a la tristeza), el progenitor tendrá que encontrar otra manera de crear orden a partir del caos. Por suerte, existen otras formas.

Solicita buenas intenciones en lugar de exigir un buen comportamiento

El cuarto cambio de mentalidad exige un cambio de enfoque, pasar del comportamiento a la intención. Las intenciones están muy infravaloradas. El sentimiento predominante en nuestra sociedad es que no bastan, que solo debe aceptarse y aplaudirse el comportamiento adecuado. ¿Acaso el camino al infierno no está sembrado de buenas intenciones? Desde la perspectiva del desarrollo, nada podría estar más lejos de la verdad. Las buenas intenciones son como el oro: la intención es la semilla de los valores y la precursora del sentido de la responsabilidad. Prepara el terreno para los sentimientos encontrados. Descuidarla es pasar por alto uno de los recursos más valiosos de la experiencia de un niño.

Nuestro objetivo, siempre que sea posible, debe ser solicitarle buenas intenciones. El éxito requiere, una vez más, que el niño quiera ser bueno, que esté abierto a dejarse influir por nosotros. El primer paso, como siempre, debe ser captar al niño, cultivar la conexión que nos da poder.

A continuación, utilizaremos nuestra influencia para animarle a caminar en la dirección correcta, o al menos en una dirección incompatible con los problemas. No basta con que sepa lo que queremos. La intención de cumplirlo debe ser suya. En el caso de un niño pequeño que no quiera ir con mamá, nuestro objetivo debe ser captarlo y luego alimentar una intención que lo impulse a ir en la dirección deseada. «¿Crees que ahora podrías darle un abrazo a la abuela y despedirte?». «Necesito ayuda para llevar esto al coche. ¿Crees que puedes hacerlo por mí?». El truco está en conseguir que el niño ponga las manos en su propio volante. Es exactamente lo mismo que vemos en un parque, donde muchas atracciones tienen pequeños volantes que en realidad no dirigen el tren o el vehículo pero permiten que el pequeño conductor crea que está al mando. Mejor aún es anticiparse a los problemas antes de que se produzcan, apelando al propio sentido de dominio del niño. Por ejemplo, si sabes que vas a encontrar resistencia cuando llegue la hora de irse, capta al niño de antemano y solicítale su intención de acudir cuando le digas que ha llegado el momento. «¿Estarás listo para ponerte los zapatos cuando tengamos que irnos?». Reconocer que puede ser difícil para el niño, pero preguntarle si cree que puede hacerlo debería convencerle.

Solicitar buenas intenciones en los niños mayores implica compartir con ellos tus propios valores o encontrar en ellos las semillas de estos. Por ejemplo, un progenitor podría compartir sus propios objetivos con respecto al manejo de la frustración: «Siempre me siento orgulloso de mí mismo cuando puedo frustrarme sin insultar a nadie. Creo que ya tienes edad para intentarlo. ¿Qué te parece? ¿Estás dispuesto a trabajar en ello?». Para los niños que tienden a dejarse llevar por su propia intensidad, este paso podría implicar una pequeña charla preventiva antes de que participen en una actividad en la que pueden surgir problemas. «Sé que, cuando te estás divirtiendo, a veces te dejas llevar y te olvidas de parar cuando alguien te lo pide. ¿Puedo contar contigo para que lo intentes? Sé que te encanta que los otros niños vengan a jugar y me gustaría que pudieran quedarse lo más posible».

No estamos diciendo que solicitar una buena intención vaya a conducir automáticamente al comportamiento deseado. Incluso para los adultos, las buenas intenciones no siempre se traducen en acciones, pero el niño tiene que empezar por algún sitio, y el punto de partida debe ser apuntar en la dirección correcta.

Al solicitar una buena intención, intentamos llamar la atención no sobre nuestra voluntad, sino sobre la del niño. En lugar de «Quiero que…», «Necesitas…», «Tienes que…», «Te he dicho que…», «Debes…», obtén una declaración de intenciones o, al menos, un gesto de asentimiento que la confirme: «¿Puedo contar contigo para…?», «¿Estás dispuesto a intentarlo?», «¿Crees que podrías?», «¿Estás dispuesto a…?», «¿Crees que puedes soportarlo?», «¿Intentarás recordarlo?». Por supuesto, hay ocasiones en las que necesitamos imponer nuestra voluntad, pero, por muy necesaria que sea, no conduce por sí sola a buenas intenciones por parte del niño. Además, siempre resulta contraproducente si se hace de una forma demasiado coercitiva o fuera de una buena conexión.

Solicitar buenas intenciones es una práctica de crianza segura y muy eficaz. Transforma a los niños de dentro afuera. Lo que no se puede conseguir por este medio es probable que no se consiga por otros.

Es esencial reconocer las intenciones positivas del niño en lugar de identificarlo con sus impulsos, acciones o fracasos. El progenitor debe ser lo más comprensivo y alentador posible: «Sé que esto no es lo que querías que pasara», «No pasa nada, lo conseguirás», «Me alegro de que no fuera tu intención, eso es importante». A menos que hagamos que los inevitables fracasos resulten menos dolorosos, el niño sentirá la tentación de abandonar. Hay que alimentar cuidadosamente las buenas intenciones para que fructifiquen.

Si al solicitarlas no conseguimos nuestro primer objetivo, eso se deberá a que el niño no es lo bastante maduro, a que nosotros no somos lo bastante persuasivos o a que hay problemas en la relación de apego. El apego del niño hacia nosotros puede estar cerrado (con las defensas altas) o insuficientemente desarrollado. Nuestra incapacidad para obtener de él buenas intenciones debería alertarnos de estos problemas subyacentes e impulsarnos a adoptar medidas correctivas. Incluso nuestros fracasos a corto plazo pueden, de este modo, servir a un propósito positivo a largo plazo. Insistir en el «mal» comportamiento del niño cuando ni siquiera podemos solicitarle la intención de ser bueno es poner el carro delante de los bueyes.

Saca a relucir los sentimientos encontrados en lugar de intentar detener el comportamiento impulsivo

«Deja de pegar», «No interrumpas», «Basta ya», «Déjame en paz», «Deja de comportarte como un bebé», «No seas tan grosero», «Contrólate», «Deja de ser tan hiperactivo», «No seas tonto», «Deja de molestarla», «No seas tan malo». Intentar detener el comportamiento impulsivo es como ponerse delante de un tren de mercancías y ordenarle que se detenga. Cuando la conducta de un niño está impulsada por el instinto y la emoción, hay pocas posibilidades de imponer el orden mediante la confrontación o levantando la voz.

Hubo un tiempo en la historia de la psicología en el que se consideraba que el cerebro infantil era una tabla rasa, una pizarra en blanco, libre de fuerzas internas que lo obligaran a actuar de una manera u otra. Si ese fuera el caso, el comportamiento de un niño sería relativamente fácil de controlar, ya fuera mediante instrucciones o consecuencias. Aunque muchos progenitores y educadores siguen actuando bajo esta ilusión, la ciencia moderna ha establecido una perspectiva completamente distinta. Los neuropsicólogos que estudian el cerebro humano están descubriendo las raíces instintivas del comportamiento. Muchas de las respuestas de un niño están impulsadas por instintos y emociones que surgen de forma espontánea y automática, no por decisiones conscientes. En la mayoría de las circunstancias, los niños (y otros seres humanos inmaduros) ya tienen órdenes internas que los llevan a comportarse de una determinada manera. El niño miedoso sigue órdenes instintivas de evitar riesgos. El inseguro puede verse obligado a aferrarse y agarrarse. La frustración suele inducirle a exigir, llorar o atacar. El niño tímido recibe órdenes de esconderse u ocultarse. El rebelde se opone automáticamente a la voluntad de otro. Cuando un niño es impulsivo, los impulsos mandan. En este universo hay un orden, solo que no del tipo que nos gustaría ver. El cerebro solo está haciendo su trabajo al dirigir al niño según las emociones y los instintos que tiene activados.

Existe una alternativa al enfrentamiento. La clave del autocontrol no es la fuerza de voluntad, como creíamos, sino la mezcla de sentimientos. Cuando se mezclan impulsos contradictorios, las órdenes se anulan mutuamente y colocan al niño en el asiento del conductor, por así decirlo. Surge un nuevo orden en el que el comportamiento se basa más en la intención que en el impulso. Ese comportamiento está mucho menos dirigido y, por tanto, resulta mucho más fácil trabajar con él. Nuestra tarea consiste en ayudar a que el niño adquiera conciencia de los sentimientos y pensamientos conflictivos que existen dentro de él. Recuerda que en el capítulo 9 vimos que el significado básico de temperamento era mezclar elementos diferentes, ¡y eso es precisamente lo que tenemos que hacer! En lugar de tratar de abordar el comportamiento, sacamos el *elemento atemperador* para moderar el impulso que mete al niño en problemas.

En un niño lleno de sentimientos de ira, por ejemplo, queremos atraer a su conciencia los sentimientos, pensamientos e impulsos que entrarían en conflicto con la agresividad. Este objetivo no puede alcanzarse mediante el enfrentamiento, que, en el mejor de los casos, conduce a un acatamiento vacío o, por el contrario, a una actitud defensiva. No contribuye en nada a desarrollar el control de los impulsos desde dentro. Los elementos moderadores podrían ser los sentimientos de afecto, preocupación o alarma. El niño podría sentir preocupación por hacer daño o ansiedad por meterse en problemas. Si se deja llevar por impulsos de contravoluntad, nuestro objetivo debe ser que adquiera conciencia de sus fuertes sentimientos de apego, de querer agradar, de desear estar a la altura. El truco consiste en atraer a la conciencia los diferentes sentimientos contradictorios al mismo tiempo.

Cuando nos hacemos conscientes de los sentimientos encontrados, no nos queda más remedio que salir del incidente en el que se produce el problema y entrar en la relación, donde podemos tomar la iniciativa. Esa tarea solo debe intentarse cuando la intensidad de los sentimientos se haya calmado un poco.

Siempre es más prudente recordarle al niño los impulsos moderadores antes que las emociones descontroladas que le metieron en problemas. Una vez que se sienta amable y afectuoso, podemos volver a hablarle de la frustración anterior. «Qué bien lo estamos pasando juntos ahora. Recuerdo que esta mañana no estabas muy contenta conmigo. De hecho, estabas tan enfadada que me hiciste pasarlo mal». Tenemos que dejar espacio para estos sentimientos encontrados. «¿No es curioso que podamos enfadarnos tanto con las personas a las que queremos?». Lo mismo ocurre con los sentimientos de contravoluntad. «Ahora mismo parece que te resulta fácil hacer lo que te pido. Hace un par de horas, tenías la sensación de que te estaba mangoneando».

Abordar el comportamiento problemático sacando a relucir el elemento atemperador favorece el apego. Nosotros, como progenitores, tomamos la iniciativa de ver tanto «esto» como «aquello» en el niño.

Asumimos los elementos conflictivos y comunicamos nuestra aceptación de lo que existe en su interior. Este tipo de disciplina atrae a nuestros hijos hacia nosotros, en lugar de alejarlos.

A menudo les pedimos a nuestros hijos que corten por lo sano, ¡como si pudieran hacerse cirugía psíquica a sí mismos! No podemos eliminar de su repertorio un comportamiento que está profundamente arraigado en el instinto y la emoción. Los impulsos permanecerán con nosotros mientras vivamos. A menos que nos hayamos insensibilizado, todos deberíamos sentir los impulsos asociados con la vergüenza, la inseguridad, los celos, la posesividad, el miedo, la frustración, la culpa, la contravoluntad, el pavor y la ira. La respuesta de la naturaleza no consiste en recortar algo, sino en añadir otra cosa a la conciencia que, en caso necesario, ponga freno al impulso en cuestión.

Cuando trates con un niño impulsivo, intenta mostrarle un guion del comportamiento que deseas obtener en lugar de exigirle madurez

No todos los niños están preparados para las formas más avanzadas de estimular y enseñar disciplina que hemos comentado hasta ahora. Los que, por ejemplo, aún no han desarrollado sentimientos encontrados, son incapaces de templar la experiencia, por muy hábiles o diligentes que seamos.

Los que tienen problemas de autocontrol también carecen de la capacidad de reconocer los efectos de su comportamiento o de prever las consecuencias. Son incapaces de pensárselo dos veces antes de actuar o de apreciar cómo afectan sus acciones a otras personas. Carecen de la capacidad de considerar el punto de vista de los demás al mismo tiempo que el suyo propio. A menudo se les juzga como insensibles, egoístas, poco cooperativos, incivilizados e incluso indiferentes. Sin embargo, cuando los percibimos de ese modo, corremos el riesgo de indignarnos por su conducta y exigirles cosas que no pueden cumplir. Los que están limitados a una conciencia unidimensional ni siquiera pueden cumplir exigencias tan sencillas como ser buenos, no ser groseros, no interrumpir, ser amables, ser justos, no ser mezquinos, ser pacientes, no montar una escena, intentar llevarse bien... u otras innumerables órdenes que podamos ladrarles. No podemos conseguir que nuestros hijos sean más maduros de lo que son, por mucho que insistamos en que «crezcan». Esperar que hagan lo imposible es frustrante y, lo que es peor, sugiere que tienen algún defecto. Y ellos no pueden soportar una sensación de vergüenza semejante sin ponerse a la defensiva. Para preservar nuestra relación con un niño que aún no es capaz de funcionar con madurez, tenemos que deshacernos de exigencias y expectativas poco realistas.

Existe otra forma de tratar a los niños inmaduros: en lugar de exigirles que adopten espontáneamente un comportamiento maduro, podemos mostrarles un guion de lo que deseamos que hagan. Seguir nuestras instrucciones no les va a hacer más maduros, pero les permitirá desenvolverse en situaciones sociales para las que, de otro modo, aún no están preparados desde el punto de vista del desarrollo.

Elaborar un guion de comportamiento para un niño es proporcionarle las claves de lo que debe hacer y cómo hacerlo. Cuando los niños aún no son capaces de desenvolverse espontáneamente, sus acciones tienen que ser orquestadas o coreografiadas por aquella persona que les esté dando las señales: «así es como se coge al bebé», «ahora vamos a darle la vuelta a Matthew», «si tienes un abrazo para la abuela, este es el momento de dárselo», «así es como acariciamos al gato», «ahora le toca hablar a papá», «este es el momento de usar tu voz tranquila».

Para que el guion consiga sus objetivos es necesario que el adulto se coloque en la posición de la persona que da las indicaciones al niño. De nuevo, empezamos por lo básico: primero captamos al niño para poder trabajar desde dentro de la relación. Es algo muy parecido a lo que hace la mamá gansa con sus polluelos, conseguir que se pongan en fila antes de corregir su comportamiento. Una vez que el niño nos sigue, podemos tomar la iniciativa. Por supuesto, nuestra capacidad para prescribir su conducta dependerá de la calidad de su apego a nosotros, que no tiene por qué ser especialmente profundo ni vulnerable, sino solo lo bastante fuerte como para evocar los instintos de emular e imitar.

Para dirigir con éxito, las señales sobre qué hacer y cómo ser deben darse de forma que el niño pueda seguirlas. Las instrucciones negativas no funcionan porque no le dicen realmente al niño lo que tiene que hacer. ¡De hecho, lo único que registran muchas veces los niños inmaduros es la acción implicada en la orden! El «no lo hagas» suele borrarse de la conciencia, lo que conduce a un comportamiento opuesto al deseado. Nuestra atención debe desviarse de la conducta problemática y centrarse en las acciones deseables. Y todavía más eficaz es representar aquello que quieres que el niño haga para que él lo imite. Como hacen un director con sus actores o un coreógrafo con sus bailarines, el resultado final se crea primero en la mente del adulto.

Un ejemplo de guion para conseguir el comportamiento deseado (que nos puede resultar mucho más intuitivo) es cuando enseñamos a un niño a esquiar. En este caso, somos muy conscientes de que es inútil decirle: «mantén el equilibrio», «no te caigas», «ve más despacio», «esquía con control», «haz los giros». Estos serán los resultados de un comportamiento correctamente guionizado, pero no pueden ser lo que le exijamos, al menos hasta que haya aprendido a esquiar. En cambio, podemos mostrarle cómo hacer una cuña con los esquís y luego proceder a darle indicaciones que pueda seguir, como «haz una cuña», «baja hacia la derecha», «tócate las rodillas», etc. El resultado final serán el equilibrio, los quiebros y los giros. Podría dar la impresión de que el esquiador principiante sabe esquiar cuando, en realidad, no está haciendo más que seguir las indicaciones hasta que las acciones se arraigan y, finalmente, se autogeneran. A diferencia de lo que sucede en el esquí, en la interacción humana no adquirimos la capacidad de generar desde dentro las acciones y respuestas adecuadas hasta que alcanzamos la madurez.

En lo que respecta al comportamiento social, no debemos centrarnos en las relaciones entre niños. En este proceso de dirección, el niño sigue al adulto. El guion no está diseñado para enseñar a un niño habilidades sociales (algo que, por lo general, constituye un ejercicio inútil), sino para orquestar la interacción social hasta que surjan la maduración y la socialización genuina. Por eso no se centra en la relación entre niños, sino en seguir las indicaciones del adulto.

La siguiente historia me la contó una amiga íntima que trabajaba como supervisora de docentes. El incidente ocurrió mientras observaba a una profesora de segundo que tenía una excelente reputación por su forma de inspirar a los alumnos. Un niño con necesidades especiales había pedido salir del aula para ir al baño. Al reincorporarse a clase, exclamó que esta vez había podido hacerlo él solo. No era consciente de que seguía llevando los pantalones y la ropa interior por los tobillos. Lo que ocurrió a continuación fue asombroso. En lugar de las risas que cabría esperar en una ocasión así, y que habrían avergonzado al niño, los alumnos se giraron para mirar a su profesora. Ella aplaudió apreciativamente y todos los alumnos siguieron su ejemplo.

La interacción fue maravillosamente civilizada y asombrosamente cortés. Percibir la vulnerabilidad de otra persona y actuar para protegerla requiere madurez y habilidad. Sin embargo, la madurez y la habilidad estaban en la profesora, no en los alumnos. En su caso, lo que parecía competencia social era simplemente seguir unas señales. La respuesta no estaba en las relaciones entre los alumnos, sino en la relación de cada alumno con su profesora. En la interacción social no se puede abandonar a su suerte a los seres inmaduros.

Se pueden guionizar muchos tipos de comportamiento: justicia, ayuda, cómo compartir, cooperación, conversación, amabilidad, consideración, llevarse bien. Aunque hacer que los niños actúen con madurez no les hará más maduros, les evitará meterse en problemas hasta que podamos abordar los impedimentos subyacentes a la maduración y su madurez se ponga al día. Ayudarlos a mantenerse alejados de los problemas mediante un guion salvaguarda el apego y funciona en ambos sentidos: favorece su apego a nosotros y nuestro apego a ellos.

Cuando no puedas cambiar al niño, intenta cambiar su mundo

Cuanta menos disciplina necesiten los niños, más eficaz será cualquier método. Lo contrario también es cierto: cuanta más disciplina necesiten, menos eficaces serán las técnicas disciplinarias que se suelen enseñar habitualmente.

Un niño resulta difícil de disciplinar cuando carece de los factores que proporcionan la base de los principios naturales para imponer orden en el comportamiento. Esto sucede con aquellos a los que no resulta fácil inducirlos a considerar los pensamientos y sentimientos que mantendrían bajo control los impulsos perturbadores, a los que no se puede impulsar a formar buenas intenciones, que son incapaces de sentir la inutilidad de un curso de acción y carecen de la motivación de portarse bien con los que están a su cargo. Por lo general, con este tipo de niños solemos tener la tentación de ser más duros. Por desgracia, incorporar la fuerza suele ser contraproducente por las mismas razones por las que estos niños son más difíciles de disciplinar: la coacción provoca contravoluntad, el castigo provoca represalias, los gritos conducen a la desconexión, las sanciones suscitan agresividad, los tiempos muertos conducen al desapego emocional. Cuando los intentos razonables de disciplinar no funcionan, la respuesta no es disciplinar más, sino hacerlo de una forma diferente.

Dado que las técnicas coercitivas son, en última instancia, contraproducentes, llegamos ahora al último instrumento, muy importante también, que son las técnicas de disciplina natural, es decir, imponer orden en el entorno del niño. La intención aquí no es transformar o extirpar el «mal» comportamiento, sino alterar las experiencias que lo provocan. En estos casos, en lugar de intentar cambiar al niño resultará más fructífero, si podemos, alterar las situaciones y circunstancias que desencadenan la conducta problemática.

Este enfoque de la disciplina requiere tres cosas por parte del progenitor: (1) la capacidad de percibir la inutilidad de otros modos disciplinarios y de desprenderse de lo que no funciona, (2) la percepción de qué factores del entorno del niño desencadenan la conducta problemática, y (3) cierta capacidad para cambiar o controlar estos factores adversos. Se necesita un progenitor verdaderamente adaptable que se dé cuenta de la inutilidad de insistir en ese comportamiento y deje de arremeter contra lo que no puede cambiar: en este caso, la conducta impulsiva del niño. Se necesita también un progenitor sabio que se centre en aquello a lo que el niño está reaccionando: las circunstancias y situaciones que lo rodean. En otras palabras, el progenitor debe dejar de intentar cambiar a su hijo.

La clave es la perspicacia. Hay que ir más allá de la conducta problemática para ver a qué está reaccionando el niño. Nuestra forma de percibir el problema determinará en última instancia lo que hagamos al respecto. Si lo único que vemos es que un niño está siendo cabezota, tenderemos a centrarnos solo en corregir la conducta que nos disgusta y nos molesta. Si, en cambio, reconocemos que simplemente se deja llevar por sus impulsos, estaremos más dispuestos a modificar la situación que los provocó. Si lo único que observamos es que un niño está teniendo una rabieta o está pegando a alguien, es probable que nos centremos en la agresión. Si, por el contrario, reconocemos que es incapaz de manejar la frustración que experimenta, intentaremos cambiar las circunstancias que le frustran. Si lo que vemos es a un niño que no se queda en su habitación a la hora de dormir, podríamos tratarlo como un caso de desobediencia, mientras que si percibimos a un niño pequeño vencido por el miedo a la separación o a la oscuridad, haremos lo posible para que la hora de acostarse le resulte menos amenazadora. Si vemos que un niño se resiste a hacer lo que se le dice, nos esforzaremos por erradicar la desobediencia. Si, por el contrario, vemos que la presión que siente está activando una reacción de contravoluntad, lo presionaremos menos. Si solo vemos que el niño está siendo grosero con un adulto porque se niega a comunicarse con él, es posible que le regañemos por sus «malos» modales. Si reconocemos que es su timidez innata la que le impide relacionarse con personas que no conoce, haremos lo posible por tranquilizarlo. Si vemos al niño como un mentiroso, lo más probable es que nos enfrentemos a esas mentiras de forma sentenciosa y severa; si somos suficientemente sabios como para saber que oculta la verdad solo porque está demasiado inseguro de nuestro amor como para arriesgarse a enfadarnos o decepcionarnos, haremos todo lo que esté en nuestra mano para devolverle la sensación de seguridad absoluta. «¿Quién es el único que tiene una buena razón para mentir y escapar así de la realidad? —escribió Friedrich Nietzsche—. Aquel que la sufre».

En todas estas situaciones, la eficacia de nuestra intervención dependerá de lo sólida que sea nuestra perspicacia. De todas formas, cuando el entorno del niño esté afectando a su conducta y ni él ni nosotros seamos capaces de controlarlo, lo lógico es que dejemos de enfocarnos en la conducta del niño e intentemos ver qué es lo que la está provocando.

Ahora bien, si nos dedicamos a cambiar constantemente la situación del niño para reducir su frustración o la presión que experimenta, ¿no corremos el riesgo de debilitar su adaptación al mundo? ¿No fomentamos una dependencia malsana de nosotros? Eso es muy cierto. En mi consulta con padres, me encuentro con muchos progenitores sensibles y cariñosos que, sin darse cuenta, están interfiriendo en la adaptación de su hijo al utilizar este enfoque de una manera extrema. Nunca debe emplearse excluyendo otros métodos de disciplina, como sacar a la luz sentimientos de futilidad cuando se enfrentan a cosas que no pueden o no deben cambiarse. Nunca debemos dejar de ayudar al niño a pasar de la frustración a la futilidad, siempre que sea posible, para cultivar sentimientos encontrados o solicitar buenas intenciones. Si somos capaces de fomentar en él un cambio positivo, no deberíamos intentar cambiar su mundo.

Volvamos brevemente al tema de la estructura, que abordé en el último capítulo. El uso de la estructura y la rutina es una forma poderosa de imponer orden en el mundo del niño y, por tanto, en su comportamiento. Cuanto menos receptivo sea a otros modos de disciplina, más tendremos que compensarlo estructurando su vida. Las estructuras crean su entorno de forma predecible imponiendo unos ciertos rituales y rutinas muy necesarios. Esa ha sido una de las funciones tradicionales de la cultura, pero, a medida que se erosionan las costumbres y las tradiciones, la vida se vuelve menos estructurada, más caótica. En un ambiente así, los niños inmaduros desde el punto de vista del desarrollo se desestructuran y los progenitores reaccionan volviéndose más prescriptivos y coercitivos. La combinación es desastrosa.

Hay que crear estructuras para las comidas y para acostarse, para las separaciones y las reuniones, para la higiene y para guardar las cosas, para la interacción y la cercanía familiar, para practicar y para los deberes, para el juego emergente y autodirigido y para la soledad creativa.

Las buenas estructuras no centran la atención en sí mismas ni en la planificación subyacente y minimizan las órdenes y la coacción. No son solo restricciones, sino que son algo creativo. Por ejemplo, una rutina muy importante es tener una hora y un lugar para leer con el niño. El objetivo principal de esta estructura es crear oportunidades de cercanía y conexión individual y también conseguir que el niño tenga contacto con la buena literatura sin utilizar la coacción.

Cuanto más atascado está un niño, más importantes son las estructuras, porque proporcionan familiaridad, algo que este tipo de niños anhela instintivamente. Crean buenos hábitos y, lo que es más importante, disminuyen la necesidad de dar órdenes y coaccionar por parte de los adultos, con lo que se evitan conflictos innecesarios.

En este capítulo no hemos incluido los métodos que alejarían al niño de nosotros. Es posible que a los progenitores de antaño, estas técnicas les permitieran conseguir lo que buscaban, pero, si lo hacían, era solo porque no tenían motivos para temer los apegos competitivos a los que se enfrentan los de hoy. No había una orientación hacia los iguales que atrajera a los niños fuera del círculo familiar. Hoy no tenemos más opción razonable que emplear una disciplina que preserve nuestra conexión con el niño y promueva la maduración. Esta, la solución definitiva a los problemas de conducta, no puede lograrse de la noche a la mañana, pero nuestra paciencia será bien recompensada. E, incluso a corto plazo, seguro que los progenitores ya tenemos bastante con lo que lidiar sin necesidad de provocar a nuestros hijos.

QUINTA PARTE

PREVENIR LA ORIENTACIÓN HACIA LOS IGUALES

17
NO CORTEJES A LA COMPETENCIA

Tenemos que dejar de organizar las cosas de tal manera que los iguales de nuestros hijos nos sustituyan... teniendo en cuenta, por supuesto, que el enemigo no son ellos, sino la orientación hacia ellos.

Nos hemos dejado engañar por la orientación hacia los iguales, del mismo modo que el antiguo pueblo de Troya se dejó engañar por el famoso caballo. Creyendo que aquella gran escultura de madera era un regalo de los dioses, los troyanos la introdujeron dentro de las murallas de su ciudad y, con ello, prepararon el escenario para su destrucción. Del mismo modo, los progenitores y profesores de hoy en día consideran que la interacción temprana y abundante entre iguales es positiva. La fomentan sin ser conscientes de los riesgos que surgen cuando se produce sin el liderazgo y la aportación de los adultos. No distinguimos entre las relaciones entre iguales formadas bajo la dirección consciente y beneficiosa de los adultos y las que se producen en los vacíos de apego. Sin darnos cuenta, fomentamos esta orientación y, con ello, saboteamos el apego de nuestros hijos hacia nosotros. Si los troyanos hubieran podido ver a sus enemigos griegos acechando desde el interior de aquel traicionero artilugio, no se habrían dejado engañar. Ese es nuestro problema actual. El caballo de Troya de la orientación hacia los iguales se percibe como un regalo, no como la amenaza que realmente es.

Nuestra incapacidad para prever sus efectos nocivos resulta comprensible, ya que los primeros frutos son atractivos y tentadores.

A primera vista, estos niños parecen más independientes, menos pegajosos, más fáciles de escolarizar, más sociables y avanzados. No es de extrañar que nos dejemos engañar, dado nuestro desconocimiento de los mecanismos implicados y de sus costes a largo plazo. Entonces, ¿cómo podemos evitar la trampa?

No te dejes engañar por los primeros frutos de la orientación hacia los iguales

A muchos adultos, la capacidad de los niños para pasar el rato juntos y entretenerse unos a otros les resulta una emancipación. Les parece que los iguales son los mejores canguros, sobre todo desde que ya no pueden compartir las tareas de la crianza con los abuelos, la familia extensa y la comunidad en la que viven. Los compañeros pueden parecer un regalo del cielo, pues da un respiro a padres y profesores cansados. ¿Cuántos de nosotros no nos hemos sentido agradecidos cuando la invitación del amigo de nuestro hijo nos ha permitido disfrutar de un día de relax durante el fin de semana o nos ha concedido un tiempo y un espacio muy necesarios para trabajar en proyectos que tenemos que hacer? Los niños parecen felices y nuestra carga de trabajo se aligera. Poco podemos imaginar cuánto más tiempo, energía, coste y cuidados parentales correctivos exigirán estas experiencias en años posteriores si la orientación hacia los iguales se afianza.

Comparados con los niños orientados hacia los adultos, los que se orientan hacia sus iguales parecen menos necesitados y más maduros. Ya no nos presionan para que hagamos cosas juntos, para que nos impliquemos en sus vidas, para que escuchemos sus preocupaciones, para que los ayudemos con sus problemas. Con lo mucho que valoramos en nuestra sociedad la independencia (la nuestra y la de nuestros hijos), la orientación hacia los iguales parece algo positivo. Olvidamos que crecer lleva su tiempo. En nuestra cultura postindustrial, tenemos demasiada prisa para todo. Es muy probable que, si no estuviéramos tan impacientes porque nuestros hijos crezcan, no nos dejaríamos llevar por falsas impresiones.

El único motivo por el que estos niños son capaces de desprenderse de nosotros antes es porque se aferran los unos a los otros. A largo plazo, es más probable que se queden estancados en la inmadurez psicológica y no piensen por sí mismos, tracen su propio rumbo, tomen sus propias decisiones, encuentren sus propios significados y sean ellos mismos.

Uno de los factores que ayuda a caer en la autocomplacencia es el hecho de que, al menos al principio, estos niños tienden también a ser más fáciles de escolarizar. En el capítulo 13 ya analizamos que el coste de esa impresión errónea es la pérdida de educabilidad. La orientación hacia los iguales puede hacer que, durante un tiempo, el niño se sienta más a gusto en la escuela porque el colegio saca a los niños de casa y separa a los que están orientados hacia sus progenitores de los adultos a los que están apegados, con las consecuencias para el aprendizaje que eso conlleva. Para estos niños, la ansiedad de la separación será intensa y se sentirán agudamente desorientados. Muchos de nosotros podemos recordar nuestros primeros días en un nuevo entorno escolar: opresión en el estómago, sensación de pérdida y confusión, búsqueda desesperada de alguien o algo familiar. Esta desorientación suele resultar insoportable para los niños pequeños y la elevada ansiedad que provoca interfiere en el aprendizaje porque nos embota y disminuye nuestro cociente intelectual funcional. Esa sensación de alarma afecta a nuestra capacidad para concentrarnos y recordar. La ansiedad dificulta la lectura de las señales y el seguimiento de las instrucciones. Un niño es absolutamente incapaz de aprender bien cuando se siente perdido y alarmado.

Cuando los niños que ya están orientados hacia sus iguales entran en la escuela, no se enfrentan a ese dilema. En los primeros días de clase en la guardería, pueden parecer más inteligentes, más seguros de sí mismos y más capaces de aprovechar la experiencia escolar. Por el contrario, los que están orientados hacia sus progenitores, al verse afectados por la ansiedad de la separación, parecerán menos hábiles y capaces, al menos hasta que puedan establecer un buen vínculo con un profesor. En situaciones en las que hay pocos adultos y muchos compañeros, todas las ventajas son para los niños orientados hacia sus iguales. Como los compañeros abundan y son fáciles de detectar, el niño nunca se siente perdido o desorientado. Así pues, a corto plazo, la orientación hacia los iguales parece una bendición. Y sin duda en esta dinámica se basan las investigaciones que afirman los beneficios de la educación temprana.

A largo plazo, por supuesto, los efectos positivos que una menor ansiedad y desorientación ejercen sobre el aprendizaje se irán viendo poco a poco anulados por los negativos de la orientación hacia los iguales. De ahí se deducen las evidencias de la investigación que indican que las ventajas tempranas de la educación preescolar no son sostenibles[1]. Los niños orientados hacia sus compañeros van a la escuela para estar con ellos, no para aprender. Si a estos amigos tampoco les gusta aprender, el rendimiento académico bajará. Cuando los niños van a la escuela para estar con los demás, solo están preparados para aprender lo suficiente para no destacar, para permanecer con los de su edad. Aparte de eso, el aprendizaje les resulta irrelevante e incluso puede ser un lastre para las relaciones entre iguales.

Y entonces estos alumnos se sienten acosados por la ansiedad. Como las relaciones con los compañeros son intrínsecamente inseguras, la ansiedad suele convertirse en una afección crónica. Estos chavales parecen nerviosos, siempre inquietos y crónicamente alarmados. Cuando un grupo está cerca, casi se puede sentir la hiperactividad en el aire. Al ser insensibles a los sentimientos vulnerables de ansiedad, a los niños orientados hacia sus iguales solo les quedan los aspectos fisiológicos: agitación e inquietud. Se perciba de forma consciente o no, estar alarmado incapacita para el aprendizaje. La orientación hacia los iguales puede mejorar inicialmente el rendimiento, pero en última instancia resulta académicamente perjudicial. A medida que se intensifica el apego del niño a sus compañeros, aumentará la distancia entre su inteligencia y sus logros. Precisamente aquello que suele crear la ventaja inicial acabará por hacerle tropezar.

Curiosamente, los niños que estudian en casa son ahora los candidatos favoritos de algunas universidades de renombre[2]. Según Jon Reider, funcionario de admisiones de la Universidad de Stanford en California, son candidatos deseables porque «los niños que estudian en casa aportan ciertas habilidades (motivación, curiosidad, capacidad de ser responsables de su educación) que los institutos no inducen muy bien»[3]. Por decirlo de otro modo, los niños que acuden a un centro de preescolar pueden tener el mejor punto de partida, pero los escolarizados en casa tienen el mejor final, porque en nuestro sistema educativo hemos descuidado el papel crucial del apego.

Los centros de preescolar no son el problema principal y la escolarización en casa no es la respuesta definitiva. El factor clave es la dinámica del apego. Someter a los niños a vivencias que los hacen dependientes de sus compañeros no funciona. Tenemos que fundamentar la experiencia escolar de los niños en el apego de los adultos.

La timidez no es el problema que creemos que es

Solemos considerar que la timidez es una cualidad negativa, algo que nos gustaría que los niños superaran. Sin embargo, desde el punto de vista del desarrollo, incluso esta aparente desventaja tiene una función útil. Es una fuerza de apego, diseñada para cerrar socialmente al niño y desalentar cualquier interacción con quienes están fuera de su nexo de conexiones seguras.

El niño tímido lo es con las personas a las que no está vinculado. Resulta muy lógico que los que están orientados hacia los adultos sean a menudo socialmente ingenuos y torpes con sus compañeros, al menos en los primeros cursos. Los orientados hacia sus iguales, por el contrario, parecen tener éxito social. Este es su fuerte. Deben saber lo que es *cool* y lo que no, qué ponerse y cómo hablar; aplican la mayor parte de su inteligencia a leer en los demás las señales sobre cómo deben ser y actuar.

Gran parte de la sociabilidad de los niños orientados hacia sus iguales es el resultado de la pérdida de la timidez. Cuando los iguales sustituyen a los adultos, la timidez se invierte. El niño se vuelve tímido con los adultos, pero gregario en compañía de sus iguales. Podemos observar que, cuando está entre sus compañeros, sale de su caparazón, habla sin problemas, muestra más confianza en sí mismo. El cambio de personalidad es impresionante y solemos atribuir el mérito a la interacción con los compañeros. ¡Seguramente, nos decimos, un resultado tan deseable no puede provenir de algo problemático! Sin embargo, la verdadera integración social y la capacidad social real (preocuparse por los demás y tener en cuenta los sentimientos de las personas que no conoce) no serán, a largo plazo, los atributos de este tipo de niños.

Los que están orientados hacia los adultos tardan mucho más en perder la timidez con sus iguales. Lo que a la larga debería atenuarla no es que se orienten hacia estos, sino la madurez psicológica que engendra un fuerte sentido de uno mismo y la capacidad de tener sentimientos encontrados. La mejor forma de manejarla es fomentar relaciones cálidas con los adultos que los cuidan y enseñan. Teniendo en cuenta el apego, lo que debería preocuparnos tanto hoy en día no es la timidez, sino su ausencia en muchos de los niños.

El estrés de la guardería ante la ausencia de apego

La situación actual de las guarderías ilustra cómo, sin darnos cuenta, estamos invitando a la competencia. Millones de niños de todo el mundo pasan una parte de sus horas de vigilia, si no la mayoría, en guarderías fuera de casa. Según estadísticas recientes, la mayor parte de las madres trabajadoras vuelven al trabajo antes de que el niño cumpla un año[4]. La guardería, sobre todo tal y como se está planteando en muchos países, es un asunto peligroso. Los niños la encuentran estresante, como han demostrado estudios recientes. Los que acuden a ella muestran un mayor nivel de cortisol, la hormona del estrés[5]. Además, la timidez incrementa sus efectos estresantes porque, como hemos visto, refleja una falta de conexión emocional. Un niño no se mostraría tímido si se sintiera a gusto con el cuidador que lo atiende. Al no disponer de una conexión cálida, se enfrenta al doble estrés de la separación del progenitor y de la obligación de estar con personas a las que por instinto natural rechazaría.

Otra línea de investigación ha demostrado que, cuanto más tiempo pasan los niños de edad preescolar entre ellos, más influidos están por sus compañeros[6]. Esa influencia puede medirse en unos cuantos meses tan solo. Los niños son mucho más propensos a orientarse hacia sus iguales que las niñas, un hallazgo coherente con la observación de que el apego de estos a sus progenitores suele estar menos desarrollado. Por tanto, son más propensos a sustituir a sus padres por sus iguales. Más significativo es el hallazgo de que, cuanto más se identifican con sus iguales, más se resisten al contacto con los adultos responsables.

Y el problema no es solo que las semillas de la orientación hacia los iguales se siembren ya en las guarderías y centros de preescolar, sino que su fruto ya resulta visible en el quinto año de vida. Uno de los mayores estudios realizados sobre este tema hizo un seguimiento de más de mil niños desde el nacimiento hasta el jardín de infancia[7]. Cuanto más tiempo habían pasado en la guardería, más probabilidades tenían de manifestar agresividad y desobediencia, tanto en casa como en el jardín de infancia. Como se ha expuesto en capítulos anteriores, la agresividad y la desobediencia son el legado de la orientación hacia los iguales. Cuanto más tiempo habían estado en la guardería, más contravoluntad mostraban, como indicaban las discusiones, las miradas furtivas, las contestaciones al personal y la falta de obediencia. Su elevada frustración se manifestaba en rabietas, peleas, golpes, crueldad hacia los demás y destrucción de sus propias cosas. Estos niños se mostraban también más desesperados en su comportamiento de apego y eran dados a presumir, fanfarronear, hablar incesantemente y esforzarse por llamar la atención, como cabría esperar cuando el apego no funciona.

La orientación hacia los iguales no es la única causa de alteración del apego, pero en el mundo de nuestros hijos es la principal. Vistas a través de la lente del apego, las conclusiones de las tres líneas de investigación no podrían ser más claras al señalar el riesgo de orientarse hacia sus iguales que corren nuestros pequeños en las guarderías y los centros de preescolar. La solución más evidente sería mantenerlos en casa, sobre todo a los más tímidos y vulnerables, hasta que sean lo bastante maduros como para soportar el estrés de separarse de sus progenitores. En respuesta a los resultados de estas investigaciones, varios expertos, como Stanley Greenspan[8] y Eleanor Maccoby[9], han aconsejado a los progenitores que hagan precisamente eso si sus recursos económicos se lo permiten. Aunque este consejo resulta lógico a la luz de los datos, no capta el meollo del asunto. Los niños no necesitan *estar* en casa, pero sin duda sí sentirse *en ella* con quienes son responsables de su cuidado. El *hogar* es una cuestión de apego, y el apego es algo que podemos crear. En lo que respecta al cuidado de los niños, lo importante no es estar *relacionado,* sino estar *conectado.*

La timidez de un niño en un entorno determinado debería ser para nosotros una señal de que aún no existe el contexto en el que ese niño está preparado para ser cuidado. Para crearlo debemos conectarnos con él. Lo he comprobado incluso con mis propios nietos. Mi primer reto consiste en captarlos. Cuando ya lo he hecho, la timidez desaparece y se vuelven receptivos a mi forma de cuidarlos como abuelo.

La guardería y los centros de preescolar no tienen por qué ser peligrosos, pero, para reducir el riesgo, tenemos que ser conscientes del apego. Los adultos implicados tenemos que estar dispuestos a crear un contexto de conexión con nuestros hijos. Mientras tanto, hay cosas que podemos hacer como progenitores, tanto al seleccionar los entornos en los que actúan nuestros hijos como al fomentar siempre que sea posible las conexiones entre ellos y los adultos responsables. Sí, una solución puede ser educar a los niños en casa hasta que puedan mantenernos emocionalmente cerca aunque estén físicamente separados de nosotros, o hasta que sean lo bastante maduros como para funcionar de forma independiente, sin apegos. La otra solución es que se apeguen a sus cuidadores y profesores. Eso les protegerá (a los niños y a estos adultos) del estrés y evitará que nos sustituyan prematuramente. En el próximo y último capítulo analizaremos más a fondo el modo de hacerlo.

Llevarse bien con los demás no surge del contacto entre iguales

—Cuando mi hijo tenía tres años, me pareció muy importante apuntarle a actividades y ponerlo en situaciones en las que pudiera estar con otros niños —recuerda un padre—. Cuanto menos éxito tenía él haciendo amigos, más frenético me volvía yo para fomentar sus interacciones con otros niños, para establecer situaciones en las que tuviera la oportunidad de jugar con sus compañeros y entablar relaciones con ellos.

Muchos progenitores experimentan un impulso similar para introducir a sus hijos en el mundo de sus iguales a una edad temprana. Incluso aquellos cuyo instinto es retenerlos más tiempo antes de exponerlos a las influencias de los otros niños pueden sentirse sometidos a una tremenda presión por parte de familiares o amigos, o de profesionales de la crianza, que les instan a que «corten el cordón umbilical».

Es casi universal la convicción de que los niños deben relacionarse pronto con sus iguales para que aprendan a llevarse bien y a encajar. Muchos progenitores buscan grupos de juego para sus hijos pequeños. En la edad preescolar, organizar contactos entre iguales para nuestros hijos se ha convertido a menudo en una obsesión. «Lo más importante del mundo es aprender a ser amigo. Es esencial que sepan cómo hacerlo antes de empezar el colegio» es una frase que tipifica los comentarios que he oído a muchos progenitores de niños en edad preescolar.

—Como padres, tenemos que obligar a nuestros hijos a socializar —afirmó el progenitor de un niño de cuatro años—. Si no fuera por las clases de preescolar, nuestro hijo no se mezclaría con otros niños lo suficiente como para aprender a llevarse bien con la gente.

Un educador de primera infancia me dijo que «la base de los centros de preescolar es ayudar a los niños a aprender habilidades sociales. Si cuando entran en la guardería no tienen amigos, más adelante encontrarán todo tipo de problemas, no solo sociales, sino también de autoestima y aprendizaje». Cuanto menor sea la capacidad de los niños para llevarse bien y encajar, más probabilidades habrá de que se les prescriba la interacción con sus compañeros para solucionar el problema. Por lo general, en nuestra sociedad, los progenitores y los profesores se desviven por favorecer la socialización de sus hijos y alumnos.

La creencia es que socializar (que los niños estén juntos) favorece la socialización, es decir, la capacidad de relacionarse de forma hábil y madura con otros seres humanos. No hay pruebas que apoyen tal suposición, a pesar de su popularidad. Si socializar con los iguales condujera a llevarse bien y a convertirse en miembros responsables de la sociedad, cuanto más tiempo pasara un niño con sus iguales, mejor tendería a ser la relación. Sin embargo, lo cierto es que, cuanto más tiempo pasan los niños entre ellos, menos probable es que se lleven bien y que encajen en la sociedad civil. Si llevamos el supuesto de la socialización al extremo (niños de orfanatos, niños de la calle, niños pertenecientes a bandas), el fallo de esta forma de pensar se hace evidente. Si socializar fuera la clave de la socialización, los miembros de bandas y los niños de la calle serían ciudadanos modelo.

El doctor Urie Bronfenbrenner y su equipo de investigadores de la Universidad de Cornell en Ithaca, Nueva York, compararon a niños de sexto que gravitaban hacia sus compañeros en su tiempo libre con otros que lo hacían hacia sus progenitores y descubrieron que los que preferían pasar su tiempo con sus progenitores demostraban muchas más características de sociabilidad positiva. Los que pasan más tiempo con sus compañeros son los más propensos a meterse en líos[10].

Estas conclusiones no resultan sorprendentes. Son solo lo que cabe esperar cuando conocemos el orden natural del desarrollo humano. El apego y la individuación son necesarios para la maduración, y la maduración es necesaria para una auténtica socialización. La integración social implica mucho más que simplemente encajar o llevarse bien; para ser verdadera requiere no solo mezclarse con los demás, sino hacerlo sin perder la propia individualidad o identidad.

Sin duda, socializar tiene su importancia para hacer que un niño sea capaz de integrarse socialmente de verdad, pero solo como toque final. En primer lugar, debe ser capaz de aferrarse a sí mismo cuando interactúa con los demás y de percibir a los otros como seres independientes. Esto no es tarea fácil, ni siquiera para los adultos. Cuando un niño está seguro de sí mismo y valora el hecho de no depender de lo que piensen los demás, entonces, y solo entonces, está preparado para aferrarse a su sentido del yo respetando el de la otra persona. Una vez alcanzado este hito del desarrollo, la interacción social perfeccionará su individualidad y también sus habilidades para relacionarse.

El verdadero reto es ayudar a los niños a crecer hasta que puedan beneficiarse de sus experiencias de socialización. Cuando la materia prima está ya preparada, se necesita muy poca socialización. Lo que es precioso y raro es precisamente esta materia prima: una individualidad lo bastante robusta como para sobrevivir a las presiones machaconas de la interacción entre iguales. Mezclarse indiscriminada y prematuramente, sin la participación de adultos como figuras de apego primarias, conducirá o bien al conflicto, cuando cada niño intente dominar al otro o tenga que resistirse a ser dominado, o bien a la clonación, cuando el niño suprima su sentido de sí mismo en aras de la aceptación de los demás.

—Cuando nuestros hijos eran muy pequeños, creíamos que era muy importante para ellos que jugaran con otros niños —dice Robert, padre de dos hijos, ahora ambos adolescentes—. Frankie, el mayor, volvía locos a sus compañeros con sus exigencias de que cada juego se hiciera a su manera. Si no le hacían caso, se cogía una rabieta tremenda; al final, resultaba difícil conseguir que otros niños quisieran jugar con él. El más pequeño, Rickie, se convirtió en un seguidor. Se limitaba a copiar todo lo que iniciaban los demás niños. Nunca aprendió a ser un líder ni a jugar por su cuenta.

Imagino que, llegados a este punto, muchos lectores se preguntarán: «Pero ¿y la importancia de aprender a llevarse bien?». No discuto las ventajas de llevarse bien; lo que estoy diciendo es que, si lo convertimos en la prioridad, estamos poniendo el carro delante de los bueyes. Al situarlo en lo más alto de la agenda de los seres inmaduros, lo que estamos haciendo en realidad es empujarlos a pautas de conformidad, imitación y conformismo. Si las necesidades de apego del niño son fuertes y están dirigidas hacia sus compañeros, es posible que se limite a sí mismo para que las cosas funcionen. Perderá su individualidad. Muchos de nosotros experimentamos un riesgo similar, incluso de adultos, cuando estamos demasiado desesperados por hacer que las cosas funcionen con otra persona: nos perdemos a nosotros mismos ante los demás, cedemos demasiado deprisa, retrocedemos ante los conflictos, evitamos cualquier disgusto. A los niños les cuesta todavía más mantenerse fieles a sí mismos cuando interactúan con los demás. Lo que en ellos se elogia como llevarse bien, en la vida adulta, se llamaría ponerse en peligro, venderse mal o no ser fiel a uno mismo.

Si de verdad actuáramos de forma armónica con la impronta del desarrollo, no nos preocuparía tanto que los niños se llevaran bien entre ellos. Valoraríamos más que fueran capaces de mantenerse fieles a sí mismos cuando interactúan con los demás. Ni toda la socialización del mundo podría llevar a un niño a este punto. Solo una relación viable con adultos cariñosos puede originar la verdadera independencia e individualidad, cualidades que, para todos nosotros, como progenitores, constituyen una de nuestras máximas prioridades. Solo en ese contexto puede desplegarse la personalidad plenamente desarrollada, un ser humano capaz de respetarse a sí mismo y de valorar la individualidad de los demás.

Lo que los niños necesitan no son amigos

Ahora bien, ¿significa esto que los niños no tienen necesidades sociales? Una de las preocupaciones y preguntas más acuciantes de los progenitores y educadores con los que me reúno está relacionada con la necesidad que percibimos de que el niño tenga amigos. «Los niños deben tener amigos» es quizá el argumento que más suelo escuchar en favor de poner a los niños pequeños en situaciones de trato con sus iguales.

El propio concepto de amistad carece de sentido cuando se aplica a personas inmaduras. Como adultos, no consideraríamos a una persona un verdadero amigo a menos que nos tratara con consideración, reconociera nuestros límites y nos respetara como individuos. Un verdadero amigo apoya nuestro desarrollo y crecimiento, con independencia de cómo afecte eso a la relación. Este concepto de amistad se basa en unos cimientos sólidos de respeto mutuo e individualidad. Por tanto, la verdadera amistad es imposible hasta que se ha alcanzado un cierto grado de madurez y se ha logrado una capacidad de integración social. Muchos niños no son ni remotamente capaces de mantener este tipo de amistades.

Hasta que no tienen la capacidad necesaria para entablar una verdadera amistad, lo cierto es que no necesitan amigos, sino vínculos. Y los únicos vínculos que precisa un niño son con su familia y con quienes comparten la responsabilidad sobre él. Lo que realmente necesita es llegar a ser capaz de entablar una verdadera amistad, fruto de la maduración que solo se desarrolla en una relación viable con un adulto afectuoso. Emplearíamos mejor nuestro tiempo si nos dedicáramos a cultivar las relaciones con los adultos que están presentes en la vida de nuestro hijo en lugar de obsesionarnos con ponerlo en contacto con otros niños.

Por supuesto, cuando un niño sustituye a sus progenitores por sus iguales, los amigos se vuelven más importantes que la familia. Declaramos que esto debe ser normal y luego damos el salto irracional de suponer que también debe ser natural. Entonces nos desvivimos porque nuestros hijos tengan «amigos», poniendo en peligro las relaciones con la familia. Los iguales desplazan cada vez más a los progenitores y la espiral descendente se perpetúa.

Una palabra más sobre la amistad. Desde el punto de vista del desarrollo, los niños tienen una necesidad mucho mayor de relacionarse consigo mismos que de hacerlo con sus iguales. Tiene que surgir una separación entre el sentido del yo y la experiencia interior (véase el capítulo 9). Una persona debe adquirir capacidad para reflexionar sobre sus pensamientos y sentimientos, algo que, de nuevo, es fruto de la maduración. Cuando alguien se relaciona consigo mismo, puede gustarle su propia compañía, estar de acuerdo y en desacuerdo consigo mismo, aprobarse y desaprobarse, etc. A menudo, las relaciones con los demás se adelantan a una relación con uno mismo o son intentos de llenar el vacío donde debería haber una relación sólida con el yo. Cuando una persona no se siente cómoda con su propia compañía, es más probable que busque la de otros, o que se apegue a la tecnología del entretenimiento, como la televisión o los videojuegos. Las relaciones orientadas a los iguales, como ver demasiado la televisión, interfieren en el desarrollo de una relación con uno mismo. Hasta que el niño no manifiesta la existencia de este tipo de relación, no está preparado para desarrollar relaciones auténticas con otros niños. Es mucho mejor que dedique su tiempo a estar con adultos afectuosos o a jugar de forma creativa por su cuenta.

Los compañeros no son la respuesta al aburrimiento

En nuestro mundo obsesionado por los iguales, estos se han convertido casi en una panacea para todo lo que aflige al niño. A menudo se promocionan como la solución al aburrimiento, la excentricidad y los problemas de autoestima. A los progenitores que tienen un solo hijo, pueden también parecerles un sustituto de los hermanos y hermanas. Tampoco en este caso es oro todo lo que reluce.

«Me aburro» o «qué rollo» son estribillos infantiles que conocemos muy bien. Muchos progenitores intentan aliviar el aburrimiento de sus hijos facilitando cualquier tipo de interacción entre iguales. La solución puede funcionar temporalmente, pero agrava la dinámica subyacente, igual que un bebé hambriento al que se le da un chupete solo conseguirá tener más hambre o un bebedor que intenta ahogar sus penas en alcohol será, al final, aún más infeliz. Y lo peor de todo es que, al utilizar a los iguales para calmar el aburrimiento, estamos fomentando la orientación hacia ellos.

¿Cuáles son las verdaderas causas del aburrimiento? El vacío que se siente no es una falta de estímulos o de actividad social, como se suele suponer. Los niños se aburren cuando sus instintos de apego no están suficientemente activos y cuando su sentido del yo no emerge para llenar este vacío. Es como estar en punto muerto, a la espera de que empiece la vida. Los niños que son capaces de sentir este agujero son más propensos a hablar de sentimientos de soledad, falta y separación. Sus palabras pueden indicar también una falta de ideas: «no se me ocurre nada que hacer», «ahora mismo no me interesa nada», «me he quedado sin ideas», «no me siento muy creativo». Los que no son conscientes de este vacío de una forma vulnerable se sienten apáticos y desconectados y hablan de estar aburridos.

En otras palabras, el vacío que suele experimentarse como aburrimiento es el resultado de un doble vacío de apego y de ideas: el niño no está con alguien a quien pueda apegarse y con quien se sienta cómodo y, por otra parte, carece de la curiosidad y la imaginación suficientes para estar solo de forma creativa. El que, por ejemplo, se aburre en clase, no se esfuerza por ayudar a que el profesor consiga hacer lo que pretende ni se interesa por lo que se le muestra. Faltan tanto el apego al profesor como el surgimiento del asombro y la curiosidad automotivados. Sus defensas psicológicas contra la vulnerabilidad le impiden registrar este vacío como lo que es: una sensación de vacío en su interior. Cree que el aburrimiento surge fuera de él y que es una cualidad o atributo de su situación y circunstancias. «La escuela es un rollo» o «estoy muy aburrido, no hay nada que hacer» cuando está en casa.

Lo ideal es que ese vacío se llene con el yo emergente del niño: iniciativa, intereses, soledad y juego creativos, ideas originales, imaginación, reflexión, impulso independiente. Cuando esto no sucede, surge un afán urgente de llenar este vacío con otra cosa. Aburrimiento es lo que siente un niño o un adulto que no es consciente de las verdaderas causas de su vacío. Como lo percibe de una forma tan indirecta, la solución es también vaga. En lugar de buscar en nuestros recursos internos, queremos una solución exterior: algo que comer, algo que nos distraiga, alguien con quien relacionarnos. Aquí es donde el cerebro del niño suele buscar la estimulación o la actividad social como respuesta. La televisión, los juegos electrónicos o la estimulación exterior pueden cubrir el vacío temporalmente, pero nunca llenarlo. En cuanto cesa la actividad distractora, vuelve el aburrimiento.

Esta dinámica se agudiza sobre todo al principio de la adolescencia, en especial si el apego a los adultos no se ha profundizado lo suficiente y el yo emergente está poco desarrollado. Pero tanto si el niño tiene tres años como si tiene trece, es a este vacío al que los progenitores tendemos a llevar a sus compañeros. Podemos llamar a otros niños para que vengan a jugar con los más pequeños o animar a nuestros hijos a ir detrás de sus iguales. «¿Por qué no preguntas a fulanito si puede jugar?», le decimos. Sin embargo, es precisamente cuando los niños están aburridos cuando también son más susceptibles de formar vínculos que compitan con nosotros. Lo que en realidad les estamos diciendo es: «lleva tu hambre de apego a tus amigos y mira a ver si te pueden ayudar», o «si no puedes soportar tu sensación de soledad, acude a tus compañeros para que te den una dosis de apego», o «¿por qué no miras a ver si otra persona puede sustituir el sentido del yo que parece que te falta?». Si comprendiéramos realmente las raíces del aburrimiento, sería para nosotros una señal de que nuestros hijos no están preparados para interactuar con los demás. Cuanto más propensos son al aburrimiento, más nos necesitan y más debe emerger su propio yo. Cuanto más aburridos se sienten, menos preparados están para la interacción entre iguales. En un niño así no es la interacción con los iguales lo que debemos facilitar, sino las conexiones con los adultos o tiempo para él mismo.

En realidad, la orientación hacia los iguales agrava el problema del aburrimiento. Los niños que están muy apegados a los demás experimentan la vida como muy aburrida cuando no están con ellos. Muchos de ellos, cuando han pasado bastante tiempo con los demás (si se han quedado a dormir en casa de algún amigo o han ido a un campamento, por ejemplo), experimentarán, a su regreso, un tremendo hastío y buscarán la reconexión inmediata con sus compañeros. Al detener el proceso de maduración y desencadenar la huida de la vulnerabilidad, la orientación hacia los iguales bloquea también la aparición del yo vital, curioso y comprometido del niño. Si los progenitores tienen algún tipo de control sobre la situación, un momento de aburrimiento es precisamente aquel que pueden aprovechar para controlar al niño y llenar el vacío de apego con aquellos a quienes realmente necesita estar apegado: nosotros.

¿Cuándo resulta aceptable el contacto entre iguales y hasta qué punto debemos permitirlo?

Es posible que, a pesar de las explicaciones que ya he dado en este libro, algunos lectores hayan tenido la impresión de que estoy en contra de que los niños jueguen con otros niños o tengan amigos, aunque sean inmaduros. Eso sería imposible y, además, completamente antinatural. A lo largo de la historia, los niños siempre han tenido compañeros de juego de su edad, en todas las sociedades, pero, en la mayoría de ellas, no había peligro de que los contactos entre iguales se transformaran en orientación hacia ellos. Sus interacciones se producían en el contexto de fuertes vínculos con adultos. Tampoco puede esperarse que los progenitores de hoy en día vayan a aislar a sus hijos de sus compañeros, pero sí deben ser conscientes de los riesgos.

¿Cuándo y en qué circunstancias debemos animar o permitir que los niños se relacionen entre ellos? Es de esperar que estén unos con otros en la guardería, en el jardín de infancia, en el patio del recreo, en la escuela. Ahora bien, si nos aseguráramos de que nuestros hijos estuvieran profundamente unidos a nosotros, no tendríamos que temer que pasaran tiempo entre ellos, aunque sí deberíamos limitar esos momentos y asegurarnos de que un adulto cariñoso estuviera siempre cerca y se implicara. La cuestión no es que debamos prohibir completamente la interacción entre iguales, sino que debemos tener expectativas modestas: el tiempo de juego con otros niños es divertido, y ya está. Después de cada experiencia de juego debemos asegurarnos de captar a nuestros hijos. Y, ciertamente, cuando un niño ha pasado la mayor parte de la semana y del día en compañía de sus iguales, si luego nos organizamos para que jueguen también después del colegio y el fin de semana, estamos invitando a la competencia.

¿Qué tipo de amistades infantiles están bien? Aunque, como ya he explicado, la amistad en su verdadero sentido no es la palabra que yo utilizaría para describir la mayoría de las relaciones infantiles, es natural que los niños quieran tener amigos. Las que podemos aceptar para nuestros hijos son aquellas que no les alejan de nosotros: lo ideal es que sean con otros niños cuyos progenitores compartan nuestros valores y también reconozcan la importancia de los vínculos con los adultos. Esos niños tienen menos probabilidades de convertirse en nuestros competidores involuntarios. Y aquí podemos ser activos: podemos animar a los amigos de nuestros hijos a que se relacionen con nosotros. Hablaré más de esto en el último capítulo.

¿Y qué tipo de juegos deben practicar? Yo desaconsejaría, a ese respecto, depender de la tecnología, porque se adelanta a la originalidad y la creatividad. Pero no tenemos que explicarles a nuestros hijos cómo deben jugar: los niños siempre han sabido hacerlo. Solo tenemos que asegurarnos de que su apego a nosotros sea lo suficientemente fuerte como para que su yo emergente, curioso, motivado e imaginativo no se vea anulado por la orientación hacia sus iguales.

Por último, como he señalado una y otra vez en este capítulo, el problema de nuestra sociedad no es simplemente que nuestros hijos estén juntos, sino que fomentamos un amplio contacto entre iguales porque lo consideramos la respuesta a problemas como la socialización, el aburrimiento o, como explicaré más adelante, la autoestima.

LOS IGUALES NO SON LA RESPUESTA A LA «EXCENTRICIDAD»

La interacción con los iguales se receta habitualmente con otro propósito: limar las asperezas de los niños que pueden resultarnos un poco excéntricos para nuestro gusto. En Norteamérica parece que tenemos obsesión por ser «normales» y encajar. Tal vez nosotros mismos, como adultos, nos hemos vuelto tan orientados hacia nuestros iguales que, en lugar de intentar expresar nuestra propia individualidad, nos guiamos por los demás para saber cómo debemos ser y actuar. Tal vez recordemos de nuestra propia infancia la cruel intolerancia de los niños hacia los que son diferentes y queramos salvaguardar a nuestros hijos ante ese destino. Quizá, en algún nivel, las expresiones de individualidad e independencia nos parezcan una amenaza. Sea cual fuere la razón, la individualidad y la excentricidad están en desuso. Ser *cool* es ajustarse a una gama excesivamente estrecha de formas aceptables de parecer y actuar. Al no destacar, buscamos seguridad frente a la vergüenza, y no es sorprendente que los niños también piensen así. Lo lamentable es que nosotros, como adultos, dignifiquemos esta dinámica homogeneizadora honrándola y sometiéndonos a su dictamen.

Cuanto más dependa un niño de la aceptación de los adultos, más espacio habrá para que desarrolle su singularidad y su individualidad y mejor se aislará frente a la intolerancia de los compañeros. Al arrojar a nuestros hijos en brazos de sus iguales, hacemos que pierdan el escudo protector del apego a los adultos, con lo que se vuelven más vulnerables a la intolerancia de sus compañeros. Cuanto más se separan de nosotros, más tienen que encajar con sus compañeros y, por tanto, más desesperados están por evitar ser diferentes. Aunque de este modo pierdan su «excentricidad», lo que a nosotros nos parece un progreso favorable en el desarrollo deriva, de hecho, de una inseguridad paralizante.

No confíes en los iguales para mantener la autoestima de un niño

Otro mito omnipresente (y pernicioso) es que las interacciones con los iguales aumentan la autoestima del niño. Todos queremos que nuestros hijos se sientan bien consigo mismos. ¿Quién de nosotros no querría que sus hijos se sintieran significativos, que supieran que importan, que creyeran que se les quiere y que pueden gustar a los demás? La literatura popular nos quiere convencer de que los compañeros desempeñan un papel fundamental en la formación de la autoestima de un niño. El mensaje central parece ser que los niños necesitan un círculo de amigos en el que encajar para agradarse a sí mismos. Además, se nos transmite la idea de que, cuando el niño es rechazado por sus compañeros, se le condena a dudar de sí mismo de un modo paralizante. No faltan informes de los medios de comunicación ni artículos de revistas populares que ilustran el daño infligido a las vidas de los niños que no han sido aceptados por sus iguales. Un antiguo autor de libros de texto sobre psicología del desarrollo llegó a la conclusión de que la autoestima de un niño no está tan relacionada con la imagen de él que le devuelven sus progenitores, sino con el estatus que ocupa en su grupo de iguales[11].

Dada la importancia de la autoestima y la supuesta trascendencia de los compañeros en su formación, parece justo que hagamos todo lo que esté en nuestra mano para ayudar a nuestros hijos a cultivar amistades y a competir favorablemente con sus compañeros para que los acepten. A los progenitores de hoy en día les atenaza el miedo a que sus hijos sean condenados al ostracismo. Muchos acaban comprando la ropa, apoyando las actividades y facilitando la interacción que se cree necesaria para que sus hijos ganen amigos y los conserven. Tales planteamientos parecen correctos, pero solo lo *parecen*.

En efecto, los amigos desempeñan un papel fundamental en la autoestima de muchos niños. Eso es exactamente lo que significa estar orientado hacia los iguales. Una parte importante de la orientación en el mundo es tener un sentido del propio valor e importancia como persona. A medida que los iguales sustituyen a los progenitores, se convierten en las personas que determinan los atributos valiosos en uno mismo y en los demás. Por tanto, no debería sorprendernos que los compañeros influyan en la autoestima del niño. Sin embargo, esto no es como siempre ha sido, como debería ser o como tiene que ser. Ni siquiera es sano el tipo de autoestima que se basa en la interacción entre iguales[12].

Nos enfrentamos, en primer lugar, a un conocimiento superficial del propio concepto de autoestima. La cuestión fundamental no es lo bien que uno se siente consigo mismo, sino *la independencia de las autoevaluaciones respecto a los juicios de los demás*. El reto de la autoestima es valorar la propia existencia cuando los demás no la valoran, creer en uno mismo cuando los demás dudan de nosotros, aceptarse a uno mismo cuando los demás nos juzgan. Una autoestima que valga algo es fruto de la madurez: hay que tener establecida una relación con uno mismo, ser capaz de albergar sentimientos encontrados, creer que algo es verdad a pesar de esos sentimientos contradictorios. De hecho, el núcleo de una autoestima sana es un sentido de viabilidad como persona independiente. Casi podemos ver el orgullo que brota de un niño cuando es capaz de resolver algo por sí mismo, de valerse por sí mismo, de saber que puede manejar algo por sí mismo. Los verdaderos problemas de la autoestima, por tanto, implican conclusiones sobre la validez y el valor de la propia existencia. La autoestima auténtica requiere una madurez psicológica que solo puede incubarse en relaciones estrechas y de cariño con adultos responsables.

Dado que los niños orientados hacia sus iguales tienen dificultades para crecer, es mucho menos probable que desarrollen un sentimiento de independencia respecto a la opinión de los demás sobre ellos. Su autoestima nunca será intrínseca, nunca estará arraigada en una valoración autogenerada, sino que será condicional, supeditada al favor de los demás. Por tanto, se basará en factores externos y evanescentes, como los logros sociales, la apariencia o los ingresos. Pero estos no son buenos patrones de medida. La auténtica autoestima no dice: «valgo porque puedo hacer esto, aquello o lo otro», sino que más bien proclama: «soy valioso tanto si puedo hacer esto, aquello o lo otro como si no».

Si esta visión de la autoestima parece extraña a algunas personas, es solo porque vivimos en una cultura que inculca una idea basada en cómo nos vemos ante los demás. Todos queremos estar a la altura de los vecinos, ansiamos presumir de coche nuevo o de novio, novia o cónyuge envidiable y experimentamos una oleada de orgullo embriagador cuando los demás reconocen o envidian nuestros logros. Ahora bien, ¿estimamos realmente el yo? No, lo que estimamos es lo que los demás piensan de nosotros. ¿Es ese el tipo de autoestima que queremos que desarrollen nuestros hijos?

La ausencia de un núcleo independiente de autoestima crea un vacío que debe llenarse desde el exterior, y es inútil intentar hacerlo con material sustitutivo como afirmaciones, estatus y logros. Por muy positivas que sean las experiencias, nunca se consigue nada: cuantos más elogios se reciben, más hambre de elogios se tiene; cuanto más popular se es, más popular se intenta ser; cuantas más competiciones se ganan, más competitivo se es. Todos lo sabemos por intuición. Nuestro reto es utilizar nuestra influencia sobre nuestros hijos para romper la dependencia de la popularidad, la apariencia, las calificaciones o los logros en su forma de pensar y sentirse sobre sí mismos.

Solo una autoestima independiente de estos juicios es realmente auténtica. Que dependan de sus compañeros para algo tan importante como su sentido de la importancia podría ser desastroso. Construida sobre unos cimientos tan poco sólidos, cuanto más alta sea la autoestima de un niño, más inseguro y obsesionado se volverá. Los niños son notoriamente volubles en sus relaciones. Carecen de cualquier sentido de la responsabilidad para moderar sus estados de ánimo o de cualquier compromiso con el bienestar del otro. Hacer que un niño dependa de evaluaciones tan imprevisibles es condenarlo a una inseguridad perpetua. Solo la aceptación amorosa incondicional que pueden ofrecer los adultos es capaz de liberarle de la obsesión por las señales de agrado y pertenencia.

Hasta que los niños sean capaces de autoevaluarse de forma independiente, nuestro deber es darles una afirmación tan poderosa que no se sientan impulsados a buscar la aceptación en otra parte. Tales afirmaciones van mucho más allá de las frases positivas de amor y alabanza: deben emanar de nuestro propio ser y penetrar hasta el núcleo del suyo permitiéndole saber que es amado, acogido, disfrutado y celebrado por el simple hecho de existir, con independencia de lo «bueno» o «malo» que se nos presente en un momento dado. En ningún caso le resulta beneficioso que nos centremos en que resulte simpático a sus compañeros. La única forma de conseguir que los compañeros importen menos es que nosotros importemos más.

Los compañeros no sustituyen a los hermanos

Otro problema para el que se cree que los compañeros son la mejor solución es el del hijo único. Se ha instalado el mito de que los niños necesitan estar rodeados de otros niños para desarrollarse correctamente. Los progenitores con un solo hijo suelen sentirse bastante angustiados por su situación e intentan compensar esta supuesta privación convirtiéndose en convocadores sociales para su hijo, facilitando citas para jugar y organizando reuniones con otros niños. Consideran que es imposible que los niños jueguen sin compañeros de juego o aprendan a llevarse bien sin amigos.

Debemos comprender, en primer lugar, que los compañeros no son lo mismo que los hermanos y que los hermanos son algo más que compañeros de juego. Comparten el mismo punto de referencia. El apego exclusivo que se establece con el hermano es el resultado natural del apego al progenitor y, aunque hay excepciones, debe coexistir, sin conflicto inherente, con este. Las relaciones entre hermanos deben ser como las de los planetas que giran alrededor del mismo sol, de naturaleza secundaria respecto a la relación de cada planeta con el sol.

Los sustitutos más apropiados de los hermanos son los primos, no los iguales. Si los primos son escasos o inaccesibles o una mala influencia, sería más apropiado cultivar un tipo de amistades familiares en las que otros adultos estén dispuestos a asumir el papel de tío o tía sustitutos de los hijos de los demás. Las relaciones con los adultos deben ser los principales vínculos de trabajo para el niño.

Para aclararlo una vez más, el problema no está en que los niños jueguen unos con otros, sino en que se entreguen unos a otros cuando sus necesidades básicas de apego no han sido satisfechas por los adultos que los cuidan. Es entonces cuando corren más riesgo de formar vínculos que compitan con nosotros. Cuanto más apegados estén nuestros hijos a los adultos que los cuidan, menos preocupados tendremos que estar por restringir su juego social.

Ahora bien, ¿no necesitan los niños jugar unos con otros? Debemos diferenciar entre lo que los niños quieren y lo que necesitan. El juego que los niños necesitan para un desarrollo sano es el juego emergente, no el juego social. El juego emergente (o soledad creativa) no implica interactuar con los demás. Para los niños pequeños, la proximidad y el contacto con la persona a la que están apegados deben ser lo bastante seguros como para darlos por sentados. Esa sensación de seguridad les permite aventurarse en un mundo de imaginación o creatividad. Si hay compañeros de juego, surgen de la imaginación del niño, como Hobbes para Calvin o Pooh y sus amigos para Chistopher Robin. El progenitor es siempre la mejor apuesta para este tipo de juego, ya que sirve de ancla del apego, aunque tampoco debe exagerar, no sea que el juego emergente se deteriore y se convierta en juego social, que es mucho menos beneficioso. Los niños no son capaces de cumplir la función de anclaje del apego unos de otros, por lo que su juego emergente casi siempre se ve adelantado por la interacción social. Debido al fuerte énfasis que existe en la socialización entre iguales, el juego emergente (el que surge de la creatividad, la imaginación y la curiosidad del niño por el mundo) está en peligro.

Una vez más, no estoy diciendo que el juego social perjudique, por sí mismo, el desarrollo del niño, pero tampoco lo va a favorecer. Así pues, vuelvo a repetir que no es que los niños no deban pasar tiempo con otros niños, pero no debemos esperar que ese juego satisfaga sus necesidades más profundas. Eso solo pueden hacerlo los adultos cariñosos. Nuestra urgencia porque nuestros hijos socialicen les resta tiempo para estar con nosotros o para participar en el juego solitario y creativo que llamo juego emergente. Llenamos su tiempo libre con compañeros de juego, películas, televisión o videojuegos. Tenemos que dejar mucho más espacio para que emerja el yo.

Y esto nos lleva de nuevo a la cuestión de los compañeros como sustitutos de los hermanos. Los niños necesitan a los adultos mucho más que a otros niños. Los progenitores no tienen por qué sentirse mal por los niños que no tienen hermanos, ni deberían obligarse a llenar ese supuesto vacío con compañeros.

. . .

Si experimentáramos antes que nada el verdadero legado de la orientación hacia los iguales (el aumento de la contravoluntad, la pérdida de respeto y consideración por la autoridad, la inmadurez prolongada, el aumento de la agresividad, el endurecimiento emocional, la falta de receptividad ante los que pretenden criarlo o enseñarlo), nos pondríamos rápidamente en movimiento para abordar el problema. No perderíamos el tiempo esforzándonos en recuperar el lugar que nos corresponde en la vida de nuestros hijos. Pero, como los primeros frutos de la orientación hacia los iguales parecen tan buenos, no tenemos ni idea de lo que nos espera. Creemos que los iguales son la respuesta a muchos de los problemas que la educación de nuestros hijos nos plantea. Pagaremos un alto precio por ello. Debemos resistir la tentación de acoger al caballo de Troya en nuestra casa.

18
RECREAR LA ALDEA DE APEGO

Muchos de los adultos que rondan en estos momentos los cuarenta o los cincuenta años recuerdan una infancia en la que la aldea de apego era una realidad. Los vecinos se conocían y se visitaban unos a otros. Los padres de los amigos podían actuar como progenitores subrogados de otros niños. Estos jugaban en las calles bajo la mirada de adultos amistosos y protectores. Había tiendas de alimentación, ferreterías y panaderías en las que los tenderos eran algo más que proveedores sin rostro de artículos fabricados en masa en un establecimiento perteneciente a una cadena. Como el Julián de *Barrio Sésamo*, eran individuos a los que conocíamos e incluso apreciábamos. La familia extensa —tíos, tías, parientes políticos— mantenían un contacto regular unos con otros y podían también, en caso de necesidad, relevar a los progenitores en la tarea de cuidar de los niños. No es que las cosas fueran ideales (casi nunca lo han sido en la historia de la humanidad), pero había una sensación de enraizamiento, de pertenencia y de conexión que servía como matriz invisible en la que los niños maduraban y de la que recibían su forma de percibir el mundo. La aldea de apego era un lugar de orientación adulta en el que la cultura y los valores se transmitían verticalmente de una generación a la siguiente y en el cual, para bien o para mal, los niños seguían el ejemplo de los mayores.

Para muchos de nosotros, esa aldea de apego ya no existe. Los puntales sociales y económicos que solían sostener las culturas tradicionales han desaparecido. Ya no hay comunidades cohesivas en las que las familias extensas vivan cerca unos de otros, en las que los niños crezcan rodeados de adultos asesores que trabajan cerca de casa, donde las actividades culturales reúnan a miembros de todas las generaciones. La mayoría de nosotros debemos compartir la tarea de criar a nuestros hijos con adultos a los que ni nosotros ni nuestros niños conocemos de antes. Prácticamente todos los niños abandonan su hogar casi cada día para acudir a un lugar en el que unos adultos con los que no tienen ninguna conexión de apego asumen la responsabilidad de atenderlos. A la mayoría de nosotros nos resulta imposible mantener a nuestros hijos en casa. Si deseamos evitar que se orienten hacia sus iguales, solo nos queda una opción: recrear aldeas funcionales de apego en las que criarlos. No podremos recomponer lo que se ha roto, y está claro que tampoco vamos a rehacer estructuras sociales y económicas obsoletas, pero sí hay mucho que *podemos* hacer para facilitarnos las cosas a nosotros y a nuestros hijos.

Como suele decirse, una casa no es un hogar. El problema de los niños orientados hacia sus iguales es que siguen estando en nuestra casa pero ya no sienten que su hogar esté con nosotros. Abandonan nuestra casa para irse al «hogar» que han fundado entre ellos. Utilizan nuestro teléfono para llamar a su «hogar». Van al colegio para sentirse en su «hogar» con sus amigos. Los añoran cuando no están en contacto con ellos. Sus instintos hogareños se han distorsionado para acercarlos entre ellos. En lugar de preferir estar en casa con sus padres, se convierten en una especie de nómadas que deambulan en grupo o pasan el tiempo en los centros comerciales. El hogar puede ser el lugar al que pertenecen, pero ya no se sienten en casa cuando están con nosotros.

El único modo de crear hogares para nuestros hijos en el sentido más auténtico de la palabra es en el contexto de una aldea de apego. Tanto el hogar como la aldea se crean a través del apego. Lo que hace que la aldea sea tal son las conexiones entre las personas. Y estas conexiones son también las que forman el hogar, ya sea con este en sí mismo o con las personas que lo componen. Solo nos sentimos realmente «en nuestro hogar» cuando estamos con aquellos a los que estamos apegados.

Un niño solo puede alcanzar su pleno desarrollo potencial cuando está en el hogar de las personas responsables de su cuidado. Ayudarlo a sentirse a gusto con los adultos a cuyo cuidado lo confiamos es lo mismo que crear una aldea de apego en la que pueda crecer. En las comunidades de apego tradicionales, un niño no tenía nunca que dejar el hogar, o al menos la sensación de estar en él con los adultos que le atendían, hasta que era lo bastante maduro como para sentirse «en casa» consigo mismo.

Las aldeas de apego *pueden* crearse si tenemos la visión y el impulso para hacerlo. Al igual que el apego, su construcción debe convertirse en una actividad consciente. No tenemos ningún motivo para añorar lo que ya no existe, pero sí abundantísimas razones para restaurar lo que nos falta.

Desarrolla un grupo de apoyo

Tenemos que valorar a los amigos adultos que muestran interés por nuestros hijos y encontrar formas de fomentar su relación con ellos. También debemos dar mucha importancia a la expresión de costumbres y tradiciones que conecten a nuestros hijos con la familia extensa. De todas formas, relacionarse no basta; es necesario establecer una relación genuina. Hoy en día, por desgracia, muchos abuelos están también demasiado orientados hacia sus iguales como para asumir su papel en la jerarquía del apego. Son bastantes los que prefieren estar con sus amigos antes que con sus nietos y, en nuestra sociedad móvil y fragmentada, muchos viven también muy lejos. Si el contacto con nuestra familia extensa es imposible o, por una u otra razón, no resulta conveniente para nuestro hijo, necesitamos cultivar relaciones con adultos que estén dispuestos a suplir ese contacto.

También debe cambiar nuestra forma de socializar, que en el mundo occidental tiende a estar orientada hacia los iguales, con lo que interrumpe las líneas generacionales. Incluso cuando varias generaciones están juntas, las actividades parecen basarse en los iguales: los adultos están con los adultos, y los niños, con los niños. Para crear aldeas de apego, nuestra socialización debería cultivar las conexiones jerárquicas. Durante el tiempo que pasé con mi familia en la Provenza, vimos que casi siempre se incluía a los niños en todo lo que se hacía. Se preparaban las comidas, se elegían las actividades y se planificaban las excursiones teniéndolos siempre en cuenta. Los adultos eran los que dirigían la captación de los niños. Al principio, este tipo de socialización en familia nos sorprendió, pero resultaba perfectamente lógico desde el punto de vista del apego. Cuantos más adultos cariñosos hay en la vida de un niño, más inmune será este a la orientación hacia sus iguales. Deberíamos, en lo posible, participar con nuestros hijos en actividades propias de un pueblo que conectan a los niños con los adultos, ya sea a través de centros religiosos o étnicos, deportes, actividades culturales o en la comunidad en general.

En una calle cercana a la casa de mi coautor, los padres se han organizado en lo que denominan «el pequeño bloque que puede». Las familias que viven en él cultivan deliberadamente las relaciones sociales entre ellos. En los alrededores de las casas hay bancos y mesas en los que se reúnen padres y niños de todas las edades. Los niños han aprendido a relacionarse con todos los adultos de esta calle y a considerarlos figuras de apego, tíos y tías suplentes. Una vez al año, la calle se cierra al tráfico para celebrar lo que puede considerarse una fiesta de pueblo. Hay juegos, comida y música. El cuerpo de bomberos se acerca con su camión rojo y los niños juegan bajo la lluvia de la manguera.

Todo progenitor necesita un grupo de apoyo y, cuando no existe de forma natural, es muy importante que lo cultive de manera premeditada. Todos necesitamos a alguien que nos sustituya de vez en cuando y a la mayoría nos hace falta compartir nuestras responsabilidades parentales con otras personas. La elección cuidadosa de estos sustitutos y el fomento del apego de nuestro hijo a ellos debería ser algo prioritario. No basta con disponer de una niñera o un canguro fiable y con la formación adecuada. Lo que hace que todo funcione es que el niño acepte al sustituto paterno como punto de referencia y que se sienta a gusto con él, y este tipo de relación hay que fomentarlo y cultivarlo. Incluir al posible candidato en algunas actividades familiares e invitarlo a comer con nosotros puede ser justo el tipo de estructura que se necesita para favorecer la conexión.

Hoy en día son muchas las familias en las que ambos progenitores tienen que trabajar fuera de casa… y eso por no hablar del creciente número de familias monoparentales. No podemos volver a un pasado idealizado en el que uno de los progenitores, por lo general, la madre, se quedaba en casa hasta que los niños eran mayores o, al menos, hasta que empezaban el colegio. Económica y culturalmente hemos alcanzado una etapa diferente. De todas formas, sí debemos asegurar que nuestros hijos entablen relaciones fuertes con adultos en los que confiamos para que ocupen nuestro puesto, tal y como explicaré en la siguiente sección.

Mi coautor, Gabor, visitó México por primera vez hace poco. Le impresionó la felicidad auténtica que vio en los niños de los pueblos mayas económicamente deprimidos que recorrió. «El rostro de esos niños resplandecía de alegría —afirma—, no observamos el distanciamiento y la agresividad que podemos ver en los niños estadounidenses. Mostraban una apertura ingenua, inocente, a pesar de la vida tan dura que llevaban sus padres». Los mayas, como todos los grupos indígenas, practican la «crianza por apego» de manera natural. Durante los primeros años llevan a sus pequeños a todas partes y, por lo general, los crían en aldeas de apego tradicionales. La idea de que los progenitores se separen de sus bebés o niños pequeños les resultaría muy extraña. De una forma muy parecida, según contaba un reciente artículo periodístico, en Nairobi (Kenia), la dueña de una tienda de cochecitos de bebé explicaba por qué el negocio no terminaba de despegar. «Las mujeres de aquí no entienden para qué podrían necesitar un artilugio en el que empujar a sus hijos. Sencillamente, los llevan en brazos allá donde van». Cualquier persona que visite África no puede evitar observar la alegre espontaneidad, las sonrisas naturales y los movimientos corporales libres y sueltos de los niños africanos. Todo eso proviene de un contacto estrecho con adultos cariñosos en una aldea de apego. Por desgracia, hoy en día, esta cultura está siendo devastada en muchos lugares por culpa de la guerra y la hambruna.

No pongo estos ejemplos para culpar a nuestra cultura, sino para mostrar los beneficios de una crianza instintiva y basada en el apego. Quizá no podamos recuperar esas prácticas, pero debemos compensar su pérdida de todas las formas posibles. De ahí mi insistencia en que hagamos todo lo que esté en nuestras manos para recrear la aldea de apego lo mejor que podamos y hasta donde lo permitan nuestras circunstancias.

Muchas veces me preguntan a qué edad está listo un niño para afrontar la separación provocada por el regreso al trabajo de un progenitor o, quizá, para que lo dejen ir solo de vacaciones. Mi respuesta es casi siempre una pregunta acerca de la naturaleza de su grupo de apoyo. Solo el apego puede crear un sustituto de un progenitor; por tanto, necesitamos cultivarlo. Nuestra cultura social ha dejado de cumplir esa tarea. Cuando traemos un bebé a este mundo, debemos asumir la responsabilidad de crear nuestro propio grupo de apoyo. Si nos hiciéramos conscientes del apego y asumiéramos ese papel, podríamos oír conversaciones como esta:

—¿Qué tal llevas lo de encontrar una buena canguro para Samantha?

—Creemos haber encontrado a alguien que parece prometedor. En este momento están las dos juntas en la cocina montando un buen follón. Parece haberle cogido la medida a la niña. Quiero que pasen algo de tiempo juntas para que Samantha se sienta totalmente conectada con ella antes de dejarlas solas. Después, todo irá como la seda.

Los apegos con adultos tienen una importancia especial en la adolescencia. Cuando los chicos se apartan de sus progenitores, como tienden a hacer los adolescentes que están madurando, disponer de un adulto alternativo al que recurrir puede evitar que se vuelvan hacia sus iguales. De todas formas, si queremos que cumplan esta función, hay que cultivar estas relaciones mucho antes de que los niños lleguen a esa etapa de la vida. Si nos tienen que sustituir, mucho mejor que sea por personas a las que hemos elegido nosotros.

Empareja con los responsables

En los pueblos tradicionales, los apegos de los niños se creaban a partir de los de los padres. Hoy en día no solemos tener demasiada capacidad de elección sobre los adultos (por ejemplo, los profesores) a los que debemos confiar a nuestros hijos. En estas situaciones, el reto consiste más bien en emparejar a nuestros hijos con las personas responsables de ellos. El emparejamiento implica preparar a dos personas de tal manera que tengan más probabilidades de apegarse la una a la otra. A menudo lo hacemos de forma instintiva para fomentar conexiones cariñosas entre hermanos o, por ejemplo, entre nuestros hijos y sus abuelos. A la hora de crear una aldea de apego, tenemos que poner en práctica este baile instintivo del apego.

Algunos niños se apegan espontáneamente a las personas que están a cargo de ellos: los cuidadores, los maestros, los canguros, los abuelos. De todas formas, si no fuese así, no tenemos que mantenernos al margen. Podemos hacer mucho para facilitar una buena relación entre el niño y la persona que está ocupando nuestro lugar. Las casamenteras suelen tener varios trucos en la manga. En cuanto tenemos el objetivo claro, resulta sorprendente lo fácil que es todo lo demás.

Una de nuestras herramientas más importantes es la presentación, porque constituye una oportunidad para crear primeras impresiones amistosas. Es también una forma natural de dar nuestra bendición de apego. Necesitamos que nuestro hijo nos vea interactuando amigablemente con la persona a la que vamos a ceder la batuta, ya sea un maestro de preescolar, la cuidadora de la guardería, un profesor de piano, una instructora de esquí, el director o la profesora de la clase. El truco es tomar la delantera para entablar una relación con el adulto al que vamos a confiar a nuestro hijo y luego asumir el control de las presentaciones. Es una oportunidad de oro para el emparejamiento.

Si viviéramos en un mundo que estuviera en armonía con el diseño del desarrollo, los progenitores y los profesores establecerían primero una conexión de amistad entre ellos y luego los padres asumirían el papel que por derecho les corresponde de hacer las presentaciones. Las fiestas escolares, en lugar de unir a los niños con sus iguales, facilitarían la interacción entre los miembros del equipo adulto de apego. Habría estructuras que suavizarían el paso de los niños de un adulto a otro. Sin embargo, ¿cuál es la realidad que afrontamos hoy en día? A mi coautor y a mí nos invitaron hace poco a dirigir un seminario para profesionales en una ciudad de la Columbia Británica. Ante nuestra sorpresa vimos que el instituto de la localidad estaba planeando ese año celebrar una ceremonia de graduación sin los padres, con el argumento de que tenían tantos alumnos que no disponían de ningún espacio suficientemente grande para albergar a tanta gente. Sin embargo, la ciudad cuenta con varias instalaciones grandes, incluido un campo de hockey. ¡El problema no era la falta de espacio, sino de conciencia!

Otro instrumento importante para el emparejamiento es favorecer que las partes no conectadas se encariñen la una con la otra. Ya sea transmitiendo elogios o interpretando señales de aprecio, el objetivo del casamentero es facilitar que ambas personas se gusten mutuamente. Con demasiada frecuencia, los padres omitimos este paso para empezar a debatir sobre nuestras preocupaciones y las cosas que han salido mal. La relación es el contexto en el que debemos trabajar con el niño y, por tanto, nuestra prioridad. Es lo primero y lo más importante que debe establecerse, antes de abordar lo que no funciona. Como padres, debemos tomar la delantera. Lo único que necesitamos es adquirir conciencia de este objetivo y el resto vendrá de forma bastante natural. Por ejemplo, podemos decirle al profesor cosas como: «has impresionado mucho a nuestra hija», «queremos decirte que a nuestro hijo le gustas mucho y que está ansioso por no decepcionarte», «nuestro hijo preguntaba por ti cuando no estabas; te echaba mucho de menos». A nuestro hijo, por su parte, podemos decirle cosas como: «tu profesora nos ha dicho cosas muy agradables de ti», «no se tomaría tanto interés si no te considerara importante», «tu profesor me ha dicho que te ha echado de menos y que espera que te mejores pronto». Por lo general, siempre podemos encontrar algo que pueda interpretarse de forma positiva para preparar una conexión entre nuestro hijo y el adulto responsable de él.

Todos los niños necesitan conexiones con adultos para no caer por las grietas del apego. Cuando cuentan con suficientes adultos de los que depender al pasar de la casa al colegio, a la guardería y al patio del recreo, el peligro de que la orientación hacia sus iguales arraigue es pequeño. Nuestra tarea consiste en asegurarnos de que están cubiertos en todo momento por un apego con un adulto y que funcionamos como un equipo de apego que se va relevando. Antes de soltarlos, necesitamos comprobar que hemos pasado el testigo del apego. Cuando lo dejamos caer es cuando nuestros hijos están en peligro de ser captados por otra persona.

Los tipos de emparejamiento que se pueden hacer son infinitos. Un programa escolar, iniciado por el doctor Mel Shipman en los años ochenta, empezó uniendo a ancianos con niños de la escuela elemental en la zona oriental de Toronto. Implicaba una sola hora de contacto a la semana, pero el efecto positivo de las interacciones intergeneracionales produjo un efecto dominó en todo el colegio. Muchos alumnos consideraron que esas relaciones les habían cambiado la vida, y lo mismo sucedió con muchos de los ancianos que participaron. El éxito del Proyecto Intergeneracional Riverdale alimentó un movimiento en toda la provincia en el que ahora participan varios cientos de organizaciones que fomentan las conexiones entre generaciones[1]. Este programa tan popular se ha extendido también a distintos estados de la costa oriental de Canadá. Resulta interesante señalar que los instigadores de esta iniciativa tan maravillosa, al no ser conscientes de la orientación hacia los iguales, fueron incapaces de explicar correctamente a qué se debía el éxito de su programa. Cuando tenemos en cuenta esta orientación, podemos entender fácilmente los efectos beneficiosos del contacto intergeneracional: satisfacía una profunda necesidad tanto de los jóvenes como de los mayores.

Un profesor que ha entablado una relación con un alumno tiene el poder de actuar como emparejador para facilitar relaciones con otros profesores y miembros del colegio responsables del niño: el bibliotecario, la supervisora del patio, el director, la orientadora, pero, sobre todo, el profesor del curso siguiente. ¡Qué diferente sería todo si los profesores utilizaran su poder de apego ya existente para crear relaciones de trabajo con otros adultos de los que el alumno necesita depender! Estar en mi primer curso con mi queridísima señora Ackerberg fue lo mejor que me pudo pasar, pero, si ella hubiera actuado como emparejadora con mi profesora de segundo y le hubiera pasado el testigo del apego, quizá yo no habría tenido que esperar hasta quinto para establecer un apego con otro profesor.

Desactiva la competencia

Vivimos en un mundo plagado de competencia de apego. Cada vez que nuestro hijo forma un nuevo apego con alguien con quien nosotros no tenemos ninguna relación, el potencial de peligro está presente. Los colegios generan apegos que compiten con el nuestro, y lo mismo sucede con los divorcios y los nuevos matrimonios. Las aldeas de apego existentes se desintegran a menudo como consecuencia de estos apegos enfrentados, lo que deja a los niños mucho más susceptibles a la orientación hacia sus iguales. Debemos desactivar conscientemente toda la competencia que podamos, ya sean apegos con otros adultos presentes en la vida del niño o entre los padres y los iguales.

A veces, el apego en competencia puede ser con otro progenitor: un padre divorciado, un padrastro, un padre adoptivo. En lo posible, es importante transmitir al niño que la cercanía con un progenitor no significa necesariamente el distanciamiento del otro. Debemos convertir las relaciones que puedan parecer de uno o el otro por otras de este y el otro. Para ello podemos hablar del otro progenitor de una forma amistosa y facilitar el contacto con aquel que esté ausente. En ocasiones, la competencia disminuirá para el niño cuando perciba que dos de sus progenitores interactúan de manera amistosa: sentados uno junto al otro en una función escolar, animando juntos en un partido de béisbol, apoyándole en un recital de música. Por muy difícil que les pueda resultar dejar a un lado sus diferencias, bien merece la pena el esfuerzo. Cuando la cercanía con un progenitor no exige el distanciamiento con el otro, no solo se conserva la aldea de apego, sino que puede incluso ampliarse.

Lo más habitual es que la competencia, actual o posible, no resida en otros adultos, sino en los iguales del niño, y existen cientos de formas de desactivarla. En primer lugar, podemos cultivar relaciones con los amigos de nuestro hijo asegurándonos de estar presentes y de que sus conexiones también nos involucren a nosotros. Para ello podemos, por ejemplo, responder a las llamadas telefónicas y saludar por su nombre a las personas que llaman a nuestro hijo entablando incluso algo de conversación. Cuando los niños ya están suficientemente orientados hacia sus iguales, a menudo preferirían incluso pretender que ni siquiera existimos. Nuestra única esperanza de contrarrestarlo es insistir en hacernos presentes… de una forma amistosa, por supuesto. Y lo mismo sucede al entrar en casa. Acceder a que los amigos de tus hijos entren por una puerta trasera o lateral les permite escapar de los rituales de apego normales, es decir, de los saludos familiares y las presentaciones. Del mismo modo, lo último que debemos hacer es establecer una zona aparte en la casa donde los niños puedan aislarse de nosotros. Queremos que estén en las zonas comunes donde podamos mantener una conexión y cambiar la mentalidad de este o el otro. En lo que respecta al apego, aquellos que no se relacionan con nosotros son los que tienen más probabilidades de convertirse en nuestros competidores. Lo que en ocasiones consigue romper el hielo y que entablen relación con nosotros es invitarlos a comer en familia. Comprendo que no es una intervención fácil, pero hablo desde mi experiencia personal cuando digo que merece la pena el esfuerzo y también la incomodidad que puedas sentir la primera vez.

Cuando los niños llegan a la adolescencia, suelen presionar a sus progenitores para que les faciliten reuniones y fiestas con sus iguales. Si están orientados hacia estos, el mensaje implícito o explícito que transmiten es que, en esos momentos, sus padres no tienen que dejarse ver demasiado. Una vez más, es importante que estos tomen la delantera, frustren los planes de polarización y sienten un precedente. Cuando Bria, nuestra tercera hija, llegó a esa edad, ya teníamos mucha práctica con esta maniobra. Cuando recibimos la inevitable petición de que nos volviéramos invisibles, tomamos la iniciativa. Claro que podía celebrar una fiesta. No, por supuesto que no íbamos a desaparecer. De hecho, íbamos a ser unos anfitriones muy activos y a organizar un festín que ninguno de sus amigos podría rechazar. Decidí hacer una barbacoa para así poder preguntar a cada invitado qué quería y cómo lo quería. En todo momento, mi plan no desvelado era estar presente de forma amistosa, establecer contacto visual si era posible, solicitar una sonrisa y un gesto de reconocimiento, saber un nombre e intentar recordarlo y presentarme también a mí mismo. Recluté a los hermanitos pequeños de Bria como camareros. El mensaje tenía que ser claro: relacionarse con Bria significaba relacionarse con su familia. Era un paquete completo. Cuando le presentamos nuestro plan de actuar como anfitriones activos y visibles, la primera reacción de nuestra hija fue avergonzarse. Dudó de que la cosa pudiera salir bien. Temía que no viniera ninguno de sus amigos y que los que acudieran no volvieran a hablarle nunca más. Sus miedos resultaron infundados. Obviamente no pude establecer un contacto positivo con todos, pero creo que los más reacios tampoco eran buenos candidatos para mantener una amistad con nuestra hija. Los niños con los que funcionó tenían muchas más probabilidades de buscar con nuestra hija un tipo de relación que no compitiera con nosotros.

Otra forma de desactivar una posible competencia es cultivar relaciones con los padres de los amigos de nuestros hijos. En una aldea de apego preexistente, ya tendríamos una conexión con los progenitores de los niños con los que interactúan. Al no vivir en un mundo así, la única opción que nos queda es construir esa aldea desde los cimientos, es decir, desde los iguales de nuestros hijos hasta sus padres. Si no conseguimos hacerlo, el mundo de apego de los niños sigue estando astillado, fracturado y repleto de competencia inherente. Puede que no seamos capaces de controlar quiénes son los amigos de nuestros hijos, pero podemos establecer una conexión amistosa con sus padres, así aportaremos algo de armonía y unidad a su mundo de apego. ¿Lo vamos a conseguir siempre? Por supuesto que no. Las diferencias pueden ser insalvables, pero al menos debemos intentarlo. Hay demasiado en juego como para que pasemos por alto cualquier oportunidad.

Mi mujer y yo tuvimos suerte a este respecto con Bria. Los padres de dos de sus mejores amigas se mostraron muy favorables a la idea de cultivar conexiones diseñadas a acercar los mundos de las niñas. Ya habíamos desarrollado una buena relación con las amigas de

Bria y los otros progenitores también habían hecho sus deberes. Mi plan era desactivar la posible competencia creando un mundo en el que la proximidad con los iguales no se producía a expensas de la cercanía con los padres. La creación de la aldea salió mejor de lo que jamás hubiera imaginado. La guinda del pastel fue la Nochevieja del milenio. Antes de la celebración, cada uno de los miembros de nuestra familia había hablado de sus fantasías acerca de lo que podría suceder en esa velada tan especial y lo que queríamos que significara. Las de Bria habían sido celebrar el fin de año no solo con sus mejores amigas sino también con sus familias, incluidos sus invitados. Los acogimos a todos bajo nuestro techo y disfrutamos de la fiesta en compañía. Brindamos por las jovencitas que nos habían inspirado a crear una aldea de abajo arriba estableciendo conexiones que, de lo contrario, jamás habrían existido. El acontecimiento fue un testimonio de que, cuando los iguales y los progenitores no compiten, nuestros hijos pueden tener a ambos.

Los iguales y los padres solo viven en esferas separadas cuando el mundo de apego de los chicos se astilla. Nuestro reto consiste en fomentar las relaciones de apego con nuestros hijos y construir una aldea de apego en la que los iguales puedan incluirse sin que eso desplace a los progenitores.

Como la infancia está en función de la inmadurez, su duración se prolonga en nuestra sociedad. Al mismo tiempo, puesto que la verdadera crianza depende de la relación y solo se da cuando el niño se apega activamente a nosotros, la duración de la paternidad práctica está disminuyendo con rapidez. Ahí es donde entra en juego la orientación hacia los iguales. Cuando los apegos están distorsionados, perdemos nuestra capacidad de crianza, y el hecho de que desaparezca antes del fin de la infancia resulta desastroso tanto para los progenitores como para el niño. Cuando nos arrancan nuestra paternidad, nuestros hijos pierden los aspectos positivos de la infancia. Siguen siendo inmaduros, pero se privan de la inocencia, la vulnerabilidad y la apertura infantil necesarias para el crecimiento y para el disfrute sin restricciones de lo que nos ofrece la vida. Les estafan su legado como seres humanos.

¿Quién debe criar a nuestros hijos? La respuesta rotunda, la única compatible con la naturaleza, es que nosotros —los padres y otros adultos concernidos en el cuidado de los niños— debemos ser sus mentores, sus guías, sus cuidadores y sus modelos. Tenemos que sostener a nuestros hijos hasta que hayamos completado nuestro trabajo. Debemos hacerlo no por motivos egoístas, sino para que ellos puedan atreverse a avanzar; no para retenerlos, sino para que puedan cumplir plenamente su destino de desarrollo. Tenemos que hacerlo hasta que ellos puedan sostenerse a sí mismos.

SEXTA PARTE

UN APÉNDICE PARA LA ERA DIGITAL

(Cómo aferrarnos
a nuestros hijos
en la era de Internet,
los móviles
y los videojuegos)

19
LA AGITACIÓN DE LA REVOLUCIÓN DIGITAL

Desde la primera publicación de *Tus hijos te necesitan*, se han producido cambios muy importantes. Echando la vista atrás podemos afirmar que este libro presagió, aunque no podía haber reflejado plenamente, el efecto de la revolución digital que, en los años que han transcurrido desde entonces, ha llegado a dominar nuestro mundo y el de nuestros hijos y que ha resultado, como mínimo, inquietante. Los avances tecnológicos, con un potencial inmenso para hacer el bien, han provocado un importantísimo revés cultural. A menos que recuperemos la conciencia, las reverberaciones de la transformación digital van a socavar el desarrollo saludable de nuestros hijos durante generaciones.

¿Qué ha sucedido? ¿Cómo podemos entender la dirección por la que nos ha conducido la revolución digital? ¿Cuáles son sus implicaciones para la crianza en esta era de la informática?

En el año 2010, el 73 por ciento de los adolescentes eran miembros de al menos una red social en línea y, para 2012, Facebook contaba ya con mil millones de suscriptores en todo el mundo. Los estudios han demostrado que millones de preadolescentes son miembros de esta red social, aunque está prohibido el acceso de menores de trece años. ¡El adolescente medio envía más de tres mil mensajes de texto cada mes![1].

«En los últimos cinco años, el número de preadolescentes y adolescentes que utilizan páginas [de redes sociales] ha aumentado drásticamente —señaló la revista *Pediatrics* en 2011—. Según una encuesta reciente, el 22 por ciento de los adolescentes se conectan a su red social favorita más de diez veces al día, y más de la mitad de ellos lo hacen más de una vez al día. El 75 por ciento posee su propio teléfono móvil y el 25 por ciento lo usa para conectarse con las redes sociales, el 54 por ciento para enviar mensajes de texto y el 24 por ciento para mensajes instantáneos». Los resultados, según concluye esta prestigiosa publicación, son amenazantes: «Por tanto, una gran parte del desarrollo social y emocional de esta generación se está produciendo mientras están conectados a Internet con el móvil»[2].

Si a eso le añadimos las perturbadoras estadísticas sobre pornografía en Internet, la existencia del ciberacoso y la predominancia de los videojuegos, encontramos múltiples motivos de preocupación ante el hecho de que los jóvenes de entre ocho y dieciocho años pasan por término medio más de diez horas al día enganchados a algún tipo de tecnología.

A nosotros, los autores, se nos han acercado a menudo progenitores angustiados por los efectos de los medios digitales en los niños y queriendo saber cómo controlar el acceso de sus hijos a ordenadores, juegos y otros dispositivos digitales y cuándo se les debe introducir en el uso de estas tecnologías. Estos capítulos los hemos escrito para abordar estas preocupaciones. De todas formas, y como sucede con la crianza en general de los hijos, no es cuestión de mostrar unas prácticas o recomendaciones concretas. A lo largo de todo el libro hemos hecho hincapié en el hecho de que la crianza no es un conjunto de habilidades y conductas sino, por encima de todo, una *relación*. Como afirma el epígrafe, si no entendemos la relación, cualquier plan de acción no hará más que generar conflictos. Lo que ofrecemos no es una receta específica, sino unos conocimientos, una explicación y unas directrices amplias. La forma de aplicarlos a cada niño y cada familia dependerá de la habilidad de los progenitores a la hora de fomentar la relación necesaria con su descendencia. Es imposible dar una recomendación concreta sobre la edad; la relación de un niño con sus padres y su nivel de madurez emocional serán los que dicten las normas. Es inútil sugerir unas reglas rígidas y universales.

Entonces, ¿cómo podemos calcular el efecto de la transformación digital en la vida de nuestros hijos? Delimitar los contornos de un fenómeno inmenso en el que, además, estamos inmersos es como intentar determinar la forma de una nube que nos envuelve. Sin un conocimiento del impulso humano más preeminente (el apego), no hay forma de entender lo que ha sucedido.

El apego es la clave de la forma que ha adoptado la revolución digital y es necesario conocer la orientación hacia los iguales en particular para explicar los datos y las cifras. Sin ese conocimiento, estos datos resultan desconcertantes. Además, si no apreciamos el efecto fundamental que ejerce el apego en la vida humana, no podremos explicar la enorme popularidad de las redes sociales, la dinámica del ciberacoso o el seductor atractivo de los videojuegos y la pornografía en línea. En estos dos capítulos sobre la era digital analizaremos más a fondo todos estos temas.

El entorno cultural en el que escribimos este libro ya estaba caracterizado por un aumento de la orientación hacia los iguales entre nuestros jóvenes, pero eso era antes del lanzamiento de Facebook y la aparición de Twitter, antes de que nuestros hijos se interesaran por los videojuegos y de que la pornografía en línea representara el 30 por ciento de la actividad en Internet, antes incluso de que nadie hubiera creído que, en unos pocos años, el 90 por ciento de los niños entre ocho y dieciséis años habrían visto pornografía en Internet. Los médicos no han expresado aún sus preocupaciones acerca de los efectos perjudiciales que ejerce sobre la salud el tiempo que pasan los niños ante las pantallas ni han publicado advertencias sobre el incremento de la adicción a Internet.

Dejando a un lado la pornografía, algunas personas podrían preguntarse qué hay de malo en que los jóvenes pasen tanto tiempo conectados buscando información o diversión. ¿De verdad supone un problema?

Cuando aparecieron los dispositivos digitales para gestionar la información, se dio por supuesto que se utilizarían para los negocios, la educación o el entretenimiento. Los científicos desarrollaron la Red como una ruta para la comunicación rápida y eficaz de datos complejos.

La primera población para la que se diseñaron los teléfonos móviles fue la comunidad empresarial. En el caso de los ordenadores, fue la comunidad escolar. Después de todo, necesitamos información para la investigación científica o para dirigir una empresa y el objetivo de los colegios es transmitirla a los alumnos. Google se abrió al público en 2004 con la misión de organizar la información mundial y hacerla accesible y útil para todo el mundo. La era de la información había llegado oficialmente. Y en este contexto es en el que hemos puesto los dispositivos digitales en manos de nuestros hijos.

El fallo básico: ignorar el apego

Las suposiciones que dirigieron la revolución digital tuvieron un fallo básico. Lo que los seres humanos buscamos en lo más profundo de nuestro ser no es información sobre el mundo, ni siquiera entretenimiento. A la hora de poner en marcha los mecanismos de atención de nuestro cerebro, ni el uno ni el otro tienen prioridad. De hecho, en la jerarquía de la importancia de nuestra mente, la información ocupa un puesto muy bajo. Tiene más probabilidades de desconectarse que de conectarse. El cerebro filtra la mayoría de los datos sensoriales y cognitivos que le llegan para no perder de vista lo esencial de cada momento.

Como hemos visto a lo largo de este libro, nuestra necesidad principal y dominante es estar juntos. Lo que buscamos es conexión, no información acerca del mundo. Los seres humanos (muchas veces de adultos, pero sobre todo cuando somos criaturas jóvenes e inmaduras) estamos hambrientos de información, no sobre el mundo, sino sobre nuestro nivel de apego. Queremos tener la seguridad de que pertenecemos a aquellos que nos importan, que nos consideran semejantes a aquellos a los que valoramos, que les resultamos importantes y les gustamos, que nos quieren y nos entienden, tener la seguridad de que contamos. Sentimos el impulso de saber si estamos invitados o no a acceder a la presencia de los demás y nos presentamos con la esperanza de que esa invitación esté disponible.

Nuestra máxima prioridad no son los negocios, ni el aprendizaje, ni el entretenimiento. El factor que conforma en mayor medida nuestra interacción es el apego, ya sea relacionándonos en persona, por correo, por teléfono o a través de Internet. La tecnología puede ser nueva, pero la dinámica es tan antigua como la humanidad.

No sorprende, porque coincide con la perspectiva esbozada en este libro, que una tecnología tan asombrosa diseñada originalmente para la información haya sido adaptada a la búsqueda de conexión. Y, a través de la distracción y la diversión, también ha llegado a compensar las necesidades frustradas de apego de nuestros hijos. Sin embargo, una compensación de un tema fundamental jamás consigue resolver la dificultad; no hace más que empeorarla. Para las personas vulnerables, los medios digitales resultan adictivos. Nuestros hijos los utilizan no para aprender, sino para establecer y mantener relaciones; no para resolver problemas, sino para escapar de ellos.

Cuando se entiende la necesidad de estar juntos, el dilema humano básico queda claro: *cómo estar cerca cuando se está lejos*. Este problema presenta muchos aspectos: cómo sentirse conectado con personas de las que se está físicamente separado, cómo experimentar una sensación de cercanía cuando uno no se siente aceptado, cómo obtener la sensación de ser significativo, cómo sentirse valioso cuando tenemos la impresión de que no somos significativos para aquellos que nos importan.

Podemos «resolver» el problema reclutando docenas o cientos de «amigos» en Facebook que nos darán un «me gusta» sin aportarnos ninguna intimidad auténtica. Estas situaciones resultan increíblemente seductoras porque nos ofrecen las sensaciones fugaces que tanto deseamos. Son nuestras sirenas actuales. Nos llevan adonde queremos ir sin que tengamos ningún indicio del riesgo que eso implica, sin ninguna noción de lo que nos espera en ese camino. Estos parches de apego pueden llegar a resultar más atractivos que la vida real, y para muchos jóvenes así ha sido. No es en absoluto raro, por ejemplo, ver a padres jóvenes ignorando a sus hijos porque están absortos en mensajes de texto y otras comunicaciones digitales.

¿No existe, por tanto, ninguna forma segura o útil de introducir a nuestros jóvenes en los beneficios de la era digital? Como mostraremos en el próximo capítulo, todo es cuestión de encontrar el momento oportuno. A los niños y los jóvenes se les puede asegurar un acceso seguro a la tecnología, pero solo cuando están listos para ello, cuando se hayan desarrollado lo suficiente como para que su uso potencie su crecimiento en lugar de socavarlo. Hasta ese momento, nuestra labor consiste en no poner la tentación en su camino.

Hasta que estén preparados, lo que el mundo digital ofrece a los jóvenes no es lo que necesitan; de hecho, interfiere con sus necesidades, como veremos en la próxima sección.

Las conexiones digitales permiten a los niños orientados hacia sus iguales seguir estando juntos aunque estén separados

La sociedad tradicional estaba organizada alrededor de apegos jerárquicos y multigeneracionales, no con los iguales. El hogar era el receptáculo de la familia y la aldea aportaba el grupo de apoyo de los apegos. Recuerdo que, cuando estuvimos disfrutando de un permiso en la Provenza, en el pueblo de Rognes, me dediqué a preguntarle a la gente por qué había tan pocas personas enganchadas a las redes sociales*. La respuesta era siempre algo parecido a «por qué íbamos a querer hacerlo si todos estamos aquí». No hay necesidad de conexión digital sustitutoria cuando ya estás con las personas que más te importan. Y hace poco tuvimos una experiencia similar en Bali.

De todas formas, a medida que la orientación hacia los iguales iba arraigando en la civilización occidental, empezó a surgir un problema. El colegio se ha convertido en el campo de cultivo de este tipo de orientación y también ha funcionado como lugar de reunión de estos niños. El recreo, la hora de la comida y las actividades extraescolares con iguales se han convertido en las estructuras de apego que han sustituido a las comidas, los paseos, los ratos de ocio y las lecturas en familia. La mayoría de los niños orientados hacia

---

* Como en las secciones anteriores de este libro, el pronombre personal «yo» hace referencia en todos los casos a Gordon Neufeld.

sus iguales van al colegio para estar con sus amigos, no para aprender acerca del mundo.

¿Cómo se mantienen estos niños cerca de sus iguales por las noches, los fines de semana y durante las vacaciones? ¿Qué pasa cuando salen del colegio? Como todos sabemos y hemos experimentado, no hay nada que influya más en términos psicológicos que afrontar la separación de las personas a las que estamos apegados. La alarma que provoca es inmensa, y la búsqueda de proximidad, desesperada. La motivación para cerrar la brecha acaba consumiéndolo todo.

Creo que esto es lo que ha dado a la revolución digital la forma que observamos hoy. Recuerda que el apego es la fuerza más potente del universo. Se ha cambiado el propósito de los dispositivos digitales, pues fueron diseñados para ser utilizados en la enseñanza y los negocios y ahora sirven para conectar entre sí a las personas orientadas hacia sus iguales. La revolución digital se ha convertido, a todos los efectos, en un fenómeno de conectividad social.

Las estadísticas hablan por sí solas. El cien por cien de las personas de entre doce y veinticuatro años utiliza Internet, y el 25 por ciento del tiempo lo pasan interactuando en las redes sociales. Es una cantidad significativa de tiempo si tenemos en cuenta, como ya hemos señalado, que la media de uso de dispositivos digitales por parte de los chicos de entre ocho y dieciocho años es de diez horas y cuarenta y cinco minutos al día.

Facebook y RENREN (su equivalente chino) permiten que el recreo dure eternamente; hoy en día, los niños pueden pasar todo su tiempo juntos. Estas redes sociales se originaron en las universidades para dar servicio a los alumnos orientados hacia sus iguales y se han convertido en los instrumentos de conexión de las personas de todo el mundo con esta orientación.

A menudo me pregunto qué habría sucedido si la revolución digital se hubiera producido antes de que la orientación hacia los iguales se hubiese asentado pero después de que el aumento de la movilidad, la falta de trabajo y las altas tasas de divorcio nos hubieran separado de las personas a las que queremos. Sin la orientación hacia los iguales, es posible que hubiera evolucionado una cultura que conectara digitalmente a los niños con sus progenitores y profesores, tíos y tías, abuelas y abuelos. A través de estas herramientas digitales, los padres podrían haber leído cuentos a sus hijos antes de que se acostaran aunque estuvieran fuera de casa, los profesores y los alumnos podrían haber establecido un contexto de conexión que facilitara el aprendizaje, los abuelos se habrían comunicado con sus nietos cuando estuvieran lejos.

Sobre esto último, cuando mi mujer y yo estuvimos en Bali en unas minivacaciones, utilizamos la poca conexión a Internet que podíamos conseguir para comunicarnos por Skype con nuestros nietos cada pocos días. No era fácil, porque los pájaros se posaban a menudo en la antena que había en nuestro apartamento y que nos conectaba con el Internet del pueblo y la inutilizaban. La motivación que sentía para establecer conexión con nuestros nietos al otro lado del planeta me convirtió en un experto en el lanzamiento de piedras. Incluso hoy día sigo teniendo una maravillosa respuesta pavloviana que me recorre el espinazo cuando oigo el tono de llamada de Skype que me anticipa un rato de conexión muy gratificante con mis seres queridos que están lejos. Hay muchas personas que emplean los dispositivos digitales y las redes sociales con estos fines, y eso debe aplaudirse. Sin embargo, los datos y cifras sugieren que aquellos que lo hacemos no somos los que estamos dando forma a este fenómeno. Los que gobiernan las ondas de Internet son las personas orientadas hacia sus iguales.

La revolución digital favorece e impulsa la orientación hacia los iguales

Si la orientación hacia los iguales ha conformado la revolución digital, esta, a su vez, la favorece y la impulsa.

En primer lugar, las personas que cuentan con dispositivos digitales y los conocimientos técnicos necesarios para utilizarlos tienen más probabilidades de conectarse entre sí. Como puede aseverar cualquier adulto poco conocedor de la tecnología que en algún momento haya enredado torpemente con un complicado control remoto, esta dinámica favorece claramente a los jóvenes y a las relaciones que establecen entre ellos. En comparación, podríamos decir que juntarse para comer favorecería los apegos multigeneracionales.

En segundo lugar, las redes sociales, así como la tecnología digital en sí misma, dictan la naturaleza de la conexión favoreciendo el contacto superficial por encima de la intimidad emocional y psicológica. Los dispositivos en particular y las redes sociales en general no nos ayudan a abrir nuestro corazón a otras personas, contenga este lo que contenga. Lo que se comparte suele ser artificioso y superficial. Resulta difícil transmitir en un mensaje de texto el disfrute o el deleite que nos produce el otro. El brillo en la mirada y el tono de voz cálido y sugerente son difíciles de expresar. Lo que se enfatiza es la dinámica superficial de la semejanza (si nos gustan las mismas cosas y las mismas personas), y no lo que somos en realidad. No existe ningún acercamiento auténtico que pueda dar lugar a que nos conozcan de verdad. El significado (ser importante para aquellos con los que queremos conectarnos) pasa a depender de causar una impresión favorable en lugar de buscar una invitación vulnerable a existir en la presencia del otro tal y como somos. De este modo, la tecnología seduce y recompensa a aquellos que tienen apegos superficiales, es decir, los inmaduros, los no desarrollados y los orientados hacia sus iguales.

Para su libro *Alone Together*, la psicóloga del MIT Sherry Turkle entrevistó a cientos de jóvenes y les preguntó sobre su vida basada en la web. Como relataba la revista *Newsweek*: «La gente le decía que el móvil y el ordenador portátil eran el "lugar para la esperanza", el "lugar de donde provenía la dulzura"».

En tercer lugar, las tradiciones, rituales y tabúes que han evolucionado a lo largo de la historia para proteger los apegos familiares e intergeneracionales no son los que rigen el mundo digital. Las culturas tradicionales en las que se siguen honrando las relaciones entre generaciones están llenas de costumbres que dictan quién debe hablar con quién, qué tipo de contacto físico está permitido, quién puede comer con quién, a quién le confías tus secretos y demás. Estas actividades fomentan el apego y, por tanto, deben ser controladas. Para que una cultura se reproduzca a sí misma, y para que la crianza de los niños sea posible y eficaz, es necesario conservar los apegos jerárquicos. El mundo digital está relativamente carente de cualquier costumbre, ritual o tabú capaz de proteger los apegos familiares y las relaciones jerárquicas. La misma información no está organizada jerárquicamente, según su importancia o validez. Todo es plano; la norma es la igualdad. Hasta las mayúsculas están perdiendo terreno.

De ese modo, la orientación hacia los iguales no solo se ha convertido en la fuerza motriz de la revolución digital y sus instrumentos, sino que es también su resultado último. Es posible que hayamos puesto los dispositivos digitales en manos de nuestros hijos por un motivo lógico, pero ellos a su vez le han dado la vuelta a ese motivo y utilizan estos aparatos para conectarse entre sí, tanto en pequeños grupos como a gran escala, y el resultado es una erosión todavía más desastrosa del terreno del desarrollo humano saludable.

La vacuidad de la intimidad digital

¿Por qué debe preocuparnos tanto el hecho de que nuestros niños y jóvenes se comuniquen a través de los dispositivos digitales? Aunque no sea lo que necesitan, ¿no está bien siempre y cuando obtengan lo que realmente precisan de los adultos presentes en su vida? ¿No puede haber distintos tipos de actividades de apego y que la conexión social digital sea solo uno de ellos?

Esta línea de razonamiento parece muy lógica... si las cosas fueran así. El problema es que la actividad tecnológica de apego que practican nuestros hijos actúa como una mala hierba persistente e invasora que acaba adueñándose de todo el jardín y asfixiando al resto de las plantas arraigadas en él. Lo más preocupante es que las conexiones sociales que se realizan a través de medios digitales interfieren con lo que los niños realmente necesitan.

El verdadero objetivo del apego es encontrar liberación, poder descansar de la urgente necesidad de encontrarlo. Y de este descanso es de donde emana el crecimiento. Cuando no se puede encontrar, el desarrollo se detiene. Si la actividad de apego no conduce a la plenitud, no puede dar lugar a la maduración porque la ansiedad resulta excesiva, y la vulnerabilidad, insoportable. Para crecer emocionalmente, los niños necesitan seguir siendo vulnerables, y para poder seguir siendo vulnerables, tienen que sentirse seguros.

Con las búsquedas infructuosas y las conexiones vacías, los anhelos no hacen sino empeorar y las preocupaciones se vuelven más urgentes y obsesivas. Cuando consumimos alimentos carentes de nutrientes, comemos más. Creo que esto refleja muy bien la historia de las redes sociales. Paradójicamente, Facebook no tiene éxito porque funcione muy bien, sino justo por lo contrario: porque no funciona. El apego nunca puede descansar, la búsqueda y la proximidad no se sacian jamás. Como ha afirmado con mucha sagacidad el médico e investigador Vincent Felitti: «Es difícil obtener suficiente de algo que apenas funciona». El hambre de apego de nuestros jóvenes enganchados a la Red es insaciable y, por tanto, adictiva. Los investigadores han encontrado en el cerebro de las personas adictas a Internet cambios bioquímicos y en la sustancia blanca similares a los de las personas con dependencia a las drogas o al alcohol[3].

La raíz del problema es que la intimidad digital no aporta nada. Le faltan todos los elementos necesarios para fructificar. Como una galleta, que carece de los componentes nutricionales que un cuerpo necesita, no solo es comida vacía, sino que quita el apetito de aquella que sí es necesaria.

Seis razones por las cuales la intimidad digital está vacía

En la interacción digital, la invitación al apego no se transmite

La vacuidad de la intimidad digital queda perfectamente reflejada en un estudio que compara los efectos fisiológicos de la conexión a viva voz frente a los mensajes de texto entre unas niñas y sus madres[4]. Se estresó a las niñas con una prueba y luego se las invitó a establecer contacto con sus madres a través de la voz o mediante textos. El primer método fue el único que favoreció una disminución de las hormonas del estrés y generó las consoladoras del apego.

¿Por qué resulta tan ineficaz la conexión digital? El motivo está relacionado con aquello que todos buscamos: la afirmación de que se nos invita a existir en la presencia del otro, un mensaje que adquiere una importancia especial cuando existe una sensación de fracaso o de incompetencia. ¿Cómo suele transmitirse? Las palabras son solo una parte de él, y probablemente bastante insuficientes por sí solas, sobre todo en el estilo truncado tan típico de los mensajes de texto. Por lo general, solemos juzgar esta invitación por la calidez en la voz del otro, por la sonrisa que detectamos en su mirada. Cuando encontramos lo que buscamos, podemos volver a afrontar nuestro mundo contentos al saber que, pase lo que pase, la invitación está asegurada. La alarma desaparece, los niveles de adrenalina y cortisol disminuyen y nuestros circuitos de apego se bañan de oxitocina, la hormona del amor. Las conexiones digitales, en su mayoría, no pueden aportarnos esa calidez en la comunicación que tanto nos satisface y, por eso, no surten ningún efecto. Como ya hemos señalado y aclarado, existen algunas formas de contacto digital (como, por ejemplo, Skype) que también pueden resultar útiles para los apegos saludables. Todo depende de quién las utilice y con qué propósito. En líneas generales, sin embargo, las conexiones digitales son un sustituto frustrante de los apegos reales.

Las defensas que hay que poner en marcha en las interacciones sociales sin protección hacen que dichas interacciones resulten frustrantes

Solo se puede uno saciar cuando la invitación a existir en la presencia de otra persona cala en nosotros. Sentirse emocionalmente satisfecho es en esencia una experiencia vulnerable, posible gracias precisamente a aquello que nos hace percibir nuestras heridas. Por tanto, si existe alguna defensa contra la posibilidad de resultar herido, también se pierde la capacidad de sentirse satisfecho.

Así es la intimidad digital. Básicamente carece de protección (porque no cuenta con la seguridad de las relaciones de apoyo con adultos) y, por tanto, provoca una vulnerabilidad insoportable. Al cerebro no le queda más remedio que equiparse para una interacción que hiere.

Cuando lo que buscamos es la intimidad psicológica (que nos conozcan y nos comprendan), existen tantas posibilidades de que resultemos heridos que no nos queda más remedio que hacer todo lo que esté en nuestras manos para tener la seguridad de que podemos continuar con seguridad. Incluso dentro de una relación segura y comprometida, a la mayoría de nosotros ni se nos pasaría por la cabeza meternos en una interacción sexual en frío. Por lo general atravesamos un proceso de captar y probar, aunque ni siquiera seamos conscientes de lo que estamos haciendo. Si no conseguimos obtener la invitación en la mirada, en unas sonrisas y en unos gestos de asentimiento, sabemos intuitivamente que no es seguro seguir adelante. Incluso en la interacción cotidiana vamos recogiendo miradas, sonrisas y asentimientos antes de proceder. Esto pone en marcha los instintos de apego del otro y aumenta enormemente la probabilidad de que esa persona sea amable con nosotros, nos cuide, haga que las cosas nos salgan bien, esté de acuerdo con nosotros, se ponga de nuestro lado, guarde nuestros secretos, sea buena con nosotros. Seguir adelante sin este ritual de calentamiento es una forma estupenda de buscarse problemas y de recibir muestras de mala educación, malevolencia, comportamientos desagradables, heridas, vergüenza y, por supuesto, acoso en todas sus formas y manifestaciones.

El problema básico es que la intimidad digital siempre es en frío. Es una pseudointimidad. No hay unos preliminares de apego que preparen la interacción, ninguna prueba que nos permita asegurarnos de que podemos seguir adelante con seguridad. Es lo que está sucediendo a diario con los mensajes de texto y los correos electrónicos, y muy en especial con las autopresentaciones, que son la carnaza de las redes sociales.

Si a semejante situación le añadimos el anonimato, queda poco que pueda contener el lado oscuro del apego. Recuerda que la mayoría de los niños no son amables por defecto a menos que se sientan tan inseguros que se vean obligados a serlo. Por lo general se vuelven amables en el contexto del apego. Internet es un lugar sumamente falto de modales de apego o de normas de implicación humana. No nos debería sorprender que pueda dar lugar a interacciones desagradables. Puede hacer que los pasillos de los institutos parezcan inocentes en comparación.

¿Cómo se adaptan nuestros hijos a estos entornos? De forma inconsciente, su cerebro los equipa para un entorno hiriente proporcionándoles las defensas habituales de la cerrazón emocional o el desapego. El problema es el coste que eso conlleva: cuando nos cerramos o desapegamos emocionalmente, no podemos sentirnos satisfechos al mismo tiempo. Los cerebros de nuestros hijos no pueden protegerlos *y, al mismo tiempo*, seguir conservando su capacidad para saciarse. El resultado final es que ningún volumen de conexión es suficiente; no se produce la culminación, ni la sublimación, ni la liberación. Nuestros hijos orientados hacia sus iguales han sido secuestrados por su propia búsqueda digital mutua, apresados por su hambre insaciable. Cuanto más buscan, menos encuentran.

Como veremos, estas defensas contra la vulnerabilidad pueden dar lugar también al ciberacoso, a la adicción a los videojuegos y a la búsqueda de pornografía.

La autopresentación solo funciona cuando es personal

En Facebook no dejamos de presentarnos a nosotros mismos con la esperanza de que a aquellos que nos importan les guste lo que ven. Es el *summum* de la eficiencia porque solo se necesita una presentación: enviamos la misma información a muchas personas al mismo tiempo. Luego depende de los que la ven si quieren responder o no. Y esta eficiencia tan refinada es precisamente la esencia del problema. La intimidad psicológica no actúa así.

Solo podemos sentirnos conocidos en el contexto de una relación intensamente personal. Es imposible conseguirlo mostrando nuestro interior en un libro, en una conferencia o en YouTube. Tampoco los receptores de nuestra autopresentación o de lo que mostramos de nosotros mismos se sienten en absoluto especiales por unas revelaciones dirigidas a un grupo. En la intimidad psicológica, como cuando se hace el amor, la pareja debe sentir que ha sido especialmente elegida y que el regalo de nuestro ser le ha sido entregado de una forma personal. Cualquier otra cosa abarata la interacción. Presentarse a uno mismo solo resulta significativo, tanto para el receptor como para el emisor, si tiene una intención exclusiva. Cuando se saca del contexto de una relación intensamente personal y del proceso de decidir revelarse uno mismo a otro, el hecho de mostrarnos no sirve para nada.

Por ello, muchos de los que valoramos la intimidad psicológica auténtica no participamos en Facebook. A mí, por ejemplo, no me apetecería en absoluto leer las publicaciones de mis hijos adultos ni saber de ellos de esa forma. *Quiero conocerlos de verdad, no saber de ellos*; la diferencia es colosal. Conocerlos implica una autorrevelación deliberada por su parte, hecha personalmente para su padre. No quiero ni espero menos. Cualquier otra cosa nos dejaría a ambos una sensación de vacío.

Cuando hay manipulación de por medio, no existe satisfacción

Para la mayoría de los niños y jóvenes, las redes sociales implican gestionar su imagen con el objetivo de causar una buena impresión y mejorar su estatus entre sus iguales.

El resultado es lo que el escritor de *Newsweek* Tony Dokoupil ha denominado la «evaporación del yo genuino», citando el trabajo de Sherry Turkle. «Lo que aprendí en el instituto —le dijo un adolescente a la doctora Turkle— fueron perfiles y más perfiles; cómo hacer un yo».

Por supuesto, todos queremos gustar. Sin embargo, cuanto más intentamos influir sobre el veredicto, menos gratificante resulta este. Si somos capaces de conseguir que ese veredicto sea positivo, es solo porque gustó lo que hicimos, o la impresión que dimos, no nuestro verdadero yo. De ese modo, la inseguridad crece y, con ella, nuestra obsesión por la gestión de nuestra imagen. Es un ciclo que no deja de crecer. ¿Nos apetece observar esta neurosis en nuestros hijos?

Antes o después van a llegar a ello pero, si disponen de una cierta madurez, podrán resistir la tentación de tomar atajos que no conducen a ninguna parte. A pesar de sus promesas y su seducción, la gestión de la imagen es un juego de perdedores en todos los sentidos de la palabra. La naturaleza misma del intento descalifica el resultado.

No es de extrañar que los jóvenes más involucrados en Internet sean también los más propensos a sufrir problemas emocionales. El doctor Larry Rosen, antiguo catedrático y profesor de Psicología de la Universidad Estatal de California, Domínguez Hills, ha descubierto en sus investigaciones la existencia de un fuerte «vínculo entre el uso de Internet, la mensajería instantánea, los correos electrónicos, los chats y la depresión entre los adolescentes» y también «fuertes relaciones entre los videojuegos y la depresión».

Nuestros niños necesitan conservar su inocencia todo el tiempo que podamos dársela. La sofisticación social (mostrar una apariencia mientras se finge que el resultado da igual, lo que podríamos denominar la «enfermedad de la indiferencia») les negará el alimento emocional que necesitan para madurar.

No existe satisfacción a menos que lo que se obtenga sea mayor que lo que se busca

Como ya señalamos anteriormente, un ingrediente clave de las interacciones de apego enriquecedoras es que lo que se obtiene debe ser mayor que lo que se busca. La satisfacción no depende de la igualdad ni de la reciprocidad o el contacto a demanda. Una interacción es incompleta y estéril a menos que el abrazo encuentre otro abrazo mayor, que al «te quiero» le responda algo más, que el deseo de validación se sobrepase. Sin embargo, esto no está en la naturaleza de la interacción orientada hacia los iguales en general, ni en Internet o la conectividad digital en particular, porque ahí las interacciones tienden a ser iguales, neutras, frías. Esa invitación entusiasta a existir en la presencia de uno es el dominio de los adultos responsables de los niños y no la materia de la que está hecha la conectividad social digital.

La intimidad digital quita el hambre de lo que un niño necesita realmente

Como ya hemos dicho, la vacuidad de la intimidad digital se hace más importante por el hecho de que quita el hambre del tipo de conexión que sí resultaría edificante. Al promover la orientación hacia los iguales y las búsquedas adictivas, desplaza las conexiones sanas con adultos y, de ese modo, niega al niño su necesidad esencial de mantener interacciones humanas que le hagan sentirse pleno.

Los ratones cuyos circuitos de recompensa son estimulados eléctricamente de una forma continuada mueren de hambre porque no buscan comida, y algo parecido sucede cuando estimulamos los cerebros de nuestros hijos con tecnología digital, porque los aparta de lo que realmente los alimenta.

Esta dinámica es la que está detrás de los efectos más negativos e insidiosos de los videojuegos, la pornografía y la conexión social a través de medios digitales, porque todas estas actividades excitan directamente los centros de recompensa del apego en el cerebro de nuestros hijos y les quitan el interés por el tipo de interacción que les proporcionaría la plenitud verdadera y la saciedad. Hasta el tipo de autopresentación que publican en Facebook dispara estos mismos circuitos de recompensa[5]. Estas fijaciones del apego quitan el hambre de otras interacciones que podrían alimentar y saciar de verdad.

No debería sorprendernos que, en la última década, el tiempo que se pasa en familia haya disminuido una tercera parte, aunque hasta ese momento había sido constante[6], o que los chicos que pasan más tiempo jugando a videojuegos muestren una actitud menos positiva hacia sus progenitores[7]. Un estudio australiano reveló que los usuarios de Facebook se sienten significativamente menos cercanos a sus familias. No respondía la pregunta de qué vino antes, pero sí indica la naturaleza competitiva de la conexión[8].

La mayoría de nosotros podemos percibir que las pantallas están apartando a nuestros hijos de nosotros. No necesitamos que nos lo diga ninguna investigación. Lo que sí necesitamos saber es que a través de sus pantallas no pueden recibir lo que de verdad necesitan. Seguimos siendo su mejor apuesta.

John Cacioppo, quizá el mayor experto del mundo en el tema de la soledad, cita, en su libro *Loneliness*, publicado en 2008, un experimento en el que se compararon los efectos de distintos tipos de contacto para ver su capacidad para reducir la soledad. Los resultados fueron inequívocos. Las personas que interactuaban en línea con mayor frecuencia eran las que se sentían más solas, mientras que las que tenían una mayor proporción de interacciones cara a cara eran las que menos soledad sentían.

Sherry Turkle capta la vacuidad de la intimidad digital en su libro *Alone Together**. El título refleja bien el tema y, de una forma intuitiva, articula sin sombra de duda la clave del asunto. «Hoy en día, con la inseguridad que nos provocan nuestras relaciones y la angustia que nos produce la intimidad, recurrimos a la tecnología buscando formas de entablar relaciones y de protegernos de ellas al mismo tiempo». Y continúa diciendo: «Los vínculos que formamos a través de Internet no son, en último término, los que unen. Sin embargo, sí son los lazos que preocupan».

Lo que impulsa esa búsqueda obsesiva es el hecho de que la intimidad no sea completa. Esta urgencia incesante queda reflejada en que casi la mitad de los usuarios de Facebook de entre dieciocho y treinta y cuatro años se conectan unos minutos después de despertarse, casi antes de levantarse[9]. Por tanto, no resulta sorprendente descubrir que la intimidad digital puede ser más adictiva que el tabaco o el alcohol[10].

Por todo ello, la paradoja suprema es que los dispositivos digitales pueden ser sin duda la solución aparente a nuestro problema humano básico (cómo estar cerca cuando estamos separados), pero no lo suficiente como para liberarnos de nuestra incesante búsqueda de cercanía. Para las personas orientadas hacia sus iguales, la conexión digital se ha convertido por desgracia en la única forma de seguir estando cerca de aquellos que les importan, el único modo de conectarse sin tener que ser vulnerables.

---

* *Alone Together* significa 'Solos estando juntos'. *(N. de la T.)*

Los juegos, el ciberacoso y la pornografía como fenómenos de apego

Los videojuegos podrían parecer algo inocente pero, precisamente porque proporcionan una pseudosatisfacción para las necesidades de apego insatisfechas, pueden resultar extraordinariamente adictivos.

Ser importante, tener la sensación de que nos valoran, tener una autoimagen de maestría genuina son aspectos que solo pueden desarrollarse en relaciones enriquecedoras con personas que se preocupan por nosotros. Son los resultados de los apegos saludables. Cuando estas necesidades no han sido satisfechas, como sucede con los niños orientados hacia sus iguales, podemos compensarlo a través de la fantasía y la pretensión. A diferencia de la fantasía creativa o, por ejemplo, los libros, los videojuegos son sumamente inmersivos y tienen una recompensa inmediata y un tirón adictivo muy real. Nos convertimos en «dueños de nuestro destino» y «ganadores» en una realidad virtual, que es también el lugar en el que podemos expulsar parte de nuestra agresividad acumulada, resultado también de unos impulsos de apego insatisfechos.

Como vimos en el capítulo 11, el acoso es otro fenómeno aberrante del apego. Nuestros instintos alfa (el impulso de dominar en una relación) deberían favorecer que nos hiciéramos responsables de cuidar de los vulnerables. Sin embargo, cuando la persona alfa se defiende contra la vulnerabilidad del cuidado y la responsabilidad, se ve impulsada a explotar y atacar a los más débiles. Es una perversión que yo he denominado «perversión alfa». Esta persona, en lugar de sentirse inclinada a proteger a los que están expuestos, a atender a los vulnerables, a defender a los ingenuos, se deja llevar por el impulso de exponer y avergonzar, de ejercer su superioridad rebajando al otro. Esto es lo que estamos viendo sobre todo con la protección del anonimato que ofrece Internet a los posibles acosadores.

El acoso (incluido el avergonzamiento sexual y las palizas a los homosexuales) es por desgracia demasiado prevalente en las redes sociales y en las comunicaciones en línea.

Estamos viendo que la mayoría de las interacciones infantiles reflejan dinámicas de apego: la búsqueda de la cercanía. El sexo también es cercanía. Nuestra sexualidad no está más desarrollada que nuestra capacidad de intimidad. Cuando existen problemas en el desarrollo del apego, observamos también los problemas correspondientes en nuestra sexualidad. Lo ideal sería que hacer el amor fuera una respuesta a una invitación de intimidad no solo exclusiva, sino también segura. De lo contrario, las posibilidades de herir son intolerables.

Cuando el apego se sexualiza prematuramente, como sucede en los chicos orientados hacia sus iguales, podemos creer que la respuesta a nuestras necesidades de apego está en la interacción sexual, aunque sea fantaseada.

Dado el patio de juego virtual en el que los niños están expuestos (y a menudo se exponen a sí mismos), estamos observando que los problemas de acoso se unen a una sexualidad inmadura. Para el acosador, la oportunidad de explotar al vulnerable resulta irresistible. En esas condiciones, es probable que el sexo se vincule más con un deseo de poseer o de pertenecer que con una conexión emocional profunda. En lugar de ser un anhelo de intimidad, las fantasías suelen estar más relacionadas con la dominación y la explotación. No sorprende que el acoso cibersexual campe a sus anchas entre los niños y adolescentes, por no hablar de los adultos inmaduros atraídos por la seducción no vulnerable de la pornografía. Ahora se pueden tener intensas sensaciones sexuales sin ninguna vulnerabilidad. Por supuesto, eso puede suceder incluso sin medios digitales, pero la impersonalidad, la inmediatez y el anonimato de Internet alimentan enormemente esta dinámica.

Como hemos perdido a nuestros hijos en manos del cibermundo, ya no podemos seguir protegiéndolos de los lobos.

20
TODO ES CUESTIÓN DE ELEGIR EL MOMENTO JUSTO

¿HAY ALGO INTRÍNSECAMENTE malvado en los dispositivos digitales? ¿Deberíamos impedir que nuestros hijos los utilizaran? Está claro que no; además, tampoco podríamos hacerlo aunque lo intentáramos. La revolución digital es irreversible. Estos dispositivos no tienen nada intrínsecamente malo; el problema es su uso, sobre todo en manos de los niños. La cuestión es cuándo introducirlos y cuándo desalentar su utilización.

Una sociedad necesita mucho tiempo para adaptarse a los grandes avances tecnológicos, para crear los rituales, las rutinas y las restricciones que maximicen sus beneficios y minimicen sus riesgos. Ni siquiera nos hemos puesto al día en lo que respecta a las películas y la televisión, y mucho menos con el teléfono móvil, el ordenador, Google y las redes sociales. Teniendo en cuenta el daño que ya se ha causado, no nos queda mucho tiempo para organizarlo.

Contamos con muchos precedentes acerca de cómo abordar las cosas que son inevitables, incluso buenas pero con posibles efectos secundarios dañinos para los niños. Pensemos, por ejemplo, en el sexo. Es bueno, pero no para los niños. Es la experiencia de vinculación suprema que libera en el cerebro sustancias químicas que actúan como un superpegamento y nos emparejan para la procreación y las responsabilidades parentales que vienen a continuación. El sexo no es un juego, sobre todo en el caso de los niños. Tenemos que controlar la actividad sexual hasta que nuestros hijos hayan alcanzado cierto grado de desarrollo.

El alcohol puede favorecer las relaciones sociales en las celebraciones, los rituales y las fiestas, pero tampoco es para los niños. Anestesia el sistema de alarma que nos mantiene alejados de los problemas. Está por todas partes, pero como padres intentamos controlar el acceso de nuestros hijos al acohol hasta que tienen la madurez suficiente para gestionarlo.

Las galletas son buenas. Al igual que la mayoría de los postres, pueden resultar muy tentadoras. El mundo de los niños está lleno de dulces, galletas y helados. Como norma general, controlamos bastante bien el acceso al dulce. No lo prohibimos, aunque la mayoría de los dulces están relativamente vacíos de nutrientes, sino que controlamos el momento justo en el que debe tomarse. La norma es *después de cenar*, al menos hasta que el niño sea suficientemente maduro como para haber formado hábitos saludables y sea capaz de controlar sus impulsos. Dicho de otra manera, las galletas están bien siempre y cuando el niño haya consumido suficientes alimentos sanos. Cuanta menos necesidad sienta de tomar una comida carente de nutrientes, menos daño le hará.

La elección del momento apropiado es siempre el tema clave para un desarrollo saludable. Todo tiene su momento. El secreto para manejar experiencias potencialmente perjudiciales no es la prohibición, que puede ser un ejercicio inútil y actuar como potente desencadenante de la contravoluntad*.

La clave para reducir los daños es elegir el momento justo. *Queremos que los niños sientan satisfacción por lo que realmente necesitan antes de tener acceso a aquello que podría frenar su inclinación hacia las cosas que son verdaderamente necesarias.*

En el caso del sexo, está claro que el momento apropiado es *no* antes de que la capacidad para mantener una relación se haya desarrollado plenamente, *no* antes de que se haya formado una relación exclusiva en la que se experimenta una intimidad emocional y psicológica y *no* antes

---

* La dinámica de la contravoluntad se explica en el capítulo 6.

de que se haya desarrollado la capacidad para establecer y mantener los compromisos. La interacción sexual prematura, como el acceso prematuro a las galletas, suprime el deseo de lo verdadero, es decir, del amor profundo y comprometido.

Por lo que respecta al alcohol, el momento adecuado no es antes de que se haya desarrollado el valor para afrontar nuestros propios miedos ni tampoco antes de que se hayan aceptado y se puedan mantener los rituales que regulan su consumo, porque reduce la sensación de vulnerabilidad y se puede fácilmente abusar de él si se emplea con este propósito. La tentación sería abrumadora a menos que primero hubiéramos asumido la realidad con sus reveses, hubiéramos aceptado los sentimientos de vacío y pérdida. El problema cuando se utiliza prematuramente es que quita el hambre de realidad.

A la hora de exponer a los jóvenes a posibles seducciones que los aparten del camino a la plenitud, existen dos principios que nos permiten manejar estos peligros. Esta exposición debería producirse *después de que la persona esté llena de lo que necesita* y *solo cuando es lo suficientemente madura como para manejar las decisiones que eso implica*. Llevamos miles de años haciéndolo con respecto a las galletas y los dulces. Pero, claro, llevamos miles de años teniendo contacto con ellos. En este otro caso, no tenemos tiempo suficiente para reinventar la rueda. Tenemos que aplicar lo que hemos aprendido a los nuevos retos que afrontamos.

Mientras podamos, necesitamos gestionar el acceso de nuestros hijos al mundo digital, porque eso nos permitirá controlar el momento adecuado. Tenemos que mantener las tentaciones, las sirenas, fuera de su alcance. Tenemos que ser unos buenos amortiguadores del mundo digital para dar espacio y tiempo a la interacción gratificante que un niño necesita y para que este adquiera la madurez suficiente para manejar las decisiones relativas a su interconexión con el mundo. Debemos ralentizar las cosas, retrasarlas de alguna manera.

Sin embargo, esta conciencia no está presente entre los padres y profesores. Según una encuesta de la Universidad del Sur de California, el 89 por ciento de los progenitores actuales no consideran problemática la cantidad de tiempo que pasan sus hijos en Internet[1].

Jean-Jacques Rousseau dijo que una de las responsabilidades más importantes de los padres era actuar de amortiguadores entre el niño y la sociedad. Si eso era así en el siglo XVIII, hoy en día, mucho más. Los progenitores actuales se han convertido en agentes de la sociedad y han dejado de ser amortiguadores de esta. La mayoría da por sentado que los niños necesitan conectarse con sus iguales, necesitan que los entretengan para escapar del aburrimiento y tienen que disponer de un acceso inmediato a la información. Un diez por ciento de los entrevistados mostraban su preocupación porque sus hijos no pasaban suficiente tiempo en Internet[2]. Tenían miedo de que se quedaran atrás. Los padres de hoy están más dispuestos a confiar a sus hijos a una sociedad digitalizada que al diseño de desarrollo que tiene la naturaleza.

Al haber perdido nuestro papel de amortiguadores y estar actuando como agentes de la sociedad, tenemos más probabilidades de poner las tentaciones en el camino de nuestros hijos. ¿Qué sucedería si colocáramos todas las galletas en la encimera, sacáramos las bebidas alcohólicas del armario y elimináramos las restricciones sobre el contacto sexual? Sin embargo, colocamos televisiones en su dormitorio y móviles en su bolsillo y les concedemos un acceso ilimitado a los dispositivos digitales.

Pocos adultos son capaces de gestionar su relación con Internet, así que ¿por qué esperamos que nuestros hijos sean capaces de hacerlo?

Un informe realizado por Gwenn Schurgin O'Keefe en 2010 reveló que incluso las familias a las que les cuesta poner comida sobre la mesa «consiguen un dispositivo digital para sus hijos porque quieren que formen parte de la sociedad»[3].

A los progenitores les preocupa demasiado la posibilidad de que sus hijos sean unos inadaptados si no están conectados. Sin embargo, lo que nos debería preocupar mucho más es ayudarlos a comprender su potencial como seres humanos.

La ceguera alrededor de esta tecnología digital es bastante similar a la que rodea al fenómeno de la orientación hacia los iguales. Consideramos normal lo que juzgamos como típico, no lo natural ni lo saludable. Esta ceguera se ha visto exacerbada por nuestra historia de amor con la tecnología y la suposición ingenua de que lo que es bueno para los adultos también debe serlo para los niños.

Por tanto, ¿cómo podemos transmitir este mensaje? Muchos parecen sospechar que, si alguien aspira a aguar la fiesta digital, debe ser un ludita* o un reaccionario. A los críticos se los desestima considerándolos alarmistas, así que ¿cómo mostramos a la comunidad de padres y profesores el espacio que un niño necesita para madurar? La sociedad actual no va a hacerlo por nosotros. Estamos solos. Por eso necesitamos una conciencia colectiva y un lenguaje que nos permita entendernos.

Hay un tiempo y una época para la conexión social digital

Ese *momento* debe darse después de que nuestros hijos estén saciados del contacto con adultos.

Cuando el niño ha satisfecho su necesidad de alimentos que le permiten crecer, los postres son un placer relativamente inocuo. En ese momento podemos permitirnos relajar un poco el control. Y lo mismo sucede con el hambre de apego. Lo peor que podemos hacer es impulsar al niño a alejarse de nosotros cuando todavía se siente hambriento porque, con ello, lo único que conseguimos es abonar el terreno para la orientación hacia los iguales y luego para un uso generalizado de los dispositivos digitales que permiten a los seres humanos jóvenes e inmaduros permanecer en contacto con sus compañeros.

Volvemos a la necesidad de disponer de rituales, rutinas y actividades en los que podamos recibir su mirada, su sonrisa y su gesto de asentimiento sin otro propósito que el de saciarlo y vacunarlo contra las adicciones de apego que están asolando a sus amigos. Necesita esta dosis de conexión gratificante todas las mañanas antes de ir al colegio. También cuando vuelve a casa, en las comidas, en los momentos especiales en familia y antes de acostarse. Nuestra tarea consiste en transmitirle nuestra invitación a que exista en nuestra presencia para que,

---

* El ludismo fue un movimiento encabezado por artesanos ingleses que entre los años 1811 y 1816 protestaron contra las nuevas máquinas que destruían el empleo. *(N. de la T.)*

de ese modo, no tenga necesidad de buscar la aceptación en ninguna otra parte. La mejor vacuna contra el uso de los dispositivos digitales para conectarse socialmente es un niño satisfecho y saciado.

La época de la conexión digital llega cuando el niño ya está suficientemente desarrollado y maduro como para ser capaz de conservar su propia personalidad. Es imposible indicar mediante una fórmula cuándo sucederá esto, por lo que a los padres no les queda más remedio que depender del conocimiento intuitivo que tienen de su hijo.

Cuanto más cultivemos la relación con nuestros hijos, más se podrán aferrar a nosotros cuando las circunstancias nos impongan una distancia. No hay ninguna necesidad de conectividad digital si podemos mantenernos unidos de una forma más profunda, de modo que las redes sociales resulten en gran medida superfluas. Podemos reducir la necesidad de conexión digital cultivando la solución natural a este problema de permanecer unidos aunque estemos separados. Debemos recordar que la naturaleza siempre tiene respuestas que nos indican cómo conservar la cercanía. Como ya hemos señalado anteriormente, estas soluciones son gustar al otro, pertenecerle, estar del mismo lado, que el otro nos quiera, importarle, estar profundamente apegados y, por último, sentirse conocido por el otro. De todas formas, estas modalidades naturales de apego necesitan un tiempo y las condiciones adecuadas para desarrollarse. Debemos ser pacientes. Cuando el niño puede mantenerse cerca de nosotros a pesar de la distancia física, hay poco de qué preocuparse.

Y lo mismo les sucede a nuestros hijos con respecto a sus amigos. Cuando su capacidad para relacionarse está más desarrollada, también tienden a elegir amigos en ese mismo nivel de intimidad. Los niños que son capaces de apegarse de corazón se sentirán más atraídos hacia otros que puedan corresponderles. Los que desean ser conocidos tenderán a elegir amigos que también hayan desarrollado esta capacidad de cercanía. Cuando establecen unos apegos más profundos entre ellos, pueden aferrarse mutuamente aunque estén separados, lo que hace que las redes sociales resulten menos tentadoras y adictivas.

Un estudio realizado por las universidades de Buffalo y Georgia reveló la relación inversa que existe entre la capacidad de intimidad y el uso de Facebook. El hallazgo fundamental era que, cuanto más profundas son las conexiones emocionales de las personas, menos tiempo pasan en Facebook[4]. Resulta absolutamente lógico cuando se conoce la función subyacente de las redes sociales. Esas conexiones más superficiales son, en estos casos, innecesarias y también menos atractivas. Cuanto más desarrollado está un niño, más se inmuniza contra el anhelo de la conexión digital. Por tanto, la mejor prevención para una preocupación obsesiva por la intimidad digital es, con mucho, un desarrollo relacional saludable. Hay una época para la conexión digital, pero en líneas generales es posterior y, sobre todo, una vez que la naturaleza haya sido capaz de cumplir su tarea. La nuestra consiste en ser parteras de este proceso y facilitar todo lo que podamos que nuestros hijos se apeguen a nosotros.

La mejor solución para la preocupación por el apego es no depender tanto de él para funcionar, y el único modo de conseguirlo es hacerse viable como ser independiente. Este es el anhelo último del desarrollo, pero una vez más requiere mucho tiempo y unas condiciones favorables. Si un niño tiene una personalidad propia y se siente emocionalmente autosuficiente, su necesidad de las soluciones digitales inventadas por una sociedad que se está descomponiendo será mucho menor.

La individuación no tiene ningún atajo. Es necesario desarrollar la personalidad. Aquellos adolescentes que quieren ser ellos mismos y pueden aferrarse de verdad a su persona cuando están con sus iguales no necesitan las redes sociales para funcionar. Y cuanto menos las necesiten, menos probabilidades tendrán de resultar dañados por ellas. Sin embargo, para llevar a los adolescentes a este punto de desarrollo, primero tenemos que aferrarnos a ellos. Por hacer hincapié en un punto que ya hemos señalado antes, *para fomentar la independencia, primero debemos invitarla.*

Sugerencias para controlar mientras tanto el acceso digital

Para crear el espacio en el que pueda darse una interacción enriquecedora y para ganar tiempo mientras llega la época en la que los niños ya no sientan tanta necesidad de una conexión a través de medios digitales, debemos intentar mantener las tentaciones apartadas de su camino.

Lo mejor es empezar pronto si se puede. Como en el caso de la televisión, que para mis hijos estaba limitada a media hora al día, si deseamos mantener el acceso digital bajo control, debemos crear las estructuras y los rituales necesarios.

Creo que no hay ninguna respuesta fácil. Tengo la impresión de que cada progenitor necesita encontrar su propio camino. Nosotros, como padres, tenemos mucho que mejorar, incluso en lo que respecta a la televisión. Las estadísticas sugieren que no lo estamos haciendo demasiado bien. En el 64 por ciento de los hogares, la televisión está encendida durante las comidas. En el 45 por ciento, lo está la mayor parte del tiempo. El 71 por ciento de los niños dicen que tienen un aparato en su dormitorio y el 50 por ciento de ellos, también una videoconsola. Solo entre el 28 y el 30 por ciento indican que sus padres tienen normas para ver la televisión y jugar a videojuegos y solo el 30 por ciento de los progenitores limitan el tiempo que pasan sus hijos con el ordenador[5].

Sin embargo, también en este caso, el momento apropiado para permitir una conexión digital es después de que se haya producido una conexión cálida y gratificante. No debemos limitarnos a restringir sin atender de verdad la necesidad subyacente. Para proteger estos momentos de conexión gratificante, tenemos que crear zonas libres de dispositivos digitales en nuestro hogar y en nuestra agenda. Es importantísimo que en las horas de las comidas, durante el tiempo que pasamos en familia, por las noches y a la hora de acostarse no haya actividades digitales, tanto para crear el espacio en el que proporcionar la conexión que realmente necesitan nuestros hijos como para frenar la obsesión.

Cuando trabajamos con niños mayores, es importante conseguir que cooperen con buenas intenciones de respetar los límites y estructuras que hemos creado y que estén convencidos de que son lo mejor para ellos (recuerda que en el capítulo 16 analizamos como suscitar las intenciones de un niño). Como consecuencia de la naturaleza de Internet y del grado de acceso que tienen la mayoría de los niños, necesitamos su cooperación en estos asuntos. Los intentos para conseguirlo deben hacerse cuando la relación entre progenitor e hijo esté en su mejor momento y la influencia sea mayor, no en mitad de la frustración y los problemas. Si el progenitor consigue suscitar de un modo eficaz las buenas intenciones del niño, el problema no es muy serio; al menos, no de momento.

Si el niño no es capaz de cumplir sus intenciones, o hace las cosas a escondidas, el problema que existe en la relación entre progenitor e hijo es más profundo y debe abordarse. No deberíamos sorprendernos demasiado. Esta adicción de apego nos indica que el niño está descontrolado y necesita que lo apoyemos, no que le gritemos.

Cuando un niño está descontrolado, la coacción y las «consecuencias» no hacen más que aumentar el problema añadiendo capas de contravoluntad y frustración a la dinámica. Es imposible controlar a un niño que no es capaz de controlarse a sí mismo. Para afrontar el problema debemos sustituir las actividades digitales por otras que le conecten con nosotros y, en la medida de lo posible, limitarlas indirectamente proporcionándole actividades que no impliquen pantallas ni aparatos. El objeto de estas medidas es ganar algo de tiempo y poder «meter el pie» en la relación. Lo que debe alimentarse y caldearse es el apego de nuestro hijo a nosotros. Solo satisfaciendo su hambre de apego podremos disminuir sus anhelos por la conexión digital.

A la hora de afrontar una conducta de apego adictiva, no debemos vernos atrapados en una batalla contra los síntomas, sino más bien retirarnos para abordar el problema de base. Como siempre, lo primero que debemos tener en cuenta es la relación; las tácticas y los métodos vienen después. Más adelante hablaremos más sobre esto.

¿Cuándo debemos permitir los videojuegos?

A pesar de los argumentos de que los videojuegos pueden conseguir mejoras en determinadas habilidades cognitivo-motrices, no existe evidencia alguna de que esas mejoras aisladas sean exclusivas de este tipo de juegos o no puedan conseguirse de ninguna otra forma como resultado de un desarrollo normal. Y lo que es aún más significativo es que no existe ninguna evidencia de un aumento de la capacidad mental ni de la maduración cerebral o psicológica. Sin embargo, los efectos secundarios fisiológicos y la carga para el desarrollo que supone pasar el tiempo delante de una pantalla sí plantean muchos problemas. Casi todos los meses se obtienen nuevas evidencias de sus efectos perjudiciales en aspectos como los ciclos de sueño, el desarrollo de la vista, el desarrollo físico y demás.

Como ya hemos dicho, los videojuegos representan una actividad de apego. Los centros de recompensa implicados en estos son precisamente los que han sido diseñados para conducir a los niños a las relaciones. Tradicionalmente, la cultura ha sido la responsable de crear la infraestructura de apego. Sin embargo, la cultura de los videojuegos no ha evolucionado teniendo en cuenta la crianza de los hijos. Por ello, este tipo de juegos son, por defecto, una actividad que compite por el apego. Los niños dejan de buscar la proximidad con su familia y, lo que es peor, la propia actividad perjudica el deseo de conexión familiar.

Desde siempre, los juegos han sido muy importantes para el desarrollo. Sin embargo, los fundamentales son aquellos que ejercitan el cuerpo, los que conducen al dominio de habilidades para la vida, los que unen a las generaciones, los que fomentan la cooperación. Resulta muy difícil defender que la mayoría de los videojuegos actuales puedan cumplir estas funciones.

Uno de los objetivos importantes de los juegos es ayudar a los niños a desarrollar resiliencia cuando afrontan las experiencias del fracaso, de la pérdida y de la carencia. La vida está llena de reveses y los juegos ofrecen una oportunidad de adaptarse a estas situaciones de forma indirecta. Perder ya sea en un juego de cartas, en un juego de palabras, en un partido de fútbol o en los bolos es una preparación para afrontar la pérdida y la carencia en la vida y en las relaciones.

Para entrenarnos para las inevitables pérdidas y derrotas que nos traerá la vida (para adaptarnos) tenemos que experimentar y aceptar la tristeza que produce perder y la inutilidad de desear que no hubiera ocurrido. Los videojuegos actuales tienen una carencia notable a este respecto. El encuentro con la inutilidad nunca dura lo suficiente como para que pueda sentirse y, por tanto, no puede preparar para la adaptación y la resiliencia necesarias. El niño pasa a la siguiente ronda, al siguiente nivel, al siguiente desafío. Los videojuegos son fundamentalmente una actividad sin lágrimas y, por tanto, muy poco útiles para preparar al niño para el juego de la vida. No hay ninguna pérdida que no se pueda superar, ningún fracaso que no se pueda deshacer... y, por tanto, ningún aprendizaje, ninguna adaptación.

Ahora bien, los videojuegos ¿no cuentan como juegos? ¿No necesitan los niños jugar? Está claro que sí. Cada vez hay más evidencia del papel fundamental que desempeña el juego en el desarrollo saludable. No es solo que todos los mamíferos jóvenes jueguen, sino que es básico que lo hagan. Los expertos en desarrollo creen que el juego es el principal motor del desarrollo cerebral, que es lo que permite el proceso de maduración. En el juego surge por primera vez el sentido de agencia, donde se encuentra la disonancia interior, donde se prepara por primera vez la adaptación. Por tanto, sí, el juego es absolutamente vital para el desarrollo saludable.

Y aquí es donde estriba el problema. Los videojuegos, a pesar de su nombre y del hecho de que se juegan, no cuentan en nuestro cerebro como juegos. Una actividad es un juego auténtico cuando no está basada en el resultado, cuando la diversión está *en la propia actividad*, no en lo que se obtiene de ella. Se juega por jugar, no para ganar ni para marcar. Algunos videojuegos pueden responder a esta definición, pero no muchos. *Myst*, que sumerge al participante en una búsqueda encantada en la que el objetivo no es derrotar a ninguna otra persona, es probablemente un buen ejemplo de videojuego que podría contar como juego auténtico.

Los videojuegos están ocupando el lugar del tipo de juegos que debería practicar un niño. Los más importantes desde la perspectiva del desarrollo son los emergentes, en los que brota el yo verdadero, creativo, curioso y confiado del niño. Son un tipo estupendo de juegos que aventuran a salir y que solo tienen lugar después de una actividad de apego gratificante. Los niños, y también los jóvenes, necesitan muchos juegos de este tipo y, por tanto, mucho tiempo de actividad de apego saciante.

Teniendo en cuenta los efectos de los videojuegos, el mejor momento para practicarlos es cuando el niño ya ha experimentado el tipo de juegos que le benefician. En lo que respecta al tema del juego, no deben ser nunca el plato principal porque, si lo fueran, significaría que el niño tiene problemas. Cuanto menos atraído se sienta hacia ellos, menos preocupados tenemos que estar por su equilibrio mental y su desarrollo.

Hay circunstancias en las que se puede escapar de la realidad, pero solo si esa huida nos prepara para asumirla cuando regresemos a ella. Muchos niños se sumergen en los videojuegos antes de haber llegado a preferir ser ellos mismos o a aceptar con gusto la realidad como el estado ideal de ser. En la época anterior a las películas y a la revolución digital, la imaginación era lo único que necesitaban para escapar de vez en cuando de la realidad. El cerebro podía distinguir fácilmente la diferencia entre lo que era real y lo que no. La revolución digital ha desdibujado esa frontera; hoy en día podemos hacer que cualquier cosa parezca y se sienta como real. Las empresas son las encargadas de imaginar. No hay necesidad de volver a la realidad, al menos no durante demasiado tiempo, porque lo que nos separa de la siguiente huida es un simple clic. Da la sensación de que nuestra necesidad de escapar de la realidad está en proporción directa con nuestro fracaso a la hora de adaptarnos a la vida real.

Hasta que un niño no tenga la madurez suficiente para preferir ser él mismo, hasta que no esté preparado para asumir la realidad y sea capaz de autocontrolarse, es preferible no ceder a sus peticiones de perderse en los videojuegos y el entretenimiento digital. La realidad debe ser siempre el plato principal, y la inutilidad de escapar de ella, la lección más importante. Un niño debe poder llorar por la imposibilidad de intentar doblegar la realidad para que se ajuste a sus expectativas. Cuando esa futilidad ha calado en él, escapar de vez en cuando de la realidad es muy divertido y bastante inocuo.

Sin embargo, muchos padres se preguntan por las posibles consecuencias de las burlas o el aislamiento que puede conllevar el hecho de que, contrariamente a lo habitual, a un niño no se le permitan los videojuegos o el acceso a Internet. Sin duda, puede ser una situación incómoda para él, pero reiteramos una vez más que hay cosas peores que las burlas de unos iguales inmaduros. Un niño bien conectado con los adultos puede soportar esas mofas sin sufrir daños porque posee la seguridad emocional necesaria para no depender de la opinión de sus compañeros. El objetivo a largo plazo de un desarrollo saludable debe estar siempre por delante del dolor momentáneo de la desaprobación de los iguales.

Hay un tiempo y una época correctos para conceder un acceso incontrolado a la información en línea

La era de la información contiene una paradoja profunda y perturbadora. Los seres humanos, y sin duda los niños, no hemos sido diseñados para manejar la cantidad de información a la que estamos siendo sometidos, incluso antes de la revolución digital. La única forma que tienen nuestros cerebros de procesarla es filtrando entre el 95 y el 98 por ciento de las percepciones sensoriales. El problema no es que no tengamos suficiente información, sino más bien que tenemos más de la que podemos procesar. El efecto último y paradójico de incrementar el acceso a la información es provocar más defensas contra ella.

No creo que sea un mero accidente que la epidemia de problemas de atención que está asolando hoy en día a nuestros hijos vaya paralela con el torrente de información al que están sometidos. Nuestros mecanismos de atención, sobre todo cuando somos inmaduros, no están diseñados para manejar semejante sobrecarga que, según se ha podido comprobar ampliamente, provoca problemas de concentración, de memoria, de recuperación de recuerdos y de distracción. Los sistemas de atención no pueden desarrollarse adecuadamente si deben hacer frente a una avalancha constante de información. Numerosos estudios demuestran que, para poder integrar la información que recibimos, necesitamos descansos, pasar un tiempo sin recibir estímulos. En lugar de potenciar nuestra capacidad de absorberla, la exposición constante a los medios de comunicación la disminuye.

Otra forma de ver todo esto es que no se debe ingerir más de lo que se puede digerir. Esta es una norma fundamental para todos los niños en lo que respecta a la comida. A medida que se va desarrollando la capacidad de digerir los alimentos, podemos dejar de controlar su ingesta. De todas formas, yo mismo, aunque sea adulto, puedo percibir la toxicidad que se produce cuando ingiero más de lo que mi organismo puede asimilar con comodidad. Y este mismo principio rige el tema de la información. Si los niños ingieren más de la que pueden digerir, sus mecanismos de atención se estresan y, en consecuencia, no consiguen desarrollarse correctamente. Entre los síntomas de unos sistemas de atención estresados e inmaduros podemos citar problemas de concentración, memoria, recuperación de recuerdos y distracción. La mayoría de nosotros sufre este tipo de disfunción de la atención cuando la información es mayor que nuestra capacidad de procesarla. Yo mismo anhelo hoy en día un estado en el que no esté sometido a más información de la que puedo digerir. Paradójicamente, cuando no podemos procesar y utilizar la información, lo que necesitamos es menos, no más.

Para poder beneficiarnos de la información que recibimos necesitamos contar con mucha preparación para el desarrollo, y la infancia es una época en la que esa preparación necesita desarrollarse. Aunque sea *nuestra* era de la información como adultos, no necesita ser la *suya* como niños. No es posible acortar el tiempo necesario para prepararse para asimilar el mundo, ya que, cuando nos apresuramos demasiado, el precio es muy alto. El objetivo de la infancia debe ser fundamentalmente la posibilidad de expresarse como niño, no de asimilar. El flujo entrante de información está interfiriendo con el flujo saliente de ideas emergentes que debería tener lugar antes. Primero curiosidad, una disposición para aprender y recibir, y *luego* información.

Una de las señales más significativas de la falta de flujo saliente emergente en un niño es el aburrimiento. El término en sí mismo connota un agujero. Cuando hay una falta de flujo saliente emergente en el organismo del niño (es decir, falta de interés, de curiosidad, de iniciativa y de aspiraciones), el vacío resultante se experimenta como aburrimiento. Paradójicamente, la mayoría de la gente considera que la solución es más estimulación, pero eso no hace más que exacerbar el problema subyacente y el círculo vicioso se fortalece. En una era de información y entretenimiento sin precedentes, las señales de que nuestros hijos cada vez se aburren más son bastante notables. Esto indica que el niño está vacío de los procesos emergentes internos y de la alegría que necesita para asimilar el mundo.

Por tanto, el mejor momento para que los niños lo asimilen es *después* de haberse colmado de sus propias ideas, pensamientos, significados y contemplaciones. De este modo se respeta el orden natural de las cosas para el desarrollo: flujo saliente antes de flujo entrante.

El desafío de conservar nuestro papel como proveedores de información

Hay un aspecto de la era de la información que resulta especialmente preocupante para la paternidad y la infancia. Informar a los niños ha sido siempre responsabilidad de los adultos. Lo importante no es solo el contenido de lo que se transmite, sino también el contexto, la elección del momento adecuado y el marco.

Darles respuestas antes de que hayan formado las preguntas supone endurecerlos contra el poder beneficioso de la información. Hablarles de su inseguridad existencial (es decir, de que pueden morir, o de que mamá o papá podrían hacerlo) antes de que perciban que esas relaciones son para siempre resulta decididamente cruel. Proporcionales información acerca de la sexualidad de manera prematura supone dañar su desarrollo.

La información ha sido siempre una de las herramientas principales para criar a nuestros hijos. Les decimos lo que necesitan saber y solo eso, *en el momento* en que necesitan saberlo y *cuando* estamos convencidos de que están preparados para gestionarlo. Se podría argumentar que gran parte de nuestro trabajo como progenitores y profesores implica guardar secretos hasta que decidimos que saber es mejor que no saber. La posibilidad de decidir qué, cuándo y cómo llega un niño a saber sobre algo ha sido siempre nuestra prerrogativa como padres y profesores… hasta ahora.

La era de la información lo ha cambiado todo. Ya no tomamos esas decisiones cruciales sobre el contexto, el contenido y el momento apropiado. Y, si decidimos distorsionar la verdad en beneficio del niño, en unos segundos, nos pueden demostrar que estábamos equivocados. ¿Qué implicaciones tiene todo esto para la crianza, para la enseñanza, para la infancia?

Parte de nuestro papel alfa como proveedores es también dar información cuándo y dónde se necesite. Muy a menudo, nuestros niños llegan a saber más que nosotros sobre muchas cosas, pueden encontrar datos sobre la mayoría de los temas más rápido y ya no nos ven como una fuente de la información que necesitan. Esto puede suponer una grave amenaza para nuestro papel como punto de referencia en su vida. Y si no nos utilizan a nosotros como tal, tampoco están acudiendo a nosotros en busca de orientación y dirección, para aprender modales, para formar sus valores, para discernir lo correcto de lo incorrecto. Si ya no les servimos de punto de referencia, pueden perderse una gran parte de lo que les proporcionamos como adultos responsables de ellos. El desarrollo saludable está en peligro. Neil Postman argumenta que, cuando los adultos ya no tienen secretos para los niños, la infancia misma corre peligro.

En ese sentido, afirma: «Si los padres desean que sus hijos conserven su infancia, deben concebir la crianza como un acto de rebelión contra la cultura»[6]. Como ya hemos dicho, los padres deben convertirse en el amortiguador de la sociedad, no en su agente. Cuanto más desempeñemos ese papel de amortiguador con respecto al acceso de los niños a la información, mejor. De todas formas, aunque no podamos conseguirlo, no todo está perdido.

Quizá no podamos competir con Google como transmisores de información pero, por suerte, tampoco necesitamos hacerlo. Lo que nuestros hijos de verdad necesitan saber no tiene que ver con el mundo, sino con ellos mismos. Necesitan ver su valor y su significado reflejados en nuestra mirada, confirmados a través de nuestra voz y expresados en nuestros gestos. Y eso es algo que Google no puede aportarles. Lo que más necesitan, e Internet no puede darles, es información acerca de la invitación a existir en nuestra presencia. Por eso debemos aferrarnos a ellos.

Los niños orientados hacia sus iguales recurrirán a estos en busca de esta información, a la que pueden acceder instantáneamente a través de los mensajes de texto y las redes sociales. Estoy convencido de que podemos sobrevivir a este golpe contra nuestro papel como proveedores. Si no podemos competir a la hora de *darles* las respuestas, debemos esforzarnos al máximo para *convertirnos* en las respuestas de nuestros hijos. A pesar de su acceso universal e inmediato a la información, sigue habiendo una parte que solo puede proceder de nosotros.

Hay otras formas de compensar el hecho de que estemos perdiendo nuestro papel como proveedores de información. En épocas pasadas, esta función era una forma primordial de dependencia. Ahora tenemos que encontrar otros escenarios en los que invitar a nuestros hijos a depender de nosotros. Muchos tenemos habilidades y aficiones que podrían beneficiarlos. Parte del baile alfa-dependiente es transmitirlas. Somos demasiados los que estamos subcontratando esta enseñanza a otras personas: cómo montar en bicicleta, volar una cometa, hacer figuras de madera, tejer, nadar, tirar una pelota. Enviamos a nuestros hijos a centros sociales, campamentos de día y de verano para que aprendan estas habilidades cuando deberíamos más bien mostrar una actitud posesiva hacia estas oportunidades para invitar a nuestros hijos a que dependan de nosotros. Mucho más importante que las habilidades que necesitan dominar es la relación que establecemos a través de estas interacciones. Teniendo en cuenta que hemos dejado de ser los proveedores naturales de información y los guardianes de secretos, no podemos permitirnos perder más cosas.

Volver a ganarse al niño «perdido»

Muchos de nosotros perdemos la esperanza de ganar la batalla por la atención de nuestros hijos que nos plantean los dispositivos digitales e Internet. A menudo constituye un desafío serio y casi insuperable para los padres de los jóvenes orientados hacia sus iguales.

En realidad, no existe más salida que afrontarlo. Debemos abordar el problema desde su núcleo y hacerlo con paciencia, diligencia y confianza en nosotros mismos. Como ya dije anteriormente, es posible que primero tengamos que volver a ganarnos a nuestros hijos. No podemos alimentarlos a menos que coman en nuestra mesa. Si su mundo es ahora el de sus iguales, su preocupación serán los mensajes de texto, y Facebook, el lugar donde residen. Quizá sea demasiado tarde para abordar estos problemas relacionados con la conexión digital, pero siempre estaremos a tiempo de afrontar la encubierta orientación hacia los iguales que los impulsa. Es un problema de relaciones y cualquier progreso en esta área reducirá el correspondiente anhelo de conexión social. Recuerda que no habría Facebook si no fuera por la orientación hacia los iguales, con lo cual eso es lo primero que debemos tratar.

Repito una vez más que, si el niño se muestra obsesivo o tiende a engañarnos, es absolutamente necesario no intentar controlarlo. Estas señales demuestran que el entretenimiento, los videojuegos o las conexiones digitales están cumpliendo para ellos una función que no deberían tener. Los niños necesitan nuestra ayuda, y no más interacción que les angustie. No deberíamos desafiar abiertamente a un niño que ya es adicto intentando controlar su conducta.

La única solución contra la amenaza digital es nuestra relación con nuestros hijos; cualquier intento de controlar, prohibir o impedir el acceso va a fracasar si no existe lo que hemos denominado «poder de la relación». Más nos vale mordernos la lengua, aceptar nuestra tristeza y reconocer y asumir la inutilidad de los enfoques coercitivos que no harían más que amargar aún más la relación entre progenitor e hijo. Resulta muy difícil no mostrarse coercitivos cuando nuestra frustración y nuestra preocupación nos impulsan a intervenir con más fuerza... y cuando tantas supuestas autoridades invocan el autoritarismo. En estos casos, la única respuesta está en el enfoque paciente y cariñoso que hemos recomendado.

Marshal McLuhan sugirió que las innovaciones tecnológicas deben entenderse no en términos de su contenido, sino por los cambios que impulsan en la sociedad. Cuando creamos una nueva tecnología, transformamos aspectos esenciales de nosotros mismos. Y toda extensión se corresponde siempre con una amputación.

Los dispositivos digitales han ampliado el alcance de nuestros hijos a sus iguales, pero lo que se ha amputado es su conexión vital con nosotros. Aunque la tecnología ha ampliado nuestro alcance, ha perturbado nuestras raíces.

La conectividad social entre nuestros jóvenes es prácticamente omnipresente y más de tres cuartas partes de los estudiantes de instituto y universidad se conectan entre sí mediante su teléfono móvil a través de su red social preferida. Este es el pegamento que los mantiene unidos, pero también la cuña que los separa de aquellos cuya conexión amorosa podría aliviar su hambre de apego y fomentar su desarrollo.

Muchos de nosotros hemos experimentado las alteraciones en la conexión familiar que se producen cuando nuestros hijos e hijas (e incluso nuestros cónyuges) cogen el móvil cuando estamos juntos, o se apresuran a terminar la comida o incluso a interrumpir los momentos especiales en familia para regresar a sus mensajes, sus correos electrónicos y sus redes sociales por miedo a caerse por las grietas del apego. Para que se produzca la conexión, ya no basta con estar juntos. Antes, al menos solíamos captar la atención de nuestros hijos después del colegio o de la guardería, pues en esos momentos sus iguales ya no eran accesibles ni estaban disponibles. Teníamos una oportunidad de recuperarlos, de restaurar la conexión para poder criarlos. Gracias a la tecnología, los iguales son ahora omnipresentes en su vida.

Nuestro desafío es, en esta época más que nunca, aferrarnos a nuestros hijos. Si conseguimos hacerlo, podremos inmunizarlos contra el lado oscuro de la revolución digital. Debemos darles la oportunidad de madurar para que puedan convertirse en los amos de estas nuevas herramientas, y no en sus esclavos.

21
A RAÍZ DE LA PANDEMIA: LA ORIENTACIÓN HACIA LOS IGUALES Y LA CRISIS DE SALUD MENTAL EN LOS JÓVENES

LA SALUD MENTAL Y EMOCIONAL de los niños y los jóvenes se está deteriorando en todo el mundo, tal y como indican muchos estudios e informes. Un número cada vez mayor de profesionales de este campo consideran que estamos ante una crisis de salud mental sin precedentes. Ya se estaba cociendo antes de la aparición de la COVID-19 y, a partir del aislamiento que se impuso para responder a la pandemia, no ha hecho sino exacerbarse[1]. La violencia en los colegios, incluidos los ataques a los profesores, está aumentando en Estados Unidos y Canadá, y los educadores británicos han percibido una disminución significativa en la capacidad de los estudiantes para prestar atención o incluso para permanecer sentados. Las autolesiones están experimentando un incremento significativo, al igual que, por desgracia, el suicidio juvenil[2]. Durante la pandemia, las unidades de psiquiatría para adolescentes se llenaron, las líneas de ayuda telefónica para niños se saturaron y aparecieron casos autodeclarados de ansiedad y depresión sin precedentes[3]. Un centro de estudios pandémicos observó que, en el transcurso de la pandemia, los niños en edad escolar experimentaron un incremento aproximado del 40 por ciento en el índice de depresión, ansiedad, irritabilidad y problemas de atención[4]. Algunos estudios informaron de que una mayoría de niños y jóvenes (un terrible 70 por ciento, según algunos) sufrieron daños en su salud mental cuando tuvieron que quedarse en casa sin ir a la escuela durante la primera ola de la pandemia[5]. Por supuesto, muchos adultos también sufrieron, pero resulta muy revelador el hecho de que los adultos jóvenes se vieran afectados de un modo más negativo[6].

Muchos expertos identificaron como culpable al aislamiento provocado por el cierre de los colegios y otros centros durante la pandemia (algunos recomendaron incluso romper las normas de salud pública para devolver un cierto equilibrio mental a los jóvenes). Aunque superficialmente este punto de vista puede parecer plausible, no tiene en cuenta dos puntos esenciales: no puede responder de unas tendencias ya muy establecidas antes de la pandemia y, sobre todo, confunde los efectos con las causas. En realidad, el efecto devastador del aislamiento fue alimentado por la dependencia nada saludable de su grupo de iguales por parte de nuestros jóvenes. La separación de estos no habría sido una amenaza tan grave si los niños y los adolescentes no hubieran estado *ya* orientados hacia ellos. A los que afectó negativamente, que fueron la mayoría, sufrieron por no ver a sus amigos cuando tuvieron que quedarse en casa sin ir al colegio precisamente porque, con frecuencia, su motivación principal para querer ir a clase era estar con sus amigos. Hubo, sin embargo, otro grupo de niños, alrededor de un 20 por ciento, que prosperó al quedarse en casa[7]. Los dos autores de este libro han escuchado muchos ejemplos de niños que mejoraron de manera notable al pasar más tiempo con sus padres y familias, lejos de sus iguales..., y de padres que disfrutaron con la oportunidad de estar con sus hijos.

—Jamás lo habría imaginado —dijo un padre entusiasmado—, pero aquí estoy, viendo a mis hijos crecer y alcanzar nuevos hitos, observando cómo aprenden, jugando con ellos.

Cuando lo analizamos a través de la lente del apego, los alumnos que se beneficiaron fueron quizá los que estaban orientados hacia los adultos y hacia sus familias. Sus relaciones con los adultos los mantuvieron bajo la cálida protección de apegos enriquecedores, resguardados de las pérdidas que los niños orientados hacia sus iguales tuvieron que soportar. Desde el punto de vista de la salud mental, el tema subyacente no es si los niños van al colegio o no, sino si están orientados hacia sus iguales o hacia sus progenitores.

El dilema es que la orientación hacia los iguales resulta en estos momentos un fenómeno tan natural que pasa inadvertido, se considera tan normal que no se registra en la pantalla de nuestro radar como algo extraordinario. Vemos sus efectos, pero no su dinámica subyacente. No la cuestionamos… ni siquiera comprendemos que haya algo que debamos cuestionarnos. Sin embargo, tal y como Gabor Maté señala en su reciente libro, lo que es normal en nuestra sociedad no es ni sano ni natural*.

Para entender lo que está sucediendo en estos momentos, para afrontar con eficacia los desafíos que la postpandemia y un mundo cada vez más digitalizado nos plantean, vamos a repasar brevemente los fundamentos básicos.

Discernir lo que es «normal» para nuestros hijos en una sociedad tan apartada de nuestro trasfondo humano evolutivo es como intentar estudiar la naturaleza de una cebra observando su conducta cuando está recluida en un zoo. Está claro que vamos a sacar conclusiones falsas, puesto que unos seres criados en entornos desnaturalizados suelen desarrollarse y comportarse de formas aberrantes. Recuerda nuestra tesis fundamental: según el diseño evolutivo, los niños deben criarse en una comunidad de adultos que los enriquezca, y los contactos con los iguales deben ocurrir en un contexto de liderazgo, orientación y protección benévolos por parte de los adultos. En aquellas culturas ancestrales que seguían estando en sintonía con el diseño evolutivo del desarrollo así es como los niños eran criados desde tiempos prehistóricos hasta hace un mero abrir y cerrar de ojos antes de la época actual. He aquí, por ejemplo, una descripción de la crianza de los indígenas norteamericanos tal y como la observaron los colonos europeos hace unos pocos cientos de años: «Todos los peregrinos declararon que las familias wampanoag** eran cercanas y

---

* Gabor Maté con Daniel Maté, *The Myth of Normal: Trauma, Illness, and Healing in a Toxic Culture* (Nueva York, Avery, 2022).
** Un clan de lo que ahora es Nueva Inglaterra.

cariñosas. En opinión de algunos, más que las inglesas. Las familias europeas de esa época tendían a considerar que, hacia los siete años, los niños pasaban directamente de la infancia a la adultez, y a menudo los enviaban a trabajar al llegar a esa edad. Los padres [indígenas], por el contrario, consideraban los años previos a la pubertad como un tiempo de desarrollo juguetón y mantenían cerca a sus hijos hasta el matrimonio»[8] (obsérvese el énfasis que se hace en el juego, un asunto al que volveremos). La profesora Darcia Narvaez*, estudiosa del desarrollo humano, ha denominado esta situación como nuestro *nido evolucionado*. En su libro *The Evolved Nest: Nature's Way of Raising Children and Creating Connected Communities* escribe: «Los nidos evolucionados son sistemas de desarrollo diseñados para cubrir las necesidades psicológicas, sociales, físicas y neurobiológicas de una forma exclusiva para la especie». En el caso de los seres humanos aclara que es «el conjunto de procesos y estructuras que proporciona a los niños el microentorno social y ecológico perfectamente diseñado para el crecimiento y la salud óptimos»[9]. Por decirlo llanamente, se nos ha ido la cabeza con los avances económicos y tecnológicos. Fíjate qué absurdo, hemos dejado tan atrás nuestro diseño evolutivo que ahora (como sucedió durante la pandemia) ¡llegamos incluso a considerar un desastre que los niños tengan que estar apartados de sus iguales y en compañía de sus padres!

La erosión de los apegos entre niños y adultos ha supuesto un desarrollo traumático en la historia de nuestra especie y estamos experimentando con mucha intensidad sus ramificaciones en la epidemia de trastornos mentales, angustias, agresiones, problemas conductuales y del desarrollo y otros que asolan a la juventud actual. Está claro que son muchos los factores implicados, y todos ellos se centran en el estrés intolerable que la cultura moderna impone a los progenitores, a las comunidades, a la vida familiar y al desarrollo de los niños. La orientación hacia los iguales no hace más que contribuir a estas tensiones de la sociedad. Y es que la evolución no diseñó este modelo de crianza para los seres humanos.

---

* Profesora emérita de Psicología, Universidad de Notre Dame.

¿Por qué no? Para responder a esta pregunta, tenemos que analizar la dinámica subyacente que favorece la salud mental y el bienestar emocional. Se puede resumir en dos palabras: *cuidado* y *sentimiento*. Empecemos con el *cuidado*.

Cualquier organismo vivo florece cuando se le cuida adecuadamente. Esto es así en el caso de una planta, una mascota, cualquier animal… y nosotros, como seres humanos, estamos incluidos en este grupo. Por tanto, resulta lógico deducir que la salud mental debe estar enraizada en los cuidados. Cuidar, en este sentido, significa mucho más que las intenciones del cuidador y hace referencia a la calidad de los cuidados que el organismo en desarrollo recibe. A un capullo de rosa, por ejemplo, no le importa que el jardinero tenga la mejor de las intenciones si la planta no recibe este tipo de sustrato, el alimento, la luz solar y el riego que necesita. Muchos niños son muy queridos en lo que respecta a las emociones de sus progenitores, pero están sedientos de cuidados porque carecen de las condiciones necesarias que les permitirán recibir ese amor al haber sido minados por una cultura que ya no entiende, valora ni apoya las relaciones de apego necesarias para transmitir amor y cuidados. De hecho, podemos decir que el apego es el sistema de transmisión oculto para dar y recibir cuidados.

La naturaleza nos ha dado el instinto de apegarnos unos a otros para que así podamos cuidarnos. Dicho de otra manera, la naturaleza nos cuida preparando un ambiente en el que podemos cuidar y recibir cuidados unos de otros. Sin embargo, tal y como ya hemos señalado, los instintos no actúan de forma automática y por sí solos, sino que deben ser suscitados por el entorno. Esa es la función de la cultura, y la nuestra nos falla porque erosiona el contexto saludable para que ese apego pueda cumplir su función. El cuidado es natural cuando recibe su energía del apego y está dentro del contexto de este. Solo entonces contamos con la paciencia imprescindible para soportar determinadas molestias y disponemos de la generosidad de espíritu necesaria para que el trabajo resulte más llevadero. Las universidades pueden enseñarnos *cómo* cuidar, pero, sin duda, son incapaces de *hacer* que alguien cuide. El impulso de cuidar es una función del apego, no de la educación ni de la exhortación.

A diferencia de una planta que recibe pasivamente el riego y la luz del sol que se le aporta, la receptividad a los cuidados no debe darse jamás por sentada en el caso de los humanos. Así como el cordón umbilical necesita estar unido a la placenta para que el feto reciba nutrientes, un niño debe estar unido en modo dependiente y receptivo para que los cuidados puedan llegar a él. Aunque esto suceda sobre todo en el caso de los niños, es así incluso en el matrimonio y en la amistad, cuando lo ideal es que nos turnemos para dar y recibir cuidados. La danza ancestral del apego necesita un movimiento de *liderar* en el acto de cuidar y otro de *seguir* para poder recibirlo. Ahora bien, ¿qué sucede si nuestros hijos ya no nos siguen porque han quedado subyugados por el canto de sirena digital y culturalmente magnificado del mundo de los iguales? Ya no están receptivos a los cuidados que tanto deseamos ofrecerles, y esa receptividad a los cuidados es esencial para el desarrollo saludable de los circuitos neuronales y la dinámica emocional que sostiene la salud mental. Sabemos, por ejemplo, que las conocidas como experiencias adversas de la infancia (cada una de las cuales hace referencia a una pérdida o carencia de cuidados) contribuyen de una forma muy potente al sufrimiento en la adolescencia y la adultez. Como ha señalado el psicólogo y estudioso británico Richard Bentall: «La evidencia de un vínculo entre la desgracia en la infancia y un futuro trastorno psiquiátrico es tan fuerte en términos estadísticos como el que existe entre el tabaquismo y el cáncer de pulmón»[10]. Entre estas desgracias, hoy en día podríamos incluir la erosión de la relación de apego que es el conducto natural que permite a los niños absorber el cuidado que emana de los adultos. En consecuencia, la crianza problemática de los hijos llega incluso a alimentar la orientación hacia los iguales: cuanto peor es la relación del niño con sus progenitores, más probabilidades tiene este de buscar consuelo en el grupo de iguales. Según un informe: «Los investigadores han descubierto que los alumnos que fueron criados con dureza por sus progenitores a los doce años tenían más probabilidades a los catorce de afirmar que su grupo de iguales tenía mayor prioridad que sus otras responsabilidades, incluido el hecho de seguir las normas de sus progenitores. Esto, a su vez, los llevó a implicarse en actividades de mayor riesgo a los dieciséis, como una actividad sexual temprana más frecuente en las chicas y una mayor delincuencia (peleas, robos) en los chicos». Y los resultados educativos también se deterioraron[11].

Puesto que los niños orientados hacia sus iguales no recurren a sus padres para cubrir sus necesidades de apego, incluidas las de compañía, semejanza, pertenencia, sentirse importantes, recibir amor o ser reconocidos, es imposible que reciban el cuidado que se les puede ofrecer. Sus cordones umbilicales del apego no están conectados, por así decirlo. En esos casos, no importa cuánto amor queramos dar porque no puede llegar ya que el niño no puede percibirlo.

Ahora bien, ¿por qué el apego y el cuidado que este facilita son necesarios para la salud y por qué resulta tan dañina su pérdida? Aquí es donde interviene el *sentimiento*. El cuidado debe sentirse para que pueda cumplir su función. El niño debe *sentir* el cuidado que se le ofrece: debe sentirse cuidado e importante para la otra persona. El problema es que este sentimiento conlleva una vulnerabilidad que puede resultar insoportable. Sentirse cuidado supone también sentir el abandono. Sentir que uno importa significa también sentir la indiferencia. Como ya vimos anteriormente, los niños orientados hacia sus iguales no pueden permitirse vivir con esta vulnerabilidad cuando están en un mundo de heridas constantes. El cerebro dispone de defensas emocionales para afrontar el sufrimiento y elimina aquellos sentimientos que podrían interferir en nuestra capacidad de soportar. La pérdida de la capacidad de sentir cariño es una parte de los daños colaterales de la huida de la vulnerabilidad por parte del cerebro.

Un niño orientado hacia sus iguales sufrirá una falta de cuidados, a menudo muy grave, incluso en el caso de que haya quien se los pueda ofrecer. Esta falta de cuidados recibidos le impide prosperar y supone un riesgo de sufrir todo tipo de problemas de salud mental, incluidas la angustia y la depresión. El reto y la solución son, por tanto, ayudar a nuestros niños a recuperar los sentimientos. Sin embargo, en vez de abordar estos, tenemos que ofrecer el contexto adecuado para que se produzca un apego seguro en el que surgirán de manera natural.

Contrariamente a lo que se suele creer hoy en día, el bienestar psicológico de los niños solo puede apoyarse en unos andamios emocionales saludables. Lo que cuenta no es la conducta, ni los pensamientos correctos, ni la enseñanza correcta, ni una autorregulación adecuada, sino el desarrollo emocional. Esa es la base del sentido beneficioso del yo que puede guiar una socialización saludable. Una vez más, en la impronta maestra del desarrollo, la socialización es el resultado final. Lo que la precede es el proceso de individuación, que incluye una relación sana con los sentimientos propios. A su vez, la individuación se apoya en unos apegos sanos y satisfactorios de los niños con los adultos responsables de ellos. Al colocar la socialización en primer lugar, estamos trastocando todo el proceso. La sensación de seguridad de los niños, su confianza en el mundo y, por encima de todo, su conexión con sus auténticas emociones dependen de una disponibilidad constante de cuidadores sintonizados con ellos y emocionalmente fiables con los que el niño mantiene el apego principal. La vida moderna ha hecho que esta conexión esté cada vez menos disponible para muchos niños. Como observó el preeminente psiquiatra del desarrollo infantil Stanley Greenspan: «Mientras trazábamos las primeras etapas del crecimiento de la mente, hemos encontrado cada vez más evidencias de que este desarrollo está en grave peligro por las instituciones y los patrones sociales modernos. En casi todos los aspectos de la vida cotidiana, incluidos el cuidado de los niños, la educación y la vida familiar, existe una indiferencia creciente hacia la importancia de las experiencias emocionales que sirven para construir la mente»[12].

A finales de los años sesenta, investigadores de la Universidad de Tubinga, en Alemania, observaron lo que denominaron «la nueva indiferencia», una caída medible de la percepción sensorial y la conciencia general de los estudiantes. Descubrieron que a los jóvenes no los estimulaban la emoción, el placer ni la alarma que se habrían registrado con mucha más fuerza en generaciones anteriores. Tal y como indicaba un informe de este proyecto, lo que los investigadores descubrieron resulta preocupante. «Aparentemente, nuestra capacidad para procesar estímulos sutiles está disminuyendo a un ritmo aproximado de un uno por ciento anual»[13]. Los cerebros de los jóvenes están siendo cada vez más desensibilizados… y esto sucedía antes de la aparición de los medios digitales. Creo que lo que estos científicos estaban describiendo era el cierre emocional protector que hemos denominado huida de la vulnerabilidad, engendrado por la influencia creciente de la orientación hacia los iguales que alcanzó su primer *crescendo* precisamente en los años sesenta. A esto podemos añadir hoy el impacto más reciente pero relacionado con él e igualmente amenazante de los medios digitales que hemos analizado en los dos capítulos anteriores. La combinación entre la orientación hacia los iguales y el uso excesivo de pantallas (dos fenómenos muy vinculados entre sí, como vimos en los dos capítulos precedentes) altera el desarrollo sano de nuestros hijos y, en consecuencia, su salud mental. Por tanto, vamos a decir algo más sobre los niños y las pantallas.

Un estudio publicado en 2019 por la revista *JAMA* Pediatrics* fue de los primeros en investigar los efectos neurobiológicos que provoca en los niños el uso de las pantallas. «En una única generación —escribieron los autores—, a través de lo que se ha descrito como un ingente "experimento controlado", el paisaje de la infancia se ha digitalizado, lo que ha afectado a la forma en la que los niños juegan, aprenden y entablan relaciones […]. El uso empieza en la infancia y se incrementa con la edad, y recientemente se ha estimado en más de dos horas al día en niños menores de nueve años, dejando aparte el empleo que se hace en las clases de preescolar y primaria […]. [Los] riesgos incluyen retraso en el lenguaje, dificultades del sueño, trastornos en la función ejecutiva y en la cognición general y una disminución de la implicación entre padres e hijos, incluido el hecho de leer juntos». El estudio, realizado con preescolares mediante técnicas avanzadas de imagen cerebral, descubrió que el aumento del tiempo de exposición a las pantallas se asociaba con un peor funcionamiento de la materia blanca del cerebro «en los principales tractos nerviosos que sostienen el lenguaje básico y las habilidades literarias emergentes»[14].

---

* *Journal of the American Medical Association.*

La psicóloga Mari Swingle trata a muchos jóvenes con trastornos de conducta, problemas de atención y patrones de adicción. Es la autora del que quizá sea el libro más completo sobre el cerebro y la cultura digital, *i-Minds 2.0: How and Why Constant Connectivity Is Rewiring Our Brains and What to Do About It*. Entiende muy bien el alivio que los medios inteligentes proporcionan a los progenitores en un mundo caracterizado por «mucho más ir de acá para allá, menos interacción entre padres e hijos y un mayor estrés y fatiga en los progenitores». Entonces, se pregunta, ¿qué es lo que ha rellenado ese hueco? «La respuesta sencilla es que los medios inteligentes están actuando como un mediador del estrés y la fatiga para los progenitores. Los acogemos porque cubren una necesidad y, ahora, un vacío. La implicación en los medios digitales requiere muy poca planificación, o ninguna, está disponible al instante y proporciona a progenitores, cuidadores e incluso educadores momentos muy necesarios de reposo y disfrute». Lo que vemos es que la solución a un problema alimenta otro. Estas formas de aliviar el estrés, comprensibles en estos tiempos tan malvadamente estresantes, tienen un coste... y son nuestros hijos los que lo pagan en gran medida.

«Estamos viendo características similares al autismo en niños sin este trastorno —afirmó Mari Swingle en una entrevista—. Falta de respuesta a la sonrisa, retraso en las habilidades verbales, lo que yo solía denominar cariñosamente niños ocupados: ahora son simplemente niños que van por ahí sin un objetivo o zombificados cuando no están conectados a un dispositivo tecnológico [...]. Hay niños, y en realidad hoy en día también adultos, acostumbrados a estar conectados durante largos periodos; los paseos no les valen, ni tampoco montar en canoa, y hasta el *skate* de velocidad y muchas cosas más, como el esquí, se ponen ahora en cuestión». A la doctora Swingle le preocupan también los efectos que una exposición incesante a las pantallas produce sobre el desarrollo del cerebro: «Una menor capacidad para centrarse en lo normal, lo básico, en lo que se incluyen estados de observación, de contemplación, y las transiciones de las que surgen las ideas; esto es lo que muchos menores de veinte años considera hoy en día un vacío que provoca aburrimiento [...].

En los niveles biológicos, además de en los culturales, estos cambios en el estado cerebral afectan al aprendizaje, a la socialización, a la diversión, a las relaciones de pareja y a la creatividad, es decir, en esencia, todos los factores que componen una sociedad y una cultura. Los procesos neurofisiológicos que regulan el estado de ánimo y la cultura se están desregulando»[15].

¿Dónde podemos encontrar un alivio a esta situación? Una vez más, en el puerto seguro del apego.

En el nido evolucionado había toda una red de apegos adultos en los que el niño se cobijaba, un contexto en el cual los sentimientos podían manifestarse sin peligro y la vulnerabilidad no era una amenaza, en el que podían desenvolverse «experiencias emocionales que entrenaban el cerebro». Debemos establecer en nuestras familias y en todas las instituciones relacionadas con la crianza de los niños, desde preescolar hasta la enseñanza secundaria, un sistema de cuidado, conexión y contacto emocional que siga las líneas que hemos sugerido en este libro. Es lo que yo denomino una «cascada de cuidados» en la que cada apego sano con un adulto por parte del niño engendre y favorezca otro, desde los padres a la guardería, a preescolar y a la enseñanza primaria. Debemos, o bien devolver la responsabilidad del cuidado a los adultos de los que ya depende el niño, o bien ocuparnos, en primer lugar y sobre todo, de cultivar el tipo de relaciones que nos permiten transmitir nuestro cuidado.

También en este caso, la aldea, de una forma moderna*. En resumen, la solución que proponemos para los problemas tanto desvelados como exacerbados por la pandemia no es volver a arrojar despreocupadamente a nuestros niños al entorno de los iguales con la esperanza de recuperar de ese modo algo «normal» que nunca ha sido normal, ni tampoco natural o sano. Lo que debemos hacer más bien es crear una nueva normalidad que esté en consonancia con las necesidades evolutivas que eones de desarrollo mamífero y humano han convertido en nuestro derecho consustancial. Podríamos denominarla la vieja normalidad con condiciones nuevas. Un apego que

---

* Véase el capítulo 18, donde se habla de la aldea de apego.

proteja la vulnerabilidad y permita que fluyan los sentimientos saludables. Estos sentimientos necesarios incluyen aquellos difíciles que prohíbe la huida de la vulnerabilidad*: tristeza cuando las cosas no funcionan y la sensación de futilidad que permite a los humanos jóvenes reconocer que a veces no pueden *hacer* nada para evitar ciertas situaciones, para conseguir gustar a otros, hacer que los acepten, que los admiren. Esa tristeza, esa sensación de futilidad plenamente sentida y aceptada, es esencial para la maduración emocional y la salud mental. Y estos sentimientos exigen seguridad, emocional sobre todo. Debemos hacer hincapié en que la seguridad de los niños no es solo la ausencia de amenazas, sino también el mantener la relación correcta con adultos que se preocupen por ellos. Estoy convencido de que se podría avanzar muchísimo si los colegios se centraran en el aspecto del emparejamiento de lo que tiene que suceder para el bienestar emocional. El primer reto consiste en asegurarse de que cada niño esté envuelto en una cascada de cuidados con adultos enriquecedores. Cualquier actividad, iniciativa o programa que cumpla este propósito resultará transformador para los alumnos.

Cuando los colegios de la provincia canadiense de Quebec volvieron a abrir tras el confinamiento por la COVID-19 decretado en mayo de 2020, se habían omitido del currículo asignaturas supuestamente no esenciales como la música, la expresión dramática, la expresión artística y la educación física. Se consideraba que las asignaturas académicas eran más importantes, lo que suscita una pregunta: ¿más importantes para qué? Priorizar la «preparación para el empleo» es algo completamente distinto a enfatizar el desarrollo sano, que debería ser el objetivo principal del sistema educativo y de la crianza de los niños en general. Incluso centrándose principalmente en la «creación de habilidades», nuestras ideologías educativas predominantes dejan pasar la oportunidad, puesto que las habilidades cognitivas dependen de una firme arquitectura emocional. «La interacción emocional, y no la intelectual, es el principal arquitecto de la mente», escribió el

---

* En el capítulo 8 se puede leer nuestro análisis de la huida de la vulnerabilidad fomentada por la orientación hacia los iguales.

doctor Greenspan. Y en esa arquitectura, contrariamente a lo que creían las autoridades educativas de Quebec, el juego y la creatividad son elementos indispensables.

—Solíamos creer que los colegios construían cerebros —dije en cierta ocasión en Bruselas, en una reunión del Parlamento Europeo—. Ahora sabemos que el juego es el constructor de los cerebros que luego puede utilizar el colegio […]. Ahí es donde se produce más crecimiento.

Esas asignaturas que las autoridades escolares de Quebec consideraban superfluas son las que acceden a los circuitos esenciales del cerebro. Todos los mamíferos jóvenes juegan, y lo hacen por razones fundamentales. Como identificó el renombrado neurocientífico Jaak Panksepp, tenemos en nuestro cerebro un sistema de «juego» que compartimos con otros mamíferos. El juego es un motor principal del desarrollo del cerebro y resulta esencial para el proceso de maduración emocional. «Como especie, en gran parte hemos evolucionado culturalmente gracias a nuestra actitud juguetona y a todo lo que esta produce a través de la inteligencia y la productividad», escribe el psicólogo James Garbarino[16]. Y yo insisto en que el juego verdadero no está vinculado a un resultado: la diversión está en la actividad, no en el resultado final. El juego libre es una de las necesidades ineluctables de la infancia y se está sacrificando tanto al consumismo como al vórtice digital en el que están atrapados nuestros niños.

Cuando hablo del juego, no me estoy refiriendo solo al sentido físico estricto ni tampoco a «jugar» con dispositivos, teléfonos móviles ni pantallas. Una de sus funciones principales es cuidar de las emociones. El jugueteo en las parejas, por ejemplo, proporciona una excelente «excedencia» de la tarea en ocasiones ardua de mantener los apegos. Los juegos, como el «cucú-tras», son una de las primeras actividades en las que se implican los bebés. Más tarde, pueden adoptar muchas formas. Por eso, en algunos idiomas, las representaciones teatrales se denominan «juegos». En el teatro se pueden reflejar todo tipo de emociones que, en la vida real, nos colocarían en una situación demasiado vulnerable. Cualquier colegio podría proporcionar los espacios que los estudiantes necesitan para expresar emociones a través del arte, la escritura, la poesía, la música o el teatro. La literatura terapéutica está llena de ejemplos del efecto transformador de este último, por ejemplo, en la salud emocional incluso de los reclusos[17]. Si consigue derretir los corazones de estos, qué no hará con nuestros estudiantes. Las salas de música podrían abrirse para actividades extracurriculares basadas en el juego. Los estudios de arte podrían convertirse, una vez más, en centros de expresión emocional. Creo que, en este contexto, resulta bastante revelador que en uno de los estudios relacionados con la salud mental de los alumnos se descubriera accidentalmente que los colegios que tenían un coro mostraban los indicadores de bienestar más elevados[18]. Cada vez hay más investigaciones que revelan la relación que existe entre la participación de los adultos en un coro y su salud mental[19]. Y una vez más, si esto es así con los adultos, qué no será con nuestros niños. En nuestros hogares, en las guarderías y en las aulas de preescolar debemos fomentar entornos que permitan la expresión creativa, patios de juego emocionales donde se puedan manifestar y acoger los sentimientos verdaderos.

Los retos del mundo postpandémico me impulsan todavía más a reforzar el mensaje esencial de este libro: construye, reconstruye, reclama, concede y honra la relación de apego. La parte buena es que hay esperanza. Aunque los síntomas de los niños que no mantienen una relación correcta con los adultos que los cuidan se están volviendo cada vez más preocupantes, la respuesta sigue siendo la misma: debemos restaurar nuestra conexión con nuestros hijos. Vamos a desconectar a nuestras familias y a nosotros mismos del mundo digital tanto como podamos. Vamos a invitar a nuestros hijos a que dependan de nosotros. Regresemos a la naturaleza, saquemos a nuestros hijos a tomar el aire tanto como permitan nuestras circunstancias. Celebremos la creatividad de nuestros niños, estimulemos sus esfuerzos en el arte, la música, las manualidades y el teatro, no por los logros que alcancen, sino como un modo de autoexpresión necesaria para la salud mental y el bienestar. Favorezcamos su tristeza, su sensación de futilidad cuando el mundo los decepcione, como sin duda sucederá. Eso los ayudará a encontrar el profundo descanso restaurador que necesitan sus mentes y les permitirá al mismo tiempo desarrollar resiliencia. Y vamos a dejar de hacer muchas cosas a la vez mientras estamos con nuestros hijos. Para que estos perciban nuestra invitación a existir en nuestra presencia, primero tenemos que estar presentes nosotros. Nos estamos jugando mucho, el peligro acecha, los problemas se acumulan y ya se están cobrando un peaje muy alto. La solución somos nosotros.

GLOSARIO

Adaptar/adaptación/proceso de adaptación: El proceso de adaptación hace referencia a la fuerza natural de crecimiento que impulsa a un niño a cambiar (a desarrollarse emocionalmente o a aprender realidades nuevas) porque ha asumido que algo no puede transformarse. Es el proceso por el cual los niños aprenden de sus errores y se benefician de sus fracasos. Es también el proceso por el cual la adversidad cambia a un niño a mejor.

Adolescencia: Utilizo el término *adolescencia* para referirme al puente entre la infancia y la adultez. Por lo general, es el tiempo que transcurre entre el inicio de la pubertad y la asunción de papeles adultos en la sociedad.

Alarma de apego: El cerebro humano está programado para activar una alarma cuando el sujeto se separa de aquellos a los que está apegado. Esta alarma funciona en muchos niveles: instintivo, emocional, conductual, químico y del sentimiento. Cuando la percibimos, podemos experimentarla como miedo, ansiedad, conciencia, nerviosismo o aprensión, y por lo general impulsa al niño a mostrarse precavido. Si no se percibe conscientemente, puede manifestarse como tensión o agitación.

Alarma: Véase *alarma de apego*.

Aldea de apego: La red de apegos que proporciona el contexto en el que se cría un niño. En las sociedades tradicionales se corresponde con las aldeas y pueblos en los que la gente vive y crece. En la nuestra tenemos que crearla.

Apego competidor: Véase *incompatibilidad de apego*.

Apego: En términos científicos, un apego es el impulso o la relación caracterizados por la búsqueda y la conservación de la proximidad. Proximidad significa cercanía. En su definición más amplia, el apego humano incluye el movimiento hacia todo tipo de cercanía: física, emocional y psicológica.

Cerebro de apego: Es un término para describir aquellas partes del cerebro y del sistema nervioso que sirven para el apego. No hace referencia a un área concreta, sino más bien a una función particular del cerebro compartida por varias regiones. Muchas otras criaturas cuentan también con este funcionamiento de apego como parte de su aparato cerebral, pero solo los seres humanos tienen la capacidad de adquirir conciencia de este proceso.

Conciencia de apego: Hace referencia a las malas sensaciones que se desencadenan en una persona (sobre todo en un niño) cuando piensa, hace o considera que algo podría provocar disconformidad, distanciamiento o decepción en aquellos a los que está apegado. Ayuda a los niños a permanecer cerca de sus figuras de apego que, en situaciones ideales, deberían ser sus progenitores. Cuando un niño se orienta hacia sus iguales, la conciencia de apego sirve a la relación entre estos.

Contravoluntad: Este término hace referencia al instinto humano de resistirse contra la presión y la coacción. Favorece el apego porque evita que los niños sean indebidamente influidos por aquellos a los que no están apegados. A menos que se magnifique por la orientación hacia los iguales o por otros factores, también favorece el desarrollo porque abre camino a la formación de la voluntad del niño evitando la de otras personas.

Danza de apego: Véase *danza de captación*.

Danza de captación: Un término que hace referencia a los instintos de cortejo humanos que cumplen el propósito de conseguir que otras personas se apeguen a nosotros. He elegido el término *captación* para librarme de las connotaciones sexuales que están asociadas a palabras como cortejo y galanteo. La palabra *danza* hace referencia al aspecto interactivo de este proceso.

Defenderse contra la vulnerabilidad: El cerebro humano está diseñado para protegerse contra cualquier sensación de vulnerabilidad que resulte excesivamente abrumadora. Cuando estos mecanismos de protección son crónicos y generalizados, conducen a un estado de defensión contra la vulnerabilidad. Estos mecanismos incluyen filtros emocionales y perceptivos que impiden la entrada de información que la persona consideraría hiriente y dolorosa.

Desapego: Este término hace referencia a una resistencia a la proximidad; es una defensa contra la vulnerabilidad. En la mayoría de los casos se muestra resistencia al contacto y a la cercanía para evitar la herida que provoca la separación. Esta reacción instintiva es un mecanismo de defensa muy habitual, pero, si se atasca y se vuelve generalizada, destruye el contexto necesario para la crianza y para un desarrollo saludable.

Desapego defensivo: Véase *desapego*.

Diferenciación: Hace referencia al proceso del crecimiento que consiste en separar o individualizar. Así como el apego con adultos enriquecedores constituye la primera fase del desarrollo, la diferenciación es la segunda. Las entidades o seres deben estar suficientemente diferenciados antes de que puedan integrarse con éxito. Por eso, una diferenciación saludable debe preceder a la socialización, pues, de lo contrario, la persona no podrá experimentar el hecho de estar junto a otra sin perder su sentido del yo.

Dominación: Véase *dominación de apego*.

Dominación de apego: Para facilitar la dependencia, el apego asigna a las personas de forma automática a una posición dependiente que busca cuidados o a otra dominante que los proporciona. Esto sucede especialmente en las criaturas inmaduras, como los niños, aunque también en los adultos inmaduros. Los niños deben estar en una posición dependiente que busca cuidados con respecto a los adultos responsables de ellos.

Elemento atemperante: Los pensamientos, sentimientos o intenciones que impiden que los impulsos actúen de un modo inapropiado. Así, por ejemplo, el amor atempera el deseo de hacer daño, el miedo a las consecuencias puede atemperar un impulso de actuar de forma destructiva o la capacidad de ver el punto de vista de otra persona atempera la tendencia a ser dogmático. Este atemperamiento aporta equilibrio a la personalidad o perspectiva a la percepción.

Emergente: Véase *proceso emergente*.

Emoción: Este término tiene dos significados básicos: «agitación» y «mover». La emoción es lo que mueve al niño, al menos hasta que las intenciones se hayan fortalecido lo suficiente como para determinar la conducta. Cualquier criatura con sistema límbico (la parte emocional del cerebro) tiene emociones, pero solo los seres humanos pueden ser conscientes de ellas. Esa parte consciente es lo que denominamos sentimientos y sensaciones. La emoción tiene muchos aspectos: químico, fisiológico y motivacional. No es necesario sentirla para que nos mueva; de hecho, lo que nos impulsa muchas veces son las emociones inconscientes.

Energía emergente: Véase *proceso emergente*.

Enseñabilidad: Ser enseñable significa estar receptivo a que nos enseñen y motivado a aprender. Este factor hace referencia a esos aspectos del aprendizaje que tienen una naturaleza psicológica, relacional y emocional. No es lo mismo que la inteligencia. Un niño puede ser muy listo pero absolutamente imposible de enseñar y viceversa.

Frustración de apego: La frustración provocada cuando los apegos no funcionan: cuando se impide el contacto o cuando se pierde la sensación de conexión.

Funcionamiento integrador: Véase *proceso de integración*.

Guionizar: La analogía del guion la he tomado prestada de la profesión de actor en el sentido de que la conducta debe representarse porque no se origina en el actor. Es lo que sucede con la madurez. Las situaciones sociales exigen una madurez que nuestros hijos pueden no haber adquirido. No podemos ordenarlos que crezcan, pero sí conseguir que actúen como personas maduras en unas situaciones concretas proporcionándoles las indicaciones de lo que deben hacer y cómo hacerlo. Para que un niño acepte esta dirección, el adulto debe ocupar la posición de proveedor de indicaciones, lo cual es fruto del apego del niño a su progenitor. Un buen guion se centra en lo que se debe hacer, no en lo que no se debe hacer, y proporciona unas indicaciones que el niño pueda seguir fácilmente.

Horizontalización de la cultura: Pérdida de la transmisión vertical tradicional de la cultura en la que las costumbres y tradiciones se pasan de generación en generación. Es también un juego de palabras que sugiere la muerte de la cultura, como cuando el registro de las ondas cerebrales refleja una línea horizontal.

Huida de la vulnerabilidad: Véase *defenderse contra la vulnerabilidad*.

Identificación: Una forma de apego en la que nos igualamos a la persona o cosa a la que estamos apegados. Por ejemplo, apegarse a un papel es identificarse con él.

Impotencia de los progenitores: Utilizo este término en su significado más estricto: *carencia de poder suficiente*. Para poder cumplir con sus responsabilidades parentales, los progenitores tienen que estar empoderados por el apego de su hijo a ellos. Cuanto más débil sea ese vínculo, más impotentes se vuelven.

Incompatibilidad de apego: Los apegos son incompatibles cuando un niño no es capaz de mantener la cercanía o la sensación de conexión en dos relaciones al mismo tiempo. Esta incompatibilidad se crea cuando, por ejemplo, el niño recibe de sus progenitores una serie de indicaciones sobre cómo actuar y cómo ser y otras completamente distintas de sus iguales. Cuanto más incompatibles sean los apegos, más probabilidades hay de que se polaricen.

Individuación: El proceso de convertirse en un individuo, distinto y diferenciado de los demás y viable como ser independiente. Este concepto se confunde a menudo con el de individualismo que se define más adelante.

Individualidad: La parte de la personalidad que es indivisible y no compartida con nadie más. Es el fruto del proceso de convertirse en un ser psicológicamente independiente que culmina en el pleno florecimiento de nuestra propia unicidad. Ser un individuo es tener nuestros propios significados, ideas y límites; valorar nuestras preferencias, principios, intenciones, perspectivas y objetivos; ocupar un lugar que no ocupa nadie más.

Individualismo: Este término se confunde a menudo con el de individualidad y le da mala fama. El individualismo hace referencia a la idea de que las necesidades de la persona están por encima de las del grupo o comunidad. Esta confusión lleva a menudo a creer que la individuación es lo contrario de la comunidad y está en oposición con el prerrequisito de la verdadera comunidad.

Inmadurez psicológica: Véase *maduración*.

Instinto: Al hablar de instinto nos estamos refiriendo a los profundos deseos o impulsos de actuar que son comunes a todos los seres humanos. Como el apego es el preeminente, la mayoría de nuestros instintos están a su servicio. La fuente de estos impulsos de actuar está incrustada en el sistema límbico del cerebro humano. De todas formas, los instintos de las personas, al igual que los de otras criaturas, necesitan estímulos adecuados del entorno para desencadenarse correctamente. No tienen por qué ser automáticos.

Intemperado: Este término significa no mezclado, no mitigado o unilateral. No estar atemperado supone carecer de cualquier forma de diálogo interno, conflicto o discordancia en la conciencia. La señal fundamental de la inmadurez emocional y social es la intemperancia en la experiencia y la expresión. La persona intemperada no tiene sentimientos mezclados acerca de nada. Véase también *temper*.

Intimidad emocional: Sensación de cercanía y conexión que se percibe emocionalmente.

Intimidad psicológica: Sensación de cercanía o conexión que aparece cuando nos sentimos vistos u oídos, es decir, cuando nos sentimos conocidos o comprendidos.

Intuición: Cuando utilizo este término, por lo general me estoy refiriendo al conocimiento que se percibe a través de los sentidos, que no se sabe con anterioridad; es algo inconsciente, no consciente. De todas formas, no puede ser mejor que nuestra perspicacia. Cuanto más exactas sean nuestras percepciones, más podremos confiar en nuestra intuición.

Lágrimas de futilidad: Llorar cuando nos damos cuenta de que algo es inútil es un reflejo humano, sobre todo si la frustración ha sido intensa. Los sentimientos correspondientes son la tristeza y la decepción. Futilidad es lo que experimentamos cuando algo no funciona o no puede funcionar. Cuando la registramos emocionalmente, enviamos señales a las glándulas lacrimales que hacen que nuestros ojos se humedezcan. Estas lágrimas son distintas de las que produce la frustración. La experiencia de entender que algo es fútil y los correspondientes sentimientos de tristeza y de dejar ir son muy importantes para el desarrollo de un niño. Los que están orientados hacia sus iguales se caracterizan porque carecen de este tipo de lágrimas.

Lío amoroso: Véase *lío amoroso de apego*.

Lío amoroso de apego: Si le quitas la connotación sexual, esta analogía sirve para describir la orientación hacia los iguales. La esencia de un lío amoroso en el matrimonio es cuando un apego exterior compite con el contacto y la cercanía del cónyuge o lo aparta de este. Cuando los apegos con los iguales apartan a un niño de sus progenitores es cuando dañan el desarrollo.

Maduración: Proceso por el cual el niño llega a hacer realidad sus potenciales humanos. Aunque el crecimiento psicológico es espontáneo, no es inevitable. Si las circunstancias no lo favorecen, un niño puede ir cumpliendo años sin llegar a madurar jamás. Los tres procesos fundamentales que permiten la maduración de los niños son la emergencia, la adaptación y la integración.

Mente integradora: Cuando el proceso de integración es activo, la mente recoge el pensamiento o sentimiento que podría entrar en conflicto con aquello en lo que se está centrando. De este modo aporta equilibrio y perspectiva.

Naturaleza bipolar del apego: Al igual que el magnetismo, el apego está polarizado. Siempre que se busca la proximidad con una persona o grupo, el contacto y la cercanía con otros se resienten. El niño se resistirá especialmente contra aquellos que percibe como competidores de las personas con las que está buscando apego de forma activa. Cuando se orienta hacia sus iguales, estos otros son los progenitores y demás adultos enriquecedores.

Orientarse/orientar/orientación: Orientarse es averiguar dónde se está situado. Como seres humanos, esto implica no solo poder percibir el lugar en el que nos encontramos, sino también quiénes somos y cuánto importamos. También conlleva la comprensión de nuestro entorno. Una parte significativa de la orientación es recibir las indicaciones de cómo ser y qué hacer, qué es importante y qué se espera de nosotros. Mientras los niños no son todavía capaces de orientarse a sí mismos, lo hacen a través de las personas a las que están apegados. Los niños orientados hacia sus iguales se fijan en estos, no en los adultos, para formar su conducta y obtener las indicaciones de cómo deben ser, cómo deben verse a sí mismos, qué valores deben buscar.

Paternidad/maternidad: Al hablar de paternidad me estoy refiriendo a la función de hacer de padres, es decir, una obligación, cargo o posición especial conferida a una persona. Para los romanos, esta tarea especial era conferida por el Gobierno. Para los progenitores, este servicio especial es algo que solo puede conferir el apego de un niño. Ser el progenitor biológico, adoptivo o la nueva pareja del otro progenitor no implica automáticamente paternidad en este sentido. La única forma por la cual se admite a alguien en esta función y se le equipa para ella es a través del apego del niño.

Poder para criar a un hijo: Muchas personas confunden poder con fuerza. En este caso no estoy hablando de coacción ni de castigos, sino de la autoridad natural que tienen los progenitores cuando sus hijos se están conectando activamente con ellos y recurren a ellos para recibir las indicaciones de cómo deben ser, cómo deben comportarse, qué valores deben buscar. De hecho, cuanto más poder tenemos, menos necesitamos recurrir a la fuerza… y viceversa.

Principio de inmediatez: Principio de la teoría del aprendizaje que sostiene que, para obtener un cambio de conducta, es necesario intervenir inmediatamente cuando un niño se está comportando de manera incorrecta. Este principio deriva de estudios realizados con palomas y ratas.

Proceso de integración: La fuerza de crecimiento natural implicada en la fusión de entidades independientes. En este libro empleamos esta expresión para referirnos al proceso de desarrollo que tiene lugar cuando elementos distintos de la personalidad se unen para crear un todo nuevo; las emociones hostiles, por ejemplo, pueden integrarse con sentimientos que las controlen, como la compasión o la ansiedad. Esta mezcla es lo que produce la perspectiva, el equilibrio y la madurez emocional y social. La esencia de la integración, en el plano social, consiste en mezclarse sin fundirse, en estar juntos sin dejar por ello de ser independientes. Requiere una diferenciación anterior suficiente.

Proceso emergente: El proceso vital de diferenciación cuyo objetivo es la viabilidad de un niño como ser independiente. Se caracteriza por un tipo de energía aventurera que surge espontáneamente en el niño en desarrollo. Lo podemos ver cuando empieza a caminar. Este proceso es espontáneo, pero en absoluto inevitable; depende de que las necesidades de apego del niño estén satisfechas. Da lugar a muchos de los atributos que deseamos: sentido de responsabilidad, curiosidad, interés, establecimiento de límites, respeto hacia los demás, individualidad, personalidad.

Punto de referencia: En esta obra lo utilizamos para referirnos al que se crea mediante el apego y a partir del cual el niño aprende modales y recibe indicaciones. Todo niño necesita un punto de referencia humano.

Reflejo de apego: Existen muchos reflejos de apego primitivos diseñados para mantener la proximidad a través de los sentidos. El bebé que agarra el dedo de su progenitor cuando este lo aprieta contra la palma de su mano es uno de ellos.

Retroceder a los apegos: Establecer semejanza o conexión con alguien mediante el distanciamiento y el alejamiento de otros. Dos niños, por ejemplo, se aproximan entre sí insultando y menospreciando a un tercero.

Sentido de agencia: La raíz latina de la palabra *agente* significa 'conducir', como *conducir un carro*. Tener sentido de agencia es tener la sensación de que se están llevando las riendas de la vida, una posición en la que surgen opciones y se pueden tomar decisiones. Los niños no nacen con él; es fruto del proceso de maduración de la emergencia o individuación.

Síndrome del preescolar: Utilizo este término para describir el conjunto de rasgos y problemas que se producen como consecuencia de una falta de funcionamiento integrador en los niños. Aunque es normal en los preescolares, también denomino síndrome del preescolar a estos rasgos y problemas cuando caracterizan a niños y adolescentes que ya no están en esa edad pero no han superado este déficit del desarrollo. En nuestra cultura, la orientación hacia los iguales es la causa más habitual de esta detención del desarrollo.

Socialización: El proceso de llegar a ser apto para la sociedad. Tradicionalmente se ha percibido como singular, independiente y diferenciado de los otros dos procesos importantes del desarrollo: el apego y la individuación. Sin embargo, si lo analizamos más de cerca, vemos que la mayor parte de la socialización tiene lugar a través del apego y los procesos que sirven a este: identificación, emulación, búsqueda de significado, mantenimiento de la proximidad. El apego es el primero de estos tres procesos del desarrollo, y la diferenciación, el segundo. Cuando ambos funcionan bien, la verdadera socialización puede producirse de manera espontánea.

***Temper*:** Palabra latina que significa 'mezcla'. El temperamento es una *mezcla* de rasgos; la temperatura, una *mezcla* de calor y frío, etc. Los romanos la utilizaban para describir la *mezcla* correcta de ingredientes para fabricar arcilla. La clave de la conducta civilizada y el autocontrol es la mezcla de sentimientos. Perder los estribos supone perder la mezcla de impulsos y sentimientos en conflicto que permite el autocontrol.

Vacío de apego: La ausencia de una sensación de contacto o conexión con aquellos a los que debemos estar apegados.

Vacío de orientación: Como los niños reciben la orientación de las personas a las que están apegados, cuando esa sensación de conexión desaparece, se sienten perdidos y desorientados. Este vacío de indicaciones y significados les resulta intolerable y por lo general los obliga a apegarse a alguien o a algo diferente; en nuestra cultura, por lo general lo hacen a sus iguales.

Vulnerable/vulnerabilidad: Ser vulnerable es tener la capacidad de resultar herido. Como seres humanos, no solo podemos sentir nuestras heridas, sino también nuestra vulnerabilidad. Nuestro cerebro está diseñado para protegernos cuando esa sensación nos resulta excesivamente abrumadora. Véase también *defenderse contra la vulnerabilidad*.

NOTAS BIBLIOGRÁFICAS

Capítulo 1: Por qué los padres son hoy más importantes que nunca

[1] Judith Harris, *The Nuture Assumption* (Nueva York: Simon & Schuster, 1999).

[2] Michael Rutter y David J. Smith (eds.), *Psychosocial Disorders in Young People: Time Trends and Their Causes* (Nueva York, John Wiley and Sons, Inc., 1995).

[3] Esta es la conclusión a la que llegó el profesor David Shaffer, importante investigador y escritor de libros de texto sobre psicología del desarrollo, tras revisar la literatura sobre la influencia de los iguales. En sus comentarios sobre las investigaciones actuales afirma: «... es justo decir que los iguales son el principal grupo de referencia para preguntas como "¿Quién soy yo?"». (David R. Shaffer, *Developmental Psychology: Childhood and Adolescence*, 2.ª ed. [Pacific Grove, Calif.: Brooks/Cole Publishers, 1989], p. 65).

[4] Las estadísticas de suicidio proceden del Centro Nacional de Prevención y Control de Lesiones de Estados Unidos y de la Sociedad del Centro McCreary de Canadá. Las de intentos de suicidio resultan todavía más alarmantes. Urie Bronfenbrenner cita unas que indican que los intentos de suicidio entre adolescentes se han triplicado en el periodo de veinte años transcurrido entre 1955 y 1974. (Urie Bronfenbrenner, «The Challenges of Social Change to Public Policy and Development Research». Documento presentado en el encuentro bienal de la Sociedad para la Investigación y el Desarrollo de los Niños, Denver, Colorado, abril de 1975).

[5] *Harper's*, diciembre de 2003.

[6] El profesor James Coleman publicó sus descubrimientos en un libro titulado *The Adolescent Society* (Nueva York: Free Press, 1961).

Capítulo 3: Por qué hemos perdido la conexión

1. John Bowlby, *El apego* (Barcelona, Ed. Paidós, 2023).
2. Robert Bly, *The Sibling Society* (Nueva York: Vintage Books, 1977), p. 132.
3. Estos fueron los hallazgos de dos estudiosos que examinaron los resultados de noventa y dos estudios en los que participaron trece mil niños. Aparte de un incremento en los problemas escolares y de conducta, también tenían un concepto de sí mismos más negativo y les costaba más llevarse bien con sus padres. Los hallazgos fueron publicados en la revista *Psychological Bulletin* 110 (1991): 26-46. El artículo se titula «Parental Divorce and the Well-being of Children: A Meta-analysis». Indirectamente relacionada con él está una encuesta realizada en 1996 por Statistics Canada que ha revelado que los niños con un solo progenitor tienen muchas más probabilidades de haber repetido un curso, de que se les haya diagnosticado un trastorno de conducta o de mostrar problemas relacionados con la ansiedad, la depresión y la agresividad.
4. Las investigaciones del psiquiatra británico sir Michael Rutter analizan en profundidad este punto. Descubrió que los problemas de conducta eran mucho más probables en niños cuyos progenitores tenían una relación matrimonial intacta pero discordante que en aquellos cuyos padres estaban divorciados pero vivían en hogares relativamente libres de conflictos. (Michael Rutter, «Parent-Child Separation: Psychological Effects on the Children», *Journal of Child Psychology and Psychiatry*, 12 [1971]: 233-256).
5. Bly, *The Sibling Society*, p. 36.
6. Erik Erikson, *Childhood and Society* (Nueva York. W.W. Norton, 1985).

Capítulo 5: De ayuda a impedimento: cuando el apego actúa contra nosotros

1. John Bowlby, *El apego* (Barcelona, Ed. Paidós, 2023).

Capítulo 6: La contravoluntad: por qué los niños se vuelven desobedientes

1. M. R. Lepper, D. Greene y R. E. Nisbett, «Undermining Children's Intrinsic Interest with Extrinsic Rewards: A Test of the Over-justification Hypothesis», *Journal of Personality and Social Psychology*, 28 (1973):129-137.
2. Edward Deci, *Why We Do What We Do: Understanding Self-Motivation* (Nueva York: Penguin Books, 1995), pp. 18 y 25.

Capítulo 7: La horizontalización de la cultura

1. Howard Gardner, *Developmental Psychology*, 2.ª ed. (Nueva York: Little, Brown & Company, 1982).
2. *The Globe and Mail*, 12 de abril de 2004.
3. *Vancouver Sun*, 30 de agosto de 2003.

NOTAS BIBLIOGRÁFICAS 441

Capítulo 8: La peligrosa huida del sentimiento

[1] Una muestra de distintos estudios de este tipo incluiría los siguientes:
- J. D. Coie y A. N. Gillessen, «Peer Rejection: Origins and Effects on Children's Development», *Current Directions in Psychological Science*, 2 (1993): 89-92.
- P. L. East, L. E. Hess, y R. M. Lerner, «Peer Social Support and Adjustment of Early Adolescent Peer Groups», *Journal of Early Adolescence*, 7 (1987): 153-163.
- K. A. Dodge, G. S. Pettit, C. L. McClaskey y M. M. Brown, «Social Competence in Children», *Monographs of the Society for Research in Child Development*, 51 (1986).

[2] El estudio más extenso fue el Estudio Nacional Longitudinal de la Salud de los Adolescentes realizado en Estados Unidos, en el que participaron unos noventa mil adolescentes estadounidenses. Lo realizaron el psicólogo Michael Resnick y una docena de colegas y se titula «Protecting Adolescents from Harm: Findings from the National Longitudinal Study on Adolescent Health». Fue publicado en la revista *Journal of the American Medical Association* en septiembre de 1997. Esta es también la conclusión del difunto Julius Segal, uno de los pioneros de la investigación sobre la resiliencia, y de los autores de *Raising Resilient Children*, Robert Brooks y Sam Goldstein (R. Brooks y S. Goldstein, *Raising Resilient Children* [Nueva York: Contemporary Books, 2001]).

[3] Segal aparece citado por Robert Brooks, de la Facultad de Medicina de Harvard, en su artículo «Self-worth, Resilience and Hope: The Search for Islands of Competence». Puede encontrarse en la sala de lectura electrónica del Centro para el Desarrollo y el Aprendizaje. La dirección web es www.cdl.org/resources/reading_room/self_worth.html.

[4] John Bowlby, *El apego* (Barcelona, Ed. Paidós, 2023).

Capítulo 9: Atascados en la inmadurez

[1] Robert Bly, *The Sibling Society* (Nueva York, Vintage Books, 1977), p. vii.

[2] En Geraldine Dawson y Kurt W. Fischer, *Human Behavior and the Developing Brain* (Nueva York: Guildford Press, 1994), sobre todo en el capítulo 10, se puede encontrar un análisis muy completo de los aspectos fisiológicos del desarrollo del cerebro humano y de su relación con el crecimiento psicológico.

[3] Carl Rogers, *El proceso de convertirse en persona: Mi técnica terapéutica* (Barcelona, Ed. Paidós, 2011).

Capítulo 10: Un legado de agresión

[1] Esta estadística fue citada por Linda Clark, del Comité de Educación de la Ciudad de Nueva York, en un discurso pronunciado en la 104.ª reunión anual de la Asociación Psicológica Estadounidense.

[2] Estas estadísticas fueron citadas por Michele Borba, autora del libro *Building Moral Intelligence*, en un discurso pronunciado en una conferencia nacional de Es-

tados Unidos sobre escuelas seguras celebrada en Burnaby, Columbia Británica, el 19 de febrero de 2001.

³ El informe de Barbara Cottrell se titula *Parent Abuse: The Abuse of Parents by Their Teenage Children*. Fue publicado por Health Canada en 2001.

⁴ Esta encuesta fue realizada por David Lyon y Kevin Douglas, de la Universidad Simon Fraser de Columbia Británica y publicada en octubre de 1999.

⁵ Las estadísticas de suicidio proceden del Centro Nacional para la Prevención y el Control de Lesiones de Estados Unidos y la Sociedad del Centro McCreary de Canadá.

⁶ W. Craig y D. Pepler, *Naturalistic Observations of Bullying and Victimization on the Playground* (1997), LaMarsh Centre for Research on Violence and Conflict Resolution, Universidad de York, citado en Barbara Coloroso, *The Bully, the Bullied, and the Bystander* (Toronto: HarperCollins, 2002), p. 66.

⁷ Según las estadísticas oficiales del Gobierno de Estados Unidos, el alcohol está implicado en el 68 por ciento de los asesinatos, en el 62 por ciento de los ataques, en el 54 por ciento de los homicidios o intentos de homicidio, en el 48 por ciento de los robos, en el 44 por ciento de los hurtos y en el 42 por ciento de las violaciones. En la página web *www.health.org/govpubs/m1002* se puede ver una referencia en línea de estas estadísticas gubernamentales.

Capítulo 11: La formación de acosadores y víctimas

¹ Natalie Angier, «When Push Comes to Shove», *New York Times*, 20 de mayo de 2001.

² S. H. Verhovek, «Can Bullying Be Outlawed», *New York Times*, 11 de marzo de 2001.

³ W. Craig y D. Pepler, *Naturalistic Observations of Bullying and Victimization on the Playground* (1997), LaMarsh Centre for Research on Violence and Conflict Resolution, Universidad de York, citado en Barbara Coloroso, *The Bully, the Bullied, and the Bystander* (Toronto: HarperCollins, 2002), p. 66.

⁴ Stephen Suomi es un primatólogo del Instituto Nacional de Salud Infantil y Desarrollo Humano estadounidense de Maryland. Ahí es donde ha estudiado los efectos del entorno de crianza sobre la conducta de jóvenes macacos Rhesus. Sus descubrimientos se han publicado en S. J. Suomie, «Early Determinants of Behaviour. Evidence from Primate Studies», *British Medical Bulletin* 53 (1997): 170-184. Su trabajo ha sido también revisado por Karen Wright en «Babies, Bonds and Brains» en *Discover Magazine*, octubre de 1997.

⁵ Natalie Armstrong, «Study Finds Boys Get Rewards for Poor Behaviour», *Vancouver Sun*, 17 de enero de 2000.

⁶ Angier, «When Push Comes to Shove».

Capítulo 12: Un giro sexual

¹ Estudio publicado en la revista *Canadian Journal of Human Sexuality* y del que se informa en *Maclean's Magazine*, 9 de abril de 2001.

[2] *The Globe and Mail*, 24 de abril de 2004, p. A6.
[3] Barbara Kantrowitz y Pat Wingert, «The Truth About Tweens», *Newsweek*, 18 de octubre de 1999.
[4] Nuestra fuente sobre este tema es el libro de la doctora Helen Fisher *Anatomy of Love* (Nueva York: Ballantine Books, 1992). La doctora Fisher es antropóloga del Museo Estadounidense de Historia Natural y ha recibido distintos premios de prestigio en reconocimiento por su trabajo.
[5] Estas fueron las conclusiones a las que llegaron la doctora Alba DiCenso, de la Universidad McMaster, y sus colegas (G. Guyatt, A. Willan y L. Griffith) cuando asimilaron y revisaron los descubrimientos de veintiséis estudios previos realizados entre 1970 y el año 2000. Este estudio tan importante fue publicado en la revista *British Medical Journal* en junio de 2002 (vol. 324) con el título de «Intervention to Reduce Unintended Pregnancies Among Adolescents: Systematic Review of Randomized Controlled Trials».

Capítulo 13: Alumnos a los que no se puede enseñar

[1] Un ejemplo de esto es la provincia en la que residen los autores, Columbia Británica, donde los educadores y los administradores escolares se quedaron perplejos ante un estudio del año 2003 que revelaba este declive.
[2] Alimentar este modelo de aprendizaje a través de los iguales en los círculos educativos es un malentendido muy desafortunado de las ideas de Jean Piaget, el gran experto suizo en el desarrollo, sobre el aprendizaje cooperativo. Piaget afirmó efectivamente que los niños aprenden mejor cuando interactúan entre ellos. En la perspectiva del desarrollo en la cual teorizaba no se tuvo en cuenta la idea de que es necesario que surja un fuerte sentido del yo antes de que la interacción con los iguales pueda facilitar un verdadero aprendizaje. Según Piaget, la interacción entre ellos solo puede agudizar y profundizar sus conocimientos cuando los niños conocen su propia mente. En su opinión, los profesores autoritarios producían un efecto amortiguador en este proceso de individuación cognitiva, al menos en comparación con la relación más igualitaria de los iguales. Formuló sus teorías hace cuarenta años en la Europa continental, en la que los alumnos estaban muy orientados hacia los adultos y el sistema educativo era jerárquico. En Norteamérica, sus ideas se han sacado del contexto del desarrollo y se han aplicado en un entorno social completamente distinto. Al estar absolutamente separado de su anclaje original en el apego a los adultos, el modelo de aprendizaje a través de los iguales se ha convertido en el último grito entre los teóricos de la educación.
Las ideas de Piaget no son malas si se adoptan en el entorno adecuado: efectivamente, el aprendizaje cooperativo estimula el pensamiento, pero solo en aquellos niños que ya han formado sus propias ideas acerca de un tema y son capaces de actuar desde dos puntos de vista al mismo tiempo. De lo contrario, la interacción sofoca la individualidad naciente, desalienta la originalidad y facilita la dependencia de los iguales.

Capítulo 14: Captar a nuestros hijos

¹ Allan Schore, *Affect Regulation and the Origin of the Self: The Neurobiology of Emotional Development* (Hillsdale, N. J.: Lawrence Erlbaum Associates, 1994), pp. 199-200.

² Stanley Greenspan, *The Growth of the Mind* (Reading, Mass.: Addison-Wesley, 1996).

Capítulo 17: No cortejes a la competencia

¹ Este ha sido un descubrimiento constante en numerosos estudios. Un ejemplo de estos es R. E. Marcon, «Moving Up the Grades: Relationship Between Preschool Model and Later School Success», *Early Childhood Research & Practice*, 4, n.º 1 (primavera de 2002).

² Esto según un artículo especial de la revista *Time* (27 de agosto de 2001) sobre la educación en casa. Da la impresión de que existe un buen motivo, porque los alumnos educados en casa consiguen las mejores puntuaciones en pruebas estandarizadas y rinden mejor que otros en los exámenes de acceso a la universidad, incluido el Scholastic Aptitude Test (SAT).

³ Jon Reider fue citado en G. A. Clowes, «Home-Educated Students Rack Up Honours», *School Reform News*, julio de 2000.

⁴ Oficina de Estadísticas del Trabajo, Departamento de Trabajo de Estados Unidos, Washington, D.C., 2000.

⁵ Sarah E. Watamura, Bonny Donzella, Jan Alwin y Megan R. Gunnar, «Morningto-Afternoon Increases in Cortisol Concentrations for Infants and Toddlers at Child Care: Age Differences and Behavioral Correlates», *Child Development*, 74 (2003): 1006-1021.

⁶ Carol Lynn Martin y Richard A. Fabes, «The Stability and Consequences of Young Children's Same-Sex Peer Interactions», *Developmental Psychology*, 37 (2001): 431-446.

⁷ Red de Investigación sobre el Cuidado Temprano de los Niños, Instituto Nacional de Salud Infantil y Desarrollo Humano de Estados Unidos, «Does Amount of Time Spent in Child Care Predict Socioemotional Adjustment During the Transition of Kindergarten?» *Child Development*, 74 (2003): 976-1005.

⁸ Stanley I. Greenspan, «Child Care Research: A Clinical Perspective», *Child Development*, 74 (2003):1064-1068.

⁹ Eleanor Maccoby, profesora emérita de Psicología del Desarrollo en la Universidad Stanford, fue entrevistada por Susan Gilbert, del *New York Times*, para su artículo «Turning a Mass of Data on Child Care into Advice for Parents», publicado el 22 de julio de 2003.

¹⁰ Este estudio fue analizado en el libro de Urie Bronfenbrenner, profesor de la Universidad Cornell, *Two Worlds of Childhood* (Nueva York: Russel Sage Foundation, 1970).

¹¹ La autora del libro de texto anterior es Judith Harris, que hace esta declaración una y otra vez en su libro *The Nuture Assumption* (Nueva York: Simon & Schuster, 1999).

¹² Los primeros textos publicados sobre la autoestima eran siempre en relación con el papel del progenitor. Carl Rogers y Dorothy Briggs (entre otros muchos) sostenían que la opinión de un progenitor sobre el niño era la influencia más importante que este podía recibir acerca de cómo debía considerarse a sí mismo. Por desgracia, los progenitores han sido sustituidos en su papel de espejos en los que los niños buscan un reflejo de sí mismos.

La literatura y la investigación contemporáneas reflejan solo lo que *es*, no lo que *debería ser* ni lo que *podría ser*. En nuestros intentos de averiguar cosas sobre los niños, los investigadores planteamos preguntas acerca de dónde obtienen su sentido de significación y sobre quién les importa más. Cuanto más se orientan los niños hacia sus iguales, más indican que estos son los que cuentan. Cuando se publican estas investigaciones, los resultados obtenidos de sujetos jóvenes orientados hacia sus iguales se presentan como normales, sin hacer ningún intento por colocarlos en algún tipo de contexto histórico o del desarrollo. Para complicar aún más el asunto, las pruebas de autoestima se construyen utilizando preguntas que se centran en las relaciones con los iguales, lo que cierra el círculo de la falta de lógica. De ese modo, los psicólogos resultan engañados por los instintos distorsionados de los niños a los que están estudiando. ¡Las conclusiones y recomendaciones derivadas de estas investigaciones están contaminadas por la dinámica de orientación hacia los iguales que ha creado los problemas que los desventurados investigadores estaban intentando abordar!

Capítulo 18: Recrear la aldea de apego

¹ La Cronología Histórica de la Programación Intergeneracional de Ontario ha sido publicada en Internet por United Generations.

Capítulo 19: La agitación de la revolución digital

¹ Los datos y cifras que figuran en este capítulo y en el siguiente proceden fundamentalmente del Centro Annenberg para el Futuro Digital de la USC y de la Fundación de la Familia Kaiser. Otras fuentes incluyen la entrada sobre redes sociales en Wikipedia y encuestas y estadísticas de Nielsen sobre el uso de los medios.

² Gwenn Schurgin O'Keeffe, MD, Kathleen Clarke-Pearson, MD, Council on Communications and Media, «The Impact of Social Media on Children, Adolescents, and Families». *Pediatrics*, 124, n.° 4 (2011): 800-804.

³ Lin F, Zhou Y, Du Y, Qin L, Zhao Z, *et al.*, «Abnormal White Matter Integrity in Adolescents with Internet Addiction Disorder: A Tract-Based Spatial Statistics Study», *PLoS ONE* 7, n.° 1 (2012): www.plosone.org/article/info:doi/10.1371/journal.pone.0030253

Haifeng Hou, Shaowe Jia, Shu Hu, *et al.*, «Reduced Striatal Dopamine Transporters in People with Internet Addiction Disorder», *Journal of Biomedicine and Biotechnology*, 2012: www.hindawi.com/journals/bmri/2012/854524/

⁴ Leslie J. Seltzer, Ashley R. Prososki, Toni E. Ziegler y Seth D. Pollak, «Instant messages vs. speech: hormones and why we still need to hear each other», *Evolution & Human Behavior*, 33, n.° 1 (enero de 2012): 42-45.

⁵ Diana I. Tamir y Jason P. Mitchell, «Disclosing Information about the Self Is Intrinsically Rewarding», PNAS, 109, n.º 21 (mayo de 2012): 8038-8043.

⁶ Encuestas recientes han confirmado el informe anterior del Centro Annenberg para el Futuro Digital de la USC en el que se hablaba de una disminución drástica producida a partir de 2007 del tiempo que se pasa en familia cara a cara en los hogares conectados a Internet. De una media de veintiséis horas a la semana en la primera mitad de la década ha caído a menos de dieciocho en 2010. El doctor Jeffrey Cole, director del Centro Annenberg, afirmó que, en las décadas anteriores, el tiempo que se pasaba en familia se había mantenido estable.

⁷ Linda A. Jackson, Alexander von Eye, Hiram E. Fitzgerald, Edward A. Witt, y Yong Zhao, «Internet Use, Videogame Playing and Cell Phone Use as Predictors of Children's Body Mass Index (BMI), Body Weight, Academic Performance, and Social and Overall Self-esteem», Computers in Human Behavior, 27, n.º 1 (2011): 599-604.

⁸ La muestra consistía en 1324 usuarios australianos de Internet autoelegidos (1158 usuarios y 166 no usuarios de Facebook) con edades comprendidas entre los dieciocho y los cuarenta y cuatro años. Según las autoras, los usuarios de Facebook mostraban unos niveles significativamente más altos de soledad familiar que los no usuarios.

Tracii Ryan y Sophia Xenos, «Who Uses Facebook? An Investigation into the Relationship Between the Big Five, Shyness, Narcissism, Loneliness, and Facebook Usage», Computers in Human Behavior, 27, n.º 5 (2011): 1658-1664.

⁹ Estas cifras proceden de un artículo escrito por Stephen Marche, «Is Facebook Making Us Lonely?», que fue publicado en el número de mayo de 2012 de la revista The Atlantic.

¹⁰ Wilhelm Hofmann, Kathleen D. Vohs y Roy F. Baumeister, «What People Desire, Feel Conflicted About, and Try to Resist in Everyday Life», Psychological Science, 23, n.º 6 (2012): 582-588.

Capítulo 20: Todo es cuestión de elegir el momento justo

¹ La novena encuesta anual (2009) realizada por el Centro Annenberg para el Futuro Digital de la USC.

² Estas cifras proceden de un estudio de Donald Shifrin realizado en el año 2010 para la Academia Estadounidense de Pediatría. El doctor Shifrin es pediatra del estado de Washington.

³ Gwenn Schurgin O'Keeffe analiza el informe en un artículo escrito por Doug Brunk, «Social Media Confuses, Concerns Parents», Pediatric News, 45, n.º 2 (febrero de 2011).

⁴ Michael A. Stefanone, Derek Lackaff y Devan Rosen, «Contingencies of Self-Worth and Social-Networking-Site Behavior», Cyberpsychology, Behavior, and Social Networking, 14, n.º 1-2 (enero/febrero 2011): 41-49.

⁵ Victoria J. Rideout, Ulla G. Foehr y Donald F. Roberts, Generation M2: Media in the Lives of 8- to 18-Year-Olds: A Kaiser Family Foundation Study (enero de 2010).

⁶ Neil Postman, Building a Bridge to the 18th Century: How the Past Can Improve Our Future (Nueva York: Alfred A. Knopf, 1999).

Capítulo 21: A raíz de la pandemia: la orientación hacia los iguales y la crisis de salud mental en los jóvenes

[1] Lydia Al Lebrun et al., «Five-Year Trends in US Children's Health and Well-Being, 2016-2020», *JAMA Pediatrics*, 176, n.º 7 (julio de 2022): e220056, doi:10.1001/jamapediatrics.2022.0056.

[2] Matt Richtel, «It's Life or Death: The Mental Health Crisis Among U.S. Teens», *New York Times*, 23 de abril de 2022.

[3] Isabella Kwai y Elian Peltier, «"What's the Point?" Young People's Despair Deepens as COVID-19 Crisis Drags On», *New York Times*, 14 de febrero de 2021, actualizado el 5 de octubre de 2021.

[4] La mayor revisión de investigaciones relevantes hasta la fecha sintetizaba los descubrimientos de más de sesenta estudios realizados con cincuenta y cinco mil niños y adolescentes implicados en el confinamiento. Estos descubrimientos confirmaron el incremento de casos de ansiedad, depresión, irritabilidad e ira tras el confinamiento. La referencia de esta revisión es Urvashi Panchal, Gonzalo Salazar de Pablo, Macarena Franco et al., «The Impact of COVID-19 Lockdown on Child and Adolescent Mental Health: Systematic Review», *European Child and Adolescent Psychiatry*, 32, n.º 7 (2023): 1151-1177.

Las cifras concretas a las que hacemos referencia en este libro proceden de un estudio canadiense realizado por un extenso equipo de investigadores a los que se encargó especialmente estudiar los efectos de la pandemia sobre la salud mental de niños y adolescentes en Canadá y organizado por el Sick Children's Hospital de Toronto. Sus investigaciones se publicaron también en la revista *Journal of European Child and Adolescent Psychiatry* (K. T. Cost, J. Crosbie, E. Anagnostou et al., «Mostly Worse, Occasionally Better: Impact of COVID-19 Pandemic on the Mental Health of Canadian Children and Adolescents», *Journal of European Child and Adolescent Psychiatry*, 31, n.º 4 [2022]: 671-684).

Esta colaboración canadiense de investigadores estaba apoyada por la Canadian Institutes of Health Research (CIHR), el Ministerio de Salud de Ontario, el SickKids Centre for Brain and Mental Health, el Edwin S.H. Leong Centre for Healthy Children, la Miner's Lamp Innovation Fund in the Prevention and Early Detection of Severe Mental Illness de la Universidad de Toronto y la SickKids Foundation. Child Helpline International es una organización colectiva formada por 150 miembros de todo el mundo que coordinan información, puntos de vista, conocimientos y datos de miembros de asistencia telefónica, socios y fuentes externas. Según su informe internacional de 2023 (https://childhelplineinternational.org/), se produjo un incremento global del 38 por ciento de las llamadas durante la pandemia.

[5] Este dato lo revelaron también los estudios canadienses citados en la nota anterior.

[6] Li Liu, Gisèle Contreras, Nathaniel J. Pollock et al., «Suicidal Ideation among Young Adults in Canada During the COVID-19 Pandemic: Evidence from a Populationbased Cross-sectional Study», *Health Promotion and Chronic Disease Prevention in Canada*, 43, n.º 5 (2023): 260-266, doi:10.24095/hpcdp.43.5.05.

⁷ Este descubrimiento de un efecto perjudicial del confinamiento no se denunció ampliamente y a menudo adoptó la forma de experiencias anecdóticas. El descubrimiento más fiable de este fenómeno fue, una vez más, el estudio canadiense al que se hace referencia en la nota bibliográfica 4. Estas cifras proceden de su informe.

⁸ Charles C. Mann, *1491: Una nueva historia de las Américas antes de Colón* (Editorial Siete Cuentos, 2013).

⁹ Darcia Narvaez y Gay Bradshaw, *The Evolved Nest: Nature's Way of Raising Children and Creating Connected Communities* (Berkeley, Calif.: North Atlantic Books, 2023), Introduction.

¹⁰ Richard Bentall, «Mental Illness Is a Result of Misery, Yet Still We Stigmatise It», *Guardian*, 26 de febrero de 2016.

¹¹ Society for Research in Child Development, «Harsh Parenting Predicts Low Educational Attainment Through Increasing Peer Problems», *ScienceDaily*, 8 de febrero de 2017, www.sciencedaily.com/releases/2017/02/170208094450.htm. Artículo original: Rochelle F. Hentges y Ming- Te Wang, «Gender Differences in the Developmental Cascade from Harsh Parenting to Educational Attainment: An Evolutionary Perspective», *Child Development*, 89, n.º 2 (marzo/abril de 2018): 397-413, publicado por primera vez el 8 de febrero de 2017, doi.org/10.1111/cdev.12719.

¹² Stanley I. Greenspan, Stuart G. Shanker y Beryl I. Benderly, «The Emotional Architecture of the Mind», en Raffi Cavoukian y Sharna Olfman (eds.)., *Child Honoring: How to Turn This World Around* (Westport, Conn.: Praeger Publishers, 2006 [pb. 2010]), p. 5.

¹³ Esta investigación se realizó en la Universidad de Tubinga, Alemania, por el doctor Harald Rau, del Instituto de Psicología Médica, y es ampliamente citado en *The Biology of Transcendence* de Joseph Chilton Pearce, Park Street Press, 2004.

¹⁴ John S. Hutton, Jonathan Dudley, Tzipi Horowitz-Kraus et al., «Associations Between Screen-Based Media Use and Brain White Matter Integrity in Preschool-Aged Children», *JAMA Pediatrics*, 174, n.º 1 (2020): e193869, doi: 10.1001/jamapediatrics.2019.3869.

¹⁵ Mari K. Swingle, *i-Minds 2.0: How and Why Constant Connectivity Is Rewiring Our Brains and What to Do About It* (Gabriola Island, B.C.: New Society Publishers, 2019), p. 185.

¹⁶ James Garbarino, *Children and Families in the Social Environment*, 2.ª ed. (Nueva York: Aldine de Gruyter, 1992), p. 11.

¹⁷ Por ejemplo, un estudio realizado en 2011 por John Jay College of Criminal Justice reveló que las personas que participaron en un programa de teatro cometieron menos infracciones graves y mostraron una mejor conducta y gestión de la ira que el grupo de control: «El teatro puede constituir una oportunidad única de facilitar el ajuste institucional y el bienestar a través de la expresión de las emociones, el ensayo de los papeles en la vida y la gratificación de la representación ante el público» (Lorraine Moller y John Jay, «Project Slam: Rehabilitation Through Theatre at Sing Sing Correctional Facility», *International Journal of Arts*, 5, n.º 5 [2011]: 9-29, es uno de los múltiples estudios realizados sobre este tema).

[18] El papel del canto coral en la salud mental se ha estudiado fundamentalmente solo con adultos, y en su gran mayoría exclusivamente en el Reino Unido. Uno de estos estudios es: Stephen Wellbeing: «Quantitative and Qualitative Findings from English Choirs in a Cross-National Survey», *Journal of Applied Arts and Health*, 1, n.º 1 (2010): 19-34. Teniendo en cuenta estos descubrimientos, no resulta sorprendente que un investigador sobre salud mental muy conocido, el doctor Stan Kutcher, hablara de un descubrimiento un tanto casual producido durante una investigación sobre los factores que favorecen la salud mental de los alumnos en el sistema escolar. Los investigadores se dieron cuenta de que los colegios con mejores calificaciones en salud mental también tenían un coro escolar. Este descubrimiento accidental fue compartido en el año 2014 en la inauguración de una conferencia nacional sobre colegios y salud mental celebrada en Winnipeg (Canadá). El doctor Stan Kutcher es el director del centro colaborador de la Organización Mundial de la Salud en la Universidad de Dalhousie.

[19] Los coralistas muestran una calidad de vida más alta y mejores relaciones que las personas que no cantan y, entre los pacientes de cáncer y sus cuidadores, una disminución de la ansiedad y una mejora de la inmunidad, Brofenbrenner Center for Translational Research, «The Mental-Health Benefits of Singing in a Choir», *Psychology Today*, 6 de julio de 2023, https://www.psychologytoday.com/ca/blog/evidence- based- living/202307/the-mental-health-benfits-of-singing-in-a-choir.

ÍNDICE TEMÁTICO

«1-2-3 Magia», 303

A

abuelos, 28, 33, 137, 141, 161, 179
    apegos y, 66, 72, 75, 77
    disciplina y, 317, 323, 328
    invitar a la orientación hacia los iguales y, 334, 340
    recreación de aldeas de apego y, 359, 366
    y poder para criar a los hijos, 84, 88, 89
aburrimiento, 26, 161, 276, 406
    invitar a la orientación hacia los iguales y, 346-348
    sexualidad y, 225, 233
    y enseñabilidad de los alumnos, 241-243, 248
aceptación, 35, 143, 194
    apegos y, 66, 77, 115
    captación de los niños y, 265-266
    disciplina y, 308, 316, 321
    invitar a la orientación hacia los iguales y, 342, 350, 354
    mantenimiento de vínculos y, 279-280, 285
    problemas de madurez y, 172, 176, 183, 185-186
    vulnerabilidad y, 152-154, 157
    véase también rechazo
acosadores, acoso escolar, 28, 34-35, 38, 191, 390-391
    apegos y, 100-101, 206-215, 218-223
    ciberacoso, 390-391
    desencadenantes de ataques de, 216
    deshacer el, 221-222
    dominación y, 207-218, 220, 237
    en animales y niños huérfanos, 207-208
    formación de, 205-223
    sexualidad y, 237-238, 391
    suicidios y, 35, 223
    vulnerabilidad y, 151, 153, 140, 210-212, 213-219, 222
adaptación, adaptabilidad, 28, 138, 212

agresividad y, 197-198
apegos y, 62, 90
disciplina y, 306-307, 316, 326
juego y, 402-403
y enseñabilidad de los alumnos,
  242, 247-253
adolescentes, adolescencia, 17-18,
  28, 30, 35-36, 47, 347
  acoso escolar y, 205-209, 214
  agresividad y, 191, 195, 203
  apegos y, 49-50, 52, 56-57, 67,
    73, 78, 102, 108, 115
  captación de los niños y, 260, 276
  contravoluntad y, 119-121, 124,
    128-129
  disciplina y, 310
  mantenimiento de vínculos y,
    288-289, 293-294
  problemas de madurez y, 166,
    168, 174, 180
  rebeliones de los, 41, 54-56
  recreación de aldeas de apego y,
    358, 362, 368-369
  sexualidad y, 227-237
  vulnerabilidad y, 147-148,
    154-155, 160
  y horizontalización de la cultura,
    135-136, 139, 143
  y poder para criar a los hijos, 87-
    89
aflicción, 298-299, 354
agresividad, 71, 86, 183, 189-203,
  298
  aldeas de apego y, 196, 361
  apegos y, 69, 101-102, 190, 191n,
    194-195, 198, 201-203
  contra uno mismo, 191-193,
    195-196, 200-201
  cultura y, 138, 191, 200
  deficiencias en las relaciones
    entre iguales que dan lugar a,
    197-204
  disciplina y, 203-204, 309, 314,
    325-326
  fuerza motriz de la, 193-197
  invitar a la orientación hacia los
    iguales y, 337, 356
  sexualidad y, 236-237
  videojuegos y, 390
  véase también acosadores, acoso
    escolar
aislamiento, 140, 221, 244, 361,
  399, 413
  agresividad y, 190, 201-204
  apegos y, 55-60, 78, 115
  captación de los niños y, 258, 275
  mantenimiento de vínculos y,
    282-283
  vulnerabilidad y, 159, 161
alarma, alarmas, 217, 335
  agresividad y, 202-203
  disciplina y, 310, 320
  medios digitales y, 379
alcohol, consumo de, 233, 297, 393
  agresividad y, 203
  vulnerabilidad y, 154, 161, 394
alimentación, *véase* comidas, horas
  de las comidas
Alone Together (Turkle), 381, 390
alumnos:
  aprendizaje adaptativo por ensayo
    y error en los, 242, 246-248
  aprendizaje emergente en los,
    243-244, 248-254
  e importancia del rendimiento
    escolar, 251

enseñabilidad de los, 241-242, 334
inteligencia integradora en los, 243, 244-252
profesores robados a los, 251-254
relaciones entre profesores y, 242, 248-250
véase también educación; escuela, colegios
ambivalencia, 201, 245
amigos, amistades:
cuándo son aceptables, 348-350
invitar a la orientación hacia los iguales y, 344-345, 348-350
medios digitales y, 377, 398
necesidad de, 344-345
progenitores de los, 368-369
recreación de aldeas de apego y, 366-368
amor, 26, 35, 121, 361
acoso escolar y, 212, 216-217, 219
agresividad y, 193, 195-196, 202
apegos y, 29-30, 52, 55-60, 64-65, 77, 104-105
captación de los niños y, 257, 260, 264-266
disciplina y, 303, 306-309, 326
intimidad digital y, 377, 382-383, 399
invitar a la orientación hacia los iguales y, 353-354
mantenimiento de vínculos y, 279, 285-290
problemas de madurez y, 168, 170, 172-176, 180-182, 187
sexualidad y, 227-230, 233, 238, 391-392, 394

vulnerabilidad y, 158, 162, 384-385
y horizontalización de la cultura, 137
y poder para criar a los hijos, 84, 88, 90
ansiedad, 28, 85, 133, 286
apegos y, 108, 114
casos autodeclarados de, 413
disciplina y, 308, 320
invitar a la orientación hacia los iguales y, 334-335
mantenimiento de vínculos y, 280, 286
orientación y, 44, 47
vulnerabilidad y, 158, 162
Apego (Bowlby), 102
apego, apegos, apegarse, 32-33, 38, 43-60, 88-128
acoso escolar y, 101, 207-215, 218-223, 390
agresividad y, 69, 101-102, 190, 191*n*, 194-195, 198, 201-203
captación de los niños y, 257-265, 267-276
competencia y, 42, 53-54, 60, 68, 75-77, 89
conciencia del, 43-44
contravoluntad y, 121-129, 131-133
crianza eficaz de los hijos apoyada por el, 99-117
criar a los hijos teniéndolo en cuenta, 282-283
crisis de salud mental y, 413-427
cuando se vuelven contra nosotros, 56-59
cuidado y, 417

culturas y, 32, 44, 50, 59, 61-67, 71-74, 77-78, 115, 137, 140, 143
definición de, 43
disciplina y, 55, 116, 303-313, 316, 319, 322, 325
en la sustitución de los progenitores por los iguales, 47, 50, 55
en la Provenza, 73-74
familias y, 43, 67-70, 73, 75, 78, 108
formas de, 48-52
instintos y, 43-44, 50, 57-60, 68, 75, 97, 116
invitar a la orientación hacia los iguales y, 333-339, 343-350, 354-355
la atención de los niños atraída por el, 106
maneras naturales de formar el, 75
mantenimiento de vínculos y, 279-285, 290-300
medios digitales y, 73, 108, 377-392, 397-403, 409-411
modelado y, 109, 111
naturaleza bipolar del, 56-59, 115, 202, 218
naturaleza jerárquica del, 101-102, 161
niños mantenidos cerca de sus progenitores por el, 107
niños que se ganan más el cariño por el, 104-105
orientación y, 31, 45-47, 53, 61-63, 77-78, 111
para hacer que los niños quieran ser buenos, 113-117
perder la conexión y, 61-75
principal, 54-57
problemas de madurez y, 53-54, 62, 77, 91, 101, 104, 108, 114, 171-187, 382, 388, 392
progenitores diseñados como principales proveedores de indicaciones por el, 110-111
recreación de aldeas de apego y, 357-369
retroceder hacia el, 219
revolución digital y, 375-390
sexualidad y, 78, 107, 227-235, 238
tolerancia paterna incrementada por el, 102-105
trabajo y, 64, 69-71, 77, 108
tradiciones y, 71-77
vulnerabilidad y, 51-52, 69, 112, 151-157, 161, 383-384
y contexto para la crianza de los hijos, 29-30
y enseñabilidad de los alumnos, 243-244, 249-253
y poder para criar a los hijos, 84, 89-97
apego, adicción al, 180
luchar contra la, 298, 397-398, 401
medios digitales y, 73, 377, 379, 385, 389-390
sexo y, 226, 232-233
apego, aldea de, apego aldeas de, 66-67, 73, 75, 252
desactivar la competencia en, 366-369
emparejamiento con las personas responsables en, 363-365

grupos de apoyo para, 360-362
recreación de, 357-369
apego, cerebro de, 44, 54, 61, 76, 101-102, 111, 113, 213, 262, 389
agresividad y, 195, 361
disciplina y, 423
familias rotas y, 68-69
apego, conciencia de, 115
apego, dominación por, 213
apego, frustración del, 194, 198, 309, 377
apego, redes de seguridad del, 69
apego, reflejo de, 262
apego, vacíos de, 63, 66-69, 74, 89, 179, 209, 228, 300
apegos creados a partir de, 75-78
captación de los niños y, 275-276
invitar a la orientación hacia los iguales y, 333, 346-347
aprobación, 50, 90, 149, 228, 249
captación de los niños y, 206
problemas de madurez y, 177, 180
aptitud, 212
apegos y, 61, 99
disciplina y, 324, 328
y poder para criar a los hijos, 93, 91
asesinatos, 27, 38, 50
acoso escolar y, 205-207, 214, 217
Asociación Estadounidense de Psicología, 209
Associated Press, 191
atención, 162, 228, 339
apegos y, 106
captación de los niños y, 265-266

disciplina y, 313, 317
problemas de madurez y, 180-181
y enseñabilidad de los alumnos, 241, 243, 250
autoestima, 351-354
autolesiones, 413
autonomía, *véase* independencia
autoridad, 17, 28-31, 206, 356
apegos y, 77, 99, 102
contravoluntad y, 121, 130
efectos de la cultura de los iguales en la, 31
y enseñabilidad de los alumnos, 233
y poder para criar a los hijos, 84-87, 91-93
avergonzar, 156, 391

B

Bali, 378, 380
bandas, pandilleros, 37, 78, 142, 190, 342
y horizontalización de la cultura, 137, 141
Barrio Sésamo, 67, 357
bebés, primera infancia, 29, 53, 88, 361
apegos y, 49, 53, 56, 64, 70, 75, 99, 103
captación de los niños y, 259, 262, 266, 270
Benigni, Roberto, 150
Bentall, Richard, 418
Bernstein, Leonard, 136
Bly, Robert, 66, 70, 166
Body Project, The (Brumberg), 231
bondad, 113
Bowlby, John, 62, 102, 158

Bronfenbrenner, Urie, 342
Brumberg, Joan Jacobs, 231

C
Cacioppo, John, 389
cambio, 72
    agresividad y, 201, 203, 204
    disciplina y, 315, 325-329
cambios de población, 78
Campbell, Joseph, 33
canguros, 29, 267, 334
    apegos y, 50, 75
    recreación de aldeas de apego y, 362-363
cárceles, 147, 156
casamenteros, 364
castigos, 41, 275, 300
castigos, *véase* disciplina
Centros para el Control de Enfermedades de Estados Unidos, 226
cercanía, 157, 249, 355, 366
    acoso escolar y, 215, 218-219
    agresividad y, 195, 198, 200
    apegos y, 52, 56-59, 61, 68-69, 75, 105, 107-109
    captación de los niños y, 266, 269, 274, 276-277
    contravoluntad y, 128, 130
    disciplina y, 307-308, 310, 328
    estando separados, 236, 377, 398
    mantenimiento de vínculos y, 284, 288, 292, 298-299
    problemas de madurez y, 174, 178, 181, 187
    sexualidad y, 230, 234, 385
cerebro, 44-45, 94, 126, 231, 247, 282, 347
    acoso escolar y, 213, 220
    adicción a Internet y, 383
    agresividad y, 200, 203
    disciplina y, 309, 320
    exposición a las pantallas y, 421
    juego y desarrollo del, 402-403
    mecanismos de atención del, 377
    orientación y, 31, 45, 62
    problemas de madurez y, 169, 178, 181
    sobrecarga de información y, 405
    vulnerabilidad y, 149, 156, 161, 384
    véase también apego, cerebro de
Childhood and Society (Infancia y sociedad) (Erikson), 71
coacción, 252
    contravoluntad y, 133
    disciplina y, 319, 325, 328
Coleman, James, 36
comidas, horas de las comidas, 41, 137, 175
    acceso digital y, 399
    apegos y, 65, 70, 73
    captación de los niños y, 276, 294
    mantenimiento de vínculos y, 205, 207-8, 210
    recreación de aldeas de apego y, 361
    vulnerabilidad y, 159
    y poder para criar a los hijos, 87-88, 91
compasión, 89, 100, 306
competencia, 18, 228
    apegos y, 42, 54, 60, 68, 75-76, 89
    captación de los niños y, 257, 274
    era de la información y, 409
    invitar a la orientación hacia los iguales y, 333-356

mantenimiento de vínculos y, 289, 292-293, 297
medios digitales y, 389, 402, 409
recreación de aldeas de apego y, 367-368
compromiso, compromisos, 99, 104, 157, 195, 235, 253, 306, 354
mantenimiento de vínculos y, 281, 284, 291, 300
problemas de madurez y, 167, 170
comunicación, 25, 41, 177, 274, 280
apegos y, 59, 73, 111
contravoluntad y, 119-121
disciplina y, 321, 326
vulnerabilidad y, 153-154
y horizontalización de la cultura, 135-137, 141
véase también medios digitales
comunidades, 93, 153, 184, 334
apegos y, 67, 70, 73-75
sexualidad y, 226, 235
véase también apego, aldea de; apego, aldeas de
conducta de guionización, 323-325
conexión, conexiones, 157
acoso escolar y, 219
agresividad y, 194, 202
antes de la dirección, 310-312
apegos y, 53, 57, 63-66, 70-72, 77, 89, 93, 104, 108, 114-115
captación de los niños y, 257-265, 272
contravoluntad y, 122, 125
disciplina y, 215-16, 225, 232

invitar a la orientación hacia los iguales y, 333, 347
mantenimiento de vínculos y, 280-292, 294, 297
medios digitales y, 73, 376-391, 398-400, 410
problemas de madurez y, 174, 180
recreación de aldeas de apego y, 357-365, 368-369
salvar la separación física y, 236, 377, 398
sexualidad y, 228, 231, 238
y enseñabilidad de los alumnos, 242, 249, 252
y horizontalización de la cultura, 137-139, 142
y poder para criar a los hijos, 90
confianza, 139, 184, 267
apegos y, 77, 106, 116-117
disciplina y, 306, 312
recreación de aldeas de apego y, 362-364
y poder para criar a los hijos, 84, 96
confianza en uno mismo, 26, 47, 77, 93, 147, 174
invitar a la orientación hacia los iguales y, 336-337
captación de los niños y, 270-275
mantenimiento de vínculos y, 290, 300
conformidad, 59, 128
invitar a la orientación hacia los iguales y, 344, 350
confusión, 41, 120, 219, 225, 280
captación de los niños y, 271
invitar a la orientación hacia los iguales y, 335

conservar los vínculos, 279-301
  amor y, 279, 284-289
  apegos y, 279-285, 291-301
  cercanía y, 284-285, 289, 291-292, 298-300
  conexión y, 281-291, 295, 298
  estructuras para, 291-296, 300
  priorizar la relación entre progenitor y niño y, 279-280, 284, 288, 291, 293
  restricciones para, 290-300
  salvar la separación física y, 287
consideración positiva incondicional, 175
constancia, 111, 165, 291
contacto, 231
  acoso escolar y, 215, 219
  apegos y, 69, 74, 108, 116
  captación de los niños y, 260, 265-266, 275
  digital frente a físico, 381-383, 389
  disciplina y, 308-309
  invitar a la orientación hacia los iguales y, 340, 355
  mantenimiento de vínculos y, 286, 297
  problemas de madurez y, 174, 177, 181
  recreación de aldeas de apego y, 357, 360, 365, 367
  y horizontalización de la cultura, 138
contracultura *hippie*, 139
control, 27, 129, 157, 183, 212
  acceso digital y, 297, 374, 380, 396-397, 401-405, 409-410
  agresividad y, 197-201

disciplina y, 304-307, 312-313, 319-321, 326
recreación de aldeas de apego y, 364, 369
contravoluntad, 119-120
  apego, adicción al y, 401
  apegos y, 120-128, 131-133
  disciplina y, 131-132, 313, 321, 326
  invitar a la orientación hacia los iguales y, 339, 356
  la fuerza y la manipulación son contraproducentes, 131-133, 394
  propósito natural de la, 124-126
  y falsa independencia de los niños orientados hacia sus iguales, 127-129
  y mito de los niños omnipotentes, 130-131
cooperación, 18, 25, 175, 183, 196
  acceso digital y, 400
  contravoluntad y, 119, 128
  disciplina y, 310, 321, 324
  y poder para criar a los hijos, 87
coro, 426
costumbres, *véase* tradiciones
Cottrell, Barbara, 190
COVID-19, pandemia de, 413, 424
creatividad, 26, 108, 137, 148, 178
  disciplina y, 312, 328
  invitar a la orientación hacia los iguales y, 346, 350, 355
  problemas de madurez y, 172, 183
crianza, enriquecedor, personas encargadas de la crianza, 35, 38-39, 193, 231, 293, 370
  acoso escolar y, 210, 220, 223, 390

apego, adicción al y, 401
apegos y, 43, 47, 56, 61-62, 70, 77, 100, 109, 117, 126
captación de los niños y, 257, 260, 265, 272
disciplina y, 306, 319
intimidad digital y, 383, 389
invitar a la orientación hacia los iguales y, 344, 346, 348, 355
problemas de madurez y, 173-174, 178-181
vulnerabilidad y, 159, 162
y horizontalización de la cultura, 140, 143
y poder para criar a los hijos, 88, 90
cuidados, 417-418
cascada de, 423, 424
culpabilidad, 94, 212, 229, 321
apegos y, 105, 115
cultura, culturas, tendencias culturales, 18, 31-35, 38
acoso escolar y, 214, 220
agresividad y, 139, 191, 200
ancestrales, 415
apegos y, 7-8, 17-18, 22, 29, 31-36, 38-41, 43-44, 71, 88, 90, 92
captación de los niños y, 257-258, 261, 271, 277
del mundo digital, 375, 380, 402
disciplina y, 303, 328
horizontalización de la, 135-144
invitar a la orientación hacia los iguales y, 334, 352
juventud, 35, 135-143, 161
mantenimiento de vínculos y, 290, 294
recreación de aldeas de apego y, 358, 362
sexualidad y, 139, 229
tradiciones y, 32, 65, 78, 93, 357, 362
transmisión de la, 33-34, 44, 49, 72, 74, 135-139, 141-144, 357
vulnerabilidad y, 161
y enseñabilidad de los alumnos, 242, 254
véase también sociedad, sociedades, tendencias sociales
curiosidad, 156, 175, 260
información y, 406
invitar a la orientación hacia los iguales y, 337, 346, 350, 355
y enseñabilidad de los alumnos, 243, 249

D

De ratones y hombres (Steinbeck), 160
Deci, Edward, 133
defensas:
acoso escolar y, 211, 216, 220-222
contravoluntad y, 124-126, 129
disciplina y, 304, 309, 316, 320, 323
intimidad digital y, 384-385
mantenimiento de vínculos y, 281, 288
problemas de madurez y, 179, 183
sexualidad y, 234
sobrecarga de información y, 405
vulnerabilidad y, 148-152, 156, 159, 162, 179, 183, 211, 217, 223, 234, 264, 281, 288, 309, 316, 346, 385

dejar ir, 201, 213
   disciplina y, 316
   problemas de madurez y, 183
delincuentes, delincuencia, 35-36, 70, 148, 202
dependencia, 137, 326, 365
   acoso escolar y, 212, 222, 403
   apegos y, 77, 99-100, 399
   captación de los niños y, 268-269, 272
   contravoluntad y, 124, 128
   en la era de la información, 409
   invitar a la orientación hacia los iguales y, 337, 354
   mantenimiento de vínculos y, 286, 294
   problemas de madurez y, 173, 178
   y poder para criar a los hijos, 89-90, 98
   véase también independencia
depresión, depresiones, 28, 194, 219, 227
   casos autodeclarados de, 413
   medios digitales y, 389
   vulnerabilidad y, 159, 162
desapego, 325
   vulnerabilidad y, 160, 386
   véase también apego, apegos, apegarse
Días de escuela de Tom Brown (Hughes), 205
diferenciación, 169-170, 184
diferencias de género, 215, 338
disciplina, 25-26, 41-42, 209, 307-329
   agresividad y, 190, 309, 313, 326
   apegos y, 55, 116, 303-313, 316, 319, 322, 325

   captación de los niños y, 265, 275, 310-313, 317
   contravoluntad y, 131-132, 313, 321, 326
   definición de, 305-307, 313
   principios de la, 305-329
   problemas de madurez y, 173, 180, 304-307, 320-325, 328
   y poder para criar a los hijos, 83, 86, 96, 319
diseño evolutivo del desarrollo, 415
divorcios, 287, 366
   apegos y, 68-69
   y poder para criar a los hijos, 86-87
Dokoupil, Tony, 387
dominación, 343
   acoso escolar y, 208-218, 220, 233, 391
   apegos y, 101-103, 109, 212
   impulsos en la, 212
   sexualidad y, 226, 237
   sin cariño, 210-212
donjuanismo, 227
drogas, consumo de, 28, 139, 203, 298
   vulnerabilidad y, 226, 234-235

E

economía, tendencias económicas, 32, 38, 252
   apegos y, 43, 63, 66, 70, 78
   invitar a la orientación hacia los iguales y, 339, 353
   mantenimiento de vínculos y, 290, 293
   recreación de aldeas de apego y, 357-358, 361

y horizontalización de la cultura, 138-140
educación, 19, 27, 32, 336
  acoso escolar y, 223
  apegos y, 44, 109
  véase también escuela, colegios; alumnos; profesores, enseñanza
egocentrismo, 167
El proceso de convertirse en persona (Rogers), 175
embarazos adolescentes, 231, 235
emergencia, aprendizaje emergente:
  disciplina y, 308, 328
  era de la información y, 406
  invitar a la orientación hacia los iguales y, 347-349, 355
  juego y, 403
  problemas de madurez y, 184
  y enseñabilidad de los alumnos, 243, 249-252
emociones:
  acoso escolar y, 208, 213, 215, 219
  agresividad y, 189-203
  apegos y, 44, 47, 51-53, 56, 65-67, 69, 102, 107-108, 113, 116, 398
  captación de los niños y, 261-262, 266, 275
  contravoluntad y, 127
  desarrollo de las, 418
  disciplina y, 303-308, 311-313, 316, 320-321, 326-328
  invitar a la orientación hacia los iguales y, 337-339, 345-346, 352, 356
  mantenimiento de vínculos y, 282-285, 288, 292
  orientación y, 47
  problemas de madurez y, 167-170, 174, 178-182
  seguridad, 420
  sexualidad y, 225, 229-235, 238, 391, 394
  vulnerabilidad y, 147-149, 153-162, 383-384
  y enseñabilidad de los alumnos, 245-248
  y poder para criar a los hijos, 88-89, 94, 97
emulación, *véase* imitación
enfado, 25, 54, 183, 199, 262
  contravoluntad y, 125, 130, 133
  disciplina y, 310, 321
  y poder para criar a los hijos, 83, 87
enfermedades, 189-190, 194, 200
entorno, 173, 269
  apegos y, 62, 65, 73, 94
  disciplina y, 326-328
Erikson, Erik H., 71
escolarización en casa, 337
escuela, colegios, 25-27, 35, 38, 121, 141
  agresividad y, 193
  acoso escolar y, 27, 205-209, 217, 221-223
  apegos y, 51, 59, 65, 70, 74, 108, 378
  captación de los niños y, 262, 271, 276
  invitar a la orientación hacia los iguales y, 335-336, 348
  mantenimiento de vínculos y, 285, 292-296
  problemas de madurez y, 165, 173, 175, 180, 187

recreación de aldeas de apego y, 358, 361, 365-366
sexualidad y, 225, 228
vulnerabilidad y, 147-148, 155, 160
y poder para criar a los hijos, 86-87, 89, 91
véase también educación; alumnos; profesores, enseñanza
espontaneidad, 132, 172, 243
  acoso escolar y, 214, 220
  apegos y, 100, 103, 111, 137
  captación de los niños y, 266
  disciplina y, 307, 315, 321-322
  recreación de aldeas de apego y, 362-263
  y horizontalización de la cultura, 137, 142
  y poder para criar a los hijos, 85-86
establecimiento de vínculos:
  apegos y, 30, 56, 63, 69, 75
  captación de los niños y, 257, 274
  efectos de la cultura de los iguales en el, 30, 32
  mantenimiento de vínculos y, 288, 297
  sexualidad y, 233, 393
estrés, tensiones, 137, 195, 212, 227
  apegos y, 70, 75
  de las guarderías, 339-340
  intimidad digital y, 383
  invitar a la orientación hacia los iguales y, 339-340
  pérdida del escudo contra el, 150-151, 155
  sobrecarga de información y, 405

vulnerabilidad y, 150-151, 155, 159
y enseñabilidad de los alumnos, 242, 253
estructura, estructuras:
  disciplina y, 328, 399
  mantenimiento de vínculos y, 292-296, 299-300
etiquetas, etiquetado:
  búsqueda de, 97-98
  contravoluntad y, 122
Evolved Nest: Nature's Way of Raising Children and Creating Connected Communities, The (Narváez), 416
excentricidad, 350-351
expectativas, 90, 139, 148, 172, 244
  apegos y, 112-113, 117
  captación de los niños y, 262, 266
  contravoluntad y, 121-124
  disciplina y, 306, 308, 310, 316, 323-324
  invitar a la orientación hacia los iguales y, 337, 348, 355
experiencias adversas de la infancia, 418
extraños, 75

F

Facebook, 373, 375, 377, 379, 383, 386, 387, 389, 390, 398
fallecimientos, 160, 196, 200, 289
  y poder para criar a los hijos, 87, 90
familia, familias, 41, 94, 208, 228, 328, 378
  agresividad y, 191, 202

apegos y, 43, 67-70, 73, 75, 78, 108
captación de los niños y, 276
contravoluntad y, 124, 128
crisis de salud mental y, 413-427
desmembramiento de la, 69-70, 78
extensas, 66, 70, 75, 357-359
invitar a la orientación hacia los iguales y, 334, 340, 345, 355
mantenimiento de vínculos y, 284, 291-296
medios digitales y, 380, 389, 397, 399, 402, 410
monoparentales, 294, 361
nuclear, 67-68
pandemia y, 298
problemas de madurez y, 165, 181
recreación de aldeas de apego y, 357-361, 368
y horizontalización de la cultura, 136, 139, 142
Felitti, Vincent, 383
fiestas y celebraciones, 73
frialdad, 200, 388
invitar a la orientación hacia los iguales y, 337, 350
vulnerabilidad y, 147, 160
y enseñabilidad de los alumnos, 243, 249
frustración, frustraciones, 25, 28, 42, 137, 153, 259, 339
acoso escolar y, 206, 212, 215, 222-223
agresividad y, 193-201
apegos y, 53, 102, 108, 111, 194, 198, 309, 377
captación de los niños y, 258, 261
contravoluntad y, 129, 133
disciplina y, 307, 309, 314, 317, 321-323, 327, 401, 410
mantenimiento de vínculos y, 283, 298
problemas de madurez y, 165, 167, 170, 183
y poder para criar a los hijos, 88, 97
futilidad, 248, 275, 298
acoso escolar y, 212, 215, 223, 237
agresividad y, 198-201, 203
disciplina y, 306, 316, 325-328
problemas de madurez y, 182, 403

G
Garbarino, James, 425
Gardner, Howard, 138
globalización, 141
Goethe, Johann Wolfgang von, 243
Golding, William, 206-208, 221
Google, 376, 393
Greenspan, Stanley, 274, 339
grosería, 41, 83, 175, 298
apegos y, 56-57, 102
disciplina y, 321, 326
guarderías, trabajadores de guarderías, 29
apegos y, 61, 64-65
estrés de las, 339-340
recreación de aldeas de apego y, 363-365

H
hacer muchas cosas al mismo tiempo, 427
Health Canada, 190

hermanos, 75, 363
  agresividad y, 189-190, 200
  disciplina y, 303, 311-315
  invitar a la orientación hacia los iguales y, 354-355
  y poder para criar a los hijos, 86
Hersch, Patricia, 136, 142

I
identificación, identidad, 34
  apegos y, 50
  orientación y, 46
iguales, orientación hacia los iguales, cultura de los iguales:
  como algo normal, no natural y poco saludable, 33-38
  como culto, 274
  efectos de, 31-32, 53, 67
  en la era digital, 375, 380, 386-391, 397, 409-410
  legado de, 356
  popularidad de, 33, 42, 57, 64, 78, 94, 106
  señales de aviso de la, 47, 53
  tragedia de, 180
iguales, orientación hacia los iguales, cultura de los iguales,
  cortejo de, 357-358
  como sustitutos de los hermanos, 355
  medios digitales y, 345, 347, 350, 355, 396-397, 403
  para el aburrimiento, 347-348
  para la autoestima, 352-354
  para la timidez, 338-339
  para las amistades, 345-346
  para llevarse bien con otros, 341-344
  y efectos positivos iniciales, 335-336, 356
  y estrés de las guarderías, 339-340
  i-Minds 2.0: How and Why Constant Connectivity is Rewriting Our Brains and What to Do About It (Swingle), 422
imitación, 323, 344
  acoso escolar y, 212, 219
  apegos y, 49, 59, 109
  y enseñabilidad de los alumnos, 249, 253
  y horizontalización de la cultura, 139, 141
impronta, 31, 76
impulsos, impulsividad, 97, 238, 244, 265, 283
  acoso escolar y, 207, 212
  agresividad y, 189, 202
  disciplina y, 306, 319-320, 326
  problemas de madurez y, 165-166, 170, 201
independencia, 18, 31, 37, 89, 137, 212, 237, 308
  captación de los niños y, 257, 268-271
  contravoluntad y, 125-129
  invitar a la orientación hacia los iguales y, 333-334, 339, 344, 347, 351-353
  problemas de madurez y, 165, 169, 173-174, 184-185
  y enseñabilidad de los alumnos, 243, 253
  véase también dependencia
indicaciones, seguir indicaciones, 121, 141, 235
  acoso escolar y, 212, 217

apegos y, 110-112
disciplina y, 324
invitar a la orientación hacia los iguales y, 337, 350
mantenimiento de vínculos y, 281, 205
y enseñabilidad de los alumnos, 250, 253
individuación, 342
contravoluntad y, 124, 127
medios digitales y, 399
problemas de madurez y, 178, 184-186
individualidad, 138, 234, 253, 308
apegos y, 55, 59
aplastamiento de la, 184-187
individualismo frente a, 184
invitar a la orientación hacia los iguales y, 343-344, 350
problemas de madurez y, 173-174, 183-187
vulnerabilidad y, 159
influencia, 32, 115, 132
disciplina y, 317
invitar a la orientación hacia los iguales y, 352
inmigrantes, 77
inocencia, 26, 89, 122, 139, 231, 361, 369, 388
inquietud, 178, 259, 336
instinto, instintos, 31, 236
acoso escolar y, 208, 210, 218, 391
apegos y, 43, 50, 57-60, 68, 75, 99-108, 116, 385
captación de los niños y, 259-262, 267, 270-273, 277
contravoluntad y, 119-123, 130, 133

disciplina y, 309, 320-322
invitar a la orientación hacia los iguales y, 340, 346
mantenimiento de vínculos y, 383, 290, 293, 296
orientación y, 31, 44, 62
problemas de madurez y, 180, 185
recreación de aldeas de apego y, 358, 360
y enseñabilidad de los alumnos, 250
Institutos Nacionales de Salud de Estados Unidos, 207
integración, funcionamiento integrador, 307
problemas de madurez y, 167-168
y enseñabilidad de los alumnos, 242, 246-252
intenciones, 117, 279
apego, adicción al y, 401
disciplina y, 312, 317-319, 326-328
intimidad, *véase* amor

J
Japón, 36, 78, 252
jóvenes, crisis de salud mental en los, 413-427
juego, 26, 171, 181
desarrollo y, 402-403
invitar a la orientación hacia los iguales y, 347-349, 355
videojuegos y, 389, 401
Jung, Carl, 35, 156

K
Kaufman, Gershon, 262

L

La vida es bella, 150
lactancia materna, 70
lealtad, 137, 200, 215, 264
   apegos y, 50, 60, 115, 320, 255
   mantenimiento de vínculos y, 281, 255
   sexualidad y, 230
Loneliness (Cacioppo), 389
Los chicos del vagón de carga (Warner), 211

M

Maccoby, Eleanor, 339
madurez, maduración, 19, 26, 37, 61, 165-187, 369
   acoso escolar y, 210, 220
   agresividad y, 196, 201
   apegos y, 53-55, 62, 77, 93, 100, 104, 108, 112, 172-187
   captación de los niños y, 257, 262, 268-269, 274
   contravoluntad y, 121, 124, 127
   dificultades provocadas por la orientación hacia los iguales, 178-187
   disciplina y, 173, 180, 305-309, 320-324, 328
   efectos de la cultura de los iguales en la, 31
   esbozo sucinto de la, 170-171
   fomentar la, 173-175
   invitar a la orientación hacia los iguales y, 334, 338-345, 348, 352, 356
   juego y, 403
   mantenimiento de vínculos y, 281

medios digitales y, 374, 382, 388, 395-397, 405, 410
recreación de aldeas de apego y, 358, 362
sexualidad y, 230-231, 236-238
vulnerabilidad y, 152, 155, 157, 160, 162, 179-180, 183-184
y enseñabilidad de los alumnos, 241, 244, 249-250
y horizontalización de la cultura, 137, 142-143
malcriar, 265
manualidades, 426
Maté, Rae, 17
materialismo, 73
Maticka-Tyndale, Eleanor, 226
matrimonios, 294, 366
   agresividad y, 189, 194
   apegos y, 69, 100
McLuhan, Marshall, 139, 410
médicos, familia, 66, 70
   medios digitales, 25, 228, 271, 373-377
   apego, adicción al y, 72, 377, 382, 385, 390
   apegos y, 73, 108, 377-391, 397-403, 409-410
   ciberacoso escolar y, 391
   controlar el acceso a los, 292, 297, 374, 380, 397, 402-405, 409-410
   intimidad y, 377, 381-384, 398
   invitar a la orientación hacia los iguales y, 345, 347, 350, 355, 396, 403
   pornografía y, 374, 375, 386, 389
   sobrecarga de información y, 406-408

ÍNDICE TEMÁTICO

videojuegos y, 26, 345, 347, 389-390, 400-403
   y enseñabilidad de los alumnos, 242, 252
   y horizontalización de la cultura, 135, 141
   véase también Facebook; Google; Skype
Mentes dispersas (Maté), 95n
mentores, asesoramiento, 39, 67, 144, 257, 370
   recreación de aldeas de apego y, 357-358
   y enseñabilidad de los alumnos, 241, 249
México, 361
miedo, miedos, 26, 115, 130, 170, 367
   acoso escolar y, 212, 214, 217-218, 220-221
   agresividad y, 195, 203
   captación de los niños y, 265, 268
   disciplina y, 307, 321, 328
   mantenimiento de vínculos y, 280, 297
   orientación y, 47
   sexualidad y, 233, 238-239
   vulnerabilidad y, 148, 153, 157, 162, 202
modelos, modelado, 323, 370
   apegos y, 109, 112
   y enseñabilidad de los alumnos, 250
   y horizontalización de la cultura, 137, 140
Mokwena, Steve, 141
motivación, motivaciones, 19, 89, 162, 193, 266, 290, 325
   apegos y, 53, 109, 113-116, 378
   contravoluntad y, 120, 124, 132
   invitar a la orientación hacia los iguales y, 337, 346, 350
   problemas de madurez y, 166, 172, 185
   y enseñabilidad de los alumnos, 244
MTV, 137, 141
música, 33, 73
   agresividad y, 191, 195, 201
   y horizontalización de la cultura, 137-141

N

Nairobi, 361
Narváez, Darcia, 416
naturaleza, 417
Neufeld, Bria, 297-298, 367-368
Neufeld, Joy, 73, 261
Neufeld, Tamara, 276
Neufeld, Tasha, 276
New York Times, 78, 205, 209
Newsweek, 27, 231, 381, 387
nidos evolucionados, 416
Nietzsche, Friedrich, 327
niños:
   brechas entre progenitores y, 26, 77-78
   cambios conductuales en los, 41-42, 53, 83, 86-87
   convertir la relación con ellos en una prioridad, 279-280, 284, 288, 291, 293
   crisis de salud mental y, 413-427
   en el pasado, 26, 64-65, 84, 87, 234, 257, 264, 328, 349-350, 357-358

en relación con ellos mismos, 345, 352
mito del omnipotente, 130
niños, captación de los, 257-278, 339, 359
   poniéndose delante de su rostro, 258-262, 275-276, 294
   proporcionar algo a lo que aferrarse en la, 263-265
   puntos de referencia en la, 270-272, 277
   y dependencia, 268, 272
   y disciplina, 265, 275, 310-313, 317
   y preservar los vínculos, 290, 293-294
   y reclamar a los niños orientados hacia sus iguales, 274-277
niños pequeños, 88, 183, 340, 361
   agresividad y, 194
   apegos y, 50, 52, 57, 64, 106
   captación de los niños y, 260, 271
   contravoluntad y, 119-120, 124
   disciplina y, 303n, 310, 317

O

obsesiones, obsesividad, 18, 125, 198, 228
   apegos y, 58
   intimidad digital y, 382, 387-389, 398-399, 409
   invitar a la orientación hacia los iguales y, 350, 354
   mantenimiento de vínculos y, 297
   problemas de madurez y, 181
orientación, orientar, 31, 105, 161, 174, 207, 291, 310, 351
   apegos y, 31, 45-47, 53, 61-64, 74-75, 111
   captación de los niños y, 270-272
   en la sustitución de los progenitores por los iguales, 47
orientación, vacíos de, 31, 47

P

paciencia, 334
   disciplina y, 321, 328
   mantenimiento de vínculos y, 279, 281, 300
   problemas de madurez y, 165, 171
pandemia, 413-416, 423
Panksepp, Jaak, 425
pantallas, exposición a las, 421-422
Pediatrics, 374
personalidades, 27, 87, 135, 199, 243, 304
   acoso escolar y, 220
   apegos y, 55, 57, 102, 114
   invitar a la orientación hacia los iguales y, 337, 344
   problemas de madurez y, 166-167, 172, 186
   y sustitución de los progenitores por iguales, 35
pertenencia, *véase* lealtad
plenitud, 253, 315, 370
   acoso escolar y, 213, 221
   intimidad digital y, 379, 380-389, 395-398
   problemas de madurez y, 179-183
políticas de tolerancia cero, 193, 205
principio de inmediatez, 312
profesores, enseñanza, 29, 32, 39, 46, 172, 220, 293, 324

agresividad y, 190, 202
apegos y, 53, 61, 64-65, 73-74, 107-110, 116
captación de los niños y, 257, 263, 268-268, 272
contravoluntad y, 120, 128, 132
en el pasado, 64-65
invitar a la orientación hacia los iguales y, 333-335, 340-341
recreación de aldeas de apego y, 363-365
vulnerabilidad y, 151, 155
y horizontalización de la cultura, 142-143
y poder para criar a los hijos, 54, 93
véase también educación; escuela, colegios; alumnos
progenitor, progenitores, crianza de los hijos, paternidad:
accesibilidad del, 68-69, 159
brechas entre niños y, 26, 77-78
como algo intuitivo, 39, 64, 96, 124, 213, 260-266, 269, 275, 300, 306, 323
como amortiguadores de la sociedad, 395, 408
como parejas, 67
compartir responsabilidades de la, 70
contexto para la, 29-30
en el pasado, 27, 34, 54, 87, 92, 257, 264, 328, 361
en la era digital, 373-374, 389, 395, 401-403, 406-410
formarse para la, 27, 87, 92, 99
ingredientes que permiten la, 92
necesidad de diferenciarse de, 58
y priorizar la relación con los niños, 279-280, 284, 287, 290, 293
progenitor, progenitores, crianza de los hijos, paternidad, poder para:
autoridad espontánea en la, 85-86
pérdida del, 83-98
secreto del, 88-91
y búsqueda de etiquetas, 95-96
y contravoluntad, 130-133
y disciplina, 83, 86, 96, 309
progenitores adoptivos, 28, 91, 267, 272, 366
apegos y, 69, 104
protección, 184, 196, 211
protesta ante los extraños, 56
Provenza, la, 73-74, 260, 360, 378
mantenimiento de vínculos y, 291, 294
Proyecto Intergeneracional Riverdale, 365
puntos de referencia, 89, 153, 251, 354, 361
apegos y, 54, 75, 111
captación de los niños y, 270-272
era de la información y, 408
orientación y, 47, 61

R
Rank, Otto, 119-120, 127
Rawlings, Marjorie Kinnan, 76
rechazo, 35-36, 42, 195, 217, 232
apegos y, 51-52, 56
mantenimiento de vínculos y, 283-284, 297
véase también aceptación
recompensas, *véase* sobornos, sobornar

reflejo, 169, 180
Reider, Jon, 336
respeto, 19, 26, 282
    acoso escolar y, 212, 215
    apegos y, 61, 102
    invitar a la orientación hacia los iguales y, 345, 356
    y enseñabilidad de los alumnos, 241, 251
responsibilidades, 37, 202, 230, 317
    acoso escolar y, 212, 220, 391
    apegos y, 67, 76, 100, 104, 111
    captación de los niños y, 262, 268, 272, 277
    contravoluntad y, 129
    invitar a la orientación hacia los iguales y, 340-341, 345, 353
    mantenimiento de vínculos y, 285, 257
    problemas de madurez y, 174, 183
    recreación de aldeas de apego y, 358, 362-365
    vulnerabilidad y, 152, 156-160
    y enseñabilidad de los alumnos, 243, 254
    y poder para criar a los hijos, 86, 88-89, 92
restricciones:
    al acceso digital, 393-406, 409-410
    al contacto con los iguales, 297-300
    mantenimiento de vínculos y, 291-300
riesgo, riesgos, 186, 243
    acoso escolar y, 218-219, 225-226
    apegos y, 52, 116
    disciplina y, 310
    invitar a la orientación hacia los iguales y, 333, 339, 345, 355
    mantenimiento de vínculos y, 280, 289
    vulnerabilidad y, 148, 156-157, 162
    y enseñabilidad de los alumnos, 242, 246
rituales de saludo, 73-74
Rodkin, Philip, 209
Rogers, Carl, 175
Romeo y Julieta (Shakespeare), 136
Rosen, Larry, 388
Rousseau, Jean-Jacques, 396
rusos, niños, 78
Rutter, Sir Michael, 34

S
saciedad, 243
    acoso escolar y, 215, 218, 220
    agresividad y, 189, 198, 201
    apego, adicción al y, 383-385, 389, 410
    captación de los niños y, 266
    problemas de madurez y, 167, 175, 179-182
    sexualidad y, 228, 230, 235
secretismo, 41, 219
    apegos y, 50-51
    mantenimiento de vínculos y, 285, 288, 292
Segal, Julius, 154
Segunda Guerra Mundial, 33-34, 37, 49, 63
seguridad, 19, 25, 243
    acoso escolar y, 212, 214
    agresividad y, 196

apegos y, 67-68, 77, 115, 125, 383-384
captación de los niños y, 266-267
contravoluntad y, 125, 131-132
disciplina y, 303-304, 307-308, 320-321, 326
intimidad digital y, 384-385, 389
invitar a la orientación hacia los iguales y, 336-337, 350, 354-355
mantenimiento de vínculos y, 280, 297
problemas de madurez y, 175-178
sexualidad y, 233, 235, 238, 385
vulnerabilidad y, 147, 151, 158-162, 382
Seinfeld, Jerry, 99, 103
semejanza, 49, 52, 57, 230
sensibilidad, sensibilidades, 51, 97, 235
  acoso escolar y, 216-217, 220-221
  disciplina y, 308, 321, 326
  vulnerabilidad y, 153-155, 160
sentidos, 264
  apegos y, 49, 51, 230, 255
señor de las moscas, El (Golding), 206-208, 221
señor de los anillos, El, 221
sentimientos, *véase* emociones
separación, 159, 241, 362
  agresividad y, 194, 202
  apegos y, 51, 67, 108, 114
  captación de los niños y, 260-261, 264, 268, 274
  contravoluntad y, 124, 130
  disciplina y, 308-310, 327-328
  invitar a la orientación hacia los iguales y, 334-335, 339, 342, 345, 352
  mantenimiento de vínculos y, 281, 285-288, 300
  medios digitales y, 378-379
  problemas de madurez y, 170, 174-175, 184
  puentear la conexión y, 286
  sexualidad y, 231, 235
separación, La (Bowlby), 158
ser conocido, 52, 380
sexo, sexualidad, 225-239, 393-394
  apegos y, 78, 108, 228-233, 238, 383, 391
  ciberacoso escolar y, 391
  cultura y, 139, 228
  pornografía y, 375, 386, 390
  problemas de madurez y, 230-231, 237-238
  vulnerabilidad y, 155, 230-235
Shakespeare, William, 136, 143
Shipman, Mel, 365
Sibling Society, The (Bly), 66, 166
significado, 51, 230, 380
síndrome del preescolar, 166, 172, 201
Skype, 380
Smith, David, 34
sobornos, sobornar, 27, 41, 116, 265, 303
  contravoluntad y, 131
  y poder para criar a los hijos, 85, 86
sociabilidad, socializar, 317, 359

invitar a la orientación hacia los iguales y, 333, 337, 341-345, 383-384
mantenimiento de vínculos y, 281, 297
sociedad, sociedades, tendencias sociales, 31-32, 37, 94, 107, 165, 191, 369
   acoso escolar y, 205, 208, 216, 223
   apegos y, 30, 43, 61-79, 108, 115
   captación de los niños y, 257, 261
   contravoluntad y, 123, 128, 133
   disciplina y, 307, 316, 323
   invitar a la orientación hacia los iguales y, 334, 341, 349
   mantenimiento de vínculos y, 281, 293
   recreación de aldeas de apego y, 357, 364
   sexualidad y, 225, 228, 230
   vulnerabilidad y, 152, 155, 161
   y efectos de la cultura de los iguales, 32
   y enseñabilidad de los alumnos, 244, 251, 254
   véase también cultura, culturas, tendencias culturales
soledad, 26, 108, 180, 225, 291, 328, 347, 389
   invitar a la orientación hacia los iguales y, 347, 355
   problemas de madurez y, 172, 185
Spice Girls, 139
Steinbeck, John, 160
subculturas, 142, 147, 160
Sudáfrica, 141, 207

suicidio juvenil, 413
suicidios, 35
   acoso escolar y, 35, 223
   agresividad y, 190, 193, 194
   vulnerabilidad y, 152, 155
sumisión, *véase* dominación

T
teatro, 425
tecnología, *véase* medios digitales
tiempos muertos, 41-42, 303, 306, 309, 325
timidez, 337-338
trabajo, 338
   apegos y, 64, 70-71, 77, 108
   captación de los niños y, 261
   mantenimiento de vínculos y, 286, 294
   problemas de madurez y, 167
   recreación de aldeas de apego y, 361
   y poder para criar a los hijos, 83
tradiciones, 33, 261, 294, 328
   apegos y, 72, 380
   culturas y, 32, 65, 78, 94, 357, 361
   recreación de aldeas de apego y, 357, 361
   y horizontalización de la cultura, 137-140
trastorno negativista desafiante, 96, 122
trastorno por déficit de atención (TDA), 95, 107
traumas, 197, 223, 309
   vulnerabilidad y, 149, 159
tribalización, 134, 139
tristeza, 424, 426
Turkle, Sherry, 381, 387, 390

U

ultimátum, 283
Universidad de Tubinga, 420

V

valores, 27, 32-36, 99, 126, 265
  acoso escolar y, 207, 214, 222
  apegos y, 50, 53, 57, 74, 110, 115
  disciplina y, 306, 316
  invitar a la orientación hacia los iguales y, 343, 352
  mantenimiento de vínculos y, 280, 291, 297, 300
  problemas de madurez y, 169, 184
  recreación de aldeas de apego y, 357, 359
  sexualidad y, 228, 230, 237
  transmisión de la, 114, 136, 143, 359
  vulnerabilidad y, 157, 161
  y efectos de la cultura de los iguales, 32
  y enseñabilidad de los alumnos, 251-352
  y horizontalización de la cultura, 136, 140, 143
  y poder para criar a los hijos, 83, 89
  y sustitución de los progenitores por iguales, 35
víctimas, *véase* acosadores, acoso escolar
videojuegos, *véase* medios digitales: videojuegos
violencia, 27, 183
  vulnerabilidad y, 156, 160
  y transmisión de la cultura, 34
  véase también agresividad; acosadores, acoso escolar

Virk, Reena, 50, 206-208, 217
vulnerabilidad, 147-163, 369
  acoso escolar y, 151, 152, 206, 210-211, 215-218, 222, 391
  agresividad y, 189-190, 200, 202
  alcohol y, 394
  apego, adicción al y, 377
  apegos y, 52, 69, 112, 152-157, 161, 379
  captación de los niños y, 264, 271
  de los niños orientados hacia sus iguales, 149-159
  disciplina y, 303, 309-323
  huida de la, 148-149, 160, 162, 200, 202, 212, 221, 232-235, 243, 246
  inseguridad inherente a las relaciones entre iguales y, 158-159
  intimidad digital y, 381-384, 389-390
  invitar a la orientación hacia los iguales y, 335, 339, 347-349
  manifestaciones de avergonzamiento y explotación de la, 156
  mantenimiento de vínculos y, 281, 289, 297
  problemas de madurez y, 152, 155, 157, 160, 162, 179, 183
  sexualidad y, 155, 230-235, 390
  y enseñabilidad de los alumnos, 244-247

W

wampanoag, familiar, 415
Warner, Gertrude Chandler, 211

West Side Story, 136
Winnicott, D. W., 35
Wynne, Elaine, 229

Y
Yearling, The (Rawlings), 76
York, Universidad de, 206

ACERCA DE LOS AUTORES

GORDON NEUFELD es psicólogo clínico. Reside en Vancouver y goza de reconocimiento internacional como una de las principales autoridades en desarrollo infantil. Su Instituto Neufeld imparte numerosos cursos para progenitores, educadores y profesionales de ayuda de varios continentes. Está reconocido por su habilidad especial para desvelar las claves de problemas aparentemente complejos en la crianza y la educación de los niños.

GABOR MATÉ es médico y autor de grandes éxitos editoriales como *Mentes dispersas, Cuando el cuerpo dice no, El mito de la normalidad: trauma, enfermedad y curación en una cultura tóxica* e *In the Realm of Hungry Ghosts*. Es una autoridad a la que se recurre a menudo para temas relacionados con el estrés, la salud mente-cuerpo, el TDAH, la crianza de los hijos y las adicciones. Imparte conferencias dirigidas a profesionales de la salud, profesores y todo tipo de audiencias en Estados Unidos y numerosos países.

DEL MISMO AUTOR

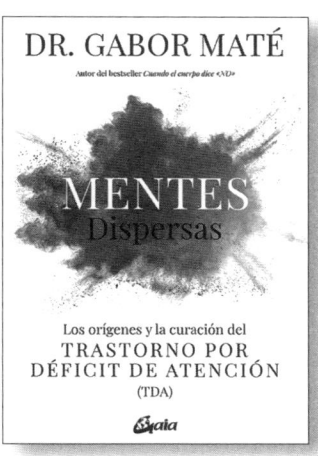

MENTES DISPERSAS
Los orígenes y la curación del trastorno por déficit de atención (TDA)
GABOR MATÉ

El Dr. Maté, renombrado médico y autor, ha escrito cinco libros superventas que han sido traducidos a cuarenta idiomas. Es conocido internacionalmente por su exploración de la unidad mente/cuerpo, así como del papel del trauma, el desarrollo infantil, las condiciones sociales y el estrés en la aparición de enfermedades físicas y problemas de salud mental, tales como la adicción y el déficit de atención.

CUANDO EL CUERPO DICE «NO»
Curso de escritura creativa
GABOR MATÉ

Partiendo de profundas investigaciones científicas y de la extensa experiencia médica del autor, *Cuando el cuerpo dice «no»* ofrece respuestas a importantes preguntas sobre el efecto que la conexión cuerpo-mente ejerce sobre la enfermedad y la salud, y sobre el papel que desempeñan el estrés y la constitución emocional en la aparición de un considerable número de enfermedades comunes.

EN ESTA MISMA EDITORIAL

EDUCAR BUENAS PERSONAS
Guía mindfulness para educar a nuestros niños en la amabilidad y la confianza

HUNTER CLARKE-FIELDS

Educar buenas personas te permite acceder a las herramientas prácticas que no solo te ayudarán a desarrollar la atención plena y a permanecer centrado incluso durante las peores rabietas infantiles, sino que también te enseñarán a responder de forma constructiva y compasiva en todo momento.

JUEGOS EN QUE PARTICIPAMOS
La psicología de las relaciones humanas

ERIC BERNE

En nuestro día a día jugamos sin cesar: a juegos de relaciones, juegos de poder con nuestros jefes y juegos de competición con nuestros amigos, entre muchos otros. Lo que ignoramos es que en todas esas interacciones existen tácticas ocultas y maniobras inconscientes que rigen nuestra vida.

GRUPO GAIA

Para más información
sobre otros títulos de
GAIA EDICIONES

visita
www.grupogaia.es
Email: grupogaia@grupogaia.es
Tel.: (+34) 91 617 08 67